城市轨道交通工程建设安全管理系列丛书

北京城市轨道交通工程建设
矿山法安全风险控制技术及典型案例

罗富荣　林纯鹏　孙长军　编著

中国铁道出版社有限公司

2019年·北　京

图书在版编目(CIP)数据

北京城市轨道交通工程建设矿山法安全风险控制技术及典型案例/罗富荣,林纯鹏,孙长军编著. —北京:中国铁道出版社有限公司,2019.10
(城市轨道交通工程建设安全管理系列丛书)
ISBN 978-7-113-26124-5

Ⅰ.①北… Ⅱ.①罗… ②林… ③孙… Ⅲ.①城市铁路-轨道交通-安全风险-风险管理 Ⅳ.①U239.5

中国版本图书馆 CIP 数据核字(2019)第 163514 号

书　　名: 城市轨道交通工程建设安全管理系列丛书
北京城市轨道交通工程建设矿山法安全风险控制技术及典型案例
作　　者: 罗富荣　林纯鹏　孙长军

策　　划: 徐　艳
责任编辑: 朱荣荣　　　　**电话:** 010-51873017
封面设计: 刘　莎
责任校对: 苗　丹
责任印制: 高春晓

出版发行: 中国铁道出版社有限公司(100054,北京市西城区右安门西街 8 号)
网　　址: http://www.tdpress.com
印　　刷: 三河市兴博印务有限公司
版　　次: 2019 年 10 月第 1 版　2019 年 10 月第 1 次印刷
开　　本: 710 mm×1 000 mm　1/16　印张:28　字数:542 千
书　　号: ISBN 978-7-113-26124-5
定　　价: 143.00 元

序

截至2019年6月30日，我国共有37座城市开通轨道交通线路197条，运营里程6 126.82 km。共有63个城市轨道交通建设规划获得国家批复，其中，城轨交通线网建设规划在实施的城市共计61个，在实施的建设规划线路总长7 611 km，在建线路可研批复投资42 688.5亿元。规划、在建线路规模稳步增长，轨道交通建设逐步进入网络化发展阶段。

轨道交通建设具有工程规模巨大、参建单位众多、施工工法多样、工程地质各异、周边环境复杂等特点，也是重大安全事故易发、多发领域，安全管理始终是轨道交通建设管理的重中之重。国务院安委会指出对易发重特大事故的行业领域采取风险分级管控、隐患排查治理双重预防性工作机制，推动安全生产关口前移，加强应急救援工作，最大限度减少人员伤亡和财产损失。这是我们城市轨道交通建设者的遵循。

十六年来，北京市轨道交通建设管理有限公司作为北京轨道交通建设的先行者和主要推动者，在大规模的轨道交通新线建设中，忠实履行国企责任，狠抓基础管理，在城市轨道交通建设安全管理领域进行了一系列创新探索，形成了一整套安全管理的理论和思路并付诸于实践。通过建立健全规范化、系统化、信息化和可操作的北京轨道交通建设安全风险控制技术、管理体系和信息化管理系统，充分动员和发挥各级管理部门和参建单位的作用，整体提高了北京轨道交通工程建设安全风险的技术和管理水平，最大程度地降低了北京轨道交通工程建设中安全事故的发生，为大规模复杂环境下轨道交通建设安全管理奠定了坚实的基础，成效非常显著。

近期，轨道公司编制完成《城市轨道交通工程建设安全管理系列丛书》，系统总结提炼了近年来北京市轨道交通建设安全风险管理、管控技术及典型案例。其中：

丛书之一《北京城市轨道交通工程建设安全风险管理总论》对北京市轨道交通安全风险管理体系从安全风险管理体系的发展历程、安全风险管理理论、管理体系、技术指南、信息化管理、应急管理等诸多方面进行了全面阐述。

丛书之二《北京城市轨道交通工程建设明挖法安全风险控制技术及典型案例》归纳总结了北京地区明挖法工程应用的总体情况，系统研究了不同围护结构体系基坑工程施工潜在的风险因素与风险控制对策，涵盖了地下水控制面临的主要问题与解决方案，结合大量工程监测数据与现场实际总结不同地层基坑工程及地层变形规律，系统介绍了典型案例及风险事件并对发展趋势进行了展望。

丛书之三《北京城市轨道交通工程建设矿山法安全风险控制技术及典型案例》从浅埋暗挖法在北京轨道交通建设中的应用入手，系统阐述了安全风险管理体系在浅埋暗挖法工程中的应用，介绍了北京轨道交通建设浅埋暗挖工法和地层变形规律，并总结了控制变形主要辅助措施；详细介绍了管井降水、深孔注浆止水、真空降水措施处置层间水、冻结法处置地下水等经验；结合案例系统总结了浅埋暗挖法风险管控的经验与教训，并通过对风险事件的系统分析提出了矿山法施工关键技术。

丛书之四《北京城市轨道交通工程建设盾构法安全风险控制技术及典型案例》对北京地铁采用盾构法修建隧道的风险管控技术进行了全面、系统和深入的总结。从北京地铁盾构法的起源入手，对北京地铁采用盾构法施工的进厂验收、始发与到达、关键工序、组段划分、推进过程预警、推进偏差管控、地层变形机理以及盾构选型等方面作了详尽的论述，并结合工程实践，列举分析了众多北京地铁盾构法典型案例。

本系列丛书内容浩繁，实例丰富，图文并茂，突出应用，可参考性强，对于北京新一轮轨道交通工程建设中城市轨道交通建设各方均具有重要参考价值。系列丛书能够在中华人民共和国成立70周年之际付梓出版，我们也深感光荣！

北京市轨道交通建设管理有限公司

党委书记、董事长：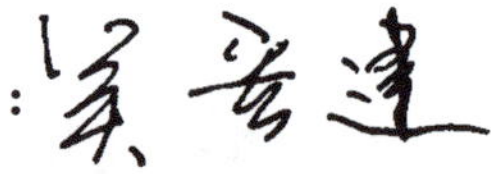

2019年8月

目　　录

第1章　北京地铁矿山法应用情况综述

1.1　北京地铁矿山法的起源

北京地铁矿山法是1986年北京地铁复兴门折返线工程这一特定工程地质、水文地质、结构断面和长安街正下方的条件下研究开发的配套技术，是以木或钢构件作为临时支撑，待隧道开挖形成后，逐步将临时支撑拆换下来而代之以整体式厚衬砌作为永久支撑的中国人自己创造的适合中国国情的一种隧道修建方法。

我国早期地铁车站主要是以北京地铁一、二期工程为代表，车站施工均采用明挖法，车站型式主要为单层三跨岛式车站，局部为两层（上层为站厅），设备管理用房处于地下。随着城市道路交通量的急剧增加，受到某些地段不允许中断交通，或车站结构顶板覆土较厚，采用明挖法施工造价不合理等因素的影响，1986年后，北京出现了暗挖法施工地铁区间及车站的工程。全暗挖的车站一般为双层，根据站台宽度的大小分为双柱三连拱、单柱双连拱型式，北京地铁采用此种型式较多。另外，当线路中间有高架桥桩基等构筑物时，多采用分离的暗挖双层车站型式，北京地铁10号线呼家楼站等便采用此种车站型式。

国内地铁车站暗挖的历史较短，但由于暗挖法施工具有占地小，拆迁量小，不影响城市交通，不扰民，不污染城市环境，且对地层有较强适应性和高度灵活性，能够适合于各种尺寸与断面形式等优点，现已广泛应用于城市地铁车站施工。近期修建的北京地铁6号线一期及7号线采用暗挖法修建的地铁车站占比将近达到一半。随着社会的进步，人们环保意识的增强以及暗挖技术的进一步提高，采用暗挖法修建城市地铁车站将会越来越广泛。到了3号线、12号线、17号线、19号线一期，采用暗挖法修建的车站达到总数三分之二左右，绝大多数车站采用洞桩法施工，洞桩法成为目前北京地铁应用最广泛的施工工法之一。

1.2　矿山法的优点与难点

1.2.1　矿山法的优势

1. 对于各种地质和几何形状适应性强，尤其是在交叉点、横通道、渡线和洞室处。

2. 结构形式灵活多变，对地面建筑、道路和地下管线影响不大，拆迁占地少、扰民少、污染城市环境小等。

3. 多掌子面可同时操作，设备和工艺简单，便于工人掌握。

4. 相对造价较低，适合我国发展中国家的国情。

5. 有效地减小了由于地层损失而引起的地表移动变形等环境问题。不但使施工对周边环境的影响降低到最低程度，由于及时调整，优化支护参数，提高了施工质量和速度，使矿山法特点得到更进一步的发挥，为城市地下工程设计、施工提供了一种非常好的方法，具有重大的社会效益和环境效益，该方法在总体上达到国际领先水平。

1.2.2 矿山法的难点

1. 很多城市地处河流冲击形成的平原上，地质软弱富水。浅埋大跨隧道要穿越淤泥层和含水砂层，必须采用人工降水措施，以创造无水作业条件，还要解决好人工降水以后车站的所存残留水，处理好地下水既是工程施工的重点，也是工程施工的一大难点。

2. 大部分在城市干道下或建筑物下修建，且穿越河流、铁路及各种地下管线等，因而确保地面不发生沉降和坍塌，确保建筑物、道路、铁路、河流及地下管线等的安全是工程施工的一大难点。

3. 车站规模大，多为双层，每座车站建筑面积达 10 000 m^2 左右，且暗挖车站附属工程量大，风道长，断面大，确保结构自身施工安全是一大难点。

4. 确保地铁车站结构防水质量，符合规范要求，做到不渗漏，既是工程质量重点，也是施工难点。

5. 施工场地狭窄，场地布置困难，且施工工序多，工作面多，相互干扰大，施工组织困难。

1.3 北京地区矿山法的现状

近年来北京地区地铁施工，采用矿山法为主要工法施工的车站与区间在繁华城区优势越加明显（表 1.3-1）。

表 1.3-1 近年北京地铁矿山法施工占比统计表

线 路	矿山法车站	车站总数	占 比	矿山法区间	区间总数	占 比
6 号线一期	9	18	50.00%	14	21	66.67%
7 号线	9	20	45.00%	11	22	50.00%
8 号线二期	4	14	28.57%	8	22	36.36%
8 号线三期	5	14	35.71%	14	21	66.67%

续上表

线　路	矿山法车站	车站总数	占　比	矿山法区间	区间总数	占　比
9 号线	2	12	16.67%	8	169	4.73%
10 号线二期	5	22	22.73%	9	26	34.62%
14 号线	10	30	33.33%	23	40	57.50%
大兴线	0	11	0.00%	7	12	58.33%
房山线	0	1	0.00%	2	3	66.67%
昌平线一期	0	1	0.00%	1	1	100.00%
昌平线二期	1	6	16.67%	5	8	62.50%
6 号线二期	1	8	12.50%	0	8	0.00%
6 号线西延	5	6	83.33%	7	7	100.00%
3 号线一期	6	12	50.00%	5	12	41.67%
12 号线	15	17	88.24%	12	21	57.14%
17 号线	6	19	31.58%	6	26	23.08%
19 号线一期	6	9	66.67%	9	14	64.29%
房山线北延	1	4	25.00%	2	5	40.00%
昌平线南延	3	5	60.00%	5	10	50.00%
合计	88	229	38.43%	148	448	33.04%

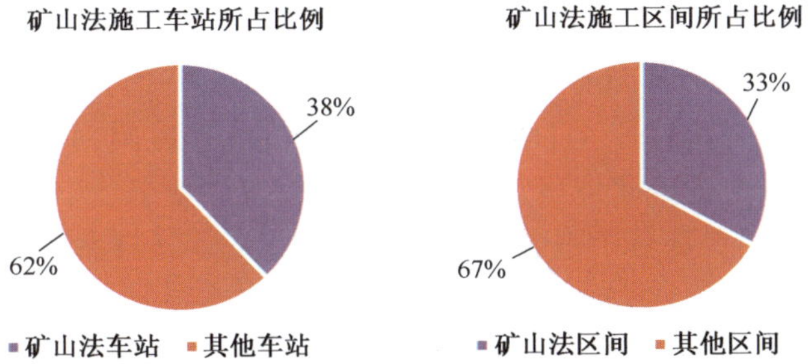

图 1.3-1　北京地区暗挖施工占比

经过统计，近年来北京地区地铁车站采用矿山法施工有 88 座，占总车站数 229 座的 38%；采用矿山法施工的区间有 148 个，占总区间数 448 个的 33%，如图 1.3-1 所示。

1.4　北京地区工程地质水文情况及对矿山法适应性影响

1.4.1　工程地质背景

根据北京地区已建地铁开挖情况揭露各线路地层特点，总结地层分布规律如下：

1. 西部地段地层分布规律

本区主要分布在10号线草桥站、14号线北京南站、7号线广安门内站、6号线北海北站以西的区域。岩性主要以砂砾石、砂卵石、粗中砂为主，黏性土多以夹层或透镜体状态分布，西部及北部含砂层颗粒粗，东部及南部含砂层颗料细（图1.4-1）。

图1.4-1　含水卵石层、无水砂卵石层

2. 中间地段地层分布规律

本区主要分布在市中心地带，以故宫为中心，6号线北海北站、10号线草桥站、14号线北京南站以东，东直门、朝阳门、吕家营以西地。地面标高44 m左右。地层分布主要以圆砾、砂砾卵石为主，一般有厚层的黏性土分布其间。表现出明显的分层性，地层颗粒由北向南略有变细的趋势。

3. 东部地段地层分布规律

本区主要分布在市区东部、南部、北部，即东直门、建国门、朝阳门、吕家营以东，北三环路以北、南三环路以南。本区地层主要以砂质黏土、粉质黏土等黏性土为主，在黏性土之间夹部分中细砂或粉细砂，或为砂、砂砾与黏性土互层（图1.4-2、图1.4-3）。

图1.4-2　含水黏土层、无水黏土层

图 1.4-3　含水砂层、无水砂层

1.4.2　水文背景

北京市区域内有五大河流：大清河、永定河、北运河、潮白河和泃错河，地下水流动方向总体上呈自西向东方向。随着城市发展，工农业用水在 70 年代以后急速增加以及多年降水的减少，根据在建地铁区域内地下水动态长期观测结果显示，多年来地下水位总体呈下降趋势。

北京平原地区地下水类型按地下水的赋存条件主要分为基岩裂隙水和第四纪松散岩类孔隙水。第四纪松散岩类孔隙水又分为上层滞水、潜水和承压水，主要赋存于第四纪砂卵石和砂层孔隙中。

根据搜集的钻孔资料揭露情况，结合区域水文地质资料，北京地铁工程影响范围主要赋存四层地下水，地下水类型分别为上层滞水、潜水和承压水，主要赋存于河流冲洪积形成的砂及砂卵砾石中，各河流第四纪松散沉积物沉积规律大致相同，即从冲洪积扇顶部至下部及冲洪积平原地区，含水层颗粒由粗变细，含水层结构由单一层逐渐过渡到多层，地下水位由深变浅。

1.4.3　工程地质水文对矿山法施工的影响

北京地铁车站及区间施工中起主要影响作用的地层主要包括砂卵石、粉细砂、粉土、粉质黏土、中粗砂等。

各地层在北京地区车站及区间中所占比例见表 1.4-1。

表 1.4-1　车站区间主要地层占比统计

序　号	主要地层	车　站		区　间	
		数量	占比	数量	占比
1	砂卵石	14	10%	44	27%
2	粉细砂	102	76%	83	52%

续上表

序 号	主要地层	车 站		区 间	
		数量	占比	数量	占比
3	粉土	13	10%	19	12%
4	粉质黏土	3	2%	10	6%
5	中粗砂	3	2%	5	3%
合计		135	—	161	—

砂卵石地层属于松散地层，具有空隙大、透水性强、压缩性低、抗剪强度大等特点，其颗粒结构松散、粒径大小不均、无胶结、采取矿山法施工开挖暴露后，自稳时间短、易坍塌。

粉细砂层的物理力学性质较差，开挖后围岩自身较难形成支撑环来维持洞室稳定，若施工方法和支护加固措施选取不合理，易造成隧道围岩变形过大，引起围岩坍塌破坏，甚至冒顶。尤其当粉细砂层收到地下水影响时，其承载力小、自稳性差的特点易形成流砂、造成失稳。

粉质黏土为塑性指数大于 10 且小于等于 17 的土，具强塑性、吸水性、膨胀性、收缩性、吸附性、冻胀性、烧结性、耐火性等特殊性质。

粉土指粒径大于 0. 075 mm 的颗粒质量不超过总质量的 50%，且塑性指数小于或等于 10 的土。粉土的工程性质为密实的粉土为良好地基；饱和稍密的粉土，地震时易产生液化，为不良地基。

矿山法在各类地层中的适应性见表 1. 4-2。

表 1. 4-2 矿山法在各地层中的适应性

地层	粉土	粉质黏土	粉细砂	卵石	中粗砂
矿山法适应性	较差	较好	较差	较好	一般

根据北京工程地质分布规律，综合矿山法在各地层中的适应性，初步判断出北京地区矿山法在各地区的适应性，见表 1. 4-3。

表 1. 4-3 矿山法在北京各区域的适应性

北京市区域	中部区域	西部区域	北部区域	东部区域	南部区域
车站施工	较好	一般	一般	一般	一般
区间施工	较好	较好	一般	一般	一般

第2章　北京地铁矿山法安全风险管控

在北京地铁建设过程中，为促进地铁建设工程安全风险管理工作系统化、规范化，最大限度规避工程建设安全风险，确保结构和环境安全，需遵循一定的管理体系执行。

安全风险管理工作应贯穿地铁工程建设全过程，包括施工准备期与施工过程中，涵盖勘察与环境调查、规划、设计及施工中与工后各阶段，全方面进行安全风险管控、规避风险。

众所周知，地铁工程涉及众多的不确定性和不确知性，建设过程中存在很大的风险。一旦发生安全事故往往是重大事故，建设过程中如何保障和提高施工安全，是当前地铁建设施工安全管理的重中之重。为此，地铁施工安全管控的目的在于：

(1)建立施工安全现场管理体系；

(2)识别和评估出矿山法施工中可能出现的主要风险因素，并对风险分级以及评价方法可行性研究；

(3)提出关于提高矿山法施工现场安全管理的措施及方法。

北京地铁安全风险技术管理体系从设计阶段的风险辨识，到施工阶段的风险控制，实现“预防预控，过程管理”。由风险辨识与评估、风险信息采集、风险信息分析与评价、信息报送、盾构专项、信息化管理、履约考核等七大管控要素组织完整的风险管控链条，具体如图2-1所示。

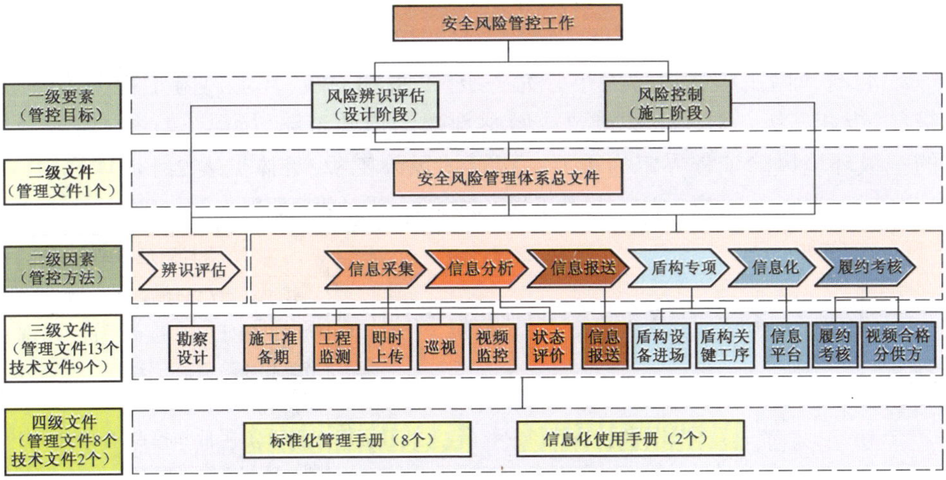

图2-1　北京地铁安全风险技术管理体系架构

2.1 施工准备期矿山法安全风险管控

2.1.1 地质、环境安全风险识别与分析

1. 地质安全风险因素识别与分析

勘察工作中，宜开展地质风险评价工作。地质风险评价宜包括地质风险因素辨识、地质风险单元划分、地质风险分析评价、地质风险应对措施建议等内容。

存在对工程安全影响较大的特殊地质问题、场地范围内水文地质条件复杂、工程方案变更或施工中出现新的地质问题等情况下应开展专项勘察。

初步勘察应包括：工程区域地质条件、地貌、地层、岩性、地质构造、水文地质条件、地下有害气体等。

2. 环境安全风险因素识别与分析

勘察施工期间，应对场地地下管线等周边环境进行保护，作业完成后应对钻孔进行封填并记录钻孔遗留物，或做好警示保护。

环境调查工作完成后应形成环境调查成果。环境调查成果宜包括工程概况、调查范围和对象、周边环境基本情况及统计、相关图纸及现场照片资料、周边环境对工程的影响和风险分析等内容。

3. 矿山法易出现安全风险的部位识别与分析

对施工图进行解读并对风险工程进行深入分析，识别出自身风险工程关键部位，对马头门、变断面、挑高段等受力转换复杂部位进行重点识别与受力分析。

2.1.2 设计方案实施安全风险识别与分析

1. 工程安全风险分级对工程自身和周边环境分别确定，并满足相应阶段的设计深度要求。

2. 自身风险工程按风险大小分为一级、二级和三级，环境风险工程分为特级、一级、二级和三级。对于下穿重要或敏感性强的市政道路、桥梁、建(构)筑物及水体的一级环境风险工程界定为重要一级环境风险工程，具体见表 2.1-1。

表 2.1-1 风险工程等级标准及设计管理原则

风险工程等级		分级条件	设计管理原则
自身风险工程	一级	工程难度大，实施风险可能高，设计时应重点关注	宜采取专门的规避、降低和控制风险的设计处理措施、必要的工程辅助措施和风险监控方案
	二级	工程难度较大，实施风险较高，设计时应加强关注	宜采取降低和控制风险的设计处理措施和风险监控方案

续上表

风险工程等级		分级条件	设计管理原则
自身风险工程	三级	工程难度相对较小，实施风险一般，设计时宜一般关注	宜采取控制风险的常规设计处理措施和风险监控方案
环境风险工程	特级	环境条件极重要或复杂、环境保护要求高，风险发生后的后果影响严重，设计时应高度关注	应开展施工影响安全专项评估和环境保护专项设计，宜采取专门的规避、降低和控制环境风险的环境保护措施、必要的工程辅助措施和风险监控方案
	一级	环境条件较重要或复杂、环境保护要求较高，风险发生后的后果影响较严重，设计时应重点关注	宜进行环境保护专项设计，必要时开展施工影响安全专项评估。可采取专门的规避、降低和控制环境风险的环境保护措施、必要的工程辅助措施和风险监控方案
	二级	环境条件较次要或简单、环境保护要求一般，风险发生后的后果影响一般，设计时应适当关注	宜采取降低和控制环境风险的环境保护措施和风险监控方案
	三级	环境条件较好或可忽略、环境保护要求小，风险发生后的后果影响小，设计时需适当关注	宜采取控制风险的常规环境保护设计措施和风险监控方案

3. 设计各阶段应根据风险工程定性分级原则，结合工程特点、地质条件、周边环境条件、设计方案或工程处理措施和工程经验等，进行风险的深化、细化或核查识别，对风险工程等级进行调整，并满足相应阶段的工作深度要求。

4. 矿山法工程自身风险分级宜以暗挖隧道的结构层数、跨度、断面形状及大小为基本分级依据，并以地质条件复杂性、隧道空间状态等进行风险分级修正，具体见表2.1-2。

表2.1-2　矿山法自身风险工程分级参照标准及调整依据

自身风险工程等级	基本分级条件	分级修正依据
一级	双层及以上暗挖结构（包括车站、区间及附属）； 开挖宽度超过12 m（含）的单层车站、暗挖区间、暗挖风道等； 开挖高度超过18 m（含）的暗挖施工通道等	1. 地质条件复杂性； 2. 暗挖坡度、覆土厚度及相邻隧道空间关系； 3. 暗挖结构平面或断面复杂程度； 4. 暗挖受力体系转换情况等
二级	开挖宽度大于9 m（含）小于12 m的暗挖洞室； 开挖高度大于15 m（含）小于18 m的暗挖施工通道	
三级	其他暗挖工程	

5. 矿山法工程自身风险等级可根据以下具体工程情况进行修正调整:

(1)一次开挖净跨超过 7 m(含)的暗挖结构,上调一级。

(2)对暗挖结构平面或断面复杂、暗挖受力体系转换多,可上调一级。

(3)对暗挖坡度大、覆土厚度小的暗挖工程,可上调一级。

(4)群洞效应显著的工程,可上调一级。

(5)采用平顶直墙工法、仰挖方式开挖(不含断面转化渐变段)的工程,可考虑上调一级。

(6)结构进入承压性水地层,施工期间地下水控制困难的工程,可上调一级。

(7)采用盾构扩挖方式形成永久结构的暗挖工程,可上调一级。

(8)对地质条件复杂、地区工程经验欠缺的暗挖工程,可上调一级。

2.1.3 施工方案安全性评估

1. 地质、环境因素变化对矿山法施工工艺参数及设备适应性评估。

2. 施工工艺及设备对地质、环境影响评估矿山法易出现安全风险的部位识别与分析。

3. 工程施工方案的安全性、合理性。

2.1.4 施工组织合理性评估

1. 施工部署

施工场地布置、施工任务划分、施工顺序、施工总体方案等。

2. 施工准备

条件验收:包括设计文件、施工方案、监控量测、辅助措施、管线保护、地下水预降、视频监控、人员组织、材料、机具设备、应急物资及相关准备等方面是否满足要求。

技术准备:包括地质核查、环境调查、设计文件分析、实施性施工组织设计、技术交底和技术培训等。

3. 安全风险管理体系

安全风险组织结构、专职安全管理人员配置、安全生产管理制度、安全生产监督管理措施、安全生产教育情况等是否责任明晰、满足施工组织设计要求进行评估。

2.2 施工过程中矿山法安全风险管控

2.2.1 开挖面地质情况监控、评估与预警

1. 土层性质及稳定性

(1)土质性质及其变化情况:土质密实度、湿度、颜色等性质、分布情况,与地

质勘察及踏勘结果和设计条件的差异情况。

(2)开挖面土体渗漏水情况：渗漏水量、气味、颜色、是否伴有砂土颗粒、发生位置、原因、危害、发展趋势等。

(3)工作面坍塌：坍塌位置、坍塌体大小、发展趋势、塌落原因等。

(4)土压力及出土量控制情况。

2. 降水效果

降止水控制效果包括：抽水出水量、含砂量及水位变化、附近地面沉陷等，止水是否存在渗漏等情况。

2.2.2　支护体系的监控、评估与预警

1. 支护体系施作及时性情况

施作及时性包括：超前支护施工、格栅架设及时性、基坑支撑架设与网喷的及时性等。

2. 渗漏水情况

渗漏水情况，包括渗漏水量、颜色、气味、是否伴有砂土颗粒、渗漏位置及发展趋势等。

3. 支护体系开裂、变形变化情况

支护体系开裂变形监控需注意支护结构失稳、支护结构过大变形、支撑扭曲变形、支护结构拱脚下沉、支护渗漏、支护与背后土体脱开等情况。

4. 支护体系施工质量缺陷

检查格栅连接是否到位、格栅拱脚是否悬空、混凝土喷护是否到位等。

2.2.3　周边环境监控、评估与预警

1. 地表隆起塌陷情况

(1)地面开裂：包括裂缝宽度、深度、数量、走向、发生位置、发展趋势等。

(2)地面沉陷、隆起：包括沉陷深度、隆起高度、面积、位置、距墩台的距离、距基坑(或隧道)的距离、发展趋势等。

(3)地面冒浆/泡沫：包括出现范围、冒浆/泡沫量、种类、发生位置、发展趋势等。

2. 周边管线渗漏水、开裂情况

(1)管体或接口破损、渗漏：包括位置、管线材质、尺寸、类型、破损程度、渗漏情况、发展趋势等。

(2)检查井等附属设施的开裂及进水：包括裂缝宽度、深度、数量、走向、位置、发展趋势、井内水量等。

3. 周边既有结构变形情况

(1)结构开裂、剥落：包括裂缝宽度、深度、数量、走向、剥落体大小、发生位置、发展趋势等。

(2)结构渗水：包括渗漏水量、发生位置、发展趋势等。

(3)道床结构开裂：包括裂缝宽度、深度、数量、走向、发生位置、发展趋势等。

(4)变形缝开合及错台：包括变形缝的扩展和闭合大小、变形缝处结构有无错开、位置、发展趋势等。

2.2.4 施工工艺监控、评估与预警

1. 开挖面暴露时间

采用矿山法施工要求开挖面具有一定的自立性和稳定性。开挖后工作面土体的自立时间，应足以进行必要的初级支护作业。当作业面临时停工时，需在短时间内将作业面喷混凝土进行封闭。

2. 开挖进尺

作业面土方开挖时，需严格按照施工组织计划进行，严禁超挖、不按施工设计方案开挖。

3. 超前支护施工参数是否符合要求

超前小导管打设长度应按照施工设计打设，杜绝小导管长度不够等情况，以防止出现超前支护欠佳导致掌子面坍塌等情况。

超前大管棚打设过程应控制好打设精度，确保管棚能够承受来自于上方的荷载。

深孔注浆应控制注浆参数，防止出现注浆压力过大而产生地表环境隆起；同时浆液应根据地层情况选择，无水地层多选用单液浆，含水地层多选用双液浆。注浆后应判断注浆效果是否满足超前支护要求。

4. 背后注浆情况

初支背后的充填注浆是否及时；注浆管的埋设数量及位置是否符合设计要求；注浆的原始记录是否符合规范要求；注浆后初支表面是否存在漏水情况。

5. 施工工序

施工工序应严格按照施工组织计划进行，一般为土方开挖、拱架假设、超前支护施工、喷射混凝土、初期支护背后回填注浆、防水板施工、二次衬砌。

2.3 施工过程中突发安全风险类型及预防措施

2.3.1 拱顶坍塌

风险特点：一般发生在隧道开挖过程中或开挖完成后架设钢格栅的过程中。

坍塌前一般会有局部或小范围掉块。

产生原因:(1)超前加固效果不佳;(2)开挖步距太大或格栅架设不及时、喷射混凝土不及时;(3)超挖严重导致开挖范围超出超前注浆加固区域;(4)各种原因导致的钢格栅封闭不及时或拱脚不实;(5)带水作业等。

预防措施:(1)施工前对隧道通过和影响地段进行空洞普查,对空洞采取注浆或其他措施回填,保证回填密实;(2)加强降水工作,确保无水作业;(3)加强好超前支护施工质量;(4)拱部采用人工开挖,预留核心土,保证在加固范围内开挖,严禁挖神仙土;保证及时封闭成环;开挖完成后及时架设钢支撑和喷射混凝土;(5)及时加强背后回填注浆;(6)开挖过程中如出现小范围的局部坍塌时,应立即停止开挖,并封堵开挖面,待制定可靠的防止继续坍塌措施后方可继续施工;(7)加强监控量测,根据检测结果调整施工工艺和参数。

2.3.2　隧道突泥涌水

风险特点:隧道突泥涌水一般发生在隧道开挖过程中,通常出现在隧道拱部。如出现突泥涌水可能会导致隧道坍塌,甚至坍塌至地面。

产生原因:隧道开挖过程中各种原因导致的水管突然破裂,或连通有强烈补给的地下水体,或在开挖过程中围岩突然变化而响应的超前支护措施没有及时改变。

预防措施:(1)开始施工前,对沿线地层和管线进行一次普查,对发现有管线渗漏的情况立即通知相关单位进行修补和加固,同时采取可靠的保护措施;(2)加强对不良地质提前采取加固处理措施;(3)加强详细调查地下水的补给来源,采取多种措施切断其补给;(4)开挖前加强降水工作,确保隧道开挖无水作业;(5)在打设超前小导管时,如发现管内大股流水等异常情况,应立即封闭掌子面,待制定可靠措施后方可继续施工;(6)加强地质素描和超前地质预报工作,一旦发现围岩发生变化,立即改变超前支护手段和措施。

2.3.3　隧道初支失稳

风险特点:隧道初支失稳往往发生在隧道开挖完成后,二次衬砌施工前,往往出现在现有临时仰拱或临时中隔壁的大断面隧道结构中。出现初支失稳前可能出现沉降或收敛过速过大的现象,同时可能伴随喷射混凝土开裂等现象。

产生原因:(1)临时支撑的数量不足或刚度、强度不足;(2)临时支撑架设和连接不及时或不符合要求;(3)喷射混凝土不及时或不符合要求;(4)由于背后回填注浆压力过大或其他原因造成的导致初期支护承受过大荷载;(5)在变形还没有稳定时拆除临时支撑或临时支撑拆除时间、方式、顺序等不符合要求。

预防措施:(1)从超前支护、格栅间距、开挖步距、开挖台阶长度等方面严格按设计文件要求组织施工，对有临时支撑的工法施工时，应严格按照控制每步的开挖断面尺寸；(2)保证格栅和纵向联结筋，特别是临时支撑的联接和焊接质量；(3)施工过程中防止临时仰拱堆载过大和动载；(4)在二次衬砌施工前，严格按设计及施工组织设计的要求的方式、时间和顺序拆除临时支撑；(5)加强拱顶沉降、收敛和应力应变的监控量测工作，并加强对监测数据的整理分析，如发现异常立即停止施工，对初支进行加固；(6)进行背后回填注浆时，随时监测初支的变化情况，严格控制注浆压力。

2.3.4 隧道过河流渗漏

风险特点：隧道过河湖渗漏发生在开挖过程中，开挖完成，甚至衬砌完成后，在开挖过程中出现渗漏影响开挖安全、质量、导致坍塌甚至塌至和河湖联通。开挖完成后二衬施工前渗漏影响结构安全和防水质量。

产生原因：临时由于水体补给丰富，隧道开挖时河湖水体沿地层渗漏。

预防措施：(1)开挖施工前详细调查河湖水深、基础型式、补给、隧道结构和河湖的关系及隧道地层特性等资料；(2)条件许可时，在隧道通过地段疏干或减少河湖水系，或对河湖基础进行防渗处理；(3)隧道开挖前，利用水平钻孔对开挖掌子面进行全断面水平注浆，确保注浆范围径向超出开挖面不少于 50 cm，注浆应超前开挖掌子面一倍洞径，同时应检查注浆后土体强度和渗透系数，只有符合要求方可开挖施工；(4)利用钻孔探明前方掌子面地层特性，根据地层特性调整浆液配比、注浆参数和胶凝时间；(5)开挖时严格按工艺要求进行，及时封闭成环，严格控制超挖；(6)随时排除洞内积水；(7)开挖完成后，及时加强初支背后回填注浆。

2.3.5 管线变形过大

风险特点：管线变形一直随着隧道施工的各个阶段(甚至在竣工通车后一直持续变形)一般来说在隧道开挖过程中特别是仰拱封闭前，是其变形速度较大的阶段。

产生原因：(1)控制沉降的措施不力；(2)开挖过程中管线周边出现坍塌；(3)背后回填注浆不及时、不密实；(4)保护措施不力或落实不力。

预防措施：(1)开挖施工前，对开挖影响范围内所有管线进行一次普查。(2)可能时，在施工前对管线进行安全评估；(3)对隧道通过和影响地段进行空洞普查，对查出的空洞采取注浆或其他措施回填，保证回填密实；(4)根据调查所得的管线性质、材质、埋深及和隧道的关系等资料对管线周边土体进行加固处理，在可能和必要时可采取桩墙隔离或悬吊保护措施；(5)隧道通过管线地段，从超前加固措施、开挖方法、支护手段等方面制定专门的措施，并在开挖过程中严格执行；(6)及时加强初支背后回填注浆，主动控制其沉降；(7)加强监控量测工作。如发现沉降或收敛过大或异常,应立即停止开挖并及时注浆和补注浆,并根据监测结果调整施工参数;(8)为方便施工过程中目标管理,根据隧道的不同施工阶段对总变形值进行目标分解,分解到不同施工阶段进行控制。

2.3.6 建筑物变形过大

风险特点:建筑物变形一直随着隧道施工的各个阶段(甚至在竣工通车后一直持续变形),一般来说在隧道开挖过程中特别是仰拱封闭前是其变形速度较大的阶段。建筑物变形过大可能导致建筑物破坏或危及使用甚至倒塌。

产生原因:(1)控制沉降的措施不力;(2)开挖过程中建筑物周边出现坍塌;(3)背后回填注浆不及时、不密实;(4)保护措施不力或落实不力。

预防措施:(1)开挖施工前,对开挖影响范围内所有建筑物进行一次普查,了解其结构型式、地基基础、总高、层数及隧道的平面和立面关系等。(2)可能时,在施工前对建筑物进行安全评估;(3)对隧道通过和影响地段进行空洞普查,对查出的空洞采取注浆或其他措施回填,保证回填密实;(4)根据调查和评估所得的相关数据和资料,对建筑物周边土体进行加固处理,或采取桩基隔离措施;(5)隧道通过建筑物地段,从超前加固措施、开挖方法、支护手段等方面制定专门的措施,并在开挖过程中严格执行;(6)加强监控量测工作。如发现沉降或收敛过大或异常,应立即停止开挖并及时注浆和补注浆,并根据监测结果调整施工参数;(7)为方便施工过程中目标管理,根据隧道的不同施工阶段对总变形值进行目标分解,分解到不同施工阶段进行控制。

2.3.7 桥梁变形过大

风险特点:桥梁变形一直随着隧道施工的各个阶段(甚至在竣工通车后一直持续变形),一般来说在隧道开挖过程中特别是仰拱封闭前是其变形速度较大的阶段。

产生原因:(1)控制沉降的措施不力;(2)开挖过程中桥梁基础周边土体出现坍塌;(3)背后回填注浆不及时、不密实;(4)保护措施不力或落实不力。

预防措施:(1)开挖施工前,对开挖影响范围内所有桥梁进行一次普查,对其桥面结构型式、桩基基础及和隧道的平面和立面关系等方面做到心中有数;(2)可能时,在施工前对桥梁进行安全评估;(3)对隧道通过和影响地段进行空洞普查,对查出的空洞采取注浆或其他措施回填,保证回填密实;(4)对桥梁基础周边土体进行加固处理,增加承台的基础承载力或桩基的摩擦阻力,或采取桩基隔离措施;(5)隧道通过地段,从超前加固措施、开挖方法、支护手段等方面制定专门的措施,并在开挖过程中严格执行;(6)加强监控量测工作。如发现沉降或收敛过大或异常,应立即停止开挖并及时注浆和补注浆,并根据监测结果调整施工参数;(7)为方便施工过程中目标管理,根据隧道的不同施工阶段对总变形值进行目标分解,分解到不同施工阶段进行控制。

2.3.8 既有轨道交通变形过大

风险特点:既有轨道交通变形一直随着隧道施工的各个阶段(甚至在竣工通车后一直持续变形),一般来说在隧道开挖过程中特别是仰拱封闭前是其变形速度较大的阶段。

产生原因:(1)控制沉降的措施不力;(2)开挖过程中既有轨道交通周边出现坍塌;(3)背后回填注浆不及时、不密实;(4)保护措施不力或落实不力。

预防措施:(1)隧道开挖施工前,详细调查既有轨道交通和隧道的平纵断面关系,既有轨道交通工程道床和结构形式等方面内容;(2)在施工前,对既有轨道交通进行安全评估;对隧道通过和影响地段进行空洞普查,对查出的空洞采取注浆或其他措施回填,保证回填密实;(3)对既有轨道交通周边土体进行加固处理,检验其加固效果,有条件时优先采用采取桩基隔离措施:(4)隧道通过或邻近地段,从超前加固措施、开挖方法、支护手段、回填注浆等方面制定专门的措施;(5)加强监控量测工作。如发现沉降或收敛过大或异常,应立即停止开挖并及时注浆和补注浆,并根据监测结果调整施工参数;(6)为方便施工过程中目标管理,根据隧道的不同施工阶段对总变形值进行目标分解,分解到不同施工阶段进行控制。(7)和运营部门取得联系,在隧道施工阶段列车通过时采取限速等相关措施;(8)隧道施工期间,24 h 值班,加强监控量测工作,发现问题及时处理,并根据监控量测结果及时调整施工工艺和参数。

2.3.9 道路坍塌

风险特点:道路坍塌一般发生在隧道开挖施工阶段(有时在隧道开挖完成后,对隧道坍塌处未进行回填处理或回填不密实时,也可能引起道路坍塌),当隧道出现坍塌,同时对坍塌控制不力导致坍塌扩大至地面。

产生原因:凡是能引起拱顶坍塌的所有因素对坍塌控制不力时都可能引起道路坍塌,同时当出现小坍塌不回填或不及时回填时都可能引起道路坍塌。

预防措施:(1)施工前对隧道通过和影响地段进行空洞普查,对查出的空洞采取注浆或其他措施回填,保证回填密实;(2)加强开挖施工前的降水工作,确保隧道无水作业;(3)加强超前支护施工质量,保证超前小导管或管棚的数量、长度、外插角和搭接长度,严格控制注浆量和注浆压力;(4)拱部开挖采用人工开挖,预留核心土,保证在加固范围内开挖,严禁挖“神仙土”;(5)开挖完成后及时架设钢支撑和喷射混凝土;(6)开挖过程中如出现小范围的局部坍塌时,应立即停止开挖,并封闭开挖面,根据地质情况、坍塌范围和部位,待制定可靠的防止继续坍塌措施后方可继续施工；(7)开挖施工时，对地面道路采取铺盖钢板等措施以增加路面的整体刚度，使车辆通过时路面均匀受力；(8)加强监控量测，根据监测结果调整施工工艺和参数。

2.3.10　有毒气体中毒

风险特点：有毒气体一般无色无味。有毒气体中毒一般没有预兆。

产生原因：当存在于地层的有毒气体一旦地层开挖暴露，其封闭层遭到破坏产生泄漏；或其他原因导致有毒气体泄露；或施工时产生的有毒气体不能及时排除都可能导致有毒气体中毒。

预防措施：(1)有害气体预防采取送气方式，隧道内通风采用大功率、高性能风机，用风管送风至开挖面，送风有效距离大于 2 km，以确保远距离通风的要求；(2)加强隧道内空气质量检测，超过安全标准立即启动应急预案。

第3章　矿山法常见工法及其变形规律与控制措施

目前国内暗挖地铁车站主要施工方法有洞桩法、中洞法、侧洞法等；区间工法主要有CD法、CRD法、台阶法及双侧壁导坑法等；同时伴随上述工法所采用的辅助支护工法，如：深孔注浆、超前小导管注浆及管棚支护等。本章主要简述上述几种工法的施工步序及变形规律与控制要点。

暗挖法修建地铁车站的难点：

（1）工程施工环境复杂

暗挖地铁车站一般都设置在城市中心城区的交叉路口，车流量大，交通繁忙，地下管线纵横交错且周边高楼林立，环境非常复杂。

（2）地铁车站通常跨度大、埋深浅

在软弱地层条件下修建浅埋、大跨、动载暗挖大型地下工程，施工条件困难，施工难度大。

（3）施工场地狭窄，场地布置困难

城市中心区地铁施工，在减少对路面交通等周边环境影响的前提下，施工场地布置存在很大的局限性，如何在有限的施工场地内满足现场施工要求，是需要研究解决的一个难题。

（4）车站高度通常较大，边墙所受侧压力大。

（5）地质条件多变，地层不均匀、不连续，多有地下水发育。

暗挖法修建地铁区间的难点：

（1）作业面暴露易坍塌

采用矿山法要求开挖面具有一定的自立性和稳定性。工作面土体的自立时间，应足以进行有必要的初期支护作业。因此开挖面前方对地层的预加固和预处理，是矿山法施工的必要前提，目的在于加强开挖面的稳定性，增加施工的安全性。

（2）地下水对施工影响较大

地下水不仅影响隧道的正常施工，也会影响隧道的正常使用。在施工期间，地下水不仅降低围岩的稳定性，使得开挖十分困难，而且增加了支护的难度，需采取超前支护或预注浆堵水和加固围岩。

（3）初期支护结构封闭成环较慢易造成环境周边过量沉降

大量经验表明，初期支护封闭成环前，上半断面初期支护受力结构不完善，承受上部荷载及侧向压力过程中将引起较大变形。

(4)初期支护背后易产生空洞造成地表沉陷

施工过程中所产生的全部基本荷载由初期支护承担,容易产生空洞的部位是拱顶,由于混凝土的收缩特性和重力的作用,使得喷射混凝土与岩面不能密贴,产生空隙,形成空洞。

3.1　车站工法

3.1.1　侧洞法

侧洞法施工首先根据暗挖断面的大小,将断面划分为两个侧洞,一个中洞。然后开始对两侧洞进行初衬施工,施工完侧洞的初衬之后,紧接着施工侧洞的二衬,待二衬施工完并达到设计强度后,对中洞再进行土方开挖及初衬施工,最后进行中洞二衬的施工。

1. 侧洞法施工步序

施工步序如图 3.1-1~图 3.1-4 所示。

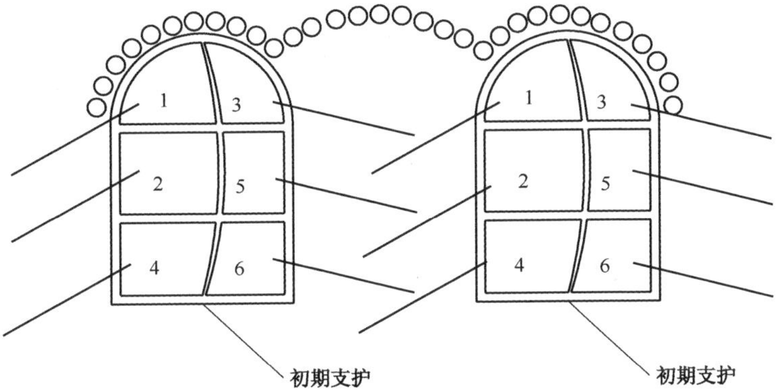

图 3.1-1　分部开挖两侧洞室

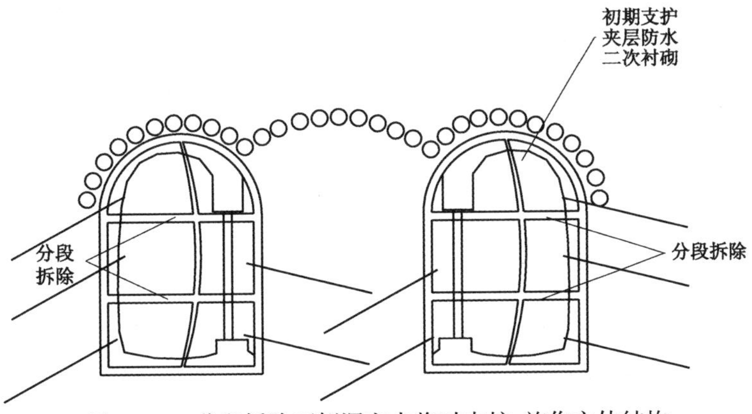

图 3.1-2　分段拆除两侧洞室内临时支护,施作主体结构

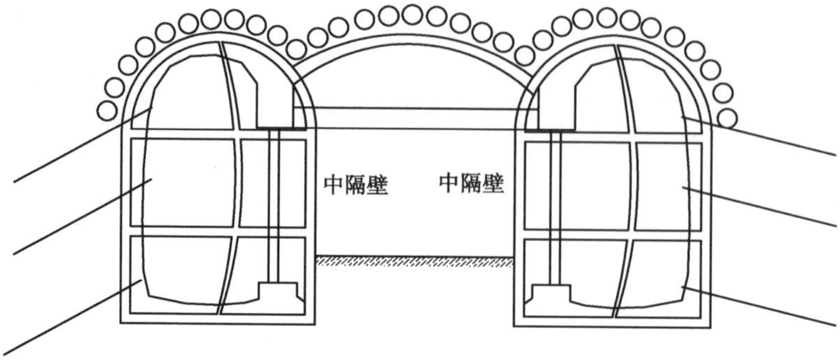

图 3.1-3 开挖中间洞室上层土体,施作中跨拱顶结构

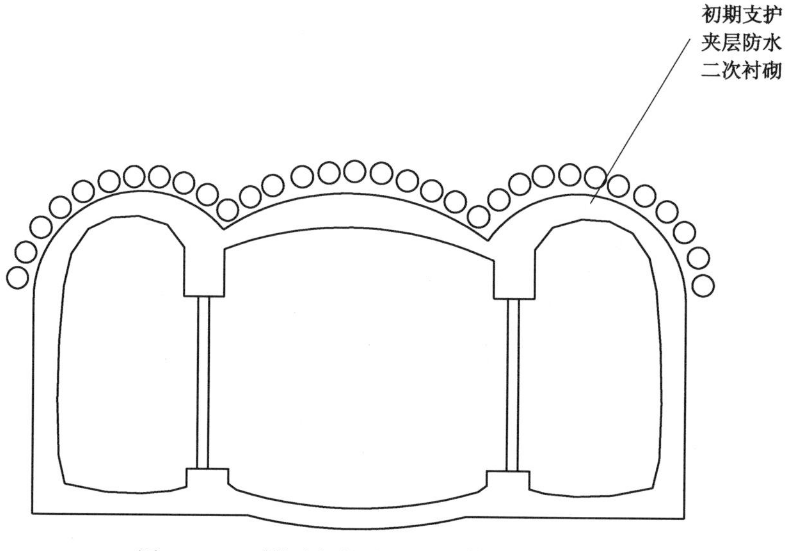

图 3.1-4 开挖中间洞室下层土体,完成主体结构

2. 侧洞法变形规律及控制措施

(1)侧洞法施工可分为中部开挖和侧部开挖。侧洞法侧部开挖阶段引起的地表沉降约占总沉降的 60%,中部开挖阶段引起的地表沉降约占总沉降的 40%。

(2)通过各阶段沉降占比,可得侧部开挖阶段开挖后大刚度的支护和传力体系的建立可以减小开挖对土体的扰动。从减小地面沉降的目的出发,应尽快完成侧部开挖的洞形,从而尽早形成稳定的支护结构,有效控制地层沉降。

(3)中洞施工时应及时施作横向支撑,以平衡侧向压力,保证结构稳定。上部导洞施工时应施作锁脚锚管,以减小下部施工对上部的影响。

(4)侧洞法施工结构内力转变复杂,施工时应建立一套严密的监控量测反馈体系,及时掌握现场施工信息,确保施工安全。

3.1.2　中洞法

中洞法施工就是先开挖中间部分(中洞),在中洞内施作梁、柱结构,然后再开挖两侧部分(侧洞),并逐渐将侧洞顶部荷载通过中洞初次支护转移到梁、柱结构上。这种施工方法,由于中洞的跨度较大,一般采用 CD 法、CRD 法或眼睛工法等施工。中洞法施工工序复杂,但两侧洞对称施工,比较容易解决侧压力从中洞初次支护转移到梁柱上时产生的不平衡侧压力问题,施工引起的地表下沉较易控制。

1. 中洞法施工步序

施工步序如图 3. 1-5~图 3. 1-10 所示。

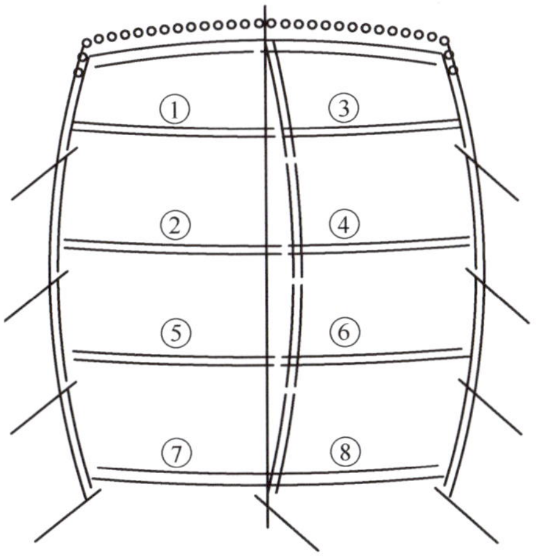

图 3. 1-5　施作中洞

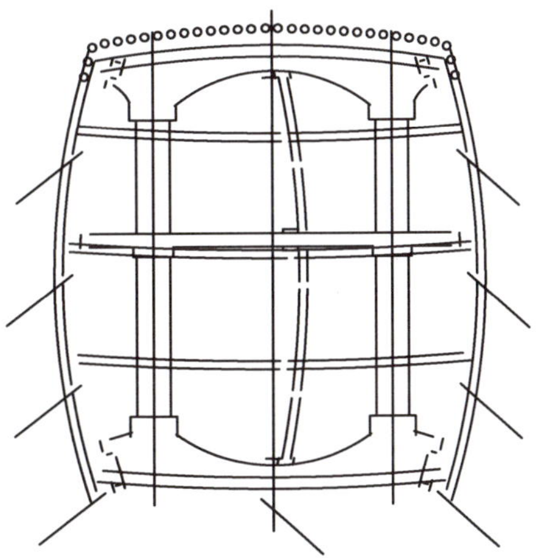

图 3. 1-6　铺设顶、底板防水板,施作顶、中、底梁及钢管柱

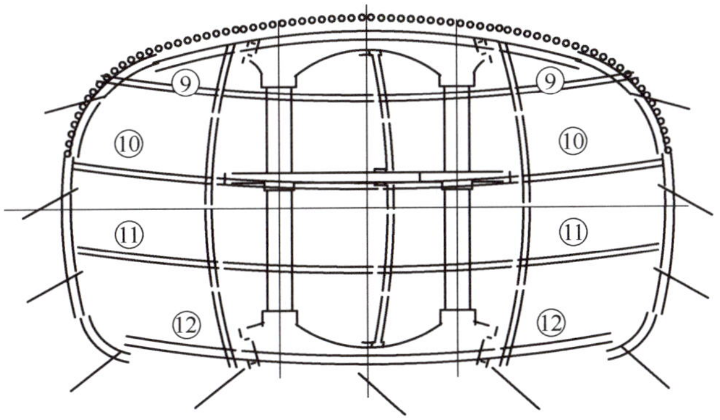

图 3. 1-7　两侧对称依次开挖侧洞并施作初期支护

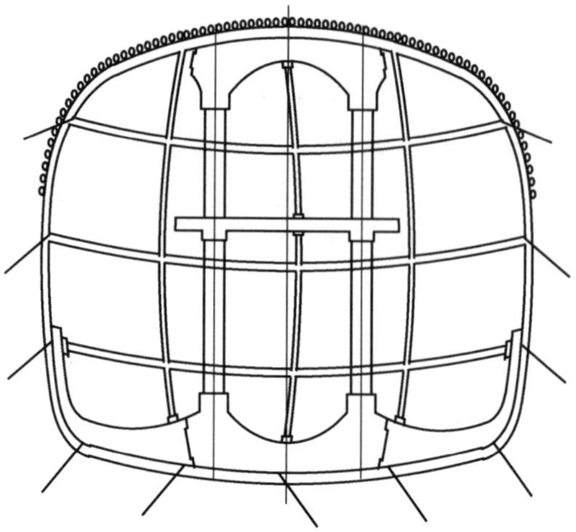

图 3.1-8　铺设侧墙、底板防水层，浇筑侧墙、底板混凝土

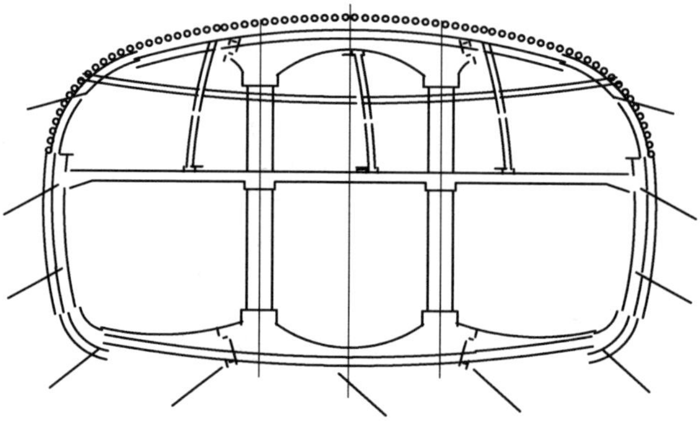

图 3.1-9　纵向分段拆除下部临时支撑

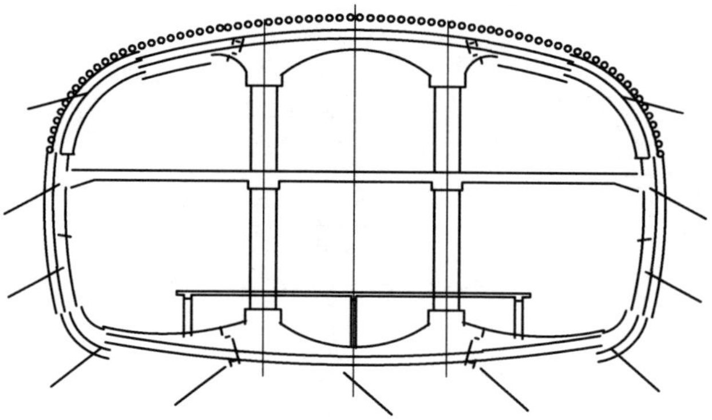

图 3.1-10　纵向分段拆除上部临时支撑，铺设边墙及拱部防水层，浇筑侧墙及拱圈混凝土，结构衬砌成环，施作站台板

2. 中洞法变形规律及控制措施

(1)中洞法施工沉降变形主要经历五个阶段：柱洞初期支护施工沉降(Ⅰ)、中洞初期支护施工沉降(Ⅱ)、中洞二次衬砌底板与扣拱施工沉降(Ⅲ)、侧洞初期支护施工沉降(Ⅳ)及二次衬砌结构施工沉降(Ⅴ)。

(2)中洞法阶段施工引起复杂的应力重分布，表现在沉降槽宽度与深度的不断增大。最终沉降横断面图近似呈轴对称，以中洞中线为对称轴线。最大沉降变形值产生于柱洞中线位置。

(3)中洞法施工周边地表沉降变形第Ⅰ阶段柱洞初期支护施工与第Ⅳ阶段侧洞初期支护施工产生的沉降量比重较大，且侧洞初期支护施工阶段产生的沉降量比重最大，平均为 41% ~65% 。

(4)中洞法施工过程中，应加强柱洞初期支护施工与侧洞初期支护施工阶段的变形监测，初期支护尽早封闭成环，控制周边环境沉降变形，及时采取超前注浆与回填注浆等措施，以防止过大的沉降变形对工程自身及周边环境造成不良影响。

3.1.3　洞桩法

洞桩法是先施工小导洞，在小导洞内施作梁柱体系，然后再施作顶部结构，并在其保护下进行后期的土方开挖及二衬施工。

1. 洞桩法施工步序

施工步序如图 3.1-11 ~ 图 3.1-15 所示。

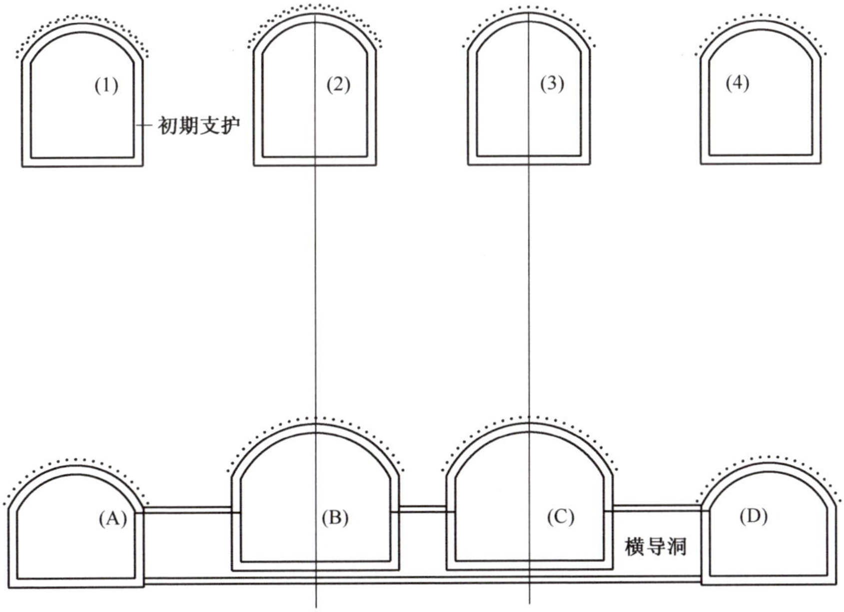

图 3.1-11　开挖小导洞

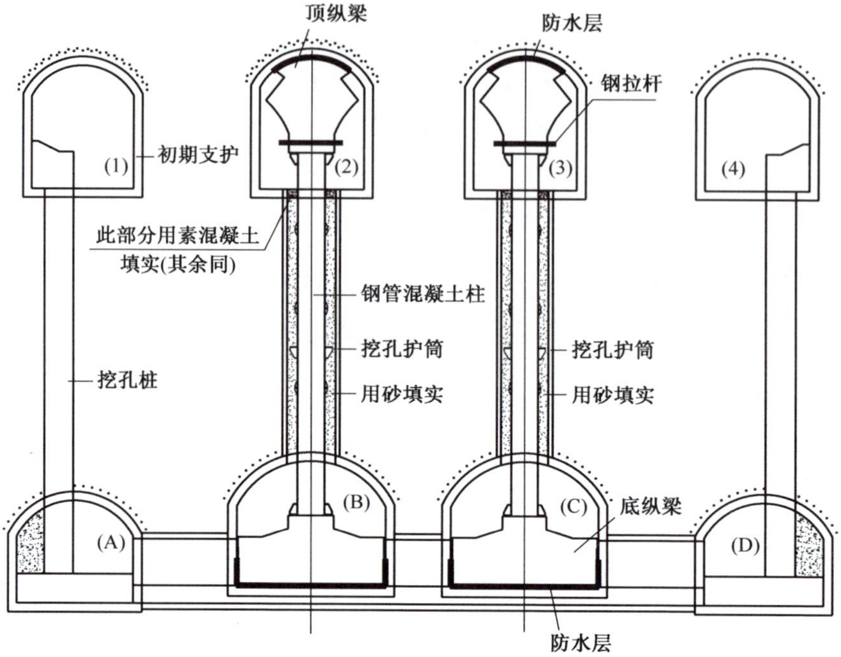

图 3. 1-12　施作梁柱体系

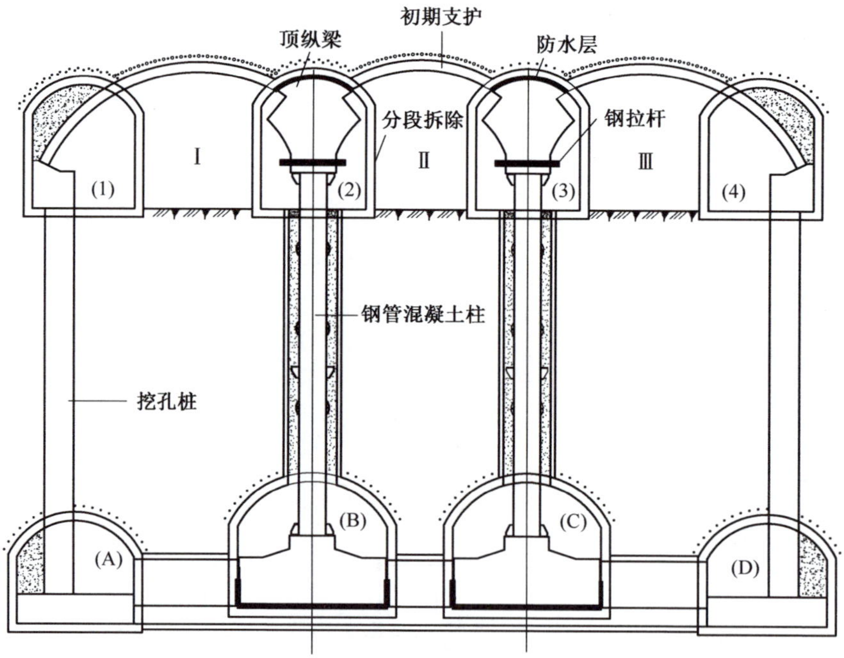

图 3. 1-13　扣拱施工

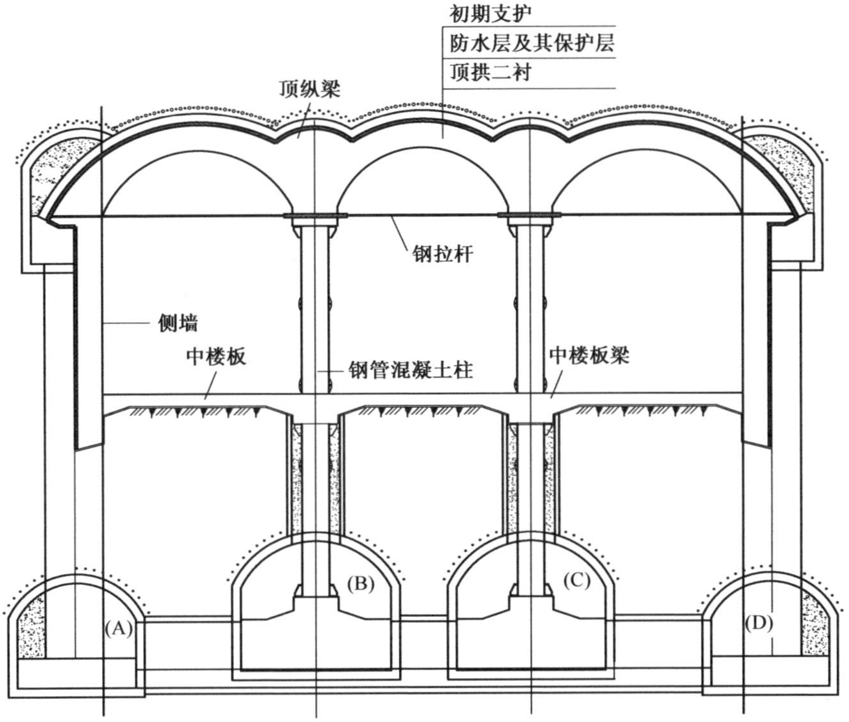

图3.1-14　中板施工、开挖剩余土体

2. 洞桩法变形规律

(1)洞桩法车站施工引起的地表沉降主要发生在导洞施工及扣拱施工阶段，所发生的沉降约占总沉降量的90%左右，在梁、柱(桩)体系，土方开挖及主体二衬施工阶段所引起的地表沉降所占比例则相对较小，所发生的沉降约占总沉降量的10%左右，因此应合理安排导洞及扣拱开挖顺序，减小群洞施工效应。

(2)在同种地层情况下，导洞尺寸及扣拱跨度相近的情况下，双拱单柱车站因开挖跨度小及导洞数量少，其沉降明显小于三拱两柱车站；但随着导洞间距增大，虽然导洞间相互影响变小，但扣拱跨度变大，扣拱阶段引起的地表沉降急剧增大，所以在设计时，应根据车站宽度，合理安排导洞间间距。

(3)不同的地层在各个施工阶段所引起的地表沉降具有一定的差异，其中粉土、粉质黏土层在导洞施工过程中所引起的地表沉降所占比例最大，圆砾~卵石层最小。

(4)四导洞PBA工法由于只是个上部四个导洞，对地层扰动次数较少，地表沉降较少，沉降主要发生在导洞及初支扣拱阶段，以卵石层四导洞PBA施工为例各阶段施工沉降为：导洞施工沉降约占总沉降量的50%~60%，初支扣拱阶段约占总沉降量的15%~25%，二衬扣拱阶段约占总沉降量的5%~10%，土方开挖阶段约占总沉降量的5%。

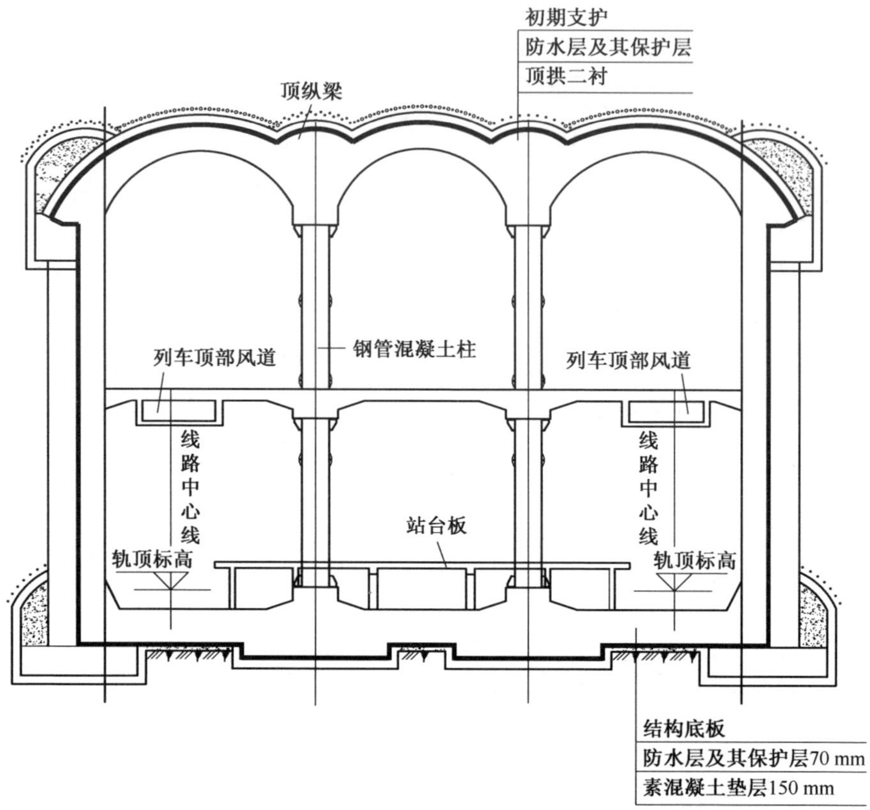

图 3. 1-15　完成剩余车站结构

3. 1. 4　柱洞法

柱洞法施工时，先在立柱位置施作一个小导洞，可用台阶法开挖。当小导洞做好后，在洞内再做底梁、立柱和顶梁，形成一个细高的纵向结构，该工法的关键是如何确保两侧开挖后初期支护同步作用在顶梁上，而且柱子左右水平力要同时加上且保持相等，涉及工程结构静力平衡与动态转换交织等问题。

1. 柱洞法施工步序

主要步序分 6 步，分别为：

步序 1（图 3. 1-16）：施作大管棚，依次进行中部 1、2、3、4 洞土体开挖及支护，各洞前后拉开 10～15 m 距离。

步序 2（图 3. 1-17）：洞通后，封端，在 3、4 洞内施作底板防水层、底纵梁，在临时仰拱钢管混凝土柱位置凿洞施工钢管混凝土柱；然后施工顶拱防水层及顶纵梁；最后进行 5 洞土体开挖。

步序 3(图 3.1-18):5 洞洞通后,封端,分段(不超过 6 m)拆除临时隔壁,施工中拱顶部防水层及中拱顶部二衬混凝土;然后进行 6 洞土体开挖及支护。

步序 4(图 3.1-19):6 洞洞通后,封端,分段(不超过 12 m)拆除临时隔壁,施工中拱底部防水层及中拱顶部二衬混凝土;然后进行 7、8 洞土体开挖及支护,前后拉开距离 10~15 m。

步序 5(图 3.1-20):在 7、8 洞内分段(不超过 6 m)拆除临时中隔壁,施工边拱底拱及部分侧墙防水层及二衬混凝土,并施工临时钢支撑;然后分段(不超过 6 m)拆除 7、8 洞间临时仰拱,施工侧墙及顶拱防水层及二衬混凝土。

步序 6(图 3.1-21):拆除临时仰拱及临时隔壁,完成车站结构,并施工内部结构。

2. 柱洞法变形规律

(1)先开挖中导洞后开挖边跨时地层变形较小,塑性局部较小,更有利于结构受力,且该工况下柱子将产生较小偏移。

(2)车站中心轴位置处的地表沉降最大,塑性区主要出现再边跨及其右侧一定范围内。

(3)边跨扣拱位置将承受较大的轴力,靠近顶梁及地梁位置处的初支结构将受到较大的弯矩作用。

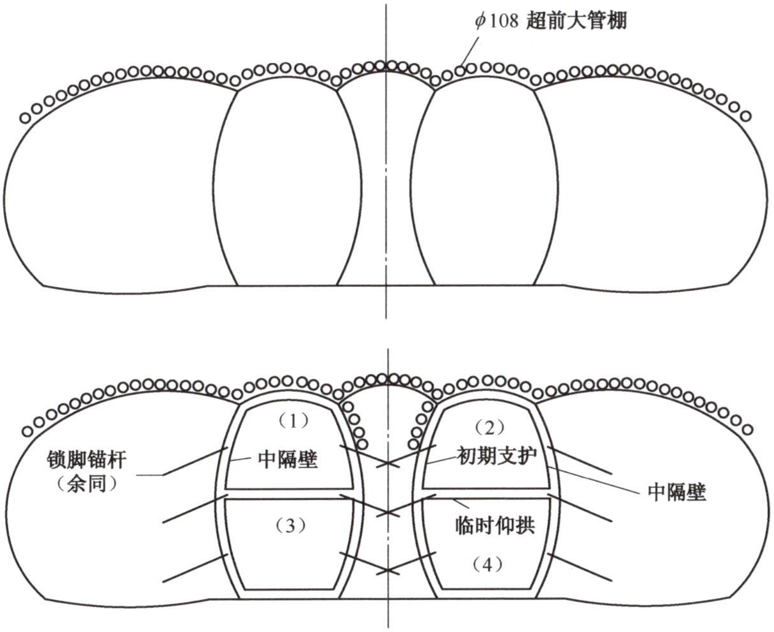

图 3.1-16 柱洞法施工步序 1

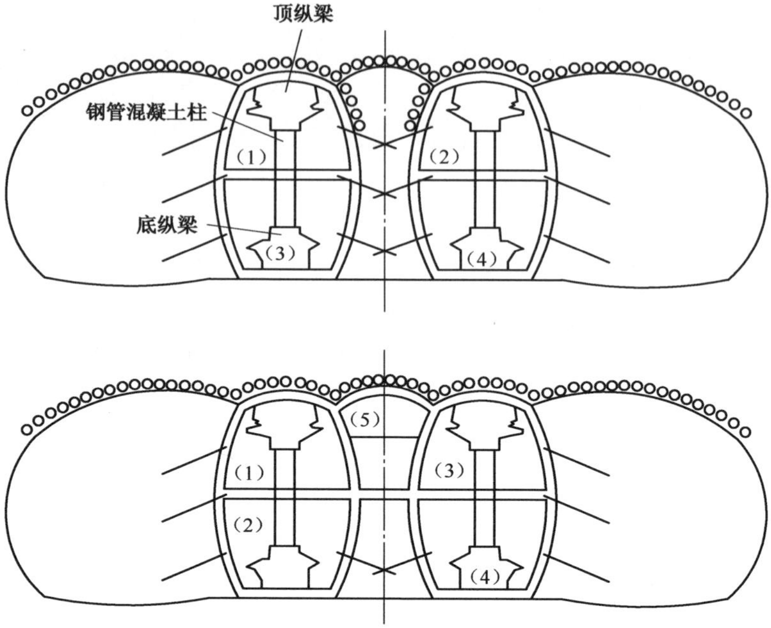

图 3. 1-17　柱洞法施工步序 2

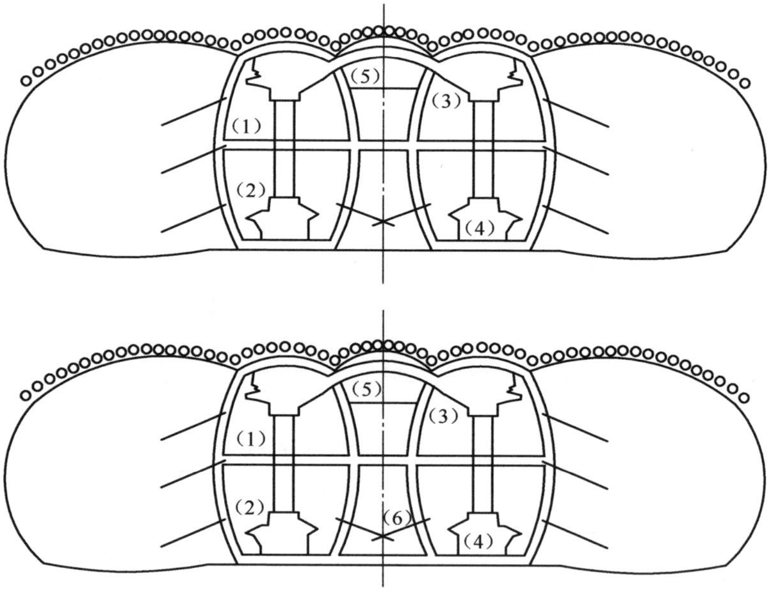

图 3. 1-18　柱洞法施工步序 3

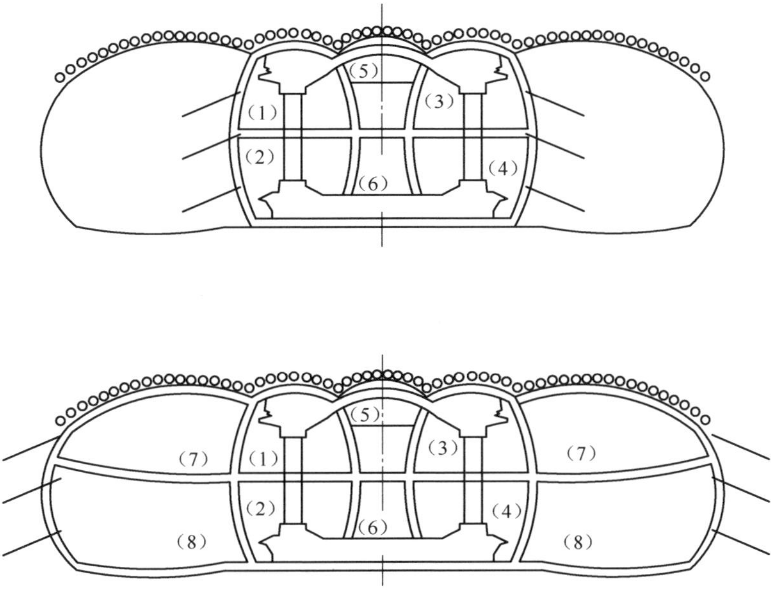

图 3. 1-19　柱洞法施工步序 4

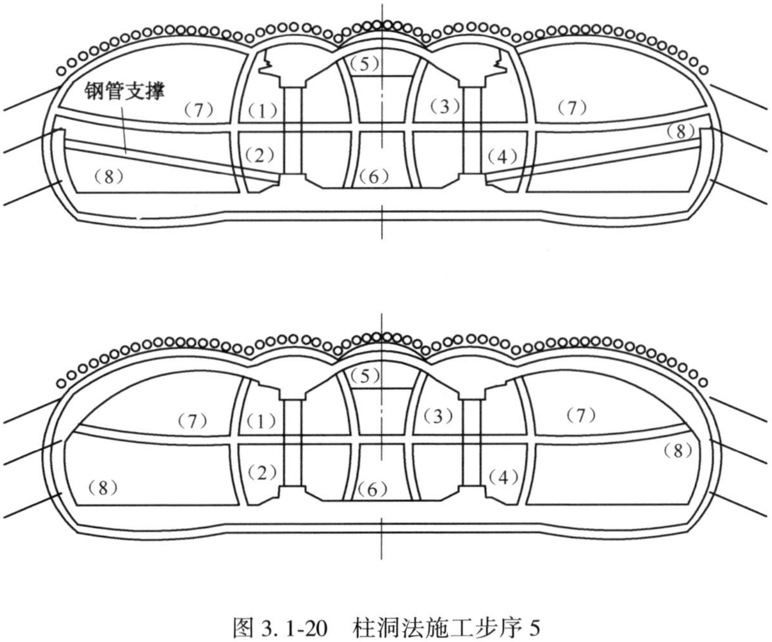

图 3. 1-20　柱洞法施工步序 5

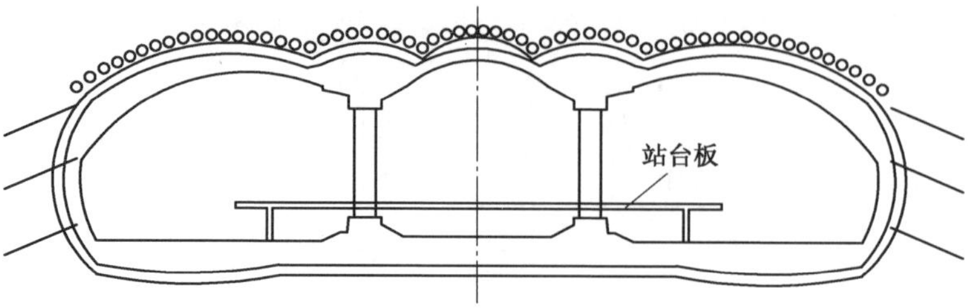

图 3. 1-21　柱洞法施工步序 6

3. 1. 5　技术对比

施工技术对比具体见表 3. 1-1。

表 3. 1-1　施工技术对比表

施工技术	洞桩法	中洞法	柱洞法	侧洞法
作业环境	导洞内环境差	差	差	差
工程进度	较快	工序转换次数多,进度慢	介于中洞法与侧洞法之间	较慢
防水效果	较好	顶部较好,底板、侧墙较差	差	较差
造价	较低	较高	较低	高
地面沉降	较小	较小	较小	较大
优点	施工安全,沉降控制好,后续土方开挖空间大,利于机械化施工	无需体系转换,较安全可靠,地面沉降可控	施工安全度较高,废弃工程量少	施工安全度较高
缺点	导洞空间小,扣拱施工难度大,会发生群洞效应,施工缝多	工序繁多,临时支撑拆除量大	开挖工序多,受力转换次数多,废弃量略大	中洞上方土体多次受扰动,钢格栅连接难度大

3.2　区间工法

3. 2. 1　台阶法

台阶法是指先开挖隧道上部断面(上台阶),上台阶超前一定距离后开始开挖下部断面(下台阶),上下台阶同时并进的施工方法。根据台阶长度,可分为短台阶、长台阶、超短台阶(微台阶)法等。

1. 台阶法

施工示意图如图3.2-1所示。

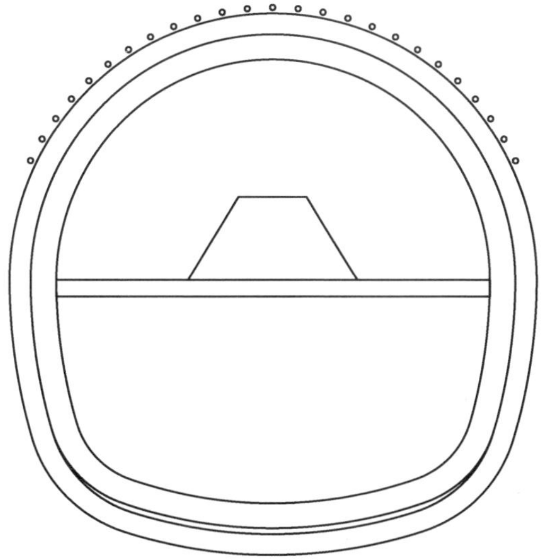

图3.2-1　台阶法施工示意图

台阶法施工就是将结构断面分成两个或几个部分,具有上下断面两个工作面或多个工作面,分步开挖。

其优点是:(1)灵活多变,适用性强;(2)具有足够的作业空间和较快的施工速度。台阶有利于开挖面的稳定性,尤其是上部开挖支护后,下部作业则较为安全。当地层无水、洞跨小于10 m时,均可采用台阶法。

缺点是上下部作业有互相干扰,应注意下部作业时对上部稳定性的影响,台阶开挖会增加对围岩的扰动次数等。

2. 台阶法施工步骤

台阶法主要施工步骤:施作超前小导管注浆→开挖,进尺一榀格栅间距(0.5 m或0.75 m)→挂钢筋网,架设格栅钢架,喷混凝土→上下台阶错开4~6 m,进行下台阶开挖及支护,初支封闭成环→初期支护背后注浆→各段初支贯通后,防水层施作→架设二衬钢筋→进行二衬混凝土浇筑,每组环向施工缝及纵向间距(标准断面二衬支护采用台车支护,环向施工缝为9.0 m一道,仰拱施工缝为15 m一道)→二衬背后注浆。

3. 台阶法施工控制要点

(1)根据围岩条件和施工机械设备情况合理确定台阶长度、台阶高度及台阶数量,其各部分形状应有利于保护围岩稳定的前提下尽量便于机械作业。

(2)当围岩自稳能力较好,隧道开挖跨度不大时,为方便作业,台阶长度宜控制在10~50 m以内。围岩稳定性较差时,台阶长度宜控制在3~10 m。

(3)上部断面使用钢架时,可采用扩大拱脚和施作锁脚锚杆(管)等措施,防止拱部下沉变形。上下端面初期支护刚架链接应平顺,螺栓连接应牢固。

(4)围岩整体性较差时,施工中应采取措施减少下部开挖时对上部围岩和支护的扰动,下部断面开挖应两侧交错进行,下部断面应在上部断面喷混凝土达到一定强度后开挖。

(5)当围岩不稳定时进尺应为1~1.5 m,落地后应立即施作初期支护。

(6)仰拱应及时施作,使支护及早闭合成环。

3.2.2 中隔壁法

中隔墙法也称CD工法,是以台阶法为基础,将隧道断面从中间分成左右部分,使上、下台阶左右各分成两部或多部分,每一部分开挖并支护后形成独立的闭合单元。

其工艺特点为:采用自上而下分2~3部开挖隧道的一侧,完成初期支护和中隔壁;待喷射混凝土达到施工图标示强度等级的70%后,进行另一侧的开挖及支护,形成带有中隔壁支护的左右洞室;最后,拆除支护,施作仰拱、拱墙衬砌和铺垫及填充。

1. 中隔壁法

施工示意图如图3.2-2所示。

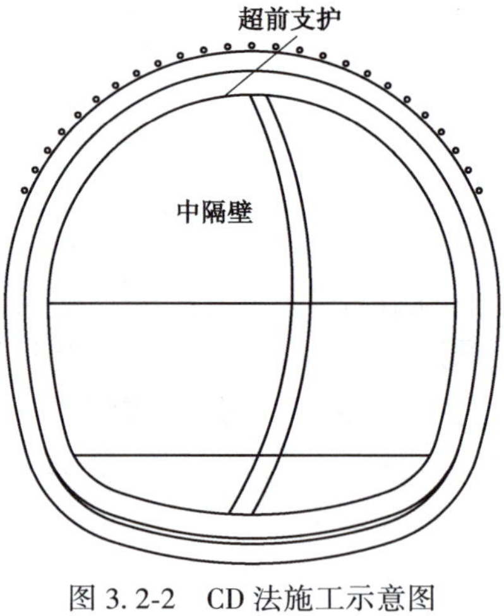

图3.2-2　CD法施工示意图

2. 中隔壁法施工步骤

CD法主要施工步骤:左侧导洞施作超前小导管注浆→左侧上台阶开挖,上下台阶错开 4~6 m,进尺 0.5 m→挂钢筋网,架设格栅钢架,喷混凝土→初支背后注浆→左、右侧洞拉开约 6 m,同样施工步序施工右侧洞,初支封闭成环→纵向分段(第一环拆除长度短一些,约 6~7 m,后续拆除长度根据洞内变形监测情况进行确定)截断临时中隔壁→防水层施作→架设二衬钢筋→进行二衬混凝土浇筑(采用人工支模方法施工,结构边墙及拱部分开浇筑,环向共设 4 道纵向施工缝,纵向每 6 m 设置 1 道施工缝)→二衬背后注浆。

3. 中隔壁法施工控制要点

(1)上部导坑的开挖循环进尺控制为 1 榀钢架间距(0.5 m 左右),下部导坑的开挖进尺可依据地质情况适当加大。

(2)中隔壁法施工时,初期支护完成后方可进行下一分部开挖,地质较差时,每个台阶底部均应按设计要求设临时钢架或临时仰拱;各部开挖时,周边轮廓应尽量圆顺;应在先开挖侧喷射混凝土强度达到设计要求后再进行另一侧开挖;左右两侧导坑开挖工作面的纵向间距不宜小于 1 倍洞径;当开挖形成全断面时,应及时完成全断面初期支护闭合。

(3)导坑开挖孔径及台阶高度可根据施工机具、人员等安排进行适当调整。应配备适合导坑开挖的小型机械设备,提高导坑开挖效率。

(4)中隔壁的拆除应滞后于仰拱,并应于围岩变形稳定后才能进行,一次拆除长度应根据量测数据慎重确定,拆除后应立即施作二次衬砌。

3.2.3　交叉中隔壁法

交叉中隔墙法也称 CRD 工法。当 CD 工法仍不能保证围岩稳定和隧道施工安全要求时,可在 CD 工法的基础上对各分部加设临时仰拱,将原 CD 工法先开挖中壁一侧改为两侧交叉开挖、步步封闭成环而改进发展的一种工法。

其工艺特点为:各部开挖及支护自上而下,步步成环,及时封闭,各分部封闭成环时间短,中隔壁能有效地阻止支护结构和收敛变形和下沉,在控制地面沉降和土体水平位移等方面优于其他工法。充分利用了中隔壁和临时仰拱的支撑作用,并辅以超前注浆小导管超前支护、挂网和格栅喷混凝土等支护手段,加之开挖对围岩扰动小,大大提高施工的安全度。

1. 交叉中隔壁法

施工示意图如图 3.2-3 所示。

采用交叉中隔壁法(CRD 法)施工,和中隔壁法施工原理一样,通过中隔壁的分隔,将隧道分割成两半施工,将隧道跨度减小,同时分割后的隧道两侧采用台阶法交叉施工,可以减小隧道开挖的空间效应,同时及时施工的初期支护、临时仰拱可以步步成环闭合,大大提高支护强度、刚度,和中隔壁一起有效的支撑、传递围岩荷载,可以有效控制大跨度、软岩隧道开挖的变形,施工安全更加可靠。

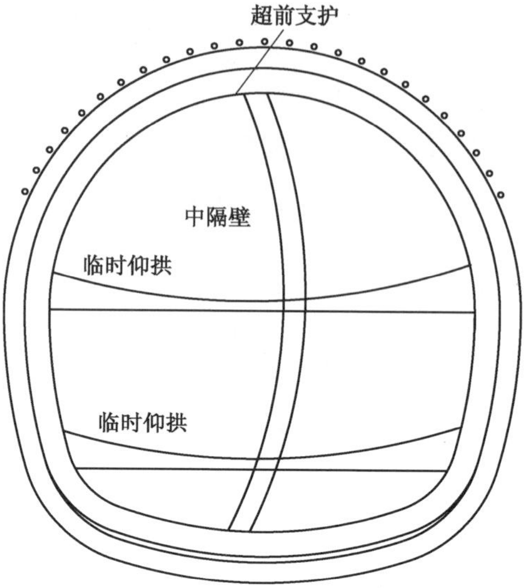

图 3.2-3　交叉中隔壁法施工示意图

2. 交叉中隔壁法施工步骤

CRD 法(4 导洞为例)主要施工步骤:左侧导洞施作超前小导管注浆→左侧上导洞开挖,并预留核心土,进尺 0.5 m→挂钢筋网,架设格栅钢架、临时隔壁和临时仰拱,喷混凝土→左侧上导洞与下导洞错开 3~5 m 后,进行左侧下导洞开挖及支护→初支背后注浆→左、右侧洞拉开 6 m,同样施工步序施工右侧上下洞,初支封闭成环→环向分次、纵向分段(第一环拆除长度 6~7 m,后续拆除长度根据洞内变形监测情况进行确定),截断临时中隔壁、临时仰拱→防水层施作→架设二衬钢筋→进行二衬混凝土浇筑(采用人工支模方法施工,结构边墙及拱部分开浇筑,环向共设 4 道纵向施工缝,纵向每 6 m 设置 1 道施工缝)→二衬背后注浆。

3. 交叉中隔壁法施工控制要点

(1)根据地质条件,隧道断面的分部,应以初期支护受力均匀,便于发挥人力,机械效率为原则,一般水平方向分两部、上下分二至三层开挖。

(2)先行施工部位的临时支撑(中隔壁、临时仰拱),均应右向外(下)鼓的弧度。

(3)各部分开挖及支护应自上而下,开挖后及时施作初期支护、中隔壁、临时仰拱、步步成环。

(4)同一层左右两部开挖工作面相距不大于 15 m,上下层开挖工作面相距宜保持 3~4 m,且待喷混凝土强度达到设计强度的 70% 后开挖相邻部位。

(5)宜缩短各部开挖工作面的间距,使初期支护尽早封闭成环。

(6)根据监控量测结果,中隔壁及临时仰拱在仰拱浇筑前逐段拆除,每段拆除长度宜不大于 15 m。

3.2.4　双侧壁导坑法

双侧壁导坑法也称眼镜法，为大断面暗挖施工方法的一种。各分块在开挖后立即各自闭合，结构相对简单，很好地解决了大断面隧道开挖的安全性问题。

1. 双侧壁导坑法施工步序

主要步序分 10 步，分别为：

步序 1(图 3.2-4)：拱顶小导管注浆，台阶法开挖导洞 1，施作初期支护、临时隔壁、临时仰拱。

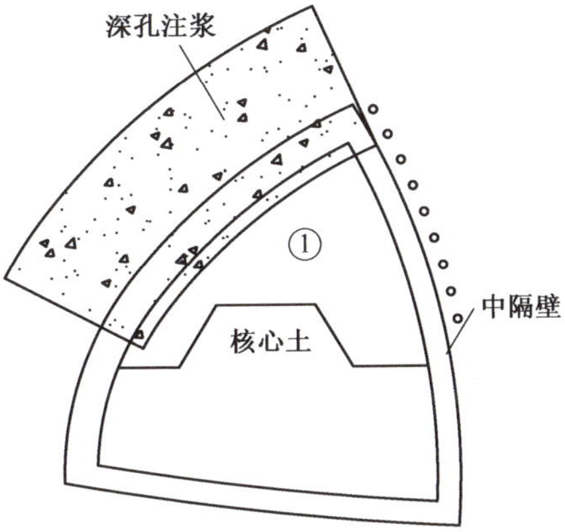

图 3.2-4　双侧壁导坑法施工步序 1

步序 2(图 3.2-5)：1 号导洞超前 2 号导洞 5 m，开挖导洞 2 土体，施做边墙、仰拱支护及临时隔壁。

步序 3(图 3.2-6)：台阶法开挖导洞 3 号导洞土体，施做拱部支护及临时隔壁、临时仰拱，2 号导洞超前 3 号导洞 10 m。

步序 4(图 3.2-7)：3 号导洞超前 4 号导洞 5 m，开挖导洞 4 土体，施做边墙、仰拱支护。

步序 5(图 3.2-8)：4 号导洞超前 5 号导洞 10 m 后，台阶法开挖 5 号导洞土体，施做拱部支护及临时仰拱。

步序 6(图 3.2-9)：5 号导洞超前 6 号导洞 5 m 后，开挖 6 号导洞土体，施做边墙、仰拱支护。

步序 7(图 3.2-10)：分段局部截断竖向临时支撑(步长 4~6 m)，敷设防水层、绑扎钢筋、支模浇筑底板二衬，达到设计强度 80% 后，顶紧竖向临时支撑与二衬结构。

步序 8(图 3.2-11)：敷设防水层、绑扎钢筋、支模浇筑两侧墙二衬，架设临时型钢支撑(步长 4~6 m)，待侧墙达到设计强度 80% 后，顶紧临时支撑与二衬结构。

步序 9(图 3.2-12)：分段破除临时中隔壁并架设临时型钢支撑(步长 4~6 m)，敷设防水层、绑扎钢筋、支模浇筑拱顶二衬。

步序 10(图 3. 2-13):待二衬强度达到 80% 以上后,拆除临时型钢支撑及中隔板、中隔壁,封闭成环。

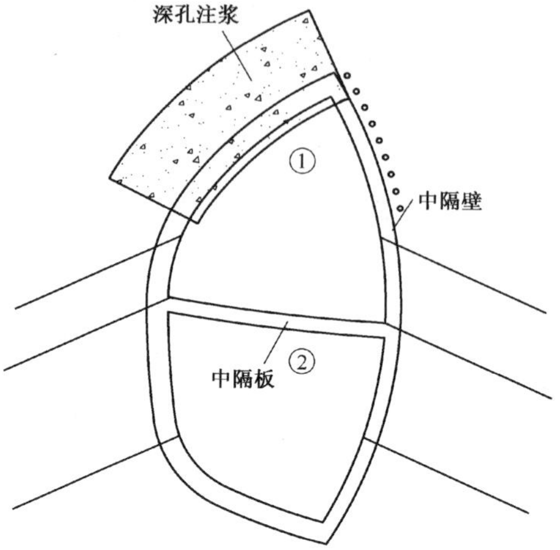

图 3. 2-5　双侧壁导坑法施工步序 2

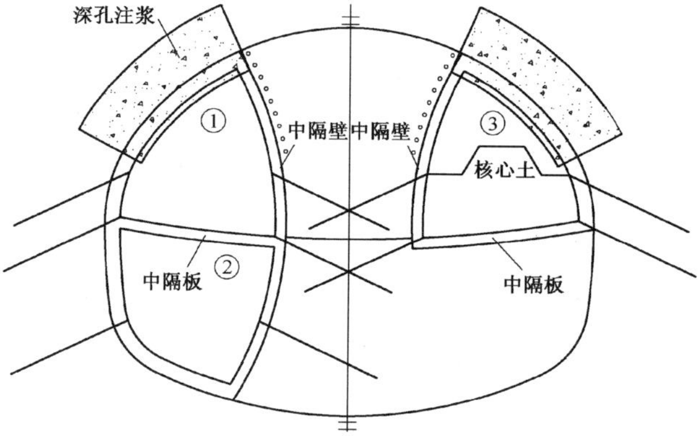

图 3. 2-6　双侧壁导坑法施工步序 3

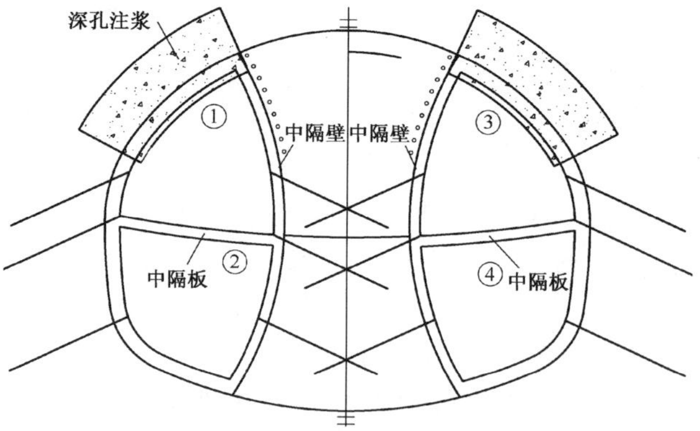

图 3. 2-7　双侧壁导坑法施工步序 4

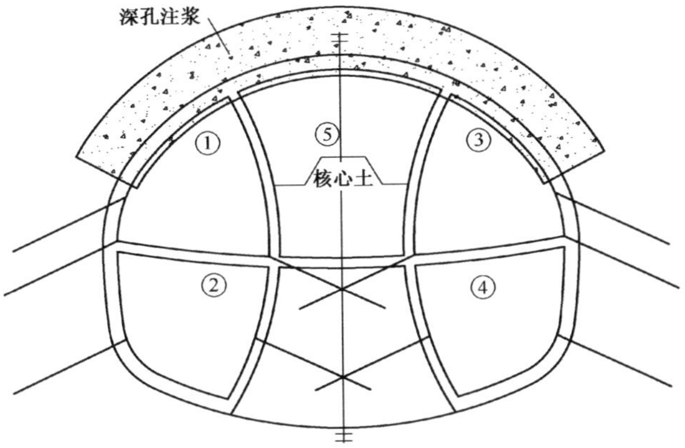

图 3. 2-8　双侧壁导坑法施工步序 5

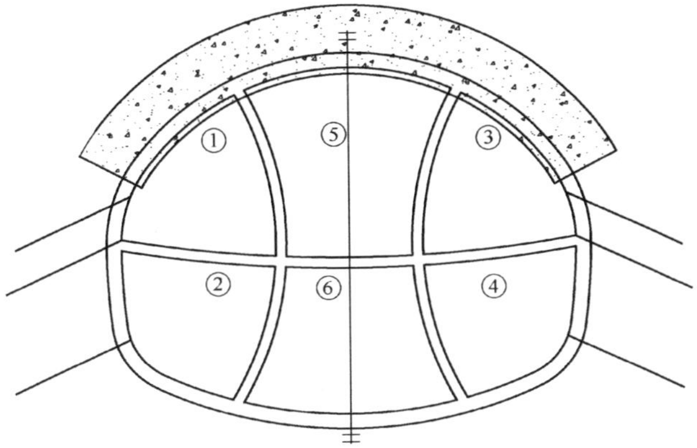

图 3. 2-9　双侧壁导坑法施工步序 6

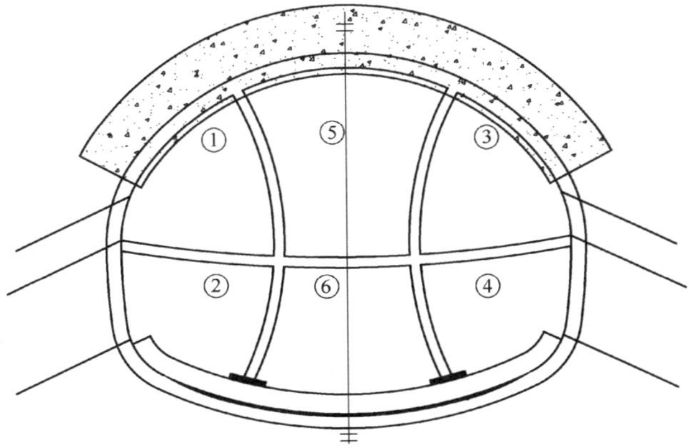

图 3. 2-10　双侧壁导坑法施工步序 7

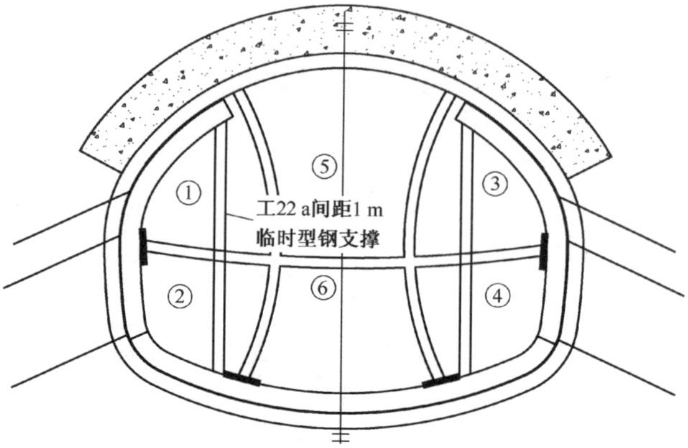

图 3. 2-11　双侧壁导坑法施工步序 8

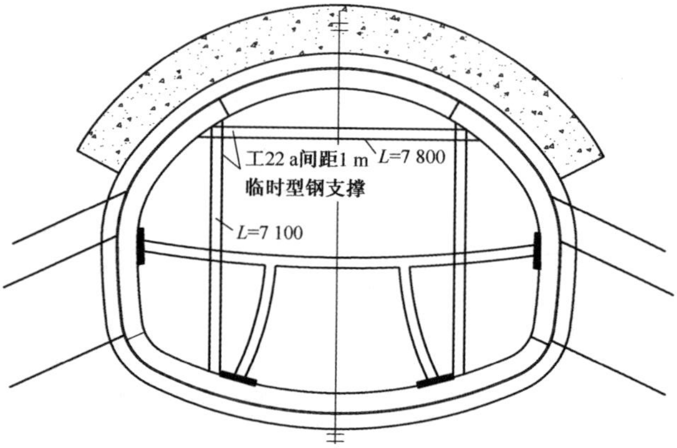

图 3. 2-12　双侧壁导坑法施工步序 9

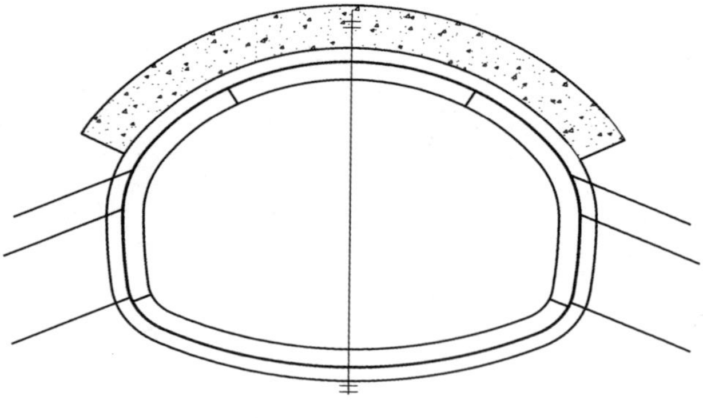

图 3. 2-13　双侧壁导坑法施工步序 10

2. 双侧壁导坑法施工控制要点

(1)侧壁导坑形状应近似椭圆形,导坑断面宽度一般为整个断面的1/3。

(2)两侧侧壁导坑超前中部10~20 m,可独立同步开挖支护,中部采用台阶法开挖,保持平行作业。

(3)导坑开挖后应及时进行初期支护及临时支护,设置锁脚锚杆,并尽早封闭成环。

(4)根据监控量测信息,初期支护稳定后拆除临时支护,一次拆除长度不超过15 m,并加强监控量测。

(5)临时支护拆除完成后,及时施作仰拱并进行二次衬砌。

3.2.5　技术对比

具体技术对比见表3.2-1。

表3.2-1　施工方法对比表

施工技术	台阶法	双侧壁导坑法	CD法	CRD法
工法特点	环形开挖留核心土	变大跨为小跨	变中跨为小跨	步步封闭
施工难度	不复杂	最复杂	一般	复杂
技术条件	低	高	较高	最高
预测地表沉降	大	较小	小	最小
施工速度	快	最慢	一般	慢
工程造价	低	最高	中等	高
适用范围	跨度≤12 m,地质较差	小跨度,连续使用可扩成大跨度	跨度≤18 m,地质较差	跨度≤20 m,地质较差

3.3　辅助工法

3.3.1　超前小导管加固

超前小导管注浆加固地层技术,是通过沿主洞开挖轮廓线外纵向向前倾斜钻孔安设注浆管,并注入浆液,达到超前加固地层和止水的目的,同时小导管还可以起到超前管棚预支护作用。该工法是软弱、松散围岩施工中采取的主要辅助技术措施。

1. 超前小导管加固原理

在软弱及破碎岩层施工中,超前小导管对松散岩层起到加固作用,注浆后增强了松散、软弱围岩的稳定性,有利于完成开挖后与完成初期支护时间内围岩的稳定,不至于围岩失稳破坏直至坍塌。

超前小导管注浆适用于隧道拱部软弱围岩，松散、无黏结土层、自稳能力差的砂层及砂砾(卵)石层级破碎岩层。

通过超前小导管注浆能改变围岩状况及稳定性，浆液注入软弱、松散地层或含水破碎围岩裂隙后，能与之紧密接触并凝固。浆液以充填，劈裂等方式，置换土颗粒间和岩石裂隙中的水分及空气后占据其位置，经过一定时间凝结，将原有的松散土颗粒或裂隙胶结成一个整体，形成一个新结构，强度大，防水性能良好的固结体，使得围岩松散破碎状况得到大幅度改善。

地铁中超前小导管主要用于洞桩法车站导洞及扣拱施工时，对其拱部土体进行超前支护及注浆加固。

2. 超前小导管施工

(1)施工工艺流程

具体施工流程如图 3. 3-1 所示。

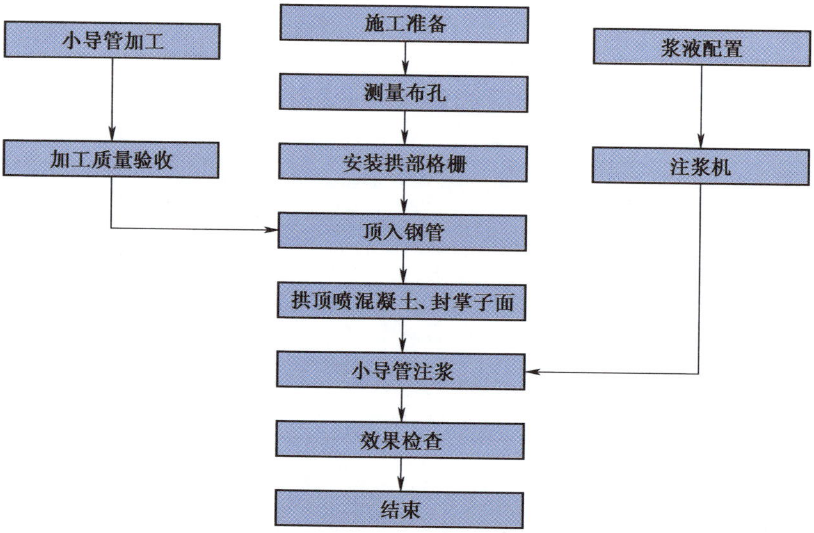

图 3. 3-1　超前小导管施工流程

(2)超前小导管加工制作

小导管根据地层可以选用 ϕ42、ϕ22 或 ϕ25 热轧钢管加工而成，小导管前端加工成锥形，以便插打，并防止浆液前冲。小导管中间部位钻 ϕ8 mm 溢浆孔，呈梅花形布置(防止注浆出现死角)，间距 100~150 mm，尾部 1. 0 m 范围内不钻孔防止漏浆，末端焊 ϕ6 环形箍筋，以防打设小导管时端部开裂，影响注浆管联接。

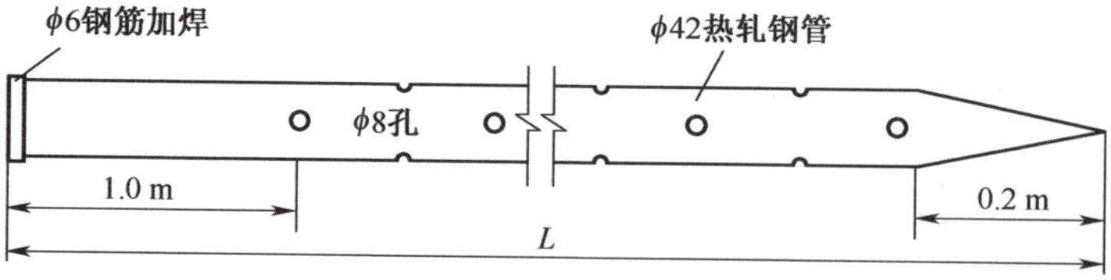

图 3. 3-2　小导管加工示意图

(3)超前小导管安设

超前小导管在前一循环拱顶格栅拱架安装完毕之后施作。施工时小导管根据地层情况采取一榀或两榀一打设,小导管长度一般为 1.8～2.5 m,环向间距 300 mm,外插角 10°～15°。小导管从拱顶钢格栅中间穿过,尾部与钢格栅焊接以增加稳定性。小导管安设方式为:先按照测量给定的位置插入钢管,然后用风镐顶入土中,顶入长度不小于钢管长度的 90%,小导管安设完成后先封端止浆再进行注浆。小导管长度、打入角度以及规格、环向间距、相邻两循环纵向间距按设计要求进行,小导管纵向搭接长度不小于设计要求,超前小导管注浆加固如图 3.3-3 所示。局部大断面地段或过一些重要建(构)筑物地段还采用了双排小导管对拱部土体进行了超前加固。

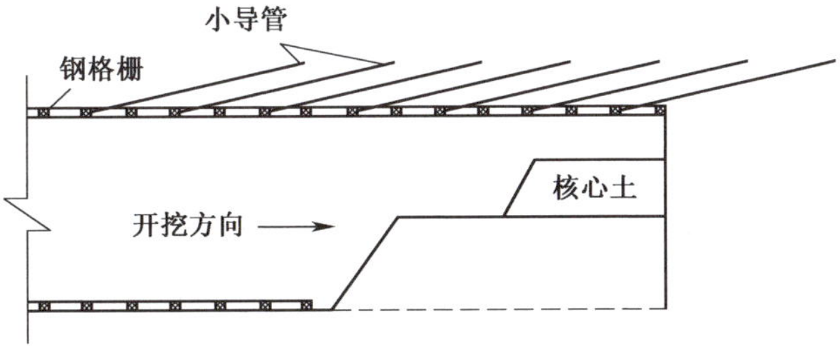

图 3.3-3　超前小导管注浆加固示意图

(4)超前小导管注浆浆液选择及施工

超前小导管注浆浆液应根据不同地层选用不同的浆液,具体情况见表 3.3-1。

表 3.3-1　超前小导管注浆浆液选择

围岩状况	适用浆液
无水粗砂及砂砾(卵)石地层	单液水泥浆
无水的中砂及粉细砂地层	改性水玻璃
有水的粗砂及砾石地层	水泥-水玻璃双液浆
粉土层	单液水泥浆或水泥-水玻璃双液浆

超前小导管注浆采用注浆泵进行施工,注浆压力一般控制在 0.5～0.8 MPa,加固体半径不小于 0.25 m,打设范围为起拱线以上或拱顶大于 120°范围。

注浆管联接好后,注浆前先压水试验管路是否畅通,然后开动注浆泵,通过小导管压入地层。

3. 超前小导管控制要点

(1)钻孔时要控制好外插角、钻孔深度及小导管顶入长度,且小导管的纵向搭接长度不小于设计要求。

(2)钢管安装完毕后,用塑料布将导管孔口封堵,然后喷射拱顶混凝土,必须保证孔口部位的混凝土喷射密实，以防浆液从工作面外冒。

(3)注浆过程中随时观察注浆压力及排浆量情况的变化，分析注浆情况。注浆中途停止超过 30 min 应清洗注浆管路，防止堵管；发生串孔跑浆时应先将跑浆孔堵塞，等轮到该孔注浆时拔出堵塞物，将孔内清洗干净后再重新注浆，发生漏浆时应将漏浆部位的裂缝封堵，再喷射混凝土封堵牢固后再继续注浆。

(4)严格控制配合比与凝胶时间，初选配合比后，用凝胶时间控制调节配合比，并测定注浆固结体的强度，选定最佳配合比。

(5)注浆过程中，严格控制注浆压力，注浆终压必须达到设计要求，并稳压，保证浆液的渗透范围，且在注浆过程中，应加强对初支结构及周边环境进行监测，防止注浆压力过大，造成初支结构、管线或周边建(构)筑物变形过大而被破坏。

(6)注浆的次序由两侧对称向中间进行，自下而上跳孔注浆。

(7)当注浆量和注浆压力达到设计要求时结束注浆。

(8)注浆过程派专人记录，开挖时要检验注浆效果。

3.3.2 深孔注浆

深孔注浆加固方法常用于无黏结性砂及砂卵石、亚黏性地层，这种方法对地面沉降要求严格，是一种适合于采用台阶法的大跨度结构物施工方法。当遇到围岩特别破碎或有地下水时，也可辅之以周边小导管在初支背后注浆，以控制地面沉降。

1. 深孔注浆工艺原理

深孔注浆主要采用水钻的形式对前方土体最小的扰动进行钻孔，并采用高压后退式劈裂注浆的形式进行地层土体和加固，以保证地层的空洞填充及地层土体加固和驱逐地下水的效果。

注浆加固就是要让浆液在周围围岩、土体中通过渗透、充填、压密扩展形成浆脉。由于地层中岩层的不均匀性，通过钻孔向岩层中加压灌入一定水灰比的浆液，一方面灌浆孔向外扩张形成圆柱状浆体，钻孔周围岩层被挤压充填；另一方面随着灌浆液的进行，岩层裂缝的发展和浆液的渗透，浆液在地层中形成方向各异、纵横交错、厚薄不一的片状、条状、团块状浆脉，浆脉随着其凝结硬化，起到控制沉降、提高承载力的作用。

2. 深孔注浆适用条件

(1)隧道下穿及测穿既有建筑物、重要城市管线及河流。

(2)隧道开挖土体稳定性较差，普通的超前注浆无法满足正常开挖要求。

(3)隧道开挖中土体含水量较大，极易引发流砂及泥浆现象的地质。

(4)隧道开挖中突遇涌水及大面积塌方，可能导致前方土体疏松及存在空洞。

3. 深孔注浆方式选择

超前深孔预注浆方式主要有前进式分段注浆、后退式分段注浆和全孔一次性注浆三种形式。不同的注浆方式,其优缺点及适用范围各不相同。

(1)前进式分段注浆

前进式分段注浆是一种采取钻、注交替作业的注浆方式。在施工过程中,需根据地层状况,将钻孔注浆长度分为若干段,段长一般控制在1.0~2.0 m,采用地质钻机从孔口管内进行钻孔,钻一段注一段,直到设计长度。该种注浆方式优点为:适用范围广,可以适用于任何地层,并且可以利用孔口管防止出现大量流砂涌泥现象;其缺点为:工序转换比较多,需重复扫孔,工作量大,施工效率比较低,成本较高。

(2)后退式分段注浆

后退式分段注浆主要有袖阀管后退式分段注浆和WSS后退式分段注浆两种。

袖阀管后退式分段注浆是利用钻机一次性钻到设计深度,退出钻杆,在孔内下入PVC袖阀管,然后进行封孔,在袖阀管内下入带止浆系统的ϕ22镀锌管,从孔底向外分段进行注浆,一般分段长度为0.5~1.0 m。该种注浆方式优点为:能很好地保证注浆效果;其缺点为:需要成孔并下入袖阀管,为确保下管顺利,一般都需要带套管进行施工,工艺复杂,工期长,适用范围比较窄。

WSS后退式分段注浆实现了钻注一体化,施工时利采钻机一次性钻到设计深度,利用中空的钻杆将浆液输送到钻头出口,通过一定压力将浆液注入地层,当注浆压力或注浆量达到设计要求后,后退钻杆进行下段注浆,分段长度一般为1.5~2.0 m(钻杆长度)。该种注浆方式优点为:与袖阀管后退式注浆相比,工艺得到简化,不需要成孔下入管材,工期缩短,适用范围得到扩大;其缺点为:止浆困难,在注单液浆时,容易造成浆液回流,浪费材料并影响注浆效果,注双液浆时,容易造成钻杆抱箍现象。

(3)全孔一次性注浆

全孔一次性注浆利用钻机一次性钻到设计深度,退出钻杆,从孔口一次性进行注浆。其优点是工艺简单,缺点是注浆效果较差,如在开挖面利用小导管进行一次性注浆,还存在后期开挖,反复割除小导管,增加了开挖难度。

从目前洞桩法暗挖地铁车站施工情况来看,采用WSS后退式分段注浆工艺的相对较多。

4. 注浆加固范围

(1)纵向加固段长度

注浆长度应综合从钻机及注浆设备性能、注浆效果、注浆工期等多方面考虑。注浆长度越长,对钻机及注浆设备性能要求也就越高,注浆效果也会越差;注浆长度过短,又会造成注浆与开挖工序间转换频繁,对工期影响较大。

根据北京地区现场注浆工程经验来看,一般7~8 m以后的注浆效果明显比之前的效果差,建议纵向加固段长度不要超过10 m。

(2)加固圈范围

注浆的目的就是通过注浆在隧道开挖轮廓线外形成一定厚度的加固圈,起到防水和提高地层稳定性作用。注浆加固圈范围应根据工程地质及水文地质条件来选取，一般为开挖轮廓线外 1.5~3.5 m 范围。

5. 注浆材料

现场采用最多的注浆材料是普通水泥单液浆和普通水泥-水玻璃双液浆。不同的注浆材料，其性能及适用范围各不相同，其中：

(1)普通单液水泥浆优点：①凝胶时间长，具有较长的可注期；②结实体强度较高；③价格低。

浆液缺点：①初凝时间长，易被地下水稀释；②终凝时间长，强度上升缓慢，不利于注浆完成后立即开挖作业；③可注浆差；④凝固后，有一定的收缩性等。

适用范围：①适宜于宽度大于 0.2 mm 的裂隙水注浆；②渗透系数大于 10^{-2} cm/s且地下水流速不大于 80~100 m/d 的中粗砂、砂卵石等地层。

(2)水泥-水玻璃双液浆浆液优点：①凝胶时间可控，凝胶时间从几秒至几十分钟可调、②早期强度高，利于注浆后立即进行开挖作业、③注浆体结石率高，达 95% 以上；浆液缺点：①抗压、抗剪强度较低，易被高压水击穿、②可注性差；③耐久性较差。

适用范围：适用于渗透系数大于 10^{-2} cm/s 的中粗砂、粗砂、砂卵石以及断层破碎带注浆堵水工程中。

3.3.3 管棚支护

管棚超前支护作为地下工程的辅助施工方法，是为了在恶劣和特殊条件下安全开挖，预先提供增强地层承载力的临时支护方法，对控制塌方和抑制地面沉降有明显的效果。管棚支护加固地层主要适用于软弱、沙砾地层或软岩、岩堆、破碎带地层。在北京地区地铁施工中，通常用于下穿既有线或重要建筑物施工、复合大断面施工或通过特殊地层的超前支护等。

超前大管棚主要用于暗挖车站导洞施工或竖井进横通道施工。

1. 超前大管棚施工

(1)施工工艺流程

超前大管棚施工工艺流程如图 3.3-4 所示。

(2)超前大管棚钻进施工

在暗挖车站施工时，超前大管棚一般自横通道向两侧或单侧通长进行打设，如采用两侧对打，大管棚的搭接长度一般为 2 m。大管棚一般选用 ϕ108×5 mm 热轧钢管，管节长度 1.5~2.5 m，每节之间采用套管丝扣连接。

管棚施工一般从拱脚向拱部隔孔进行施工。钻孔采用水平定向钻机钻进，钻孔前应进行精准定位，钻进过程中，应严格控制钻孔角度及孔深。

(3)超前大管棚注浆施工

超前大管棚注浆材料一般采用 W：C=1：1 水泥浆，水泥采用 42.5 级普通硅酸盐水泥。注浆压力一般为 1.0~1.5 MPa，注浆时一般采取低压力中流量注入，

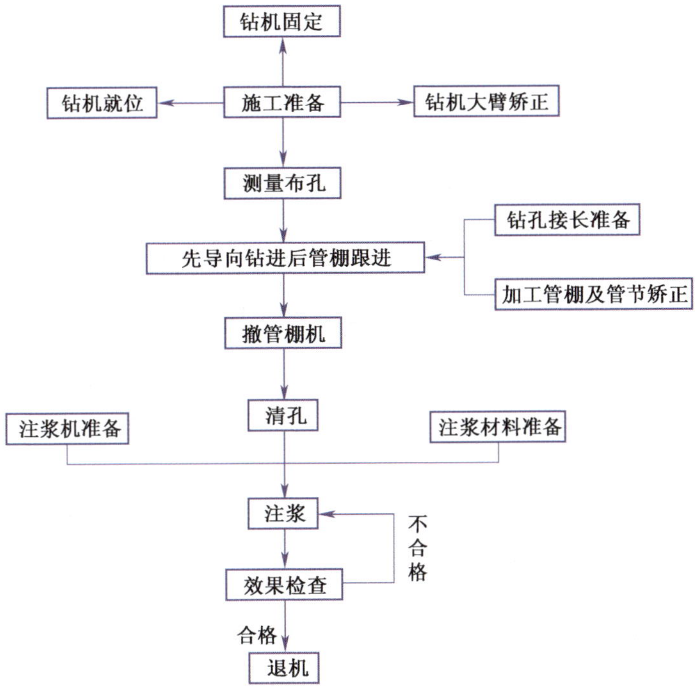

图 3.3-4　超前大管棚施工工艺流程

注浆过程中压力逐步上升，流量逐渐减少，当压力升至注浆终压时，继续压注10 min才结束注浆。

2. 管棚支护控制要点

(1)钻孔前，精确测定孔的平面位置、倾角、外插角，并对每个孔进行编号。

(2)钻孔外插角1°~3°以为宜，工点应根据实际情况做调整。钻孔仰角的确定应视钻孔深度及钻杆强度而定，一般控制在1°~1.5°。施工中应严格控制钻机下沉量及左右偏移量。

(3)严格控制钻孔平面位置，管棚不得侵入隧道开挖线内，相邻的钢管不得相撞和立交。

(4)经常量测孔的斜度，发现误差超限及时纠正，至终孔仍超限者应封孔，原位重钻。

(5)掌握好开钻与正常钻进的压力和速度，防止断杆。

3.3.4　管幕法

1. 管幕法概念

管幕法原理与管棚法近似，属于大刚度管棚，是利用微型顶管技术在开挖面四

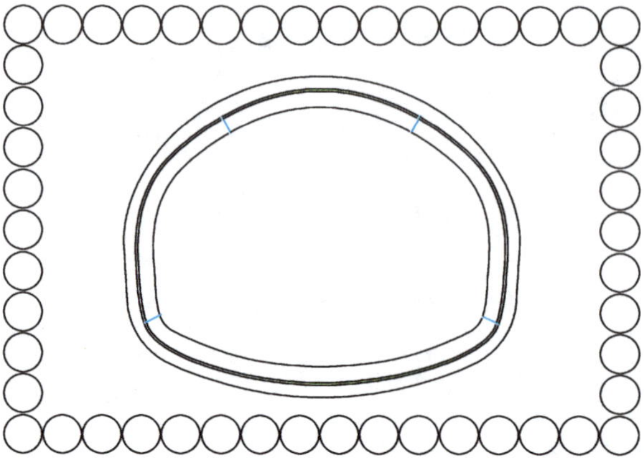

图 3. 3-5　管幕法示意图

周顶入钢管或其他材质的管子,管材之间采用锁口连接并注入防水材料,形成水密性地下空间。然后在管幕的保护下,对管幕内土体加固处理后,边开挖边支撑,直至管幕段开挖贯通,再浇筑结构体。

2. 管幕法的特点及其应用范围

管幕的刚度可以大大降低施工对地面活动及其他地下设施与管道的影响,尤其对开挖面无法自立的地层可提供临时挡土及止水设施。其特点主要有以下几个方面:

(1)该工法施工时无噪声和振动,不必降低地下水位和大范围开挖,不影响城市道路正常运行。

(2)适用于回填土、砂土、黏土、软土和岩层等多种地层。

(3)可以有效控制地面沉降以及周围环境的影响,从而有利于环境保护和可持续发展。

(4)由于对地表沉降要求较高,因此要求顶管机具有较高的顶进精度。

(5)作为管幕的钢管埋入土体后不能回收,造成了资源浪费,成本较高。

3. 管幕法施工步骤

管幕法主要施工步骤:

(1)构筑顶管工作井和接收井。

(2)钢管顶进,钢管之间用锁口搭接,钢管锁口处涂刷止水润滑剂。

(3)钢管接头处注入止水剂。

(4)在钢管内注浆或注入混凝土。

(5)在管幕内开挖,边开挖边支撑。

(6)逐段构筑内部结构,并逐步拆除管幕内支撑,最终形成完整的地下通道。

第 4 章　地下水控制

北京地区地铁施工常常受到地下水的影响，通常在施工中采取管井降水等降水措施。若没有降水条件时，则采取深孔注浆止水、冻结法止水、真空降水、咬合桩止水、高压旋喷止水措施对地下水进行控制。北京地铁施工过程中，受地下水影响的线路主要集中于北京东南部地区，以潜水为主，部分工点位于承压水以下。本章节主要通过案例形式介绍北京地铁常用地下水控制措施。

4.1　某站后折返线区间大断面洞内深孔注浆止水

4.1.1　工程概况

1. 设计概况

某站后折返线区间段渡线、停车线断面的双线或三线椭圆形矿山法断面，区间全线采用矿山法施工。整个线路几乎在某大街路下，规划道路红线宽度为 40 m，两侧建筑主要有某大酒店、音乐厅及附属 3 层住宅楼、商务印书馆、皇冠饭店、某饭店及百货大楼等。

2. 工程地质与水文地质

(1) 工程地质条件

左线大断面上层导洞上断面大部分位于砂卵地层，下断面黏土地层，拱顶覆土厚度 44. 83~45. 79 m（图 4. 1-1）。由上而下依次为：房渣土①、粉土③$_{2}$、细砂~粉砂③$_{3}$、粉质黏土③、粉土③$_{2}$、粉砂④$_{3}$、中砂~细砂④$_{4}$、圆砾~卵石⑤$_{9}$、粉质黏土⑥、黏土⑥$_{1}$、粉土⑥$_{2}$、粉砂~细砂⑧$_{4}$、卵石⑧$_{9}$、中砂⑧$_{5}$ 和卵石⑧$_{9}$。

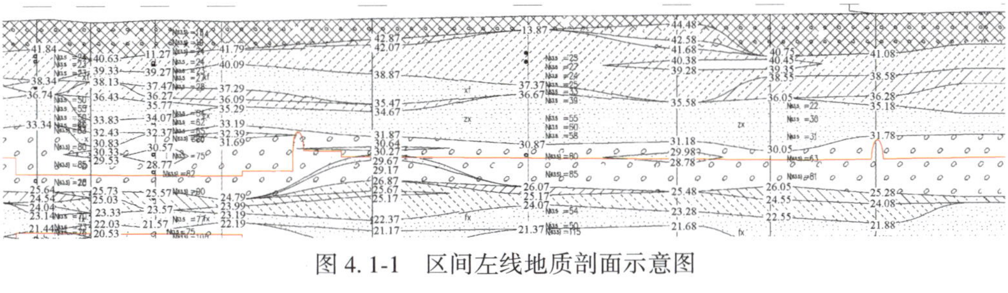

图 4. 1-1　区间左线地质剖面示意图

(2) 水文地质条件

本区间范围内主要揭露了 4 层地下水，第一层为上层滞水，第二层为潜水，第三层为层间潜水，第四层为承压水，各层水在不同里程段有所不同。

3. 工程重难点

(1) 区间隧道地处市中繁华街区路段下方，穿越多处主要市政管线和临边构筑物，周边环境复杂，确保周边构(建)筑物的稳定是本工程的重难点。

(2) 区间隧道内设置有渡线、停车线，隧道断面变化多、断面尺寸大，断面节点转换复杂而且两个隧道距离近，如何确保结构施工安全、确保施工质量将是本工程的重难点。

(3) 区间隧道所处的拱部地层大部分为圆砾～卵石及中、粗砂层，且地下水丰富，开挖难度比较大、施工速度缓慢。

(4) 区间隧道采用洞内深孔注浆法止水施工，如何能够保证在无水条件下施工作业，是本工程的重点。

4.1.2 风险工程对策

1. 风险工程概述

(1) 一级自身风险工程：左线暗挖区间隧道包括渡线、停车线断面的双线或三线椭圆形矿山法断面，采用双侧壁导坑法施工，其中标准停车线断面净空尺寸为 14.3 m×10 m(宽×高)，最大断面净空尺寸为 15.7 m×10.84 m(宽×高)。

(2) 一级环境风险工程：左线大断面旁穿音乐厅及附属住宅楼。音乐厅及附属住宅楼建于 1922 年，为地上 3 层，地下 1 层，主体为砖木结构，条形基础，基础埋深约 4.2 m。区间左线隧道结构与音乐厅最小水平距离约为 1.19 m，竖向最小距离约为 15.74 m。

(3) 一级环境风险工程：区间左线大断面旁穿汉庭全季酒店，该楼主体结构形式为混合结构，地下一层，地上六层，区间左线隧道结构与汉庭酒店水平距离约为 3.27～5.40 m，竖向最小距离约为 15.74 m。

2. 环境风险源工程保护施工措施

本站后折返线区间一级风险保护措施

(1) 左线矿山法区间隧道旁穿汉庭全季酒店，区间隧道施工前，打设钢管桩对该区域房屋进行隔离保护(图 4.1-2)。钢管桩采用 ϕ219，壁厚 $t=10$ mm 钢管，双排打设，梅花型布置，钢管桩桩身采用水泥浆灌注密实，水泥浆水灰比不超过 0.45～0.5，并对桩身周边 0.5 m 范围内的土体进行注浆加固浆。为防止成桩塌孔对既有建构筑物造成影响，钢管桩成孔施工前对地表下 5 m 范围内土体进行注浆加固，加固后的地基应可具有良好的均匀性和自立性。施工时应严格控制注浆压力避免压力过大对周边建筑及管线造成破坏。

(2) 对于音乐厅，区间施工前，对于有施做条件的区段打设复合锚杆桩对该区域房屋进行隔离保护(图 4.1-2、图 4.1-3)。对于音乐厅非门厅处：复合锚杆

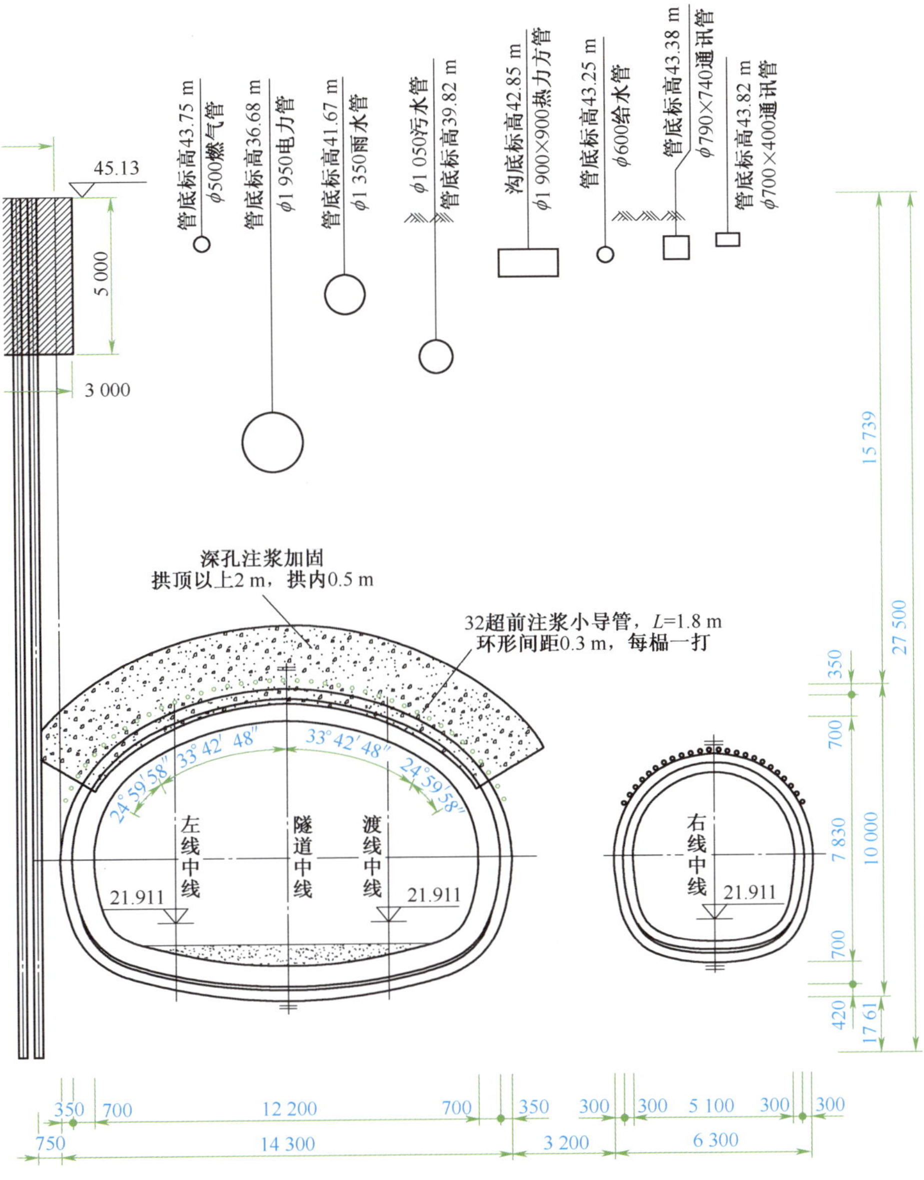

图 4.1-2 酒店保护措施关系断面图(单位:mm)

桩采用双排布置,孔距 0.5 m,排距 0.5 m,梅花型布置;对于门厅处采用钢管桩,钢管直径 ϕ219 mm,单排打设,孔距 0.5 m。锚杆桩成孔施工前对地表下 5m 范围内土体进行注浆加固,防止塌孔对既有建构筑物造成影响,加固后的地基应具有良好的均匀性和自立性。

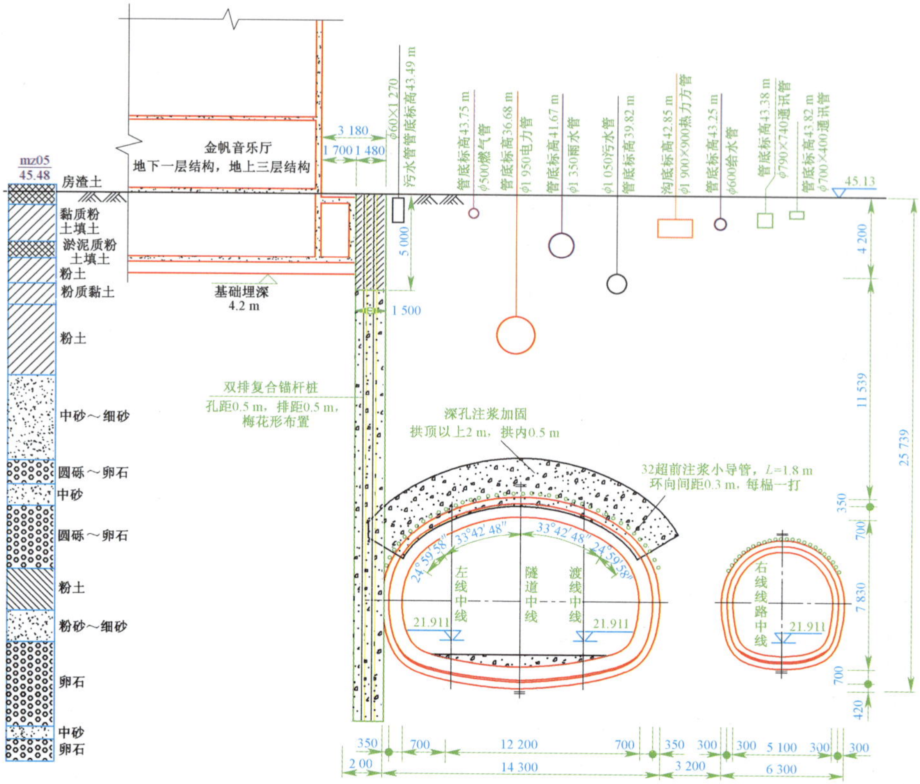

图 4. 1-3　音乐厅保护措施关系断面图(非门厅处)(单位:mm)

4. 1. 3　施工降水

1. 洞外管井降水

(1)施工竖井及横通道

2 号施工竖井及横通道(YDK22+026. 756)采用封闭式管井降水,疏干竖井施工范围的上层滞水、潜水并降低层间潜水层含水层水位。由于含水层水量较大,采用双排布井。

(2)区间正线

本站后折返线区间隧道采用双线双排延长管井降水,降水井沿区间线路方向两侧布置,通过实施降水,疏干区间隧道施工范围内潜水含水层,降低层间潜水层水位。

线路北端降水时需借用该车站的降水井,站体施工时应对该部分降水井予以保护,如区间施工期间借用车站的降水井损坏无法使用,应在原井位周边就近补施降水井,并且降水井总量不得减少。

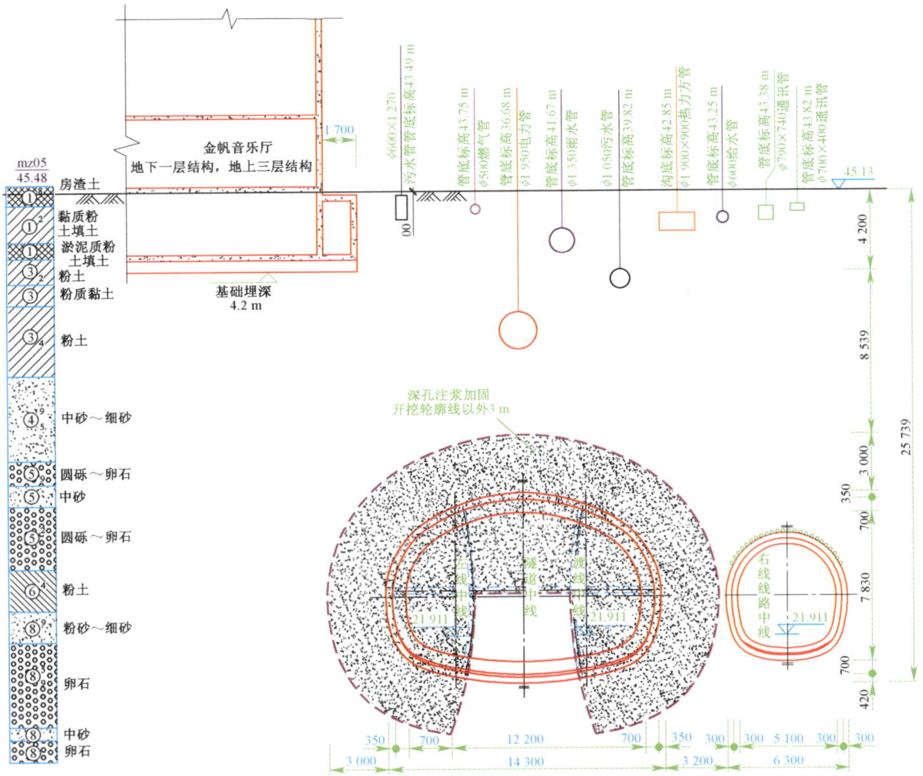

图 4.1-4　音乐厅保护措施关系断面图(门厅处)(单位:mm)

不具备地面施工条件的降水井则设置在结构内。结构内降水井井管采用钢管,钢管必须与结构的格栅焊接。根据现场情况,应尽量避免结构内施工降水井。

结构内的降水井封井,采用灌注超流态混凝土进行封井。

2. 层间水处理措施

(1)洞内真空降水

本站后折返线区间隧道暗挖段主要受到层间潜水的影响,隧道开挖大部分处于砂卵石层与粉质黏土层,并且上层导洞中下部偏上存在连续的粉质黏土隔水层。暗挖施工过程中,出现无规律的层间涌水,伴随有流砂现象发生,初支结构后面底部出现局部流空,锚喷混凝土困难,严重影响施工进度,并且有造成上部粉细砂层坍塌的风险。

在层间涌水位置为粉砂层与粉质黏土交界面处,受粉砂层渗透性不良及粉质黏土隔水层起伏不平的双重影响,导致潜水层难以疏干,当隧道结构面临空时,水在自重作用下向临空面流出。

根据上述原因分析及多次论证,决定采用洞内真空管降水辅助措施。

(2)侧沟导排

在初支结构侧壁做导水槽,通过在掌子面打设引水管,引水至导水槽内,再将集水排走。

3. 洞内深孔注浆施工

对于侧穿汉庭酒店区域,大断面拱顶 120°范围土体进行深孔注浆加固,加固范围为区间轮廓外 2 m(局部地段 3 m)内 0.5 m,对于金帆音乐厅:非门厅处加固范围:轮廓外 3 m,开挖轮廓内③号导洞全部、①、⑤号导洞的部分进行深孔注浆;门厅处:①~⑤导洞全断面深孔注浆,注浆后土体无侧限抗压强度不低于0.8 MPa,渗透系数不大于 1×10^{-6} cm/s,施工时应选取试验段,待注浆参数合格后再进行开挖施工。

(1)注浆加固范围

注浆加固部位在大断面隧道拱顶开挖线 120°范围外扩 2 m、内侧 0.5 m(图 4.1-5);局部地段①、②、③、④、⑤导洞开挖线内侧全断面、外扩 3 m(图 4.1-6)。

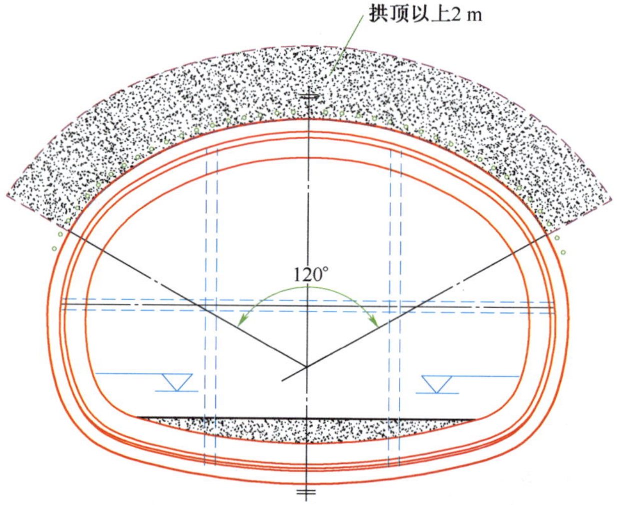

图 4.1-5 洞内深孔注浆位置断面图(一)

(2)注浆段长度

每个注浆施工段循环长度考虑 14 m 或 16 m,最终根据试验段注浆效果和所处地质条件确定。在每个循环段中,其中设止浆墙 0.3 m,搭接 2 m,实际有效开挖长度约 14 m 或 16 m。

(3)注浆孔位布设

注浆孔位的布设采用 3 排或 4 排设置,环向间距和排距为 0.5 m,打设放射角 57°~80°之间,具体如图 4.1-7~图 4.1-10 所示。

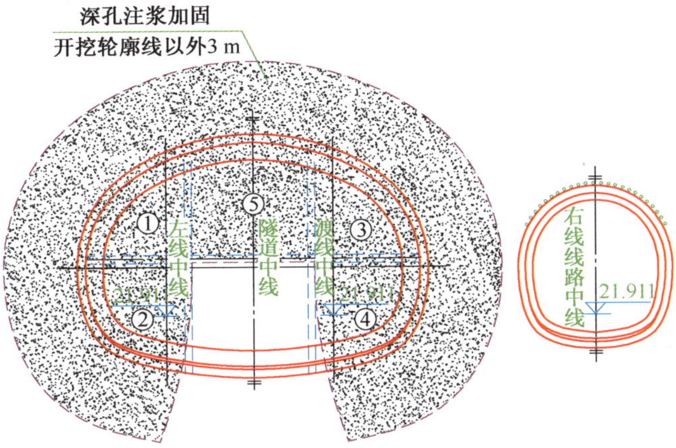

图 4.1-6　洞内深孔注浆位置断面图(二)

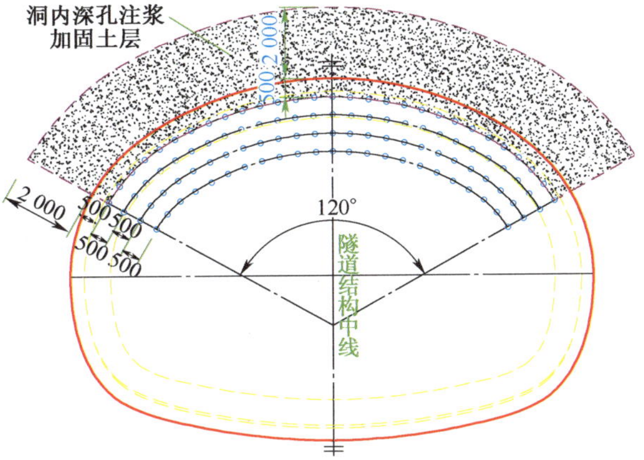

图 4.1-7　4 排孔布置法横断面图(单位:mm)

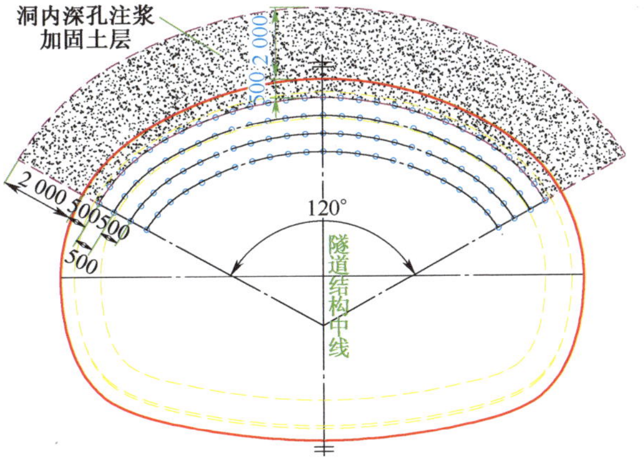

图 4.1-8　3 排孔布置法横断面图(单位:mm)

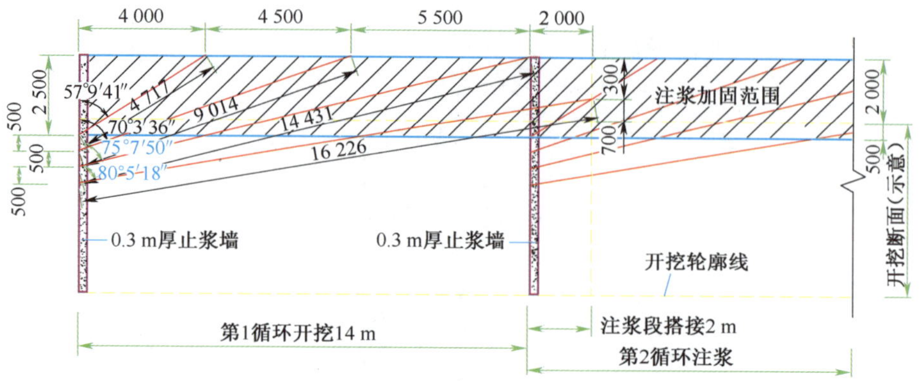

图 4.1-9　4 排孔布置法纵剖面图(单位:mm)

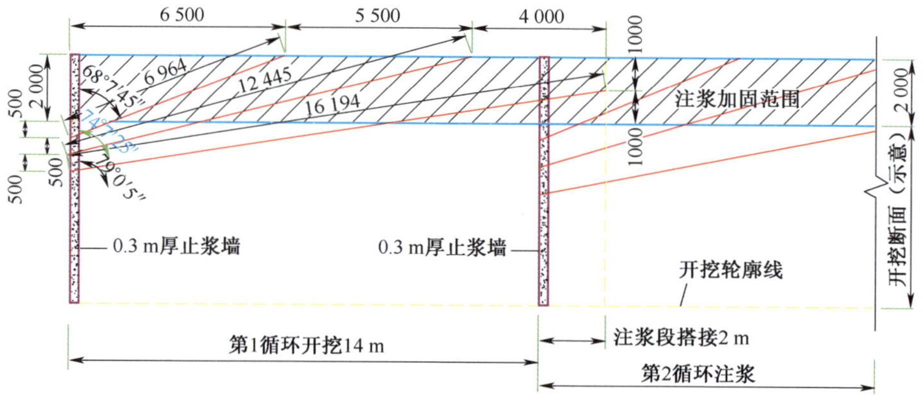

图 4.1-10　3 排孔布置法纵剖面图(单位:mm)

(4)注浆材料、注浆压力、扩散半径等参数见表 4.1-1。

表 4.1-1　参数表

名称	材料	注浆压力	扩散半径	注浆速度	孔隙率	填充率
参数值	水泥-水玻璃双液	终压 1~2 MPa	0.75 m	10~80 L/min	0.4	0.8

(5)注浆量的计算

由于浆液的扩散半径与砂层孔隙很难精密确定,为准备注浆材料,注浆设计根据现状地质、水文条件和注浆方案以及所选择的注浆材料,进行注浆量的估算。

注浆量的估算公式按下式进行:$Q = An\alpha(1+\beta)$。

式中　Q——总注浆量,m^3;

A——注浆范围体积,m^3;

n——孔隙率,%,砂卵石采用 0.4;

α——浆液填充系数(0.7~0.9),本方案取 0.8;

β——注浆材料损耗系数，取 1.0~1.2，本方案取 1.2。

设计中，$n\alpha(1+\beta)$统称为填充率，填充率按表 4.1-2 选用。

表 4.1-2　填充率选用表

序号	地 质 条 件	填充率(%)
1	杂填土	30~35
2	粉质黏土、砂土	20~25
3	粉细砂、砂层	40~45
4	中砂、中粗砂	50~60

(6)注浆液标准配比见表 4.1-3。

表 4.1-3　浆液中材料含量

名称	内容	密度ρ(kg/m^3)	容积(L)	质量(kg)	备注
A 液	硅酸钠	$\rho=1.37$	220	301.4	溶液
	稀释剂	$\rho=1$	280	280	
C 液	水泥	200 kg			按施工时的气温调整水泥掺量
	H 剂		250		均为混合剂
	C 剂		200		
	XPM		50	用量为水泥掺量的 8%~10%	

4. 规范开挖施工

严格按照"管超前、严注浆、短开挖、强支护、早封闭、勤量测"十八字方针的原则进行施工，做到随挖随支，及时成环，严把每道工序的施工质量，及时做好临时支撑，严格按设计进行施工，安排工序衔接与转换。

5. 风险工程监控

音乐厅(构)筑物沉降监测，控制值为 10 mm；汉庭全季酒店(构)筑物沉降监测，控制值为 20 mm。

6. 实施过程及效果评价

(1)工期控制

1)2014 年 10 月 5 日~2016 年 2 月 26 日：普通段初支施工(图 4.1-11~图 4.1-16)。

左线大断面向北、向南施工，上层导洞拱部为砂卵石层，以下为砂层夹粉质黏土，施工受层间水影响比较大，地层稳定性差。

图 4. 1-11　左线向北 3 号导洞

图 4. 1-12　左线向北 3 号导洞存在层间水

图 4. 1-13　左线向北 1 号导洞

图 4. 1-14　左线向北 4 号导洞

图 4. 1-15　向南大断面二衬施工

图 4. 1-16　右线标准段

2)2016 年 2 月 22 日 ~ 2016 年 6 月 19 日：侧穿建筑物段施工（图 4. 1-17 ~ 图 4. 1-20）

左线向北大断面，上层导洞拱部为砂卵石层，以下为黏土地层，施工过程基本规范，地层基本稳定，左、右线大断面已全部穿越汉庭酒店及音乐厅影响范围。

图 4.1-17 左线大断面 3 号导洞

图 4.1-18 左线大断面 5 号导洞

图 4.1-19 左线大断面 6 号导洞

图 4.1-20 左线大断面 4 号导洞

(2)方案落实情况

1)区间降水

根据水文地质资料,本站站后折返线区间结构底板位于承压水层2~3 m,通过区间两侧地面、及区间结构打设内钢管井实施管井降水,在暗挖施工时,根据现场量测水位,承压水水头位于底板以下 1 m 左右,减少了承压水对初支结构的影响。

2)深孔注浆

本站后折返线区间地质条件复杂,地层结构自稳能力差。通过实施深孔注浆并优化注浆参数,结合初期支护"十八字"方针,有效地控制了在开挖时土体失稳、个别出现小的土体掉块、初支结构施工沉降等现象。通过深孔注浆,加快了施工进度、控制了土体坍塌的风险、促进了现场文明施工建设,具体如图 4.1-21~图 4.1-30 所示。

(3)复合锚杆桩、钢管桩施工

在毗邻汉庭酒店区域打设钢管桩,在音乐厅区域打设复合锚杆桩,并实施孔内注浆,控制注浆压力,在区间侧向与建筑物之间实施有效隔离,客观上增大了区间侧向上方向土体的刚度,有效地控制了建构筑物的沉降变形,具体如图 4.1-31~4.1-34 所示。

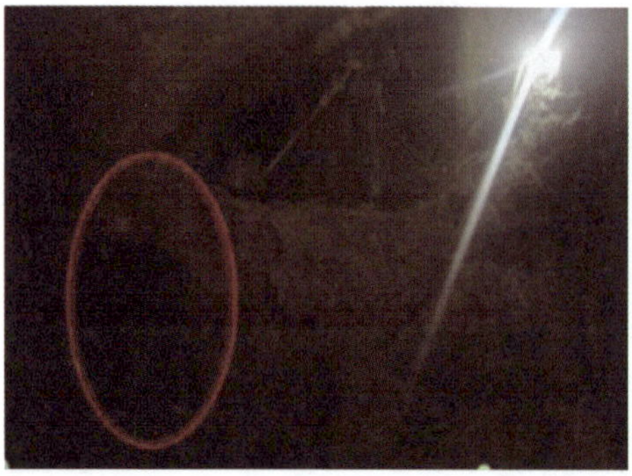

图 4. 1-21　注浆前土体脱落

图 4. 1-22　注浆前大断面层间水较为丰富

图 4. 1-23　拱顶深孔注浆钻孔作业

图 4. 1-24　注浆后掌子面浆脉分布

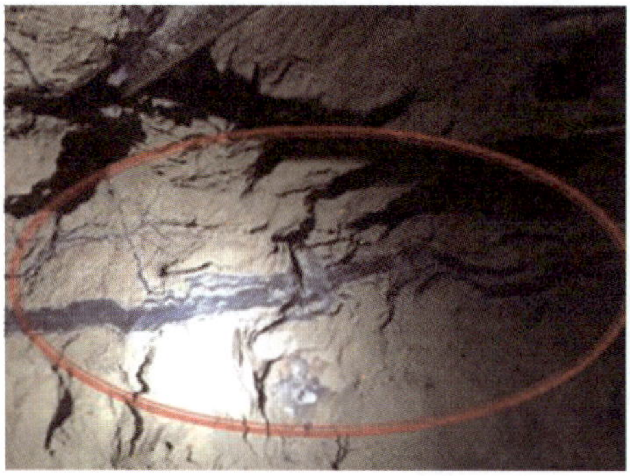

图 4. 1-25　开挖掌子面浆脉分布

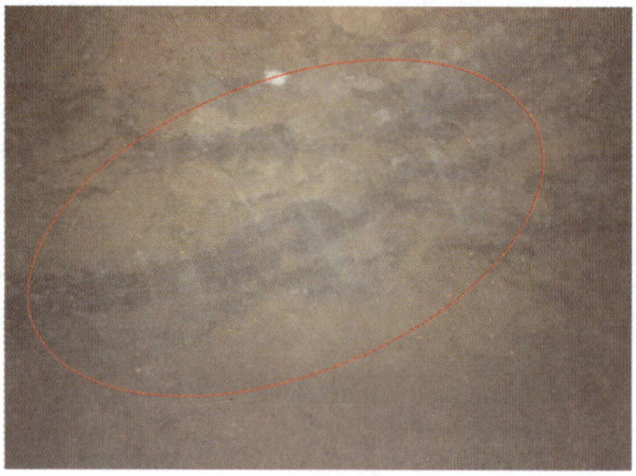

图 4. 1-26　开挖掌子面浆脉分布

图 4.1-27　注浆后 1 号导洞

图 4.1-28　注浆后 3 号导洞

图 4.1-29　注浆后 5 号导洞

图 4.1-30　注浆后 3 号导洞

图 4.1-31　复合锚杆桩施工

图 4.1-32　钢管桩施工作业

(4)洞内排水措施

1)真空降水

在隧道断面砂卵石层与粉质黏土层交界面及交界面以上 50 cm 处对称布设真

空管，斜下向外侧打插，真空管单根长度为 5 m，外倾及向前下倾角度均为 30°。

图 4. 1-33 隔离桩施工前人工探沟开挖

图 4. 1-34 复合锚杆桩完成后

集水主管采用 ϕ75 mm 钢管，按 0. 5 m 间距布置支管连接口，支管采用 ϕ32 mm钢管，管身按 10 cm 间距梅花型布置 6 mm 透水孔，管外螺旋包 100 目滤网，降低粉细砂流失率。集水主管引入侧壁导水槽内集中导排。

采用断面真空降水处理措施后，通过真空抽排水，在断面开挖前超前将层间涌水排走，使断面开挖时基本处于无水作业状态，减小了由于层间涌水渗流引起的流砂对结构施工及安全的影响，加快了施工进展，并通过地面、洞内沉降监测点的动态监测，真空降水起到了积极的促进作用，具体如图 4. 1-35、图 4. 1-36 所示。

图 4. 1-35 层间水真空抽排

图 4. 1-36 真空降水设施

2）侧沟导排

根据降水设计，区间隧道开挖范围内的潜水含水层卵石⑤$_9$ 层水进行疏干，但受潜水含水层底凹凸不平的影响，地下水不易疏干，在开挖过程中出现侧壁残留水渗水的情况，影响结构开挖。在出现以上情况时，为了防止坑壁塌方，及时在初支结构侧壁做导水槽，通过在掌子面打设引水管，引水至导水槽内，再将集水排走，具体如图 4.1-37、图 4.1-38 所示。

图 4.1-37　下层导洞侧壁导水槽

图 4.1-38　上层导洞侧壁导水槽

7. 环境影响评价

根据第三方监测单位监测数据可知,本站后折返线初支施工期间整体变形较大,触发多处监测预警;最大沉降 71.25 mm,其变形曲线如图 4.1-39 所示。

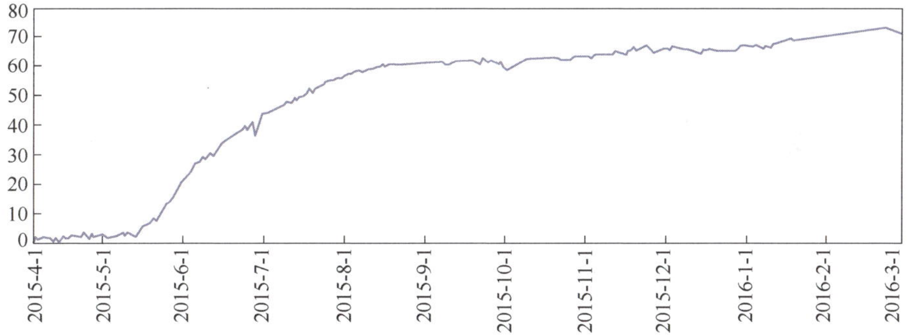

图 4.1-39　最大沉降点（ZHZF）DB-101 时程曲线图

现阶段,大断面已安全通过了音乐厅及汉庭全季酒店,复合锚杆桩及钢管桩隔离效果良好,变形较为平稳,施工阶段未出现沉降超标情况。

从监测结果可以看出,音乐厅区域,隔离桩外侧建筑物沉降 7.06 mm,隔离桩内侧地面沉降最大 17.99 mm,外侧沉降仅为内侧沉降的 1/3 左右。汉庭大酒店区域,隔离桩外侧建筑物沉降 11.85 mm,隔离桩内侧地面沉降最大 49.28 mm,外侧沉降仅为内侧沉降的 25% 左右;隔离桩效果较为明显,具体如图 4.1-40、图 4.1-41 所示。

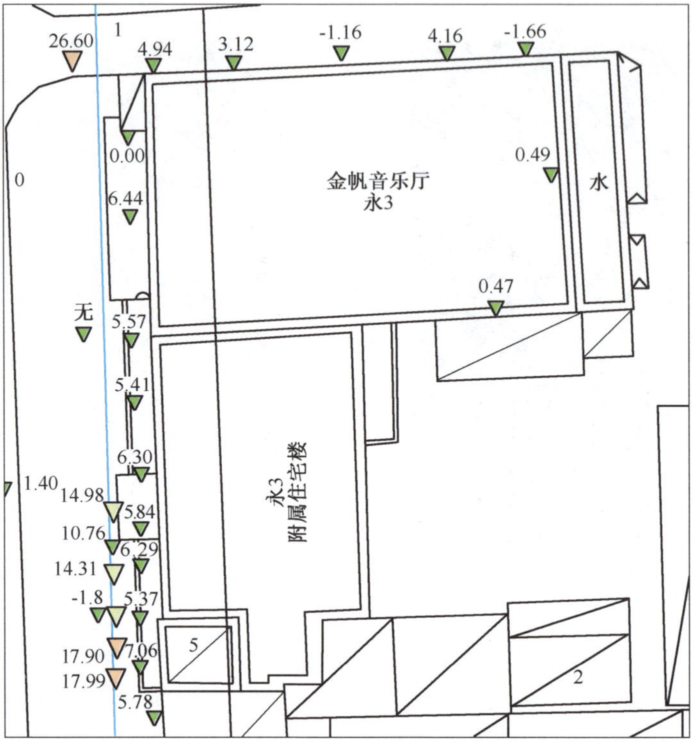

图 4.1-40　音乐厅及周边地面沉降

4.1.4　经验教训与建议

(1)无水施工对确保矿山法施工安全意义重大,在有条件的情况下优先考虑采用井点降水进行地下水处理。

(2)采取洞外降水措施可以有效地疏干隧道施工范围内的地下水,有效防止隧道施工中涌水、涌泥、掌子面坍塌。但由于单一的降水施工措施难以完全疏干上层滞水,且降水周期较短,造成在砂层与黏土层的界面处存在滞水,该部位位于拱脚处,对施工影响较大,拱脚部位无法进行夯实且长期受浸泡必然导致结构发生较大变形,施工中采取的真空降水措施对处理层间滞水效果良好,有良好的推广价值。

(3)在隧道结构侧穿建构筑物时,打设隔离桩对控制变形效果明显,可在今后类似工程中推广应用。

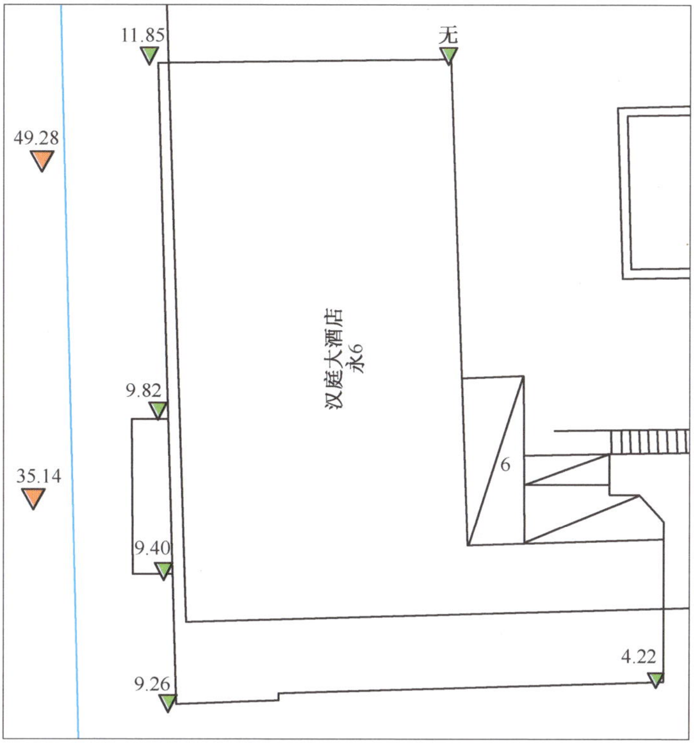

图 4. 1-41　汉庭大酒店及周边地面沉降(单位:mm)

4.2　某站综合降水施工实例

4.2.1　工程概况

某车站总长 315. 8 m,为地下暗挖局部三层、标准段双层岛式站台车站,设置 3 个出入口,2 个疏散口,2 组风亭,车站采用“PBA”工法施工,共设置 4 个施工竖井,车站工程平面位置示意如图 4. 2-1 所示。

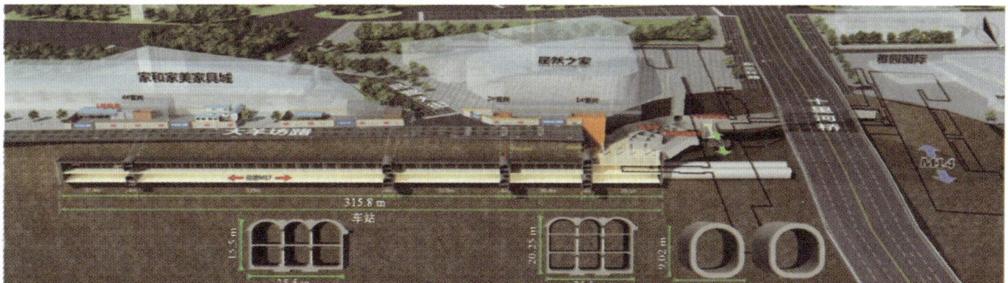

图 4. 2-1　车站平面位置示意图

4.2.2 工程地质水文

车站主体为双层三跨联拱结构断面形式，结构底板埋深约为 27.87 m，上覆土层厚度约 11.75 m 及 7.0 m。结构顶板、侧墙及底板围岩及其稳定性如下：

车站顶板位于$④_3$粉细砂层（西段）及④粉质黏土层（东段），车站自上至下穿越$④_3$粉细砂层、$⑥_3$细砂层、⑥粉质黏土层、$⑦_2$粉细砂层、$⑦_4$粉质黏土、⑧粉质黏土层，车站底板位于⑧粉质黏土层，具体如图 4.2-2 所示。

本站开挖深度范围内共有三层地下水，层间潜水（二）、层间潜水（三）、层间潜水～承压水（四）。承压水（五）底板以下 1～2 m，水头高度 6.7～8.4 m，相对隔水层为⑧粉质黏土层，车站底板以下厚度为 1 m，隔水能力差。承压水（六）底板以下 10 m，水头高度 6.9～8.9 m，具体特征见表 4.2-1。

工程重难点：车站暗挖施工应做到无水作业，本站采用暗挖 PBA 工法施工。根据岩土工程勘察报告（初勘），本次勘察深度范围内发现六层地下水，分别为上层滞水（一）、潜水（二）、层间潜水（三）、层间潜水–承压水（四）、承压水（五）、承压水（六），车站顶板进入潜水（三）1.4 m，车站底板进入承压水（五）9.6 m。所以在本站施工车站导洞时需要进行降水或阻水。

4.2.3 设计概况

涌水量计算参数见表 4.2-2，降水井设计参数见表 4.2–3。

（1）本站体共布设降水井 527 眼，施工竖井处降水井 72 眼，设计井深均为 39 m，进尺 2 808 m；竖井、横通道及站体处水平井 258 眼，设计井深 25～66 m，进尺 10 576 m；站体倾斜井 197 眼，井深 10 m，进尺 1 970 m。

（2）竖井安装水泵潜水泵 72 台，水泵流量大于 6 m^3/h，扬程大于 39 m，其中，编号 S1-1～S1-13、S2-1～S2-9、S3-11～S3-19、S4-6～S4-16 为真空管井，其余管井为普通管井；安装 KJ–6 真空泵 60 台；安装 JS-45 射流泵 16 台。

（3）由于地质条件的复杂多变与各向异性特点，以及地面场地条件限制，地面管井与水平井、斜井井位可根据实际条件进行调整，水平井与斜井工程量应根据实际地质条件进行相应调整，以降水效果为准进行施工，设计图纸中水平井工程量可以作参考，但不作为降水验收标准。

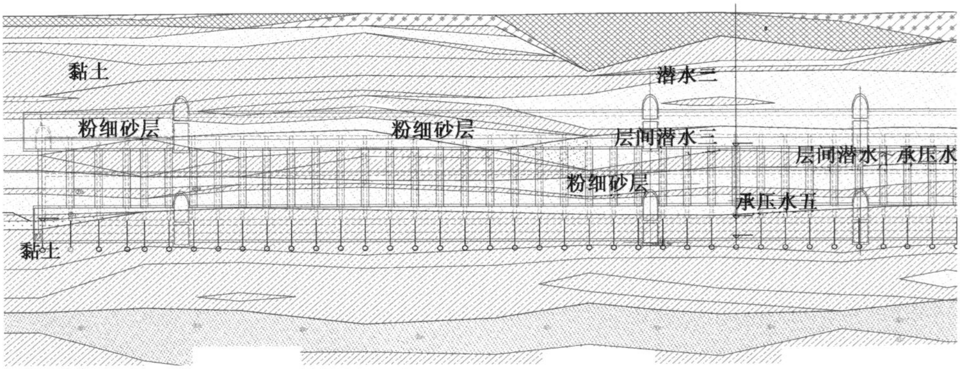

图 4.2-2　水文地质剖面图

表 4.2-1　地下水特征表

地下水性质	稳定水位(承压水测压水位)			观测时间	含水层
	埋深(m)	高程(m)	水头(m)		
潜水(二)	10.30	26.12	—	2014.10	④$_2$、④$_3$ 层
层间潜水(三)	16.45	19.97	—	2014.10	④$_3$、⑥$_3$ 和⑥$_2$ 层
	16.18～16.37	20.31～20.56	—	2016.1	
层间潜水～承压水(四)	20.5	15.92	0.2	2014.10	⑦$_2$、⑦$_1$、⑦和⑦$_3$ 层
	19.80～20.470	16.20～16.93	0～1.9	2016.1	
承压水(五)	22.0	14.42	9.3	2014.10	⑧$_2$、⑧$_3$ 层
	22.30～26.02	10.91～14.45	6.78～8.4	2016.1	
承压水(六)	28.70～29.86	6.89～7.91	6.9～8.94	2014.10～2016.1	⑧$_2$、⑨$_2$ 层

表 4.2-2　涌水量计算表

地下水类型	赋存地层	水位标高(m)	水量 Q(m^3/d)
上层滞水(一)	表层填土		
潜水(二)	④$_2$ 黏质粉土层、④$_3$ 粉细砂层	26.12	2 709.37
层间潜水(三)	④$_3$ 粉细砂层、⑥$_3$ 粉细砂层和⑥$_2$ 黏质粉土层	20.56	
层间潜水-承压水(四)	⑦$_2$ 粉细砂层、⑦$_1$ 中粗砂层及下部⑦圆砾层和⑦$_3$ 砂质粉土层	16.93	1 388.90
承压水(五)	⑧$_2$ 黏质粉土层、⑧$_3$ 粉砂层	14.42	2 403.42
承压水(六)	⑧$_2$ 黏质粉土层、⑨$_2$ 细中砂层	7.63	144.43

表 4.2-3 降水井设计参数表

降水部位	井型/编号	井径（mm）	井管外径/壁厚（mm）	井管材质	井深（m）	标准井距（m）	井数（眼）
1 号施工竖井	管井/S1	600	400/50	无砂水泥管	39	5~6	18
2 号施工竖井	管井/S2	600	400/50	无砂水泥管	39	5~6	11
3 号施工竖井	管井/S3	600	400/50	无砂水泥管	39	5~6	19
4 号施工竖井	管井/S4	600	400/50	无砂水泥管	39	5~6	24
1 号施工竖井	水平井/Z	89~108	38~50/2	UPVC 管	33	1.5	12
2 号施工竖井	水平井/Z	89~108	38~50/2	UPVC 管	34	1.5	8
	水平井/Z	89~108	38~50/2	UPVC 管	27	1.5	12
3 号施工竖井	水平井/Z	89~108	38~50/2	UPVC 管	25	1.5	12
4 号施工竖井	水平井/Z	89~108	38~50/2	UPVC 管	28/29/30	1.5	6
	水平井/Z	89~108	38~50/2	UPVC 管	35	1.5	4
1 号横通道	水平井/H1	89~108	38~50/2	UPVC 管	44	—	24
2 号横通道	水平井/H2	89~108	38~50/2	UPVC 管	44	—	24
3 号横通道	水平井/H3	89~108	38~50/2	UPVC 管	44	—	24
4 号横通道	水平井/H4	89~108	38~50/2	UPVC 管	46	—	12
1 号横通道端头	水平井/H4	89~108	38~50/2	UPVC 管	41	—	9
2 号横通道端头	水平井/H4	89~108	38~50/2	UPVC 管	38	1.5	12
	水平井/H4	89~108	38~50/2	UPVC 管	30	1.5	12
3 号横通道端头	水平井/H4	89~108	38~50/2	UPVC 管	30	1.5	12
	水平井/H4	89~108	38~50/2	UPVC 管	66	1.5	12
4 号横通道端头	水平井/H4	89~108	38~50/2	UPVC 管	66	1.5	6
	水平井/H4	89~108	38~50/2	UPVC 管	40	1.5	6
车站主体 1 号横通道	水平井/Z	89~108	38~50/2	UPVC 管	41	8.2	9
车站主体 2 号横通道	水平井/Z	89~108	38~50/2	UPVC 管	38	8.3	6
	水平井/Z	89~108	38~50/2	UPVC 管	30	8.3	6
车站主体 3 号横通道	水平井/Z	89~108	38~50/2	UPVC 管	30	8.3	9
	水平井/Z	89~108	38~50/2	UPVC 管	66	8.3	9
车站主体 4 号横通道	水平井/Z	89~108	38~50/2	UPVC 管	66	8.3	6
	水平井/Z	89~108	38~50/2	UPVC 管	40	8.3	6
车站主体	倾斜井/X	89~108	38~50/2	UPVC 管	10	3	197
水位观测井/GC		127	50/2	PVC 管	34	—	4

4.2.4　施工方案设计

具体方案见表 4.2-4。

表 4.2-4　方案对比表

比选内容	地面管井降水	导洞内帷幕阻水
设计可行性	在地面布设降水管井，形成对车站主体的封闭降水条件，通过井内抽排水可达到对地下水的有效控制	结构底板以下有良好的隔水条件，在暗挖上导洞内围护桩之间施工帷幕桩，二者咬合形成封闭的阻水结构
施工可行性	降水井主要占用大羊坊路主路，以及家和家美家居商场等多个商场的门前空地，在合理躲避地下管线及地面建筑的情况下，一般均可正常实施。对于占路施工需办理路政掘路审批，并安排在夜间施工，以减少降水施工对周边环境及交通秩序的影响	在上导洞的围护桩间施工帷幕桩，需要使用特制小型钻机，常规导洞大小即可满足施工作业条件
经济费用	一般	很高
优点	地面管井降水，工艺成熟可靠，降水维护便利，施工快捷	洞内帷幕阻水施工，不受地面环境和地下管线的影响，施工所受制约较小，对周边环境基本无影响。能减少地下水的排放，有效保护水资源
缺点	占用地面空间，对周边环境影响较大，占路施工影响交通秩序，需办理占道掘路手续，获得交通、路政等单位的审批手续后方可施工。对于占用产权单位用地，需进行沟通协调，并可能会承担一定的经济补偿	洞内阻水工作占用结构施工空间，与结构施工交叉作业，对土建施工进度有一定影响，施工条件受限，对导洞安全要求较高
结论	推荐方案	备选方案
建议	根据详勘报告，车站主体上导洞全部位于含水层中，结构开挖受承压水影响较大，承压水水头较高，暗挖结构阻水施工难度大、风险大，因此，本站推荐采用地面管井降水方案	

根据场地周边环境及水文地质情况，本工程选择地面真空管井与洞内降水井点结合的降水方式。

1. 地面管井施工

地面管井是在竖井周边设置降水管井(深 39 m)，形成对开挖竖井周边的降水条件，然后通过井内抽排水可对地下承压水进行泄压，达到控制承压水的效果。

因场地周边管线复杂，因此在地面管井施工前组织人工探孔，查看井位是否避开管线；在确保地下管线安全的情况下，进行管井打设，同时施工过程中做好泥浆池维护、泥浆清运、场地绿色文明施工，如图 4.2-3~图 4.2-5 所示。

图 4. 2-3　人工探孔

图 4. 2-4　钻井

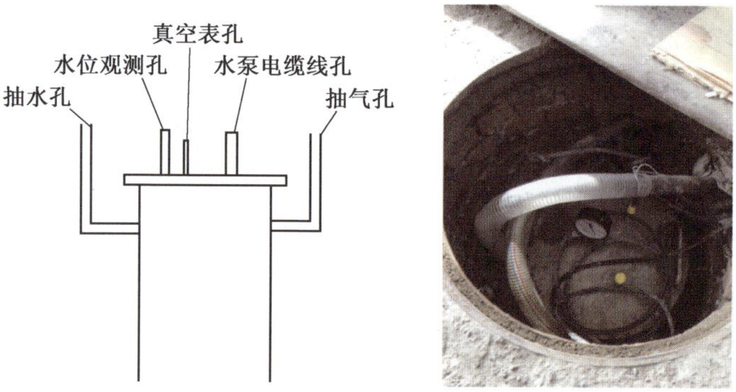

图 4. 2-5　地面真空管井

2. 洞内降水轻型井点

随着暗挖施工进度，同时根据勘察报告中地下水位的位置进行超前探测，确定实际的水位高度。在竖井以及横通道开挖至层间潜水、潜水-承压水之前（如图所示的两层地下水），在竖井四周打设轻型井点进行降水；第二层横通道和第三层横通道在上一层横通道仰拱位置向下打设斜井，并随着横通道开挖深度向前延伸。

本站体共布设降水井 536 眼，施工竖井处真空管井降水井 72 眼，设计井深均为 39 m，进尺 2 808 m；竖井、横通道及站体处水平井 267 眼，设计井深 25～66 m，进尺 11 620 m；站体倾斜井 197 眼，井深 10 m，进尺 1 970 m。

4. 2. 5　施工流程

1. 地面管井施工

地面管井是在竖井周边设置降水管井（深 39 m），形成对开挖周边的降水条件,然后通过井内抽排水可对地下承压水进行泄压,达到控制承压水的效果。

(1)施放及确认井位

根据施工前周边管线调查资料及对周边环境建筑物调查,确认井位周边无地下构筑物。如遇地下障碍物时根据现场实际情况做适当调整,降水井中心线距结构外皮一般按≥2.5 m控制。

井位初步布放后,还需对井位进行物探,如发现有地下管线异常,必须错开地下障碍物,即对井位作出相应调整,但不得侵犯主体结构。要求对改移的井位再经地面物探核查,确认无地下管线后,用油漆作出显著标志,必要时采用钢钎打入地面下300 mm,并灌入石灰粉。上钻前须再由人工挖探坑确认,由布井技术人员量测井位并加以确认。

(2)地面管井施工

因本标段降水井在土建围挡范围内,施工条件较好,降水井施工选用反循环钻机成井施工工艺(图4.2-6),具体施工方法如下:

1)围泥浆池

根据场地条件在距降水井3 m左右处围泥浆池,采用特制的钢板和塑料布围成合适大小形状,一般每2~3口井共用一个泥浆池。

2)钻机就位

钻机就位时需采用水平仪找平,做到稳固、周正、水平,以保证钻进过程中钻机稳定。起落钻塔必须平稳、准确。钻机对位偏差应小于20 mm,钻塔垂直度偏差小于1%。

3)凿井

根据地质条件及场地条件,管井施工采用泵吸反循环钻机成孔(图4.2-7)。

先启动砂石泵形成反循环再钻进。砂石泵启动有两种方式,一是用真空泵将砂石泵进水管段抽吸成真空,然后启动;二是用注水副泵给砂石泵进水管注满水,再开启砂石泵。

泵吸反循环钻进过程中,岩屑经钻头→钻杆→主动钻杆→水龙头→砂石泵吸口排入泥浆池中。钻进过程中要随时观察冲洗液的流损变化,水的补充应随冲洗液的流损情况及时调整,一般应保持冲洗液面不低于井口下1 m,当钻遇卵石层,冲洗液大量漏失时,应加大补水量,必要时应投入适量黏土,形成一定黏度的泥浆以控制冲洗液漏失,防止塌孔事故。在以黏性土为主的地层中钻进时,由于钻井自造浆较稠,钻进效率降低,此时可排走一部分泥浆,补充清水,调整泥浆密度到适宜状态。

每次下入钻具前,应检查钻具,如发现脱焊、裂口、严重磨损等情况时,应及时焊补或更换。钻机转速以不憋车、岩屑排除正常为宜,一般应保持在10~15 r/min,钻井每进尺1 m在排水管口捞砂样鉴别地层岩性。

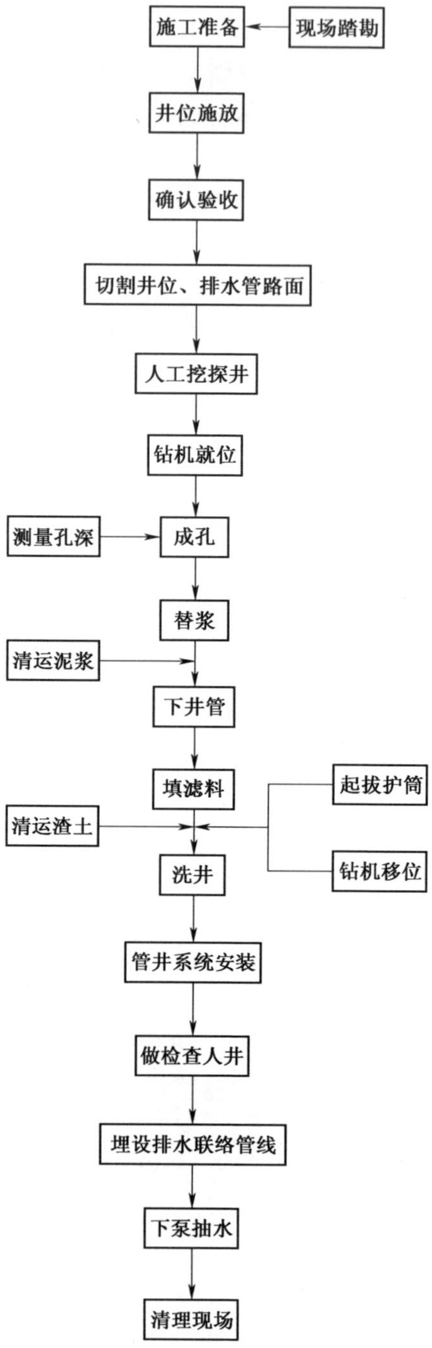

图 4.2-6　地面管井施工工艺流程图

钻进过程中如遇到个别较大粒径卵石,可提出钻具,更换上筒状钻头,捞出卵石。如在普通地层中钻进,发现钻具回转阻力增加、负荷增大等反常现象时,应立即停止钻进,查明原因。

钻进过程中要经常观察排渣口的排渣状况及返水量大小。发现钻渣突然减少或水量减少时,应及时串动钻具,减小钻压,控制进尺或暂停钻进,待排渣正常后再继续钻进。

泵吸系统的连接要做到严密、牢固、通顺。每次加接钻杆前,应使反循环延续 1～2 min,待吸到钻杆内的钻渣全部排出地表后再停止砂石泵。应防止因停泵过早,钻杆内钻渣回落到钻头吸口处造成堵塞。

4)替浆

钻孔至设计深度后(一般应大于设计深度 0.5～1.0 m),用抽筒将孔底稠泥浆掏出并测定孔深。同时加清水稀释,直到泥浆密度接近 1.05 g/cm^3,黏度为 18～20 s为止,现场观察一般以换浆后泥浆不染手为准。替浆过程中,应安排好泥浆的清运或排放工作。

图 4.2-7　反循环钻机施工

5)下管

降水井下无砂水泥管或钢制井壁管,采用夹板法下入,注意做到夹板上紧,接头焊牢,最下部一根滤水管底部放置混凝土井底。为防止雨污水、泥砂或异物落入井中,井管要高出地面不小于 200 mm,砌人井之前都要并加盖或捆绑防水雨布临时保护。

6)填砾料

井管下入后立即填入砾料。砾料沿井管外四周均匀填入,宜保持连续。填砾料时,应随填随测砾料填入高度,当填入量与理论计算量不一致时,及时查找原因。不得用装载机或手推车直接填料,应用铁锹填料,以防不均匀或冲击井壁,如遇蓬堵可用水冲。填砾完成后在洗井过程中,如砾料下沉量过大,应补填至井口下 1 m 处。砾料为 ϕ2~4 mm 干净砾料。井口以下 3 m 用黏土封填。

7)洗井

洗井应在下管填砾后 24 h 内进行,以免时间过长,影响洗井效果。洗井后若发现滤料(黏土面)下沉应及时补填滤料至设计高度。洗井由地下潜水位开始分段洗,直至水清砂净,达到上下含水层水串通,再接管继续洗。洗井过程中应观测水位及出水量变化情况。

8)真空管井井室及井口密封

井室砌筑要求:降水井井口做检查井,便于水泵维修和进行水位观测。井室用页岩实心砖和水泥砂浆衬砌,底部做 110 mm 厚 C10 混凝土基础,上部井圈浇筑 C20 混凝土,盖承重井盖,与路面平齐,如图 4.2-8 所示。

图 4.2-8　井室砌筑

井口密封要求:井口密封采用法兰+密封垫,法兰包括上法兰和下法兰,在上、下法兰间设橡胶垫,由螺丝锁紧。上法兰(盲板)为 18 mm 厚钢板,上面开设有真空表孔、水泵电缆孔、抽水管孔、吊泵铁丝、水位观测孔和抽气孔;下法兰与内径 417 mm、壁厚 4 mm 的钢管连接,连接方式为焊接,钢管长度 1.0 m,钢管外侧填充水泥砂浆进行密封固定。上法兰(盲板)的真空表孔、抽水管孔、抽气孔、水位观测孔、水泵电缆孔处均焊接密封接头,并用防水密封胶处理。

井室内地面密封可配合井室的制作进行,井室下密封范围内应用素混凝土充填,厚度控制在 60 cm。抽气抽水前应检测井内真空度是否达到设计要求,否则检查管路、接点连接并进行进一步密封处理，如图 4.2-9 所示。

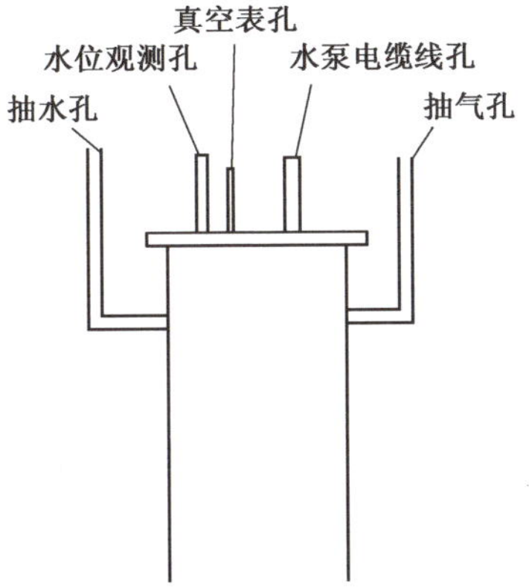

图 4.2-9　地面管井井口施工

2. 洞内水平辐射降水井施工

(1)洞内水平辐射降水井降水原理

水平辐射井是由竖井和以其为中心，分层设置并向四周辐射水平滤水管组成的降水系统(图 4.2-10)。水平滤水管埋置于地下含水层内，以截断基坑周边的外来水和坑底涌水，地下水以重力形式分层渗入水平滤水管集于竖井，再用泵将水抽出达到降水目的。

(2)具体施工工艺

1)钻机安装

将钻机置于厚 10 mm 的钢板上，通过钢板平台固定钻机施工水平孔，然后固定钢板。调整好水平孔位置和钻孔延伸方向后，利用平台将钻机固定。

2)水平孔定位

首先开挖竖井，开挖深度至含水层底板与隔水层顶板交界处，由竖井往横通道打水平井，待横通道完成后，从横通道中含水层隔水层交界面往主体方向打水平井，如图 4.2-11、图 4.2-12 所示。

3)孔口护管

水平井开孔后先下 2 m 长水平套管，套管外与隧道之间用水泥密封处理，防止流沙和涌水，保证施工中开口处地层不受大的扰动。

4)钻进

通过正循环法钻进将孔内渣土从钻杆内排出，钻进过程中根据出渣量的情况控制钻进速度，如图 4.2-13 所示。

5)放入滤水管

钻进到设计深度后停钻，然后将滤水管缓缓推进，滤水管接口部位要连接平整

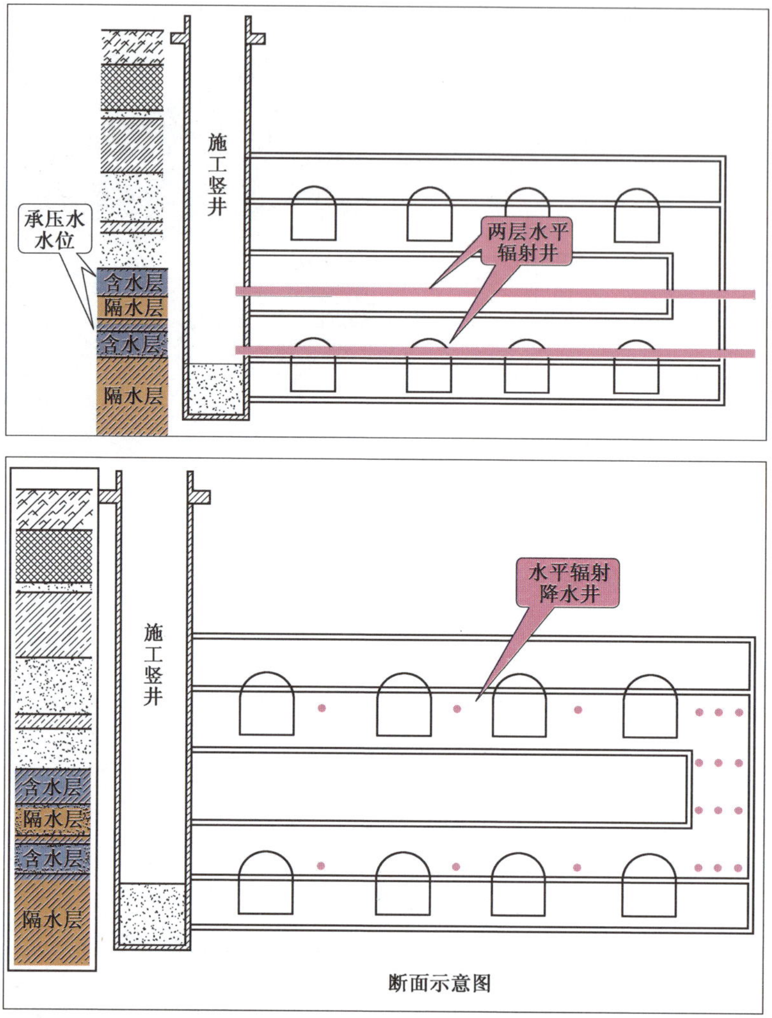

图 4.2-10　水平辐射降水井剖面示意图

牢固,避免刮蹭套管,滤水管出口段要安装节门,如图 4.2-14 所示。

6)起拔钻杆

起拔钻杆前需下入一根顶杆将套管内滤水管顶住,然后逐段拔出套管。拔套管期间要防止将滤水管带出。

7)井口封堵和安装节门

钻杆拔出后,在井口滤水管和孔口护管间先塞海带止水后,用水泥封堵。并在井口安装节门。

3. 洞内斜井降水施工

(1)竖井及横通道斜井施工降水方法

图4.2-11　预埋井口

图4.2-12　钻机调试、对位

图4.2-13　控制钻进

图4.2-14　滤水管安装

随着竖井及横通道开挖的施工进度，同时根据勘察报告中地下水位的位置进行超前探测，确定实际的水位高度。在竖井以及横通道开挖至层间潜水、潜水-承压水之前（图4.2-15所示的两层地下水），在竖井四周打设轻型井点进行降水；第二层横通道和第三层横通道在上一层横通道仰拱位置向下打设斜井，并随着横通道开挖深度向前延伸。

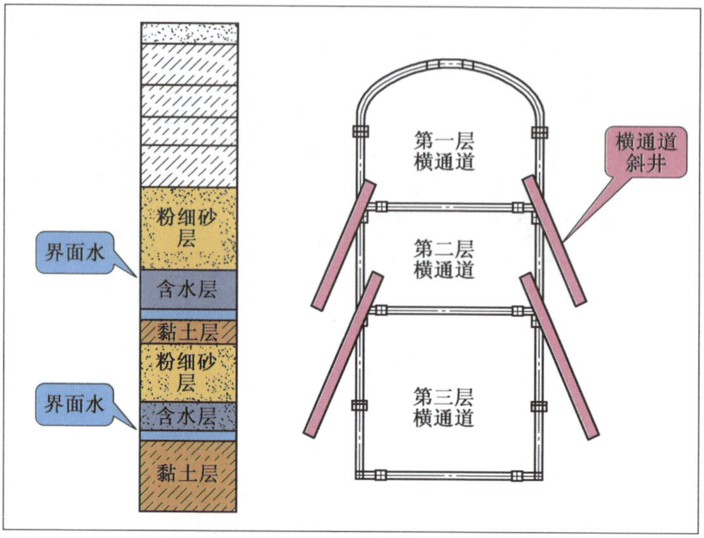

图 4.2-15　斜井打设原理图

主要施工步序为轻型井点打设，滤水管安装，真空管井抽水，降水维护，具体如图 4.2-16～图 4.2-20 所示。

图 4.2-16　轻型井点打设

图 4.2-17　安装滤水管

(2)主体导洞内斜井降水施工方法

根据本工程降水设计，工程降水都需将开挖范围内的含水层疏干，由于受含水层底板凹凸不平的影响，含水层底板处会出现渗水线，可采取如下措施进行疏干：

随着开挖的进行，根据勘察报告地下水的位置进行超前探测，确定实际的水位高程。主体导洞设计为 2 层，在下层导洞施工前，在上层导洞打设斜井，原设计方案如图 4.2-21 所示，斜井打设长度 10 m，因吸水扬程的影响抽水效果较差，为此进行了方案优化。

图 4.2-18　斜井串联

图 4.2-19　连接真空泵抽水

图 4.2-20　真空斜井降水后,效果明显,无明显渗漏水

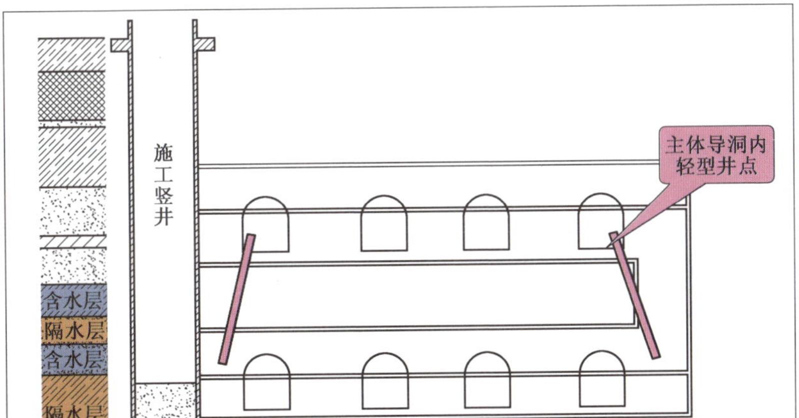

图 4.2-21　洞内斜井打设示意图

实际开挖探测含水层四存在卵石层，标段对原水平辐射井施工工艺及方案进行调整，目前 2 号井通过采用人工挖孔桩内施作斜井措施，对下层导洞进行降水。首先进行人工挖孔至 5 m 左右深度，进行临时封底，打设斜井，斜井打设工艺同上。具体施工示意图如图 4. 2-22、图 4. 2-23 所示。

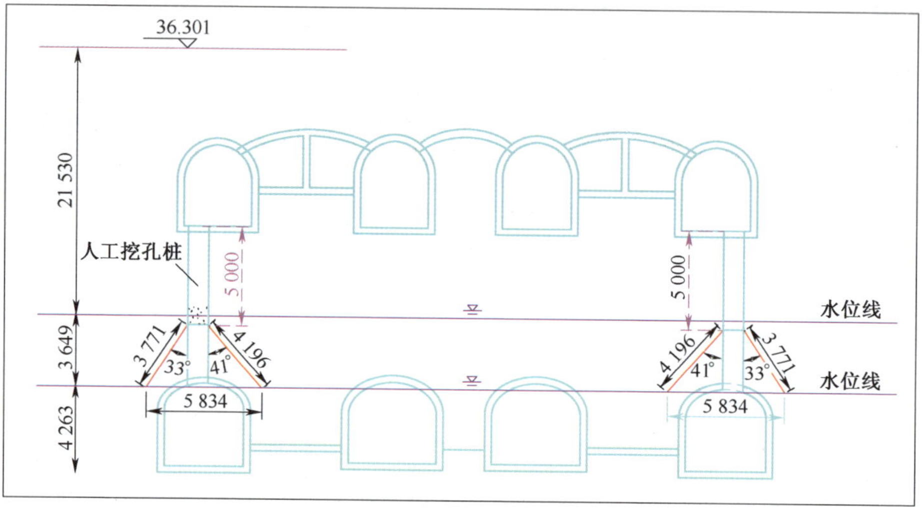

图 4. 2-22　人工挖孔桩内斜井打设断面示意图(mm)

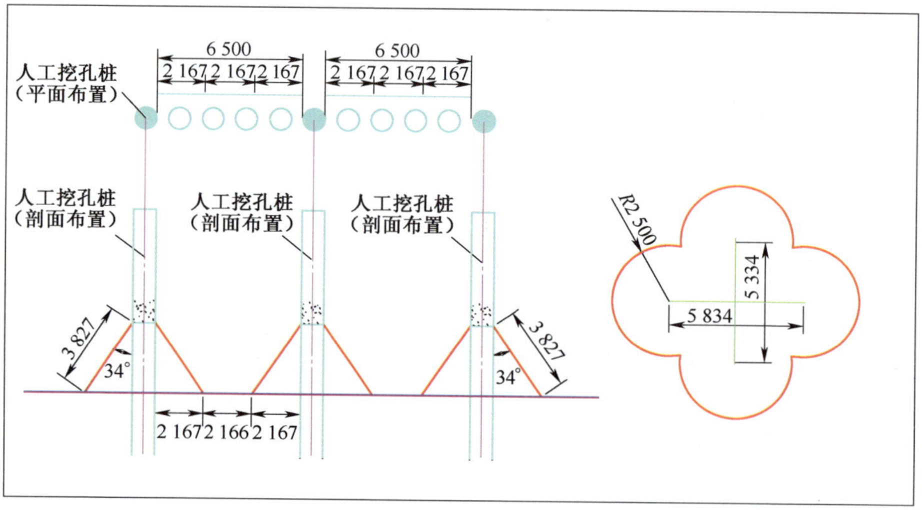

图 4. 2-23　人工挖孔桩内斜井打设剖面示意图(mm)

4. 界面残留水处理

对于含水层与隔水层之间的残留水，辅助上台阶掌子面上使用气锤斜向下打设长 2. 0 m 的 DN25 花管，4-6 道花管为一组，一组打设完成后使用钢丝软管接入真空泵,启动真空泵实现上台阶掌子面超前真空抽水,抽排水使用排水管导入竖井内集水坑,通过竖井内明排泵导排出竖井。上台阶作业一个班组后向前作业 1.5 m后,重复打设超前抽水花管,如图 4.2-24～图 4.2-28 所示。

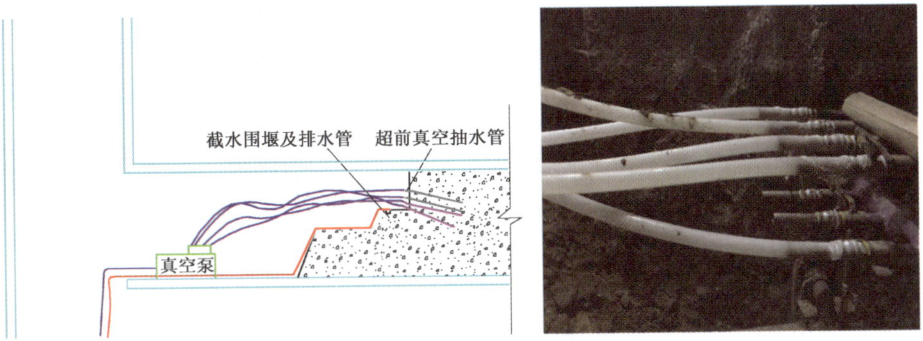

图 4.2-24　超前真空抽水施工示意图

图 4.2-25　降水真空泵抽排

图 4.2-26　降水水箱

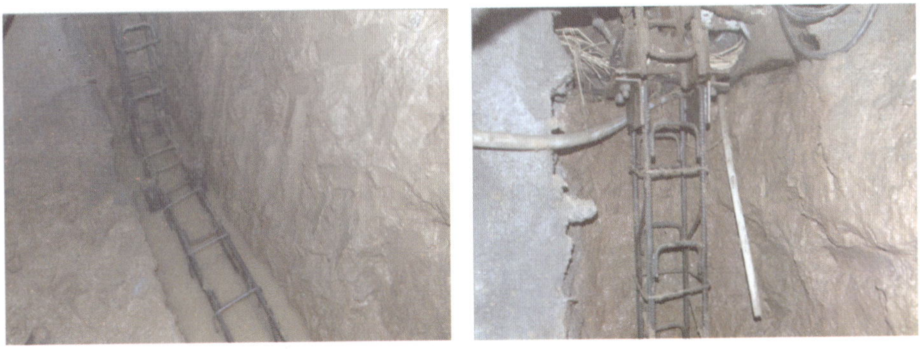

图 4.2-27　开挖面仍然存在残留水,从而影响开挖面地层稳定性

图 4.2-28 真空降水后，掌子面无明显渗漏水，保证地层稳定性

洞内降水井点降水速度快、适应性强、工艺简单、维护工作量少、耗能低，能够提前将开挖面的地下水进行抽排，同时能保证大面积暗挖作业时的降水需求。

4.2.6 降水效果分析

（1）在竖井横通道施工前期，开启地面管井实施降水，将水位降至开挖面以下；同时做好降水水位观测记录，根据观测记录，及时分析降水过程中不正常状况及产生原因，提出调整及补充措施，确保达到设计降水深度。在保证降水效果的同时，可根据水位观测情况（图 4.2-29），调整水泵在降水井中位置，从而减少抽水量。

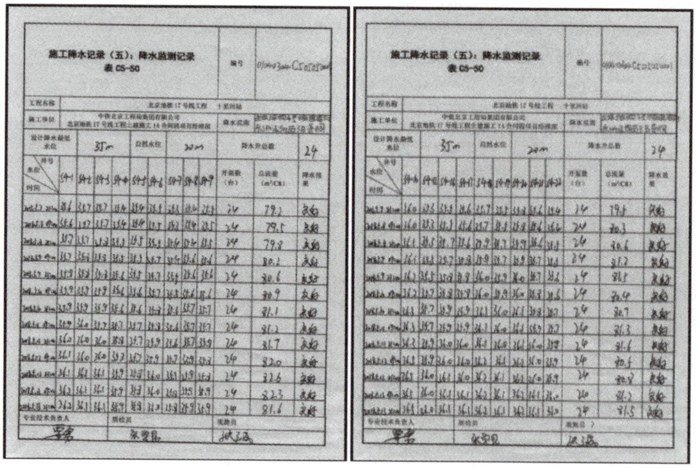

施工降水记录（五）：降水监测记录
表 C5-50

施工降水记录（五）：降水监测记录
表 C5-50

图 4.2-29 水位观测记录

（2）洞内降水井点降水速度快、适应性强、工艺简单、维护工作量少、耗能低，能够提前将开挖面的地下水进行抽排，同时能保证大面积暗挖作业时的降水需求。

(3)真空降水可以有效地疏干纵向 2.5 m,横向 5 m 范围内残留水,实现局部范围内的无水作业;整体实施效果良好。

4.2.7　经验与总结

(1)无水施工对确保矿山法施工安全意义重大,在有条件的情况下优先考虑采用井点降水+洞内斜井(真空降水)+水平井降水。

(2)采取洞外降水措施可以有效地疏干隧道施工范围内的地下水,有效防止隧道施工中涌水、涌泥、掌子面坍塌。但由于单一的降水施工措施难以完全疏干上层滞水,且降水周期较短,造成在砂层与黏土层的界面处存在滞水,该部位位于拱脚处,对施工影响较大,拱脚部位无法进行夯实且长期受浸泡必然导致结构发生较大变形,施工中采取的真空降水措施对处理层间滞水效果良好,有良好的推广价值。

(3)真空降水可以有效地确保达到无水作业和减少土体坍塌现象,但真空降水仅为辅助措施,降水任务主要依靠降水井降水。

(4)由于施工中有残留水,加上开挖过程对地层的干扰,难免初支背后有空洞现象,及时回填注浆,将会极大地减小地层及初支结构的沉降。

4.3　某区间真空降水施工案例

4.3.1　工程概况及特点

1. 工程概况

(1)地理位置、周边环境及线路情况

某区间全长 964.231 m,区间整体隧道采用矿山法施工。

线路沿某路敷设,该路为城市次干路,现状路宽 16~23 m,道路两侧为临街单层、多层商业建筑、8 层住宅楼,地面交通繁忙,地下管网密布;由于路侧建筑紧邻道路,区间线路距离建筑物较近,区间隧道下穿某公司平房、2 层商业建筑物,临近 8 层住宅楼。

在大里程端靠近某站处设置单渡线。区间隧道结构底板埋深约 16.5~24.8 m,隧道顶板埋深约为 8.5~14.6 m,标高 7.5~19.8 m,覆土厚度约为 9.4~16.6 m。区间共设置 3 座施工竖井及横通道,其中 2 号施工横通道兼做区间联络通道。

(2)地下管线及构筑物

区间路线处地下管线较多,道路下方市政管线有:85×52 电信、36×24 电信、ϕ400 热力(2 根,埋深 2.7 m)、ϕ1 000 雨水(埋深 3.6 m)、ϕ1 000 污水(埋深5.1 m)、2 000×2 500 电力管沟(沟内底埋深 9.37 m,横跨道路)、ϕ400 上水(埋深 2.1 m)、ϕ200 燃气等,埋深最大的污水管距区间隧道顶约 4.4 m,临近铁路线已废弃。

(3)水文地质条件

本段沿线地层沉积韵律明显,呈土、砂、卵石多旋回的互层沉积,根据对拟建线路沿线区域地下水分布条件,结合收集沿线地下水资料和本次实测结果综合分析,本合同段属同一水文地质单元,沿线主要分布有三层地下水,主要为潜水(二)、层间水(三)及承压水(四)。地下水详细情况见表 4.3-1。

表 4.3-1　地下水情况

地下水性质	静止水位(水头)埋深(m)	静止水位(水头)标高(m)	观测时间	含　水　层	分布情况
潜水(二)	3.20~4.60	29.83~29.99	2016.10	砂质粉土黏质粉土③层、粉细砂$③_3$层、黏质粉土$③_4$层、粉细砂$④_3$层、黏质粉土砂质粉土$④_2$层	连续分布
层间水(三)	17.54~20.40	13.80~17.05		黏质粉土砂质粉土$⑥_2$层、细中砂$⑥_3$层、黏质粉土砂质粉土$⑥_5$层	局部具承压性、分布连续
承压水(四)	19.80~26.30	6.73~14.79		中粗砂$⑦_1$层、细中砂$⑦_2$层、圆砾卵石⑦层	具承压性、分布连续

潜水(二):水位埋深为 3.20~4.60 m,水位标高为 29.83~29.95 m,含水层为砂质粉土黏质粉土③层、粉细砂$③_3$层、黏质粉土$③_4$层、粉细砂$④_3$层、黏质粉土砂质粉土$④_2$层,主要接受大气降水及侧向径流补给,以侧向净流及越流方式排泄,随着隔水层粉质黏土$③_5$层、粉质黏土④层底的起伏,该层水表现为微承压性;

层间水(三):水位埋深为 17.54~20.40 m,水位标高为 13.8~17.05 m,含水层为细中砂$⑥_3$层、黏质粉土砂质粉土$⑥_2$层、黏质粉土砂质粉土$⑥_5$层,受隔水层的起伏,该层水表现为微承压性;

承压水(四):水头埋深为 19.80~26.30 m,水位标高为 6.73~14.79 m,含水层为卵石⑦层、中粗砂$⑦_1$层、粉细砂$⑦_2$层、细中砂$⑧_3$层、细中砂$⑨_2$层,受隔水层起伏影响,局部有承压性;该层水水位标高变化较大,随地层分布起伏呈西高东低的变化趋势。

2. 工程特点

根据区域现有的勘察资料,主要位于⑥粉质黏土中;本区间暗挖深度范围穿越层间水(三)、承压水(四),具体如图 4.3-1 所示。地下水采用降水+阻水措施处理。

依据详勘资料和现场实际情况,暗挖区间结构拱顶埋深 9.98~14.28 m,主要位于$③_5$粉质黏土、$④_3$粉细砂中,结构拱底埋深 16.6~21.35 m。

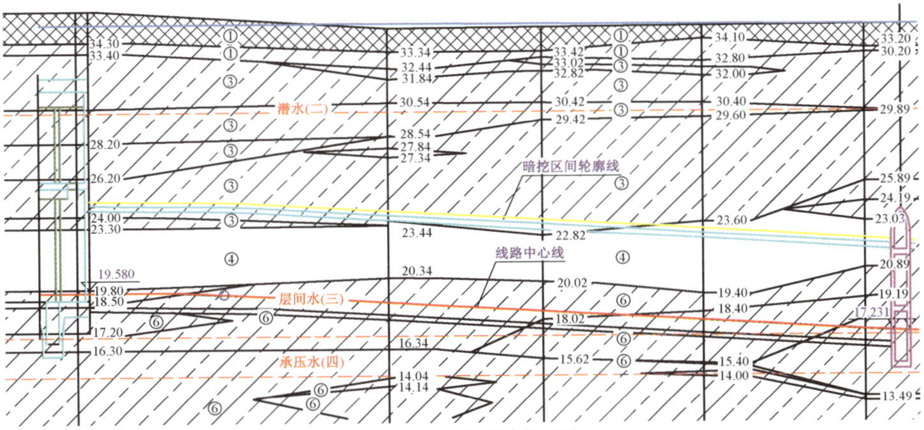

图 4.3-1　地质剖面图

竖井横通道、导洞上台阶及拱顶处于粉细④$_3$ 砂层,层间潜水(三)处于导洞上台阶处,在粉细砂和粉质黏土的结合面处,水流基本为渗流;部分地层结合面为粉质黏土层,此地质情况层间潜水水量较大,水流为小股流水。

横通道及正线开挖过程层间水大影响正常施工,层间水治理前现场照片如图 4.3-2,图 4.3-3 所示。

图 4.3-2　横通道开挖时渗水及流沙

图 4.3-3　横通道开挖时底板积水

层间潜水(三)对横通道及区间正线施工影响很大,尤其是位于粉细砂与粉质黏土的结合面处的潜水。主要体现在以下几个方面:层间潜水(三)对粉细砂层的稳定性影响很大,致使粉细砂层自稳定性差;当含水量少时,开挖面易坍塌;当水量达到饱和状态时,粉细砂层即成为流动状态,对导洞开挖施工造成严重的安全和质量隐患。同时,开挖产生的渗流水,致使现场开挖面泥泞,洞内积水现象较多,对现场的文明施工也产生极为不利的影响。

3. 关键技术点

层间水治理,保证无水作业。结合多方面的意见,最终确定了"先堵、再抽、后排,因地制宜,综合治理"的方针方案。

4.3.2 降水过程

1. 采用真空泵主动抽排残留水

依据设计图纸进行深孔注浆后,上台阶拱脚位置不同土层间的残留水需要用真空泵降水。真空降水是在开挖前提前利用真空泵将残留在拱脚不透水层上部层间潜水进行抽排,达到干槽开挖的目的。真空抽水机械设备采取 $Y_2$180L-6 型真空泵,功率 15 kW。

(1)真空抽水管埋设

抽水管下端为滤管,滤管长 1~2 m,管壁上钻有 ϕ8 mm 的星棋状排列滤孔,为避免滤孔堵塞,管壁外包 100 目的滤网,在滤网外再围一段螺旋形铁丝,将滤网固定在滤管上,防止滤网脱落或下滑,保护滤管。

(2)抽水

井管与集水管连接完成后需进行试抽,检查管路是否漏气。抽水真空度宜控制 0.03~0.06 MPa,真空度以真空泵端安装的真空表读数衡量。如管路密闭即可开始抽水。抽出的水通过集水槽,水泵集中排至沉淀池,经过滤后排入市政管网。(图 4.3-4、图 4.3-5 为真空泵抽水施工过程)

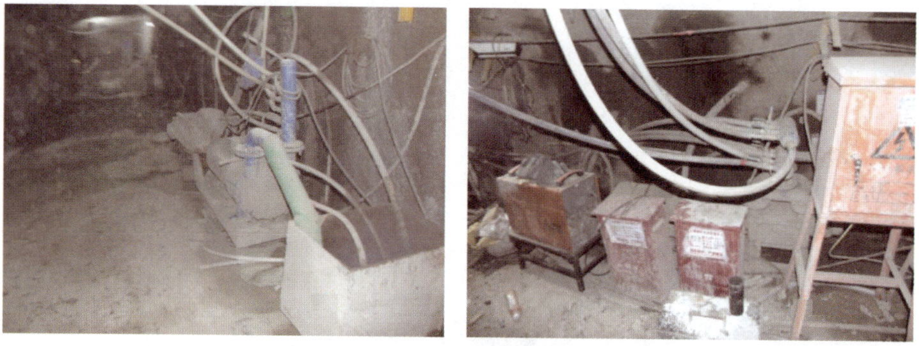

图 4.3-4　真空降水泵

图 4.3-5　真空降水管

真空降水前后照片对比如图 4.3-6、图 4.3-7 所示。

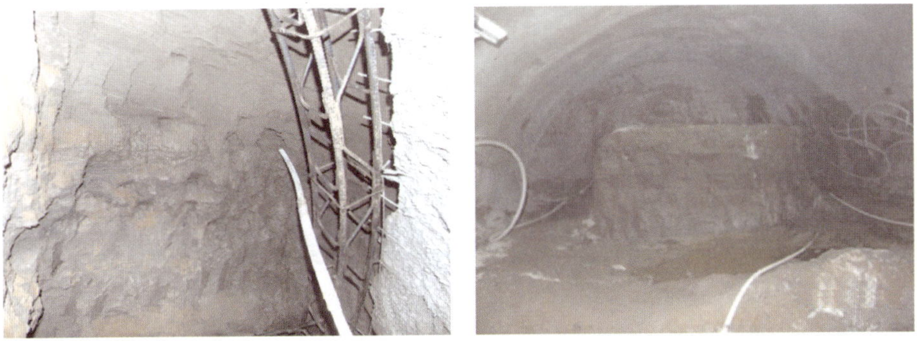

图 4.3-6　降水前水量较大、局部流沙，底板有明显积水

图 4.3-7　降水后基本无明流水、底板无水

2. 合理规范设置排水设施

排水系统如图 4. 3-8 所示。

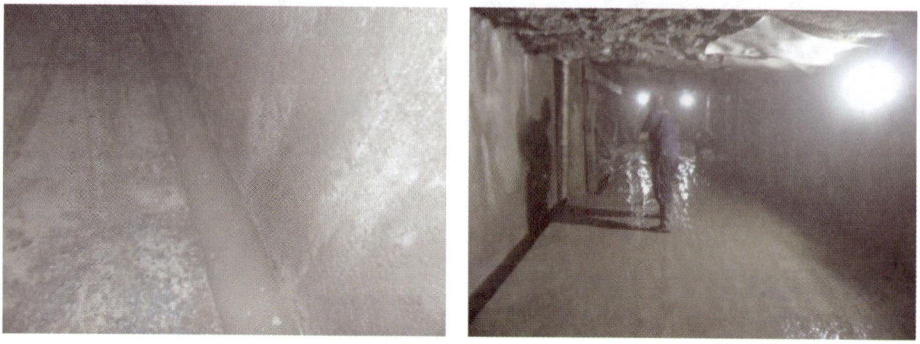

图 4. 3-8　排水沟

4. 3. 3　降水效果评价

1. 降水效果

降水效果如图 4. 3-9 所示。

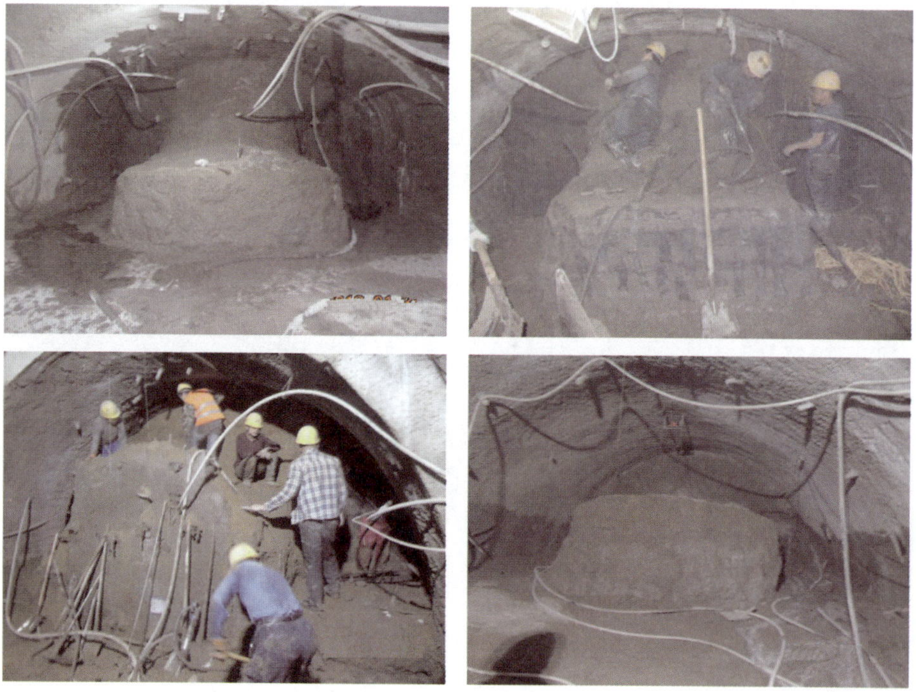

图　4. 3-9

图4.3-9　正线层间水治理后掌子面基本无渗漏水

2. 降水效果评价

本工程对层间潜水(三)治理以"先堵、再抽、后排,因地制宜,综合治理"为原则,结合施工环境的承受能力和施工成本等诸多方面的因素。即先按照设计要求进行深孔注浆;开挖过程中,上台阶拱脚位置不同土层间的残留水需要用真空泵降水,过程中辅助超前小导管防止局部坍塌;导洞两侧合理规范设置排水沟,及时将水排出施工现场。通过严格执行以上措施,取得了一定效果,在导洞开挖过程中基本能做到无水作业,减少了因渗流水造成的坍塌,地下水在工程实际中得到了预先控制,减少其可能产生的危害,降低工程损失,消除了质量安全隐患,在保证施工质量及文明施工的基础上加快了施工进度。

4.4　某盾构区间联络通道冻结法施工

4.4.1　工程概况

1. 设计概况

某设计里程范围:右K37+952.200~右K40+162.321,右线隧道长度2 209.75 m;左K37+952.200~左K40+162.321,左线隧道长度2 209.75 m。区间于右K38+494.000设置1号联络通道,于右K38+769.000设置2号联络通道兼泵站。在拟构筑联络通道位置,1、2号联络通道中心标高分别约为-1.2 m和-4.98 m,地面标高分别约为+20.33 m,+20.45 m,隧道中心间距分别为13.342 m和15.0 m(图4.4-1)。

2. 工程地质与水文地质

(1)工程地质条件

区间穿越地层主要为饱和的粉细砂⑤层、细中砂$⑤_1$层、粉细砂⑦层;局部穿越细粉砂$②_3$层、圆砾$⑤_4$层、中粗砂$⑦_1$层;覆土厚度为11.98~19.3 m。

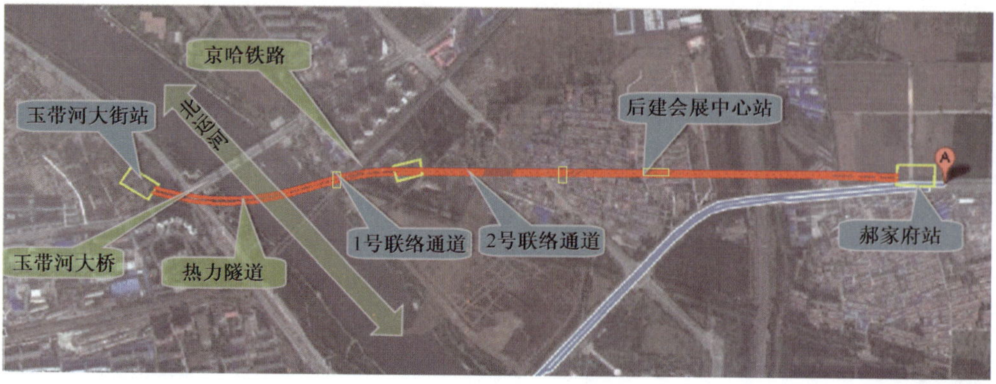

图 4. 4-1　区间平面图

(2)水文地质条件

1 号联络通道全断面分布于细中砂层中,地下水位标高+13. 63 m。2 号联络通道兼泵房开挖面位于细中砂层,地层中主要存在潜水(二),标高在 13. 65 m,位于联络通道顶板上 13. 94 m,采用冻结法施工。

3. 主要风险

1 号联络通道和 2 号联络通道及泵站均处于细中砂中,且 1 号联络通道处地面环境复杂,需要控制联络通道施工过程对某铁路路堤变形的影响和北运河对联络通道施工的影响,具体如图 4. 4-2、图 4. 4-3 所示。

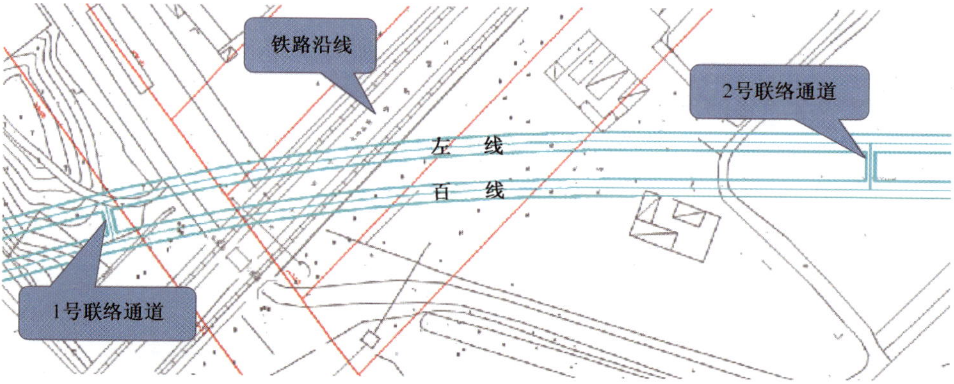

图 4. 4-2　联络通道平面位置图

(1)砂土中钻孔施工,防止涌砂冒泥

1、2 号联络通道全断面处于细中砂层中,砂土层中钻孔易发生涌砂冒泥现象,对施工安全和地表沉降产生不良影响。因此钻孔过程中应采取可靠措施防止涌砂冒泥。

(2)1 号联络通道距离铁路较近

1 号联络通道距离铁路 25 m,施工中需引起高度重视,从钻孔施工、开挖支护和冻胀融沉等各阶段严格监控,以防施工对周围地层的扰动引起地表产生较大位

图 4.4-3 联络通道现场位置

移,影响铁路运行安全。

(3)通风问题

由于目前区间隧道尚未推通,施工过程中应采取措施保障隧道通风安全。因此将冷冻站系统设置于某大街站,一方面避免隧道内过于潮湿,导致机械设备运转不良和隧道湿滑,影响作业安全;另一方面有利于冷却用水地提供。

(4)冻胀融沉的控制

冻结法施工过程中加强冻胀融沉的控制,加强地面和隧道管片变形监测,冻胀过程中采取泄压的方式控制、发生融沉现象采取注浆等措施进行控制。

4. 风险工程对策

根据土层资料与类似工程施工经验,联络通道施工采用“隧道外水平冻结加固土体,隧道内暗挖构筑”的施工方案,即:在隧道轮廓线外采用冻结法加固地层,使连接联络通道外围土体冻结,形成强度高,封闭性好的冻结壁,然后在冻结壁保护下采用矿山法进行通道及集水井的开挖构筑施工。

用冻结法加固地层的突出优点是:冻结壁均匀性好且与隧道管片结合严密,加固与封水效果良好,施工安全可靠。为了控制土层冻融引起的地层变形,需要在冻结加固区融冻过程中进行跟踪注浆。

4.4.2 承压水层冻结孔钻孔施工

1. 在钻孔之前,对钻孔区域内管片壁后注浆情况进行探测,视壁后注浆情况及土层涌水冒砂情况决定是否进行壁后补充注浆。在钻孔开孔区域预注浆,注入单液浆,水灰比 1 : 1,注入量约可在开孔区域分布 20 mm 即可。

2. 采用二次开孔方法开孔并安装孔口密封装置,防止冻结孔穿透隧道管片时和钻孔时孔口涌水喷砂。

3. 用跟管钻进法下冻结管,钻进时安装类似轴封的孔口止水装置,如图 4.4-4 所示。对于需要穿透对侧隧道管片的对穿冻结孔,用跟管钻进法钻透对侧隧道管

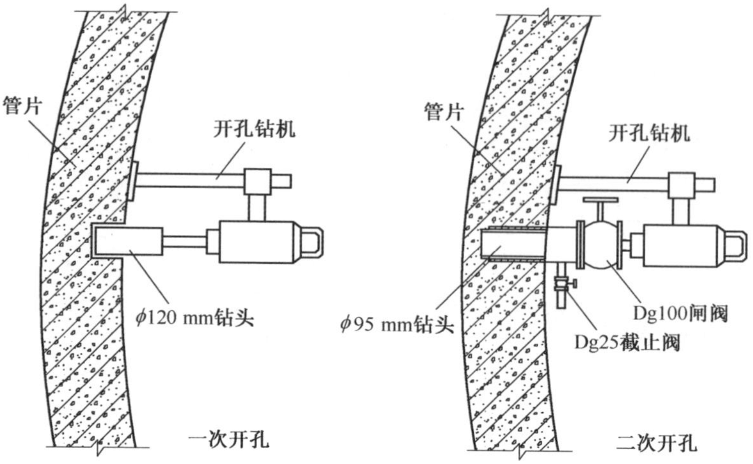

图 4. 4-4　钻孔开孔示意图

片。跟管钻进时,钻头部位安装逆止阀,防止泥、水通过冻结管回流。

4. 下完冻结管后,对冻结管与孔口管、套管的间隙和孔口附近地层进行注浆充填。

5. 下卸压管时,在泄压管加设丝堵,以免下泄压管时出水影响施工,施工完成后再将丝堵拧出。泄压管需伸入透水层中。

6. 确保钻孔定位准确,钻孔时预设向外(隧道外结构面法向)偏角,以免冻结孔太靠近开挖面而影响冻结壁有效厚度。

7. 确保钻机固定牢固,开孔段钻进方位准确,保证冻结管连接的同心度和不弯曲,并及时进行测斜,从而提高冻结孔的偏斜精度。采用灯光经纬仪测斜。

8. 必要时采用补孔以保证冻结孔的终孔间距,以便按时形成冻结壁。

9. 如发现冻结孔施工过程中有地层沉降,及时进行补偿注浆。

4. 4. 3　地层冻胀和融沉防治措施

1. 在冻结壁及附近未冻土中设卸压孔,通过释放泥水卸压消散冻胀力。

2. 采取快速冻结,以减小冻胀量,同时也有利于冻融时的土体收缩。

3. 冻结壁解冻时有少量收缩,从而使地层产生融沉。为了消除地层融沉引起的地面沉降,在隧道和联络通道衬砌上预留注浆管,采取跟踪注浆的方法加以补偿。

4. 实时监测施工过程中地表、管线、建筑物和隧道结构的变形,分析、预计施工对地面建筑物可能产生的最终影响,为调整、确定冻结施工参数提供可靠依据。

5. 如地面有条件,融沉注浆时视地面沉降情况可采取地面注浆的方式,以提高控制地层沉降的效果。

4.4.4　开挖和构筑技术措施

1. 开挖前对联络通道两侧隧道管片采用预应力支撑加固。支撑方式为:在洞口两侧的管片接缝处各设一榀支架,每榀支架设 8 个支撑点,支撑在隧道四周,并根据隧道变形用千斤顶给各支撑点施加预应力,如图 4.4-5 所示。

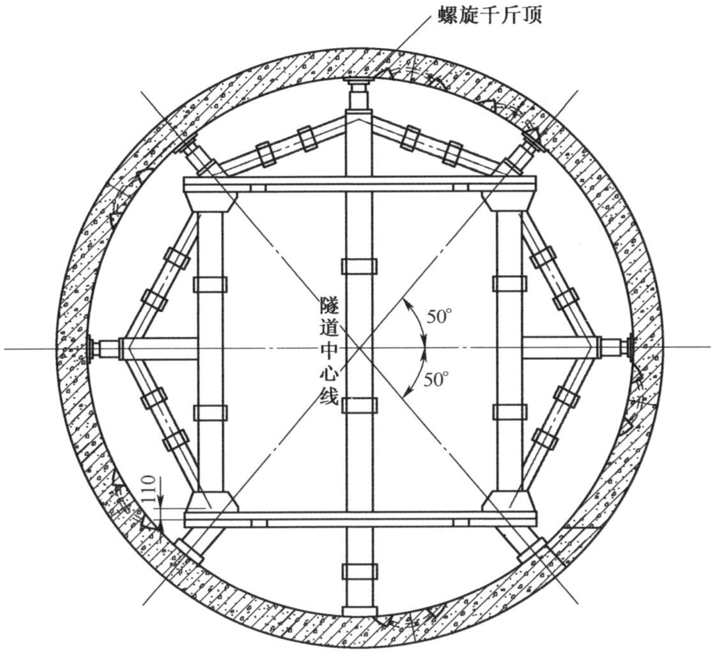

图 4.4-5　隧道预应力支撑结构示意图

2. 设计强度与刚度较大的 Q235B 钢材制作钢格栅+喷射混凝土临时支护结构,根据冻结壁稳定性监测情况,可以调整支护步距并增加内支撑,采取随掘随支的作业方式,以控制冻结壁变形。

3. 采取分步开挖,及时支护措施。先开挖水平通道,然后刷大喇叭口,施工完水平通道和喇叭口结构层后再挖集水井。设计采用钢格栅+喷射混凝土作为临时支护结构。要求冻结壁暴露面长度不大于 0.8 m,暴露时间不大于 24 h,暴露面位移不大于 20 mm。

4. 在开挖工程中对冻结壁表面温度和收敛进行量测,根据测量结果调整开挖步距及支护强度,以避免因冻结壁变形过大而引起冻结管断裂的问题。

5. 开挖后及时对冻结壁进行保温。方法是在暴露的冻结壁表面敷设保温板。

6. 在整个施工过程中,严密监测地面建筑物和隧道变形,确保地面建筑和隧道安全。

4.4.5　风险工程监控

1. 监测内容

冻结法施工监测主要分三部分:冻结过程中冻结系统监测、开挖过程中冻结壁监测和地表和隧道变形监测。

(1)冻结系统监测

①去、回路盐水温度监测:在去、回路盐水干管上安装精密水银温度计和数字温度传感器。测量频度为每天1次。

②冻结器盐水流量检测:与集液圈并联盐水流量计,测量回路冻结器的盐水流量。在开冻时检测,或在发生问题时检测。

③冻结器盐水温度监测:在每个冻结器回路上设数字温度传感器,测量冻结器盐水回路温度。

④在盐水箱中安装液面监测、报警装置。

⑤其他:包括去、回路盐水压力、冷却水压力与温度等。测量频度不少于每天1次。

(2)冻结壁监测

①测温孔温度监测:每个深测温孔设3个测点,分别布置在靠近隧道管片处、测温管中部和测温管头部。每个浅测温孔设2个测点,分别布置在靠近隧道管片处、测温管头部。测量频度每天1次,可以视不同工序和检测情况适当调整。温度量测用仪表为多点半导体测温仪,精度为0.5 ℃,如图4.4-6所示。

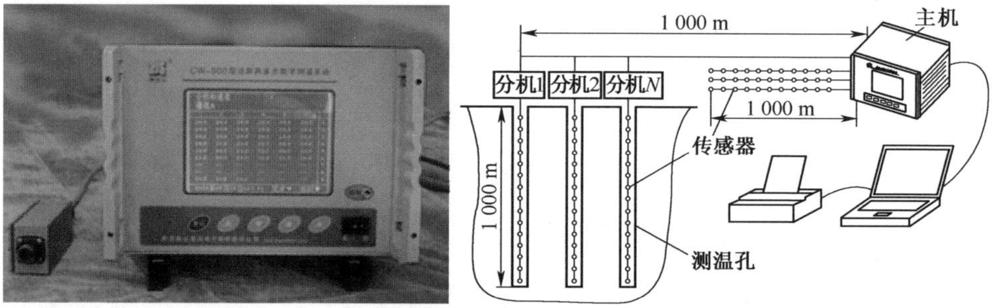

图4.4-6　电子测温系统

②卸压孔内空隙水压力变化监测:通过在泄压管口安装压力表测量未冻土空隙水压力变化。测量频度每天1次,可根据实际情况加测。

③开挖工作面温度和变形量测:开挖时测量开挖工作面冻土或未冻土的表面温度及收敛值。测量频度为每天1次。

2. 地面与隧道变形监测

(1)监测地表沉降(包括道路、管线、周边建筑物)布置图如图4.4-7、图4.4-8所示。

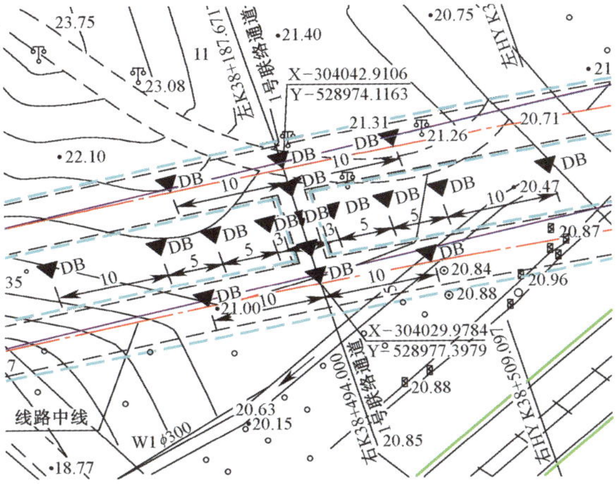

图 4.4-7　1 号联络通道监测点布置

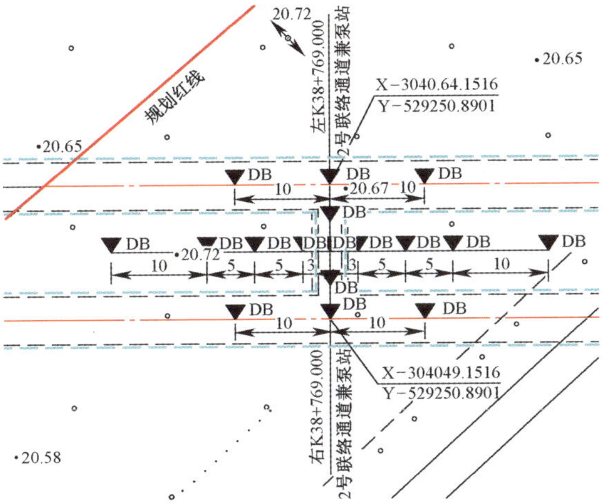

图 4.4-8　2 号联络通道监测点布置

(2)监测管片隆沉和变形。

(3)监测联络通道结构变形。

(4)基准点布设:在联络通道 50 m 以外的稳定区域分别布设两个水平位移检测基准点和两个垂直位移基准点(其中一个作为复合点)。

(5)测点布设:在通道两侧 50 m 范围内对隧道水平及垂直方向的位移进行监测。监测点布设在隧道底环片上,测点间距为每两环设置一个测点,测点用道钉打入环片内牢固或粘接固定点作测点,具体如图 4.4-9 所示。

3. 测点控制值

(1)地表沉降监测点按地铁测量监测规定执行,即+10 mm、−30 mm 为累计报警值,±3 mm 作为日变量报警值。

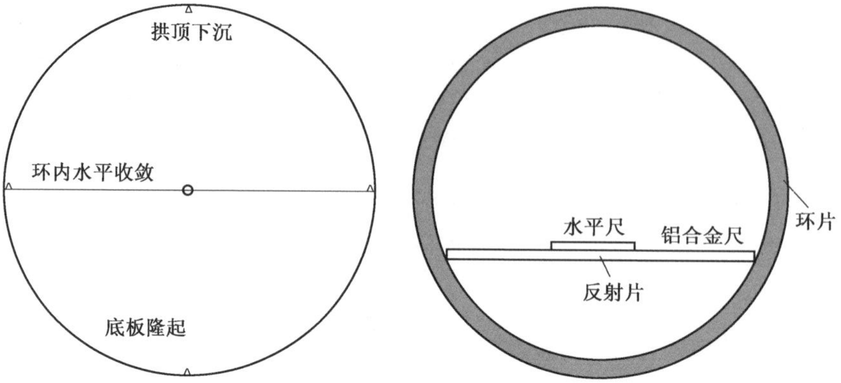

图 4. 4-9　测点布设示意图

(2)地下管线沉降监测点,以±10 mm 作为累计报警值,±3 mm 作为日变量报警值。

(3)周围建筑物沉降累计沉降报警按地下管线报警值为参考,其差异沉降(推算为房屋倾斜率报警值为 1/300)。

(4)隧道沉降变化报警值以±10 mm 作为累计报警值,±3 mm 作为日变量报警值。

(5)隧道收敛累计报警值为±10 mm。

4. 监测频率

现场监测频率见表 4. 4-1。

表 4. 4-1　监测频率表

钻孔期间	冻结期间	开挖期间	施工结束~稳定
1 次/1 d	1 次/3 d	1~2 次/1 d	1 次/5~7 d
备注:监测频率可根据监测数据变化情况做适当调整			

4. 4. 6　专家巡视与咨询意见

2013 年 7 月 18 日,施工单位邀请专家召开了针对危险性较大的本区间联络通道施工的专家论证会,详细论证了联络通道的冻结施工要点、开挖和结构砌筑等问题,形成如下意见:

1. 根据工程特点和本工程的地质条件,1 号、2 号联络通道均在细中砂层中开挖,设计采用人工冻结施工可行,提交专家评议的文件内容较全面,措施较具体,但建议加强方案的针对性,对若干方案技术问题进行补充与完善,以付诸施工。

2. 建议针对本工程的地质条件和砂层的强度特征,重新核算冻结壁厚度(必要时进行冻土强度试验），并对 1 号联络通道、2 号联络通道兼泵站进行个性化设计。

3. 设计将冷冻站设置于某大街站中板处，因此 1、2 号联络通道的冻结盐水干管单程长度分别达到 525 m 和 800 m 以上，形成盐水长距离输送，并考虑到本工程在夏季暑天进行积极冻结，建议加强冷冻站设备有盐水管路的保温工作，以保证冷冻站的正常运转。

4. 在砂层中进行钻孔、开挖和结构砌筑，工程潜在风险很大，建议除采用安全防护门等措施外，另外准备必要的抢险设备和措施，如液氮快速冻结技术的准备等，加强应急预案的针对性。

5. 建议 2 号通道排水管取消保温层，采用水泥固管，管内用黏土充填。

4.4.7　实施过程及效果评价

1. 工期控制

(1)2013 年 7 月 19 日开始联络通道冻结孔施工(图 4.4-10～图 4.4-13)。

图 4.4-10　联络通道钻孔施工

图 4.4-11　联络通道施工平台

图 4.4-12　成孔情况

图 4.4-13　密封效果良好

(2)开挖构筑施工：1 号联络通道 2014 年 3 月 7 日开挖；2 号联络通道 2014 年 4 月 18 日开挖(图 4.4-14～图 4.4-20)。

图 4. 4-14　1 号联络通道开挖

图 4. 4-15　冻结效果良好

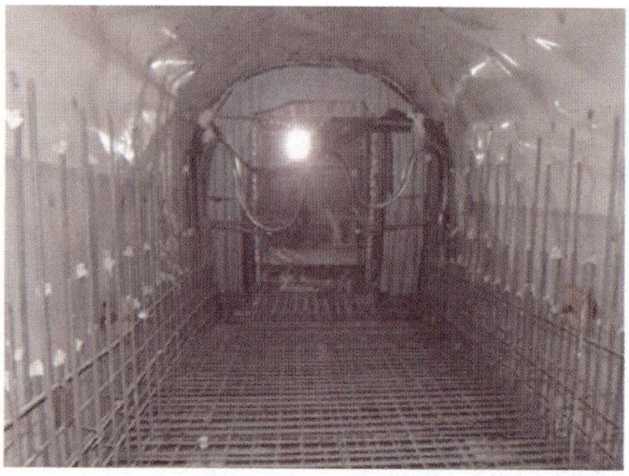

图 4. 4-16　1 号联络通道底板、侧墙二衬绑扎钢筋

图 4. 4-17　底板二衬施工完成

图 4. 4-18　1 号联络通道二衬混凝土浇灌施工

图 4. 4-19　2 号联络通道开挖面细砂层

图 4.4-20　冻结效果良好

图 4.4-21　2 号联络通道洞内泵房下开挖施工

2. 方案落实情况

(1)冻结加固方案

设计有效冻结帷幕厚度 2.0 m,冻结帷幕平均温度≤-10 ℃。

取冻土单轴抗压强度为 3.6 MPa,弯拉强度为 1.8 MPa,抗剪强度为 1.5 MPa(-10 ℃),具体如图 4.4-22~图 4.4-25 所示。

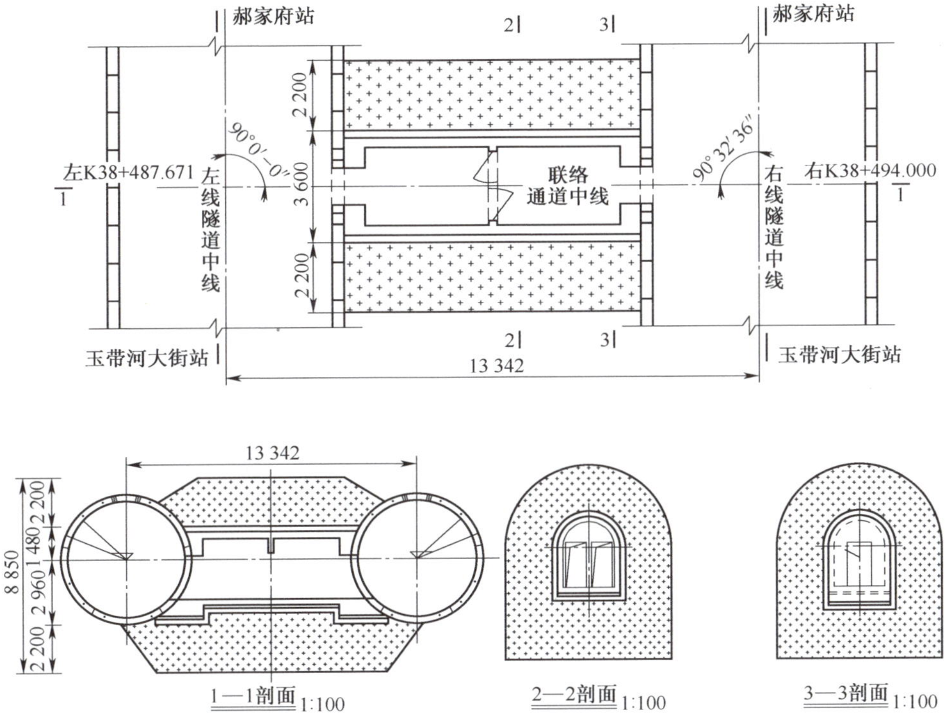

图 4.4-22　1 号联络通道设计冻结范围示意图

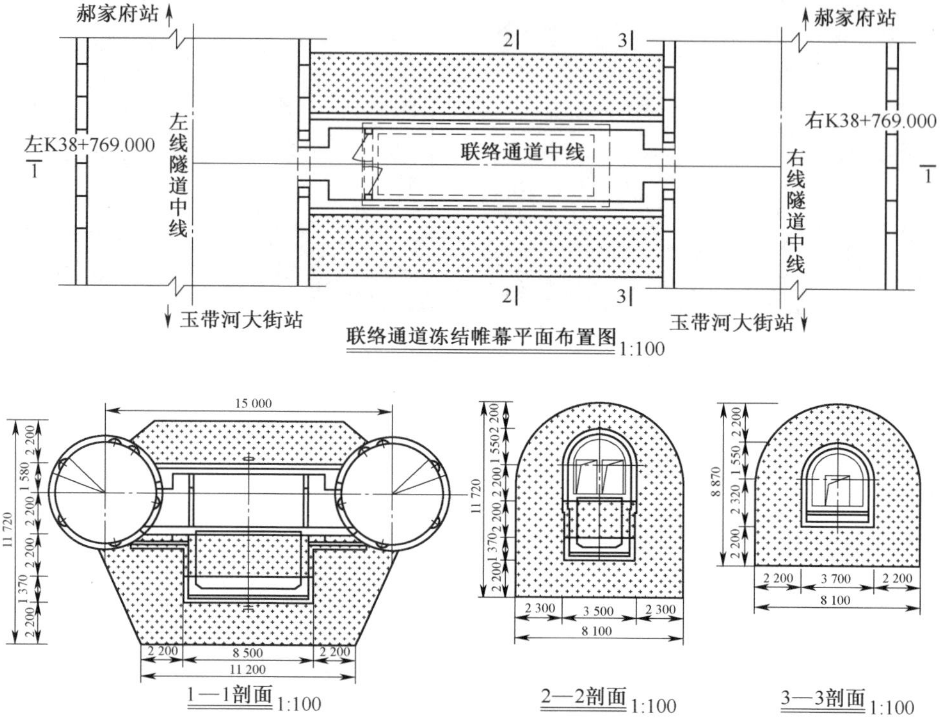

图 4.4-23　2 号联络通道设计冻结范围示意图

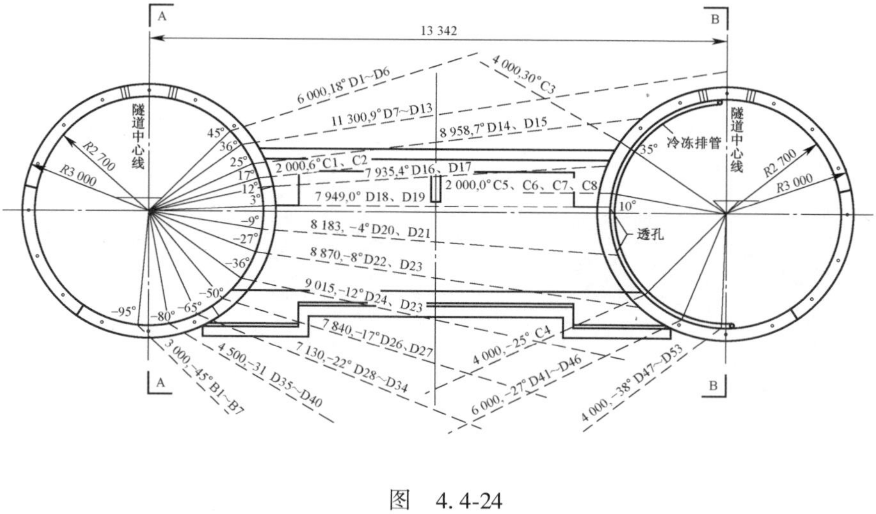

图　4.4-24

冻结站一侧隧道冻结孔开孔位置图

A—A

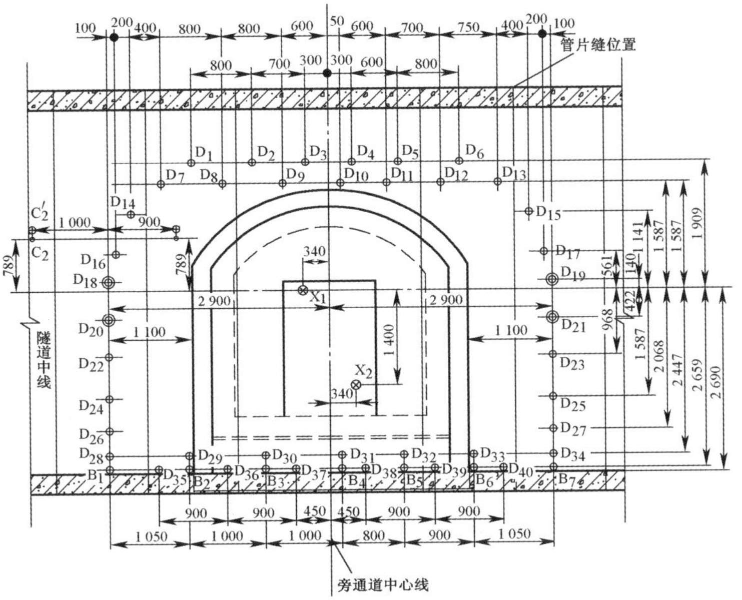

冻结站对侧隧道冻结孔开孔位置图

B—B

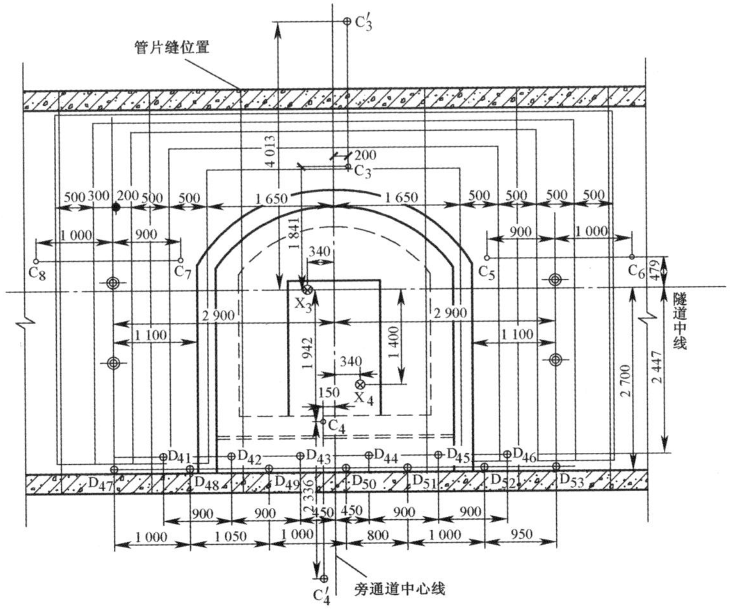

图 4.4-24　1 号联络通道冻结孔布置示意图

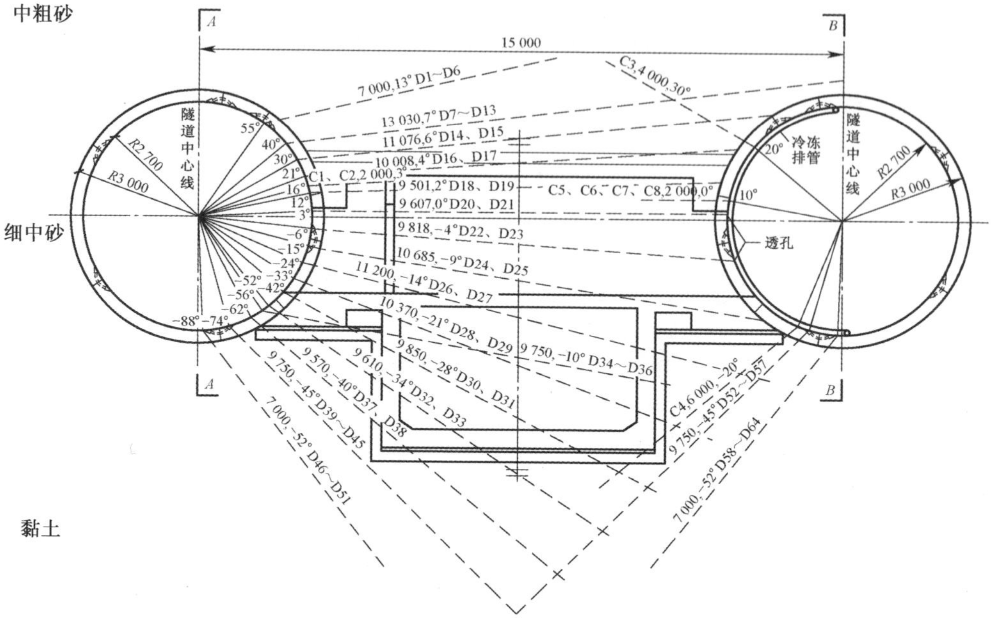

冻结站一侧隧道冻结孔开孔位置图

A—A

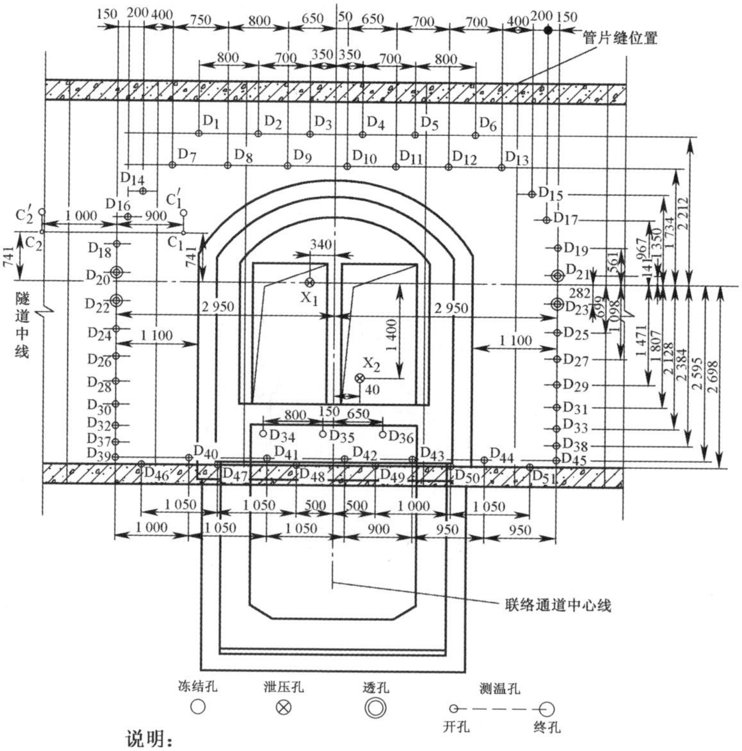

说明:

图 4.4-25

冻结站对侧隧道冻结孔开孔位置图

B—B

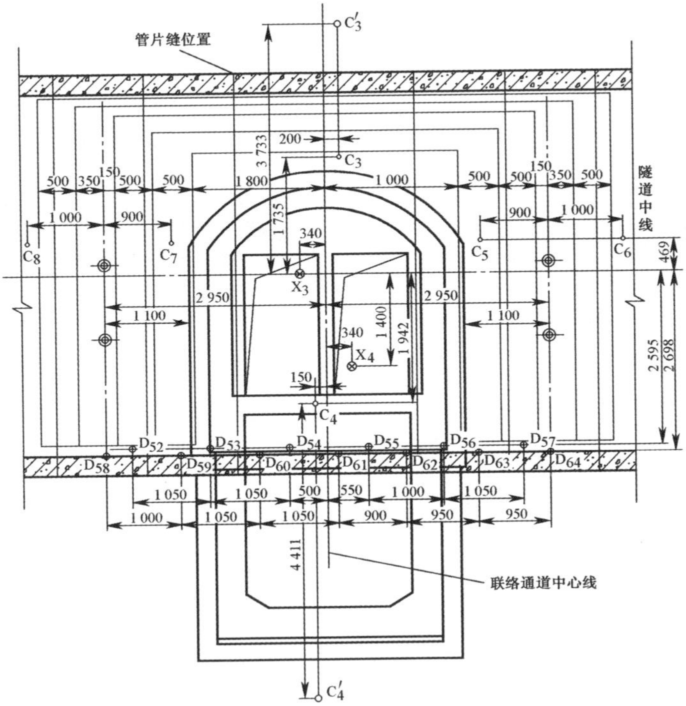

图 4. 4-25　2 号联络通道冻结孔布置示意图

(2)承压水层冻结孔钻孔施工

冻结管选用的 ϕ89×8 mm 低碳无缝钢管,单根管材长度以 1. 5～2 m 为宜,采用丝扣和内接箍对焊连接。对穿孔用 ϕ89×8 mm 低碳无缝钢管,采用丝扣加对焊连接。测温管材质同冻结管,供液管采用 1. 5″焊接钢管或冻结管。

管片上冻结孔开孔采用 ϕ121 mm 金刚石取芯钻。每个钻孔安装孔口管,孔口管用 ϕ121×5 mm 无缝钢管加工,孔口管头部加工 200 mm 长的鱼鳞扣,安装时在鱼鳞扣外面缠绕麻丝。钻进时,在孔口管尾端连接孔口密封装置。安装孔口管时管片要留 100 mm 以上的保护层。水泥管片上,孔口管与管片通过植筋或膨胀螺栓焊接连接。冻结孔开孔采用二次开孔工艺,具体如图 4. 4-26～图 4. 4-29 所示。

(3)积极冻结和维护冻结

1)积极冻结:设备安装完毕后进行调试和试运转(图 4. 4-30、图 4. 4-31)。检查确认电路系统、冷却水循环系统、盐水循环系统运行参数正常后才开冷冻机。冷冻机先空转 1～3 h,观察运转是否异常。在试运转时,要逐步调节能量、压力、温度和电机负荷等各状态参数,使机组在有关设备规程和运行要求的技术参数条件下运行。

图 4. 4-26　冻结孔施工

图 4. 4-27 无流砂现象

图 4. 4-28　带单向阀钻头

图 4. 4-29　配置加膨润土护壁

冷冻站正常运转一周盐水温度降至-18 ℃以下,积极冻结 15 d 盐水温度降到-24 ℃以下。每天检测测温孔温度,并根据测温数据,分析冻结壁的扩展速度和厚度,预计冻结壁达到设计厚度时间。

冻结需冷量:冻结管散热系数取 1 256 kJ/(h · m^2),冷量损耗取 10%,1 号联络通道冻结总需冷量为 1. 94×10^5 kJ/h。2 号联络通道及泵站冻结总需冷量为 3. 10×10^5kJ/h。

盐水干管损耗:盐水干管冷量损耗系数取 10%,保温板散热系数 1%,1 号联络通道盐水干管损耗为 670 kJ/h。2 号联络通道及泵站盐水干管损耗为1 046 kJ/h。

2)维护冻结:从开挖到施工结构层前,盐水温度要保持不高于-22 ℃。维护冻结过程中,要与积极冻结时一样进行冻结施工监测,确保冻结系统运转正常,及时分析冻结壁的温度变化。

在开挖过程中,每天监测暴露冻结壁的表面温度和位移量,如发现局部冻结壁温度较高、变形较大,可用串接管道泵的方法加大对应位置的冻结孔流量。开挖期间,不允许提高盐水温度和减小盐水流量。

图 4.4-30　冷冻站搭设

图 4.4-31　盐水输送管连接

(4)充填注浆与融沉注浆

注浆一般采用单液水泥浆和 C-S 双液浆,水泥强度等级 P. S. 42. 5,水灰比一般为 0. 8~1;双液浆水泥强度等级 P. S. 42. 5,水玻璃为 35~42°Be,可根据地层适当调整,将配好的水泥浆液和水玻璃浆液按照 1∶1 混合注入。充填注浆采用水泥单液注浆,融沉注浆采用水泥-水玻璃双液注浆。

1)充填注浆

主要填充结构层和冻结壁之间的空隙,以及拱顶部的支护层与结构层之间空隙,停止冻结后约 3~7 d 开始充填注浆,开始时结构混凝土强度达到设计强度 60%以上,到停止冻结后 1 个月结束。

2)融沉注浆

充填注浆完成后,开始融沉注浆,持续时间为 2~3 个月,其中侧墙为 2 个月,拱顶部位为 3 个月,泵站部分为 3 个月,此后根据变形及温度场监测确定注浆时间延缩。

(5)开挖和构筑技术措施

开挖之前,需在通道开口处隧道中设置预应力隧道支架,以减轻联络通道开挖构筑施工对隧道产生不利的影响。在上下行线隧道联络通道口两侧各架三榀(包括一榀预应力支架),在联络通道两侧沿隧道方向对称布置。架设时要有专人负责指挥,拼装时螺栓必须拧紧,预应力支架每榀支架有 8 个支点,由千斤顶提供预应力,施加预应力时每个千斤顶要同时慢慢平稳加压,每个千斤顶以压实支撑点为宜。高处千斤顶应系在主架上,防止脱落。要定期检查千斤顶压力情况,发现卸压或漏油等情况要及时处理,如图 4.4-32、图 4.4-33 所示。

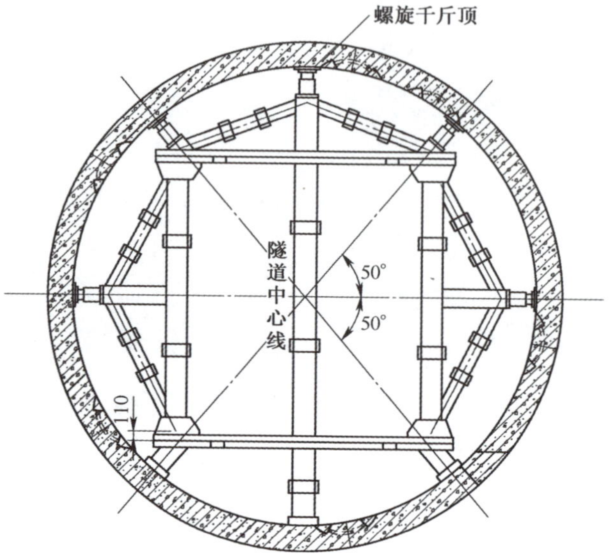

图 4. 4-32　预应力隧道支架布置图(单位:mm)

图 4. 4-33　预应力隧道支架

从 2 处联络通道同时进行施工,1 号联络通道从右线开管片开挖,2 号联络通道从左线开管片开挖,开挖采用短段掘砌技术, 开挖步距控制在 0.5～0.8 m,(图 4. 4-34、图 4. 4-35)。由于冻土强度高,韧性好,普通手镐无法施工,需采用风镐掘进。在掘进施工中根据揭露土体的加固效果及施工监测信息,及时调整开挖步距和支护强度,确保安全施工。

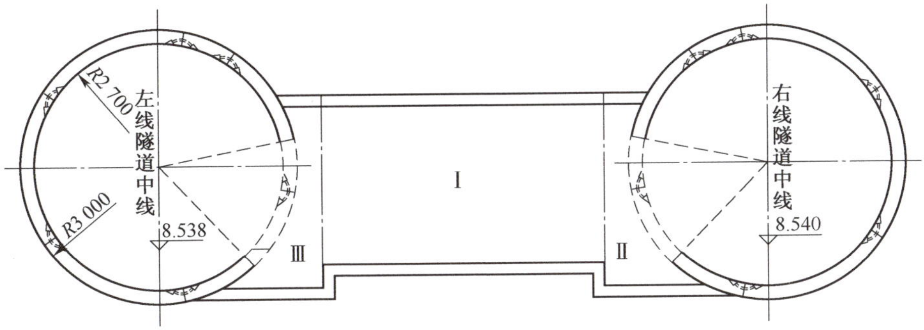

图 4.4-34 1号联络通道开挖工序图

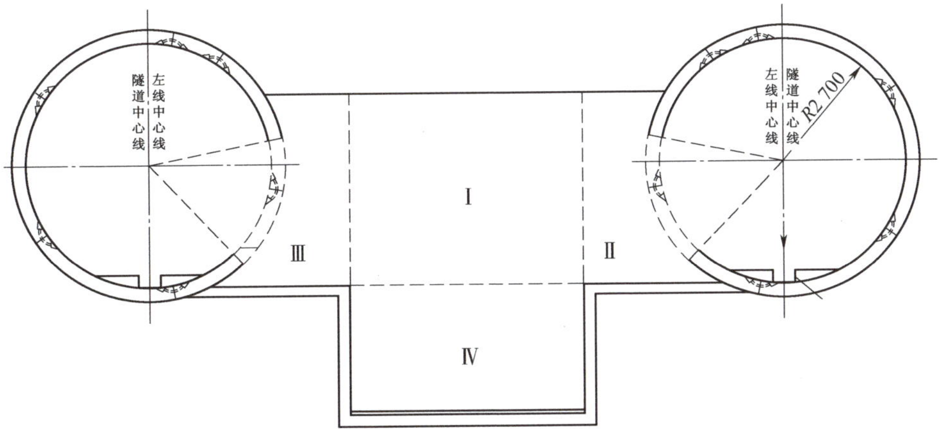

图 4.4-35 2号联络通道开挖工序图

4.4.8 经验教训与建议

1. 本区间联络通道施工过程中冻结壁均匀性好且与隧道管片结合严密，加固与封水效果良好，施工安全可靠。施工过程中各测点变形无异常，施工进展顺利。冻结法在该工地得到了成功的应用。

2. 对地层处于富水砂层且无降水条件的联络通道及泵房施工采取冻结法施工极大地降低了工程风险。由于冻结法施工前期冻结施工时间较长，因此工程筹划阶段对于是否采取冻结法施工应科学分析，及早决策。建议对处于富水砂层且无降水条件的工程采取冻结法施工。

3. 冻结过程中，2号联络通道出现冻结不良问题，冻结期完成后打设泄压孔，发现冻结效果不够理想，增设冻结孔后，经检验冻结效果达到了开挖条件。因此，在后续采用冻结法的施工中，应重点关注开挖期间地层冻结效果，采取措施避免出现冻结不良现象。

4. 泵房开挖过程中会出现部分冻结管暴露，施工过程中应注意保护并在掘进施工中根据揭露土体的加固效果，以及监控监测信息，及时调整开挖步距和支护强度，确保安全施工。在开挖过程中，还需及时对暴露的冻结帷幕进行保温。

4.5 全套管咬合桩止水施工工法应用

4.5.1 咬合桩止水施工概念

咬合桩止水施工工艺，先进行素混凝土桩的施工，通过专用咬合模板形成弧形凹槽；再进行钢筋混凝土桩的施工，此时混凝土自动流入素混凝土桩的弧形凹槽内，从而实现素混凝土桩与钢筋混凝土桩的咬合，形成帷幕以达到止水、挡水的目的。

“咬合”意为相邻桩之间的相互关系，即相邻桩之间利用二种混凝土的初凝时间差，实现无缝“咬合”。

4.5.2 套管咬合桩施工工法特点

1. 质量可靠，外观整齐

(1)使用商品混凝土，施工全过程使用套管，混凝土灌注基本不会出现常规桩施工中出现的夹泥、断桩、离析等常规桩型中常见质量问题；

(2)套管采用20~30 mm的钢板卷制，管靴底口镶嵌合金刀刃，整体刚度大。在地面利用像雾垂直的两个方向，校对套管下入过程中的垂直度，桩的垂直度可控制在3‰。

(3)桩之间的咬合与混凝土固结同步，可起到完全的止水作用，全套管无泥浆施工，消除了“泥皮”对桩的承载力的负面影响。

2. 地层适应性强

采用套管跟进技术，及时隔断地层(尤其是易坍塌的砂层、卵石层、泥塑状淤泥等)的影响，可适用于人工杂填土、淤泥层及第四系地层和部分岩层(全风化和部分强风化岩层)，具有很强的地层适应性。

3. 连接形式灵活

与排桩式地下连续墙相似，可以在已成的桩周围进行任意角度的连接，根据建筑的平面结构特点，设计成与最有利的平面形状，从而可以最大化地利用空间。

4. 施工环保

施工无噪声、无振动，对地层及周边环境影响小，少或无泥浆作业，施工现场洁净，基本无泥浆外运。

4.5.3　适用范围

1. 主要应用于基坑围护与阻水，桩径可在 0.8～1.2 m 之间，最佳基坑开挖深度为 10～20 m。

2. 可适用于人工填土层、淤泥层、黏性土层、粉细砂层、透水性砂层以及卵砾石层和风化岩石层等各种地层，尤其是易坍塌，易缩径地层，对防渗性能要求高，更能显示出优越性。

4.5.4　施工工艺

1. 全套管多功能钻机选择

双动力头强力多功能钻机主要由可分离式的双动力头、高稳定性履带式桩架和先进的液压电气控制系统构成，配置套管螺旋钻杆及潜孔锤等组合钻具，可进行多功能、多用途施工，特别是能在卵石漂石层及坚硬岩层等复杂地层高效率钻孔，成孔钻径、孔壁形状规整、质量好，垂直精度高，施工无泥浆污染。此类机械如：上海金泰 SZ80-35、雄飞桩工双回旋凿岩潜孔桩机、八达工程机械 JB-176 型、山河智能 SWSD2512 型等。

2. 全套管多功能钻机工作原理

上动力头扭矩 120～360 kN · m，可配备螺旋钻杆、冲击锤等，回转接头用于输送压缩空气或混凝土。

下动力头扭矩 250～600 kN · m，驱动钢套管，可以装刮泥装置。

钻进过程中遇到漂石或进入基岩时，可以采用潜孔锤施工钻掘，它由空压机、潜孔锤、冲击器组合而成，潜孔锤所产生的冲击功率直接传给钻头，然后由钻机动力头驱动钻杆回转，形成对岩石脉动破碎能力，同时利用潜孔锤排出的压缩空气，对钻头进行冷却并将孔底渣屑快速排出孔外，从而实现快速钻进成孔，具体如图 4.5-1、图 4.5-2 所示。

3. 全套管多功能钻机施工工序

(1) A 桩施工工序：多功能钻机就位→调整多功能钻机竖直度→多功能钻机成孔→套管跟进→施工过程中校核竖直度→测量孔深→多功能钻机移位→测量孔深→清除虚土→导管安装→混凝土灌注→根据灌注进程拔除套管→检验混凝土面高度→成桩。

(2) B 桩施工工序：多功能钻机就位→调整多功能钻机竖直度→多功能钻机成孔→套管跟进→施工过程中校核竖直度→测量孔深→多功能钻机移位→测量孔深→清除虚土→安装 B 桩钢筋笼→导管安装→混凝土灌注→检验混凝土面高度→拔除套管→成桩。

图 4.5-1　全套管多功能钻机

图 4.5-2　单体潜孔锤、集束潜孔锤、30 m² 空气压缩机

4. 关键工序控制

(1)桩身垂直度控制:为了保证钻孔咬合桩底部有足够厚度的咬合量,除对其孔口定位误差严格控制外,还应对其垂直度进行严格的控制,保证成孔垂直度。

1)套管的顺直度检查和校正。

2)成孔过程中桩的垂直度监测和检查:包括地面监测和孔内检。

3)纠偏:①利用钻机油缸进行纠偏;②A 桩纠偏;③B 桩的纠偏。

(2)遇地下障碍物的处理方法:总的来说,套管钻机施工过程中如遇地下障碍物(或是进入基岩)处理起来是比较容易,内动力头上可以装上潜孔锤。

(3)控制钢筋笼位置的方法:B 桩施工过程中,需要安放钢筋笼,钢筋笼安装位置是否准确,直接影响桩基成品的质量,一般通过控制钢筋笼顶的高程来控制钢筋笼的位置。控制钢筋笼位置分为控制钢筋笼上浮和控制钢筋笼下沉两个方向。

(4)排桩施工工艺流程

总的施工原则是先施工 A 桩,后施工 B 桩,其施工工艺流程是:A1—A2—B1—A3—B2—A4—B3……,如图 4. 5-3 所示。

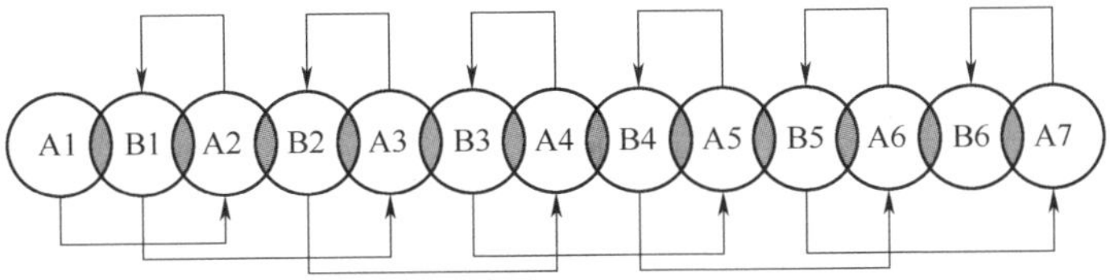

图 4. 5-3　排桩施工顺序示意

4.6　高压旋喷止水

高压旋喷桩施工技术是 70 年代日本首先提出,它是在静压灌浆的基础上,引进水力采煤技术而发展起来的,是利用射流作用切割掺搅地层,改变原地层的结构和组成,同时灌入水泥浆或复合浆形成凝结体,借以达到加固地基和防渗的目的。

4. 6. 1　工艺特点

1. 施工机具设备简单,施工简便。
2. 具有较好的耐久性,且料源广阔,价格低廉。
3. 噪声小,无污染。

4. 6. 2　适用范围

1. 受土层、土的粒度、土的密度、硬化剂黏性、硬化剂硬化时间影响小,可广泛应用于淤泥、淤泥质土、黏性土、粉质黏土、(亚黏土)、粉土(亚砂土)、砂土、黄土及人工填土中的素填土甚至碎石土等多种土层。

2. 可作为既有建筑和新建建筑的地基加固之用,也可作为基础防渗之用;可作为施工中的临时措施(如深基坑侧壁挡土或挡水、防水帷幕等),也可作为永久建筑物的地基加固、防渗处理。

3. 当用于处理泥炭土或地下水具有侵蚀性、地下水流速过大和已涌水的地基工程时,宜通过试验确定其适用性。

4.6.3　工艺原理及设计要求

1. 加固原理

高压喷射注浆法是利用钻机把带有喷嘴的注浆管钻进土层的预定位置后，以高压设备使浆液或水、(空气)成为20~40 MPa的高压射流从喷嘴中喷射出来，冲切、扰动、破坏土体，同时钻杆以一定速度逐渐提升，将浆液与土粒强制搅拌混合，浆液凝固后，在土中形成一个圆柱状固结体(即旋喷桩)，以达到加固地基或止水防渗的目的。

根据喷射方法的不同，喷射注浆可分为单管法、二重管法和三重管法(图4.6-1~图4.6-3)。

单管法：单层喷射管，仅喷射水泥浆。

二重管法：又称浆液气体喷射法，是用二重注浆管同时将高压水泥浆和空气两种介质喷射流横向喷射出，冲击破坏土体。在高压浆液和它外圈环绕气流的共同作用下，破坏土体的能量显著增大，最后在土中形成较大的固结体。

三重管法：是一种浆液、水、气喷射法，使用分别输送水、气、浆液三种介质的三重注浆管，在以高压泵等高压发生装置产生高压水流的周围环绕一股圆筒状气流，进行高压水流喷射流和气流同轴喷射冲切土体，形成较大的空隙，再由泥浆泵将水泥浆以较低压力注入到被切割、破碎的地基中，喷嘴做旋转和提升运动，使水泥浆与土混合，在土中凝固，形成较大的固结体，其加固体直径可达2 m。

喷射注浆法的加固半径和许多因素有关，其中包括喷射压力P、提升速度S、被加固土的抗剪强度τ、喷嘴直径d和浆液稠度B。加固范围与喷射压力P、喷嘴直径d成正比，与提升速度S、土的抗剪强度τ和浆液稠度B成反比。加固体强度与单位加固体中的水泥掺入量和土质有关。

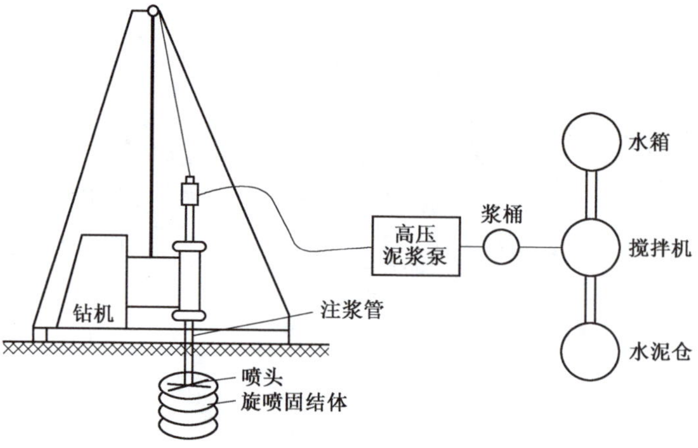

图4.6-1　单管旋喷注浆示意图

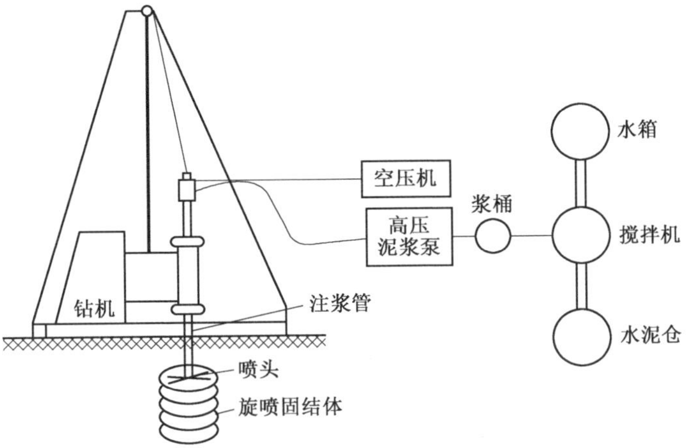

图4.6-2　二重管旋喷注浆示意图

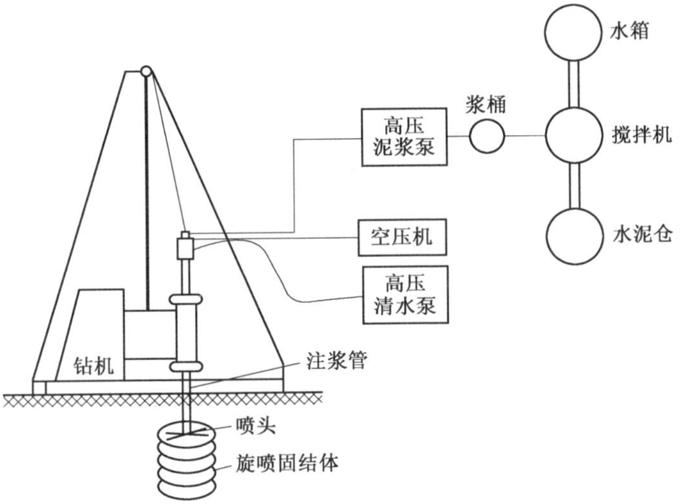

图4.6-3　三重管旋喷注浆示意图

2. 成桩机理

高压喷射注浆的成桩机理包括以下五种作用：

(1)高压喷射流切割破坏土体作用。喷射流动压以脉冲形式冲击破坏土体，使土体出现空穴，土体裂隙扩张。

(2)混合搅拌作用。钻杆在旋转提升过程中，在射流后部形成空隙，在喷射压力下，迫使土粒向着与喷嘴移动方向相反的方向(即阻力小的方向)移动位置，与浆液搅拌混合形成新的结构。

(3)升扬置换作用(三重管法)。高速水射流切割土体的同时，由于通入压缩气体而把一部分切下的土粒排出地上，土粒排出后所留空隙由水泥浆液补充。

(4)充填、渗透固结作用(图 4.6-4)。高压水泥浆迅速充填冲开的沟槽和土粒的空隙，析水固结，还可渗入砂层一定厚度而形成固结体。

(5)压密作用。高压喷射流在切割破碎土层过程中，在破碎部位边缘还有剩余压力，并对土层可产生一定压密作用，使旋喷桩体边缘部分的抗压强度高于中心部分。

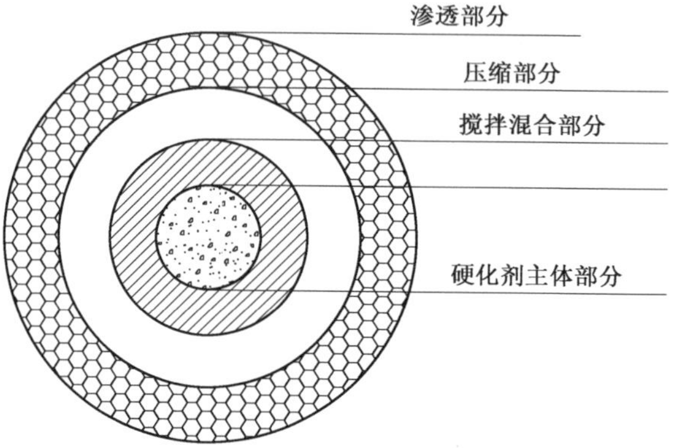

图 4.6-4　旋喷桩体固结情况图

3. 工艺设计要求

(1)加固体直径的确定

旋喷桩直径与现场土质、土体强度和喷射压力、流量、提升速度和浆液稠度等诸多因素有关，应通过现场试验确定。当无试验资料时可参考表 4.6-1 选用。

(2)布置形式

桩的平面布置形式需根据加固的目的给予考虑，分离布置的单桩可用于基础的承重，排桩、板墙可用作防水帷幕，整体加固则常用于防止基坑底部的涌土或提高土体的稳定性，水平封闭桩可用于形成地基中的水平隔水层。

铁路、公路路基基底一般采用梅花形加固地基的分离桩形式。桩间距一般采用 1.2~1.5 m。公路设计规范规定，相邻桩的净距不应大于 4 倍桩径。

表 4.6-1　旋喷桩直径参考值(m)

土的类别 \ 喷注种类		单管法	二重管法	三重管法
黏性土	0<N<5	1.2±0.2	1.6±0.3	2.5±0.3
	10<N<20	0.8±0.2	1.2±0.3	1.8±0.3
	20<N<30	0.6±0.2	0.8±0.3	1.2±0.3

续上表

土的类别 \ 喷注种类		单管法	二重管法	三重管法
砂土	0<N<10	1. 0±0. 2	1. 4±0. 3	2. 0±0. 3
	10<N<20	0. 8±0. 2	1. 2±0. 3	1. 5±0. 3
	20<N<30	0. 6±0. 2	1. 0±0. 3	1. 2±0. 3
砂砾	20<N<30	0. 6±0. 2	1. 0±0. 3	1. 2±0. 3

4. 6. 4　工艺流程

具体流程如图 4. 6-5 所示。

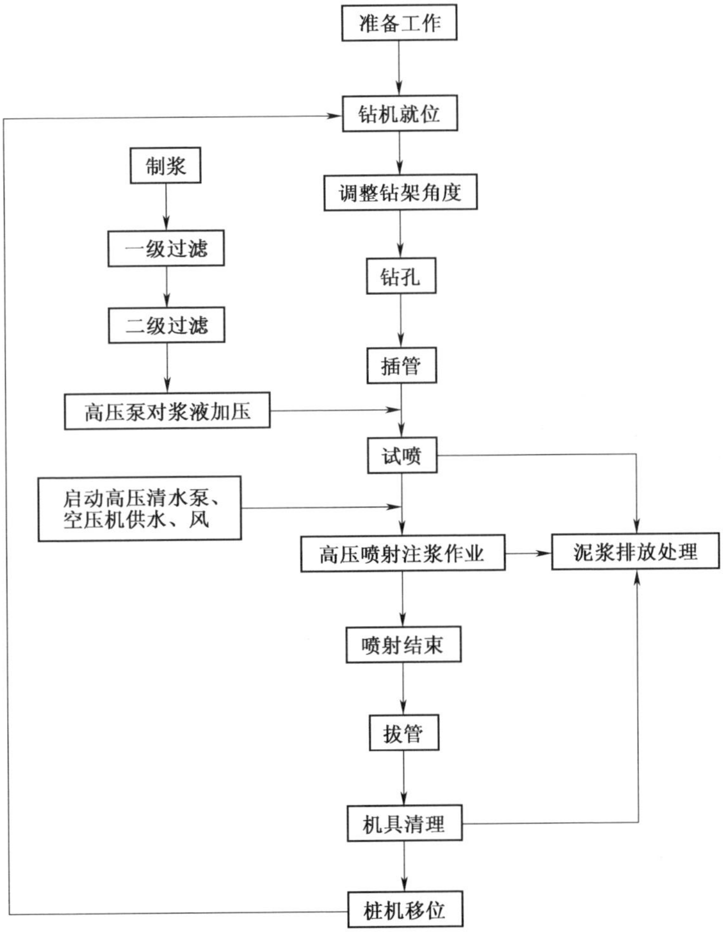

图 4. 6-5　旋喷施工工艺流程

4.6.5 高压旋喷注浆止水控制要点

1. 高压喷射注浆时,应先采用工程钻机引孔。引孔钻进时,原则上采用清水钻进,若出现垮孔,采用优质膨润土作为制浆用主要材料,新制泥浆配合比拟为:水 750 L,黏土 650 kg,碳酸钠 6~8 kg,如采用双重管引孔旋喷一体机,则引孔由旋喷台车自身完成。

2. 高喷灌浆采用 32.5 普通硅酸盐水泥或复合水泥,浆液水灰比应满足设计要求,采用高速搅拌机搅拌,纯拌和时间不少于 1 min,且应连续制浆。

3. 施工时应保证钻孔的垂直度满足设计要求,旋喷桩之间或与灌注桩相互搭接不宜小于 200 mm。

4. 喷管先至指定深度后,拌制水泥浆液,即可供浆、供风、供水开喷。待各压力参数和流量参数均达到要求,且孔口已返出浆液时,即可按既定的提升速度进行喷射灌浆。

5. 喷射压力、提升速度对成桩直径(喷射板墙的有效长度)有较大影响,应根据深度及土质条件进行调控。

6. 高喷灌浆保持全孔连续一次作业,作业中因拆卸喷射管而停顿后,重复高喷灌浆长度不小于 0.3 m。

7. 在高喷灌浆过程中,出现压力突降或骤增、孔口回浆浓度和回浆量异常,甚至不返浆等情况时,查明原因后及时处理。

8. 当孔内出现严重漏浆,拟采取以下措施进行处理:

(1)降低喷射管提升速度或停止提升。

(2)降低喷水压力、流量进行原地灌浆。

(3)喷射水流中掺加速凝剂。

(4)加大浆液密度或灌浆水泥砂浆、水泥黏土浆。

(5)向孔内充填砂、土等堵漏材料。

9. 在高喷灌浆过程中,水泥用量根据现场土层情况确定,保证 180~250 kg/m(180°摆喷)。

10. 供浆正常情况下,孔口回浆密度变小、不能满足设计要求时,拟采取加大进浆密度或进浆量的措施予以处理。

11. 装、卸喷射管时,采取措施密封、加快装卸动作以防止喷嘴堵塞。

12. 高喷灌浆结束后,充分利用孔口回浆或水泥浆液对已完成孔进行及时回灌,直至浆液面不下降为止。

13. 施工中如实记录高压旋喷灌浆的各项参数、浆液材料用量、异常情况及处理等。

14. 旋喷止水施工时还应按照相关规范要求对其施工质量进行严格控制。

第 5 章　矿山法安全风险管控案例

本章主要通过对工程进行跟踪管控，介绍矿山法施工车站与区间过程中所遇到的各式各样自身风险与环境风险。既有穿越重要风险工程、各种结构自身风险工程、特殊水文地质情况，同时也有穿越既有线施工、大断面施工、仰挖施工、盾构区间扩挖车站施工、双连拱隧道、盾构区间泵房施工、洞桩法机械成桩、地下水处理、可燃气体处置等。

5.1　区间下穿既有车站施工安全管控案例

5.1.1　工程概况

1. 工程概况

某区间隧道位于北京市朝阳区，沿道路东西走向设置，采用矿山法施工，隧道总长 931.6 m，下穿既有站段设计长度 30 m。

既有车站为中间单层暗挖，两端三层明挖的车站。该段隧道为单洞单线马蹄形隧道，如图 5.1-1、图 5.1-2 所示。

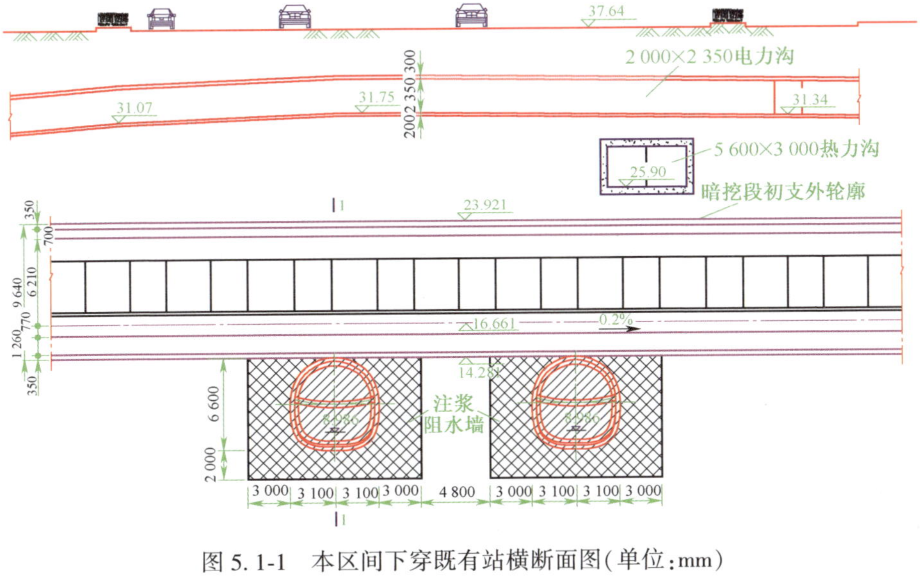

图 5.1-1　本区间下穿既有站横断面图(单位:mm)

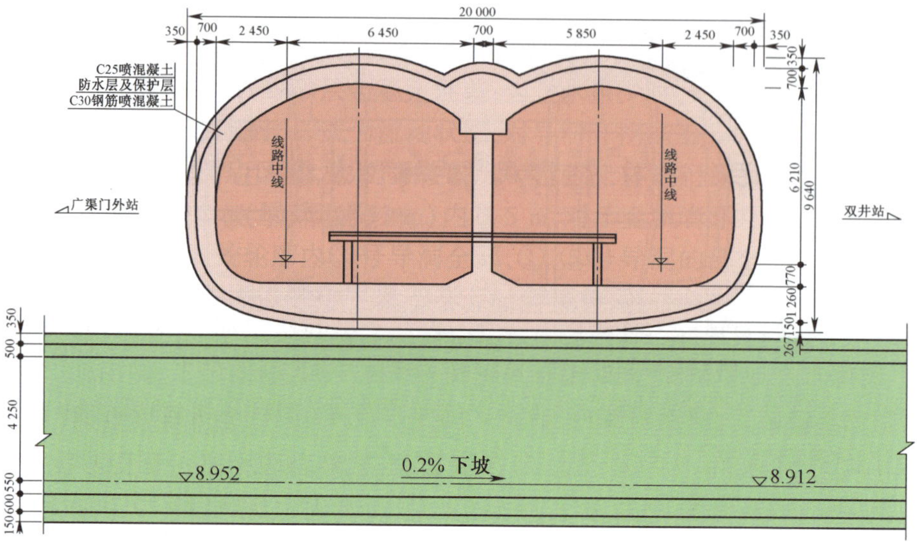

图 5.1-2　本区间下穿既有车站纵断面图(单位:mm)

2. 工程地质与水文地质

(1)工程地质条件

本区间下穿段覆土厚度约 22～23 m,穿越土层为:粉质黏土⑥层、中粗砂⑦$_1$层、粉细砂⑦$_2$层,如图 5.1-3 所示。

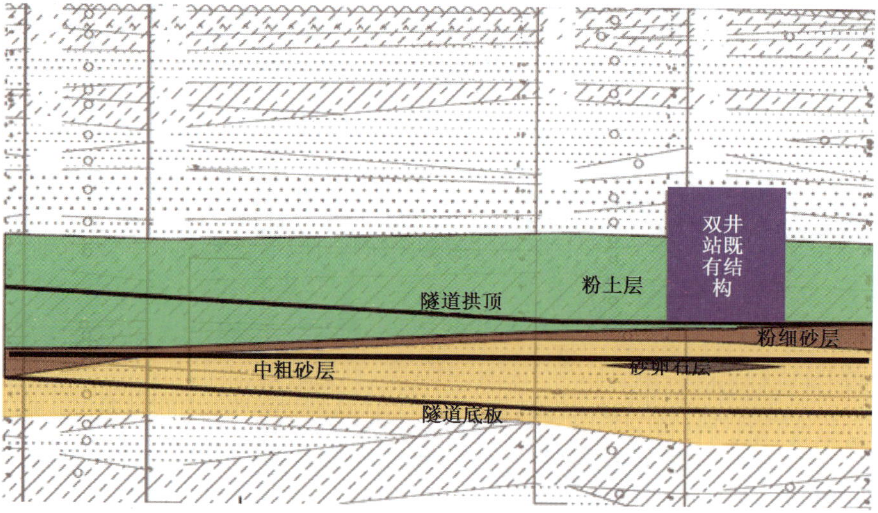

图 5.1-3　本区间下穿既有线地质剖面图

(2)水文地质条件

本区间下穿既有线段存在上层滞水(一)、潜水(二)和承压水(三)3 层地下水。地面管井降水，施工期间地下水位已经降到隧道底板以下。

5.1.2　风险工程对策

1. 深孔注浆

由下穿段两侧掌子面相向注浆，对隧道初支外 2 m 及隧道初支断面内进行注浆(图 5.1-4)，注浆参数见表 5.1-1。

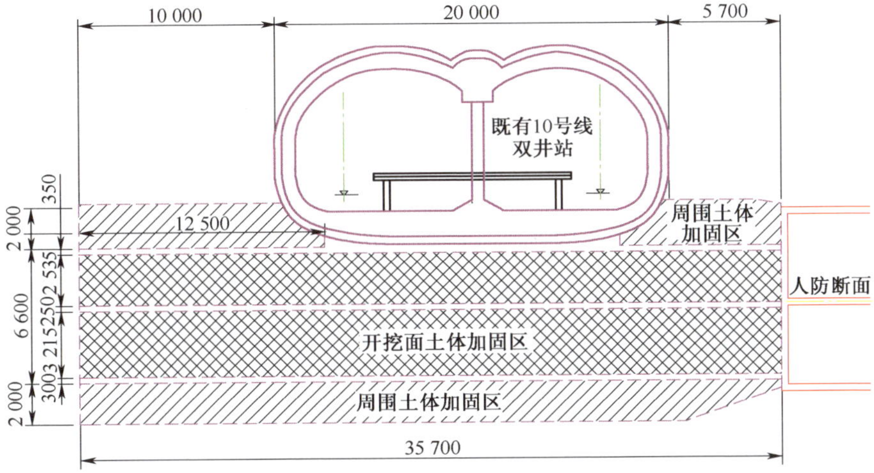

图 5.1-4　深孔注浆示意图(单位:mm)

表 5.1-1　本区间下穿既有线深孔注浆参数

序号	参数名称	参 数 值	序号	参数名称	参 数 值
1	注浆深度(m)	15	6	注浆孔直径(mm)	45
2	注浆循环段长(m)	15	7	浆液渗透半径(m)	0.7
3	开挖段长(m)	双向对开	8	孔位间距(m)	0.8
4	搭接长(m)	2	9	注浆压力(MPa)	0.5~2.0
5	回抽步距(cm)	15~20	10	浆液凝结时间(s)	10~50

2. 增设临时仰拱

设计下穿段 30 m 范围内设置型钢临时仰拱(图 5.1-5)。

3. 风险工程监控

施工期间对既有地铁车站采取了自动化和人工监测两种手段进行监测，辅以地面沉降监测，主要监测项目见表 5.1-2、表 5.1-3。

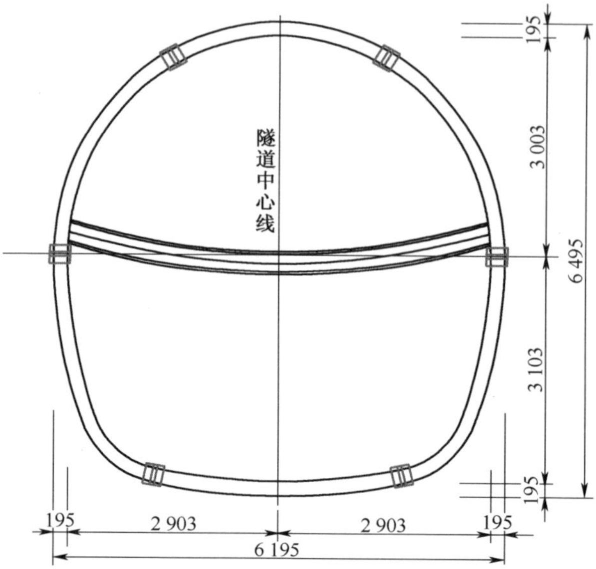

H型断面钢架总装图

图 5.1-5　格栅及临时仰拱布置图(单位:mm)

表 5.1-2　既有线监测项目表

序号	监测对象	监　测　项　目	仪器	监测精度
1	车站隧道结构	隧道结构上浮及差异变形	静力水准系统	0.1 mm
2	车站轨道结构	轨道结构上浮及差异变形	静力水准系统	0.1 mm
3	车站及区间隧道结构及轨道结构	人工巡查		
4		隧道结构上浮及差异变浮及差异沉降	电子水准仪	0.3 mm
5		轨道结构上浮及差异变		0.3 mm
6		地铁结构水平位移	全站仪	1.0 mm
7		道床结构与隧道结构裂缝监测	游标卡尺	0.1 mm
8	轨道	轨道几何形位检查	轨道尺、弦线	1.0 mm

表 5.1-3　既有线监测项目表

控制指标	预警值(mm)	报警值(mm)	控制值(mm)
横向变形	2.1	2.4	3.0
竖向变形	2.1	2.4	3.0

5.1.3　实施过程及效果评价

1. 专家论证与咨询意见

项目施工前项目部邀请专家对施工安全专项方案进行论证,主要涉及了探查既有线施工状态、优化深孔注浆参数、加强回填注浆等关键工艺。

具体专家论证意见包括：

(1)进一步核实既有结构当时施工状态。

(2)细化穿越区段的地下水处理措施，施工期间做好超前探测。

(3)穿越前应选择适当区段进行深孔注浆试验，包括注浆材料、注浆压力、注浆设备及注浆效果试验。

(4)下穿隧道必须进行全断面深孔注浆，并重视对三角区的注浆控制。

(5)优化穿越施工顺序，宜左右线上导洞完成后再施工下导洞。

(6)加强初支背后回填注浆，下导洞开挖时尚应重复对上导洞初支背后回填注浆。

2. 工期控制

本区间下穿既有线段，左线 2013 年 6 月 25 日开始深孔注浆加固，7 月 5 日初支开挖，7 月 25 日上断面初支完成，8 月 3 日下断面初支完成，右线 7 月 5 日深孔注浆加固，7 月 12 日开挖，8 月 2 日上断面初支完成，8 月 6 日下断面初支完成，左右线初支各历时一个月。

二衬施工从 8 月 6 日开始，10 月 3 日结束，历时约 2 个月。

3. 方案落实情况

(1)专家论证落实情况

①未细化地下水处理措施，实际施工中下穿区域地下水未对施工造成明显影响。

②巡视中未见深孔注浆试验段。

③下层导洞深孔注浆效果不够明显。

④上层导洞进尺约 15 m 后开挖下层导洞，未等上导洞全部完成后开挖下层导洞。

(2)深孔注浆

深孔注浆采取从下穿段两侧相向注浆方式，施工中，注浆压力偏高，既有线出现了超过 3 mm 隆起，具体如图 5. 1-6、图 5. 1-7 所示。

图 5. 1-6　深孔注浆加固

图 5. 1-7　开挖面可见浆脉

(3)开挖支护效果

施工期间开挖面粉质黏土层,具备一定自稳能力,台阶长度及核心土设置基本规范,二衬临时仰拱破除阶段,破除范围过长,一次性破除,既有结构安全存在一定安全隐患,具体如图 5.1-8~图 5.1-15 所示。

图 5.1-8　左线上层导洞开挖

图 5.1-9　右线上层导洞开挖

图 5.1-10　临时仰拱一次破除

图 5.1-11　底板防水施工

图 5.1-12　底板钢筋绑扎

图 5.1-13　底板二衬施工

图 5.1-14　侧墙防水施工

图 5.1-15　二衬完成

(4)效果评价

本区间下穿既有车站施工期间,从注浆、初支开挖,到临时仰拱拆除,二衬施工,既有线总体平稳,施工总体顺利,但在注浆方式、仰拱拆除,二衬施工等方面存在改进空间。

4. 险情/预警情况处置

本区间下穿既有线施工中出现的主要问题是注浆阶段既有线出现较大幅度隆起,最大隆起量 3.5 mm,后三方监测单位组织专家咨询会,注浆停止,变形稳定后,开始正常开挖,同时加强了既有线变形监测,开挖期间既有线变形基本平稳。

5. 环境影响评价

根据第三方监测单位监测数据可知,下穿既有线段深孔注浆期间,既有线出现了比较明显的隆起,累计最大隆起量约 3.5 mm,初支开挖及二衬施工阶段各测点总体变形平稳(图 5.1-16、图 5.1-17),目前所有测点变形均已收敛,累计沉降值均在允许范围内,典型测点累计沉降值汇总见表 5.1-4。

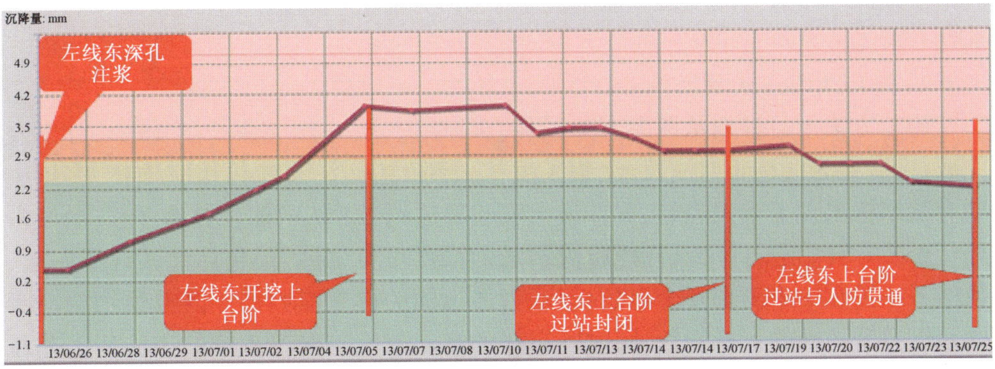

图 5.1-16　左线典型测点沉降历时曲线图

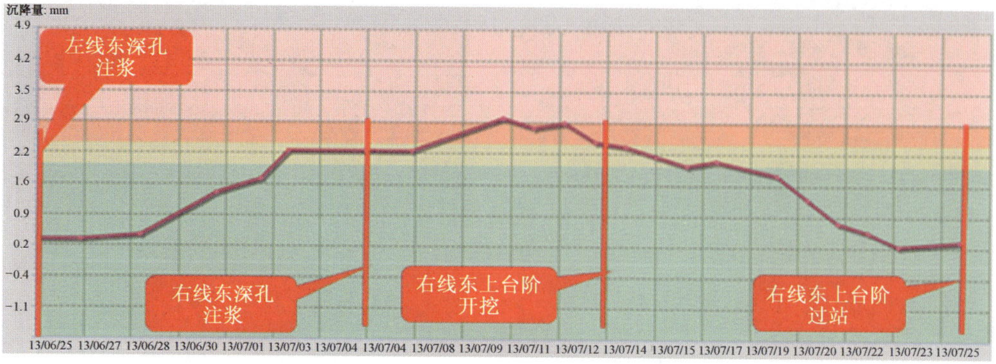

图 5.1-17　右线开挖阶段典型测点沉降历时曲线图

表 5.1-4　既有车站监测最大值统计

监测对象	监测项目	点号	累计最大沉降或位移(mm)	备注
既有线道床	沉降	ZSP6	+2	
既有线道床	沉降	YSP9	−2	

从测点历时沉降曲线图可以看出由注浆阶段既有线结构出现了比较明显的隆起，初支施工期间既有结构变形基本平稳，后续二衬施工阶段变形无异常。

5.1.4　经验教训与建议

本区间下穿既有车站临时 3 个月，期间没有发生较大风险事故，总体施工顺利；实施过程中的若干问题有待进一步分析与总结。

1. 马蹄形断面隧道采取深孔注浆+临时仰拱通过既有线工法适宜性。

本线路今年共有两个区间采取类似工法下穿既有线，这两个工点的顺利完工证明这种工法是可行的。

2. 深孔注浆方式及工艺

施工方案中原计划从西向东分段循环注浆方式，一次注浆长度 10 m，分三段完成，后调整为两端相向注浆，注浆长度拉长到 15 m，注浆参数相应调整，实施中既有线结构出现了较大隆起，累计最大隆起量达到 3.5 mm，注浆被迫停止，后续未进行补浆并开始进行开挖，开挖阶段掌子面局部可见浆脉，但整体注浆效果一般，虽然开挖过程中未出现安全事故，但顺利通过的关键更应归结于既有线结构自身的刚度及开挖面的自稳能力，同时既有线的隆起也反映出二重管钻进注浆工艺压力控制的短板，建议后续施工应根据地层情况采用压力可控的袖阀管注浆工艺，既保证注浆效果，又能有效控制既有线沉降。

3. 施工组织

二衬施工阶段,下穿段30 m范围临时仰拱采取了一次性破除的方式,对既有运营车站产生了较大安全隐患,经长时间监测虽未发现明显异常,但后续施工中应坚决杜绝;并且临时仰拱拆除后,劳动力组织出现问题(农民工回家秋收),成型初支隧道直到两个月后才二衬完全封闭。

5.2　区间侧穿建筑物、上穿既有盾构区间施工管控案例

5.2.1　工程概况

1. 设计概况

本区间全长975.65 m,线路隧道顶板埋深约为7.5~15 m,采用矿山法施工。线路穿越范围内有众多管线,左线区间与某综合楼B座净距约3.0 m,楼房地上25层,地下2层,筏板基础。其中上穿既有线盾构区间、侧穿建筑物均为一级风险工程。

2. 工程地质与水文地质

(1)工程地质条件

本区间位于永定河冲洪积扇中下部,地貌类型为第四纪冲洪积平原,第四纪沉积韵律较为明显。地层由人工堆积层和第四纪沉积的黏性土、粉土、砂土、碎石土构成,基岩埋深大于50 m,具体如图5.2-1所示。

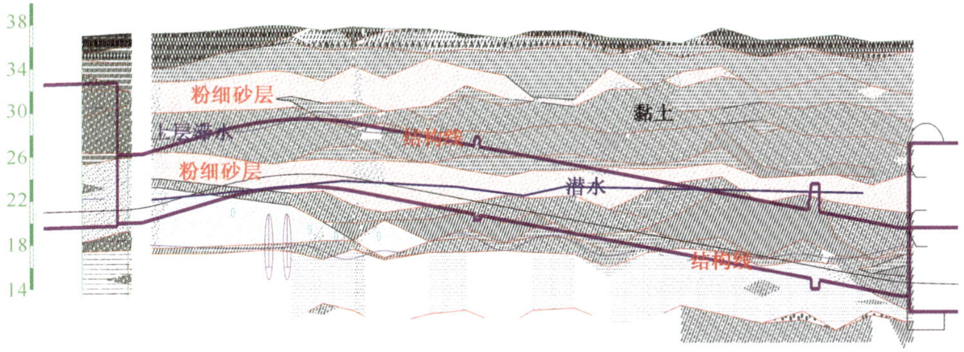

图5.2-1　本区间地质剖面图

(2)水文地质条件

据勘查报告,勘察深度范围内实测到三层地下水,地下水的类型分别为上层滞水(一)、潜水(二)和层间水~承压水(三)。

隧道大部分区域拱部以上存在上层滞水(一),西段小部分区域上层滞水(一)在顶板位置;区间隧道主要穿越潜水层(二),水位位于结构拱顶与底板之间,东段

小部分区域潜水层(二)位于拱顶上方;结构底板以下普遍存在层间水~承压水(三),东段部分区域层间水~承压水(三)在底板以上。

5.2.2 风险工程对策

1. 主要风险

具体见表5.2-1。

表5.2-1 本区间一级风险工程表

序号	风险内容	范　围	风　险　内　容
1	区间上穿既有线盾构区间	左 K25+910~K25+940 右 K25+900~K25+930	区间覆土约7~8 m,距离既有盾构隧道最小净距2 m。穿越土层主要为粉质黏土层
2	区间临近高层居民楼	左线 K25+790~K25+840	隧道初砌与楼房地面结构最小净距3.65 m,与地下室基础最小净距2.7 m,区间与地下室基础底板竖向最小净距为2.2 m。综合楼地下2层为筏型基础,地上26层为现浇剪力墙结构,为现状居民楼,2002年竣工

2. 工程重难点

(1)区间初砌与楼房地面结构最小净距3.65 m,与地下室基础最小净距2.7 m,区间与地下室基础底板竖向最小净距为2.2 m。施工中易对楼房结构产生较大影响,确保建筑物的安全是施工控制的重点,具体如图5.2-2所示。

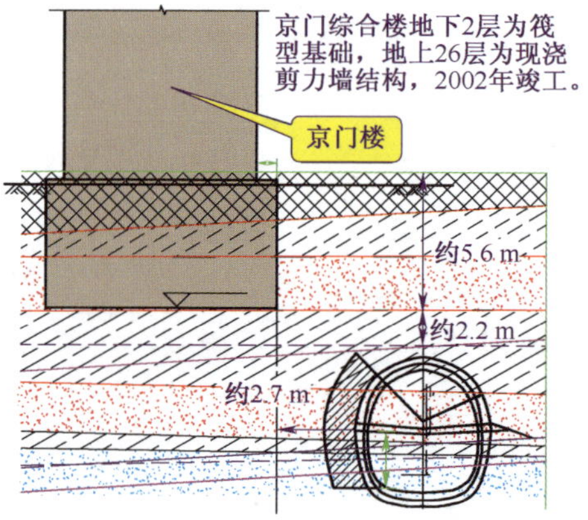

图5.2-2 区间与综合楼关系剖面图

(2)本区间滞水、潜水较大,由于条件限制,无法启动降水作业,区间开挖带水作业,开挖艰难,风险较大,因此施工中的洞内止水是本工程的重点。

(3)区间在左线K25+910~K25+940,右线K25+900~K25+930范围内上穿既有线盾构区间,区间顶覆土约7~8 m,距离既有线盾构隧道最小净距约2.0 m(图5.2-3)。风险等级为一级。控制既有线变形是本标段的施工重点。

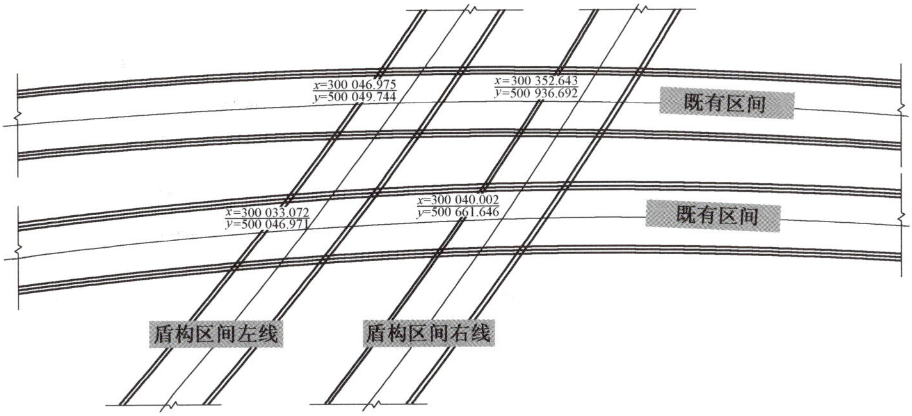

图 5.2-3　区间与盾构区间相对位置关系平面图

3. 风险工程对策

(1)穿越楼房前增设试验段

区间隧道侧穿综合楼之前进行试验段施工,试验段为接近风险源 50 m 范围(左 K25+840～K25+890),开挖前打设小导管超前支护并做好人工超前探测工作。进行隧道断面开挖,上半拱格栅架设时,做好拱脚的支垫工作。初支背后及时进行回填注浆。并做好监控量测。最后根据试验段监测结果优化相关参数。

(2)超前小导管支护

区间邻近高层居民楼段左线 K25+790～K25+840 范围内小导管长度为 2.5 m,布设环向间距为 300 mm,纵向间距 0.5 m,拱部 110°范围打设,小导管打设角度为仰角 10°～20°。

隧道上穿既有线盾构区间段落小导管长度为 2.5 m 和 2 m 两种,打设角度 2.5 m 管为 10°～15°,2 m 管为 30°～45°。

(3)注浆加固

隧道临近楼房一侧采用袖阀管注浆加固,加固范围为初支外侧 1.5 m,初支内侧 0.5 m。断面共布置 19 个钻孔,布孔范围为左侧靠近综合楼一侧起拱线上 1.8 m,起拱线下 2.5 m 位置,如图 5.2-4、图 5.2-5 所示。

每循环施作长度 15 m,开挖长度 12 m,留 3 m 作为下一循环施工的止浆墙。

区间上穿既有线盾构区间土层以粉质黏土层为主,只在下断面对新建区间与既有结构之间的土体进行加固。注浆范围为:左线 K25+910～K25+940,右线 K25+900～K25+930,左右线各 30 m。

(4)施工筹划

区间施工时先开挖右线隧道后开挖左线隧道,上导洞先行施工形成封闭断面,

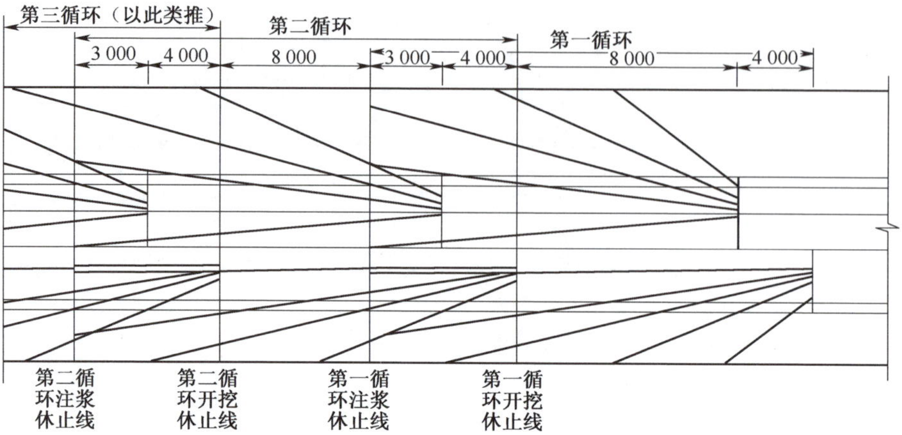

图 5.2-4　区间注浆加固范围剖面图(单位:mm)

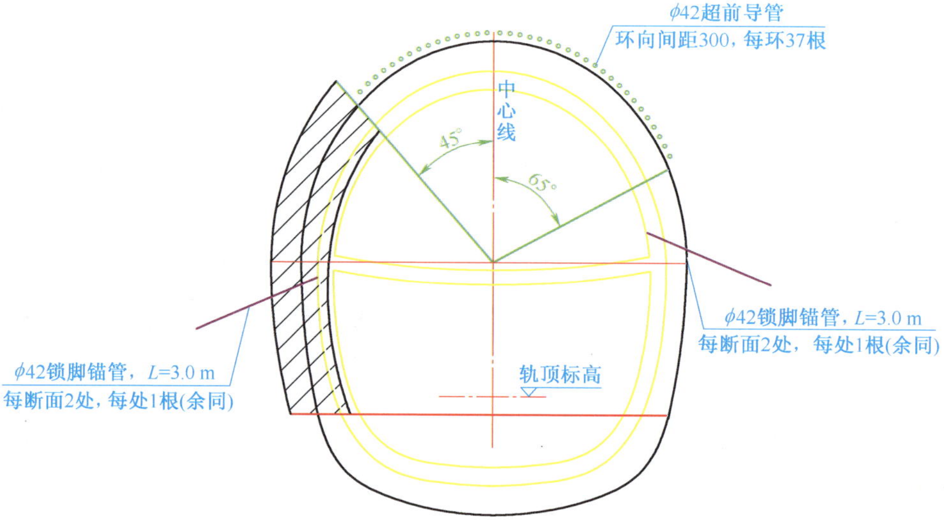

图 5.2-5　区间注浆孔布置断面图

并根据右线隧道的监测结果及时调整左线施工参数,优化施工方案,如果变形过大,则对道路管线下部砂层进行超前深孔注浆加固;根据实际情况,如果隧道底部存在地下水,则由上导洞向下打井进行洞内降水。区间上穿既有线盾构区间注浆加固剖面图如图 5.2-6、图 5.2-7 所示。

(5)临时仰拱

在区间通过风险源范围内全部设置临时仰拱。

(6)洞内真空降水

采用隧道侧壁水平降水施工工艺,施工过程为:施工准备→搭建施工工作平

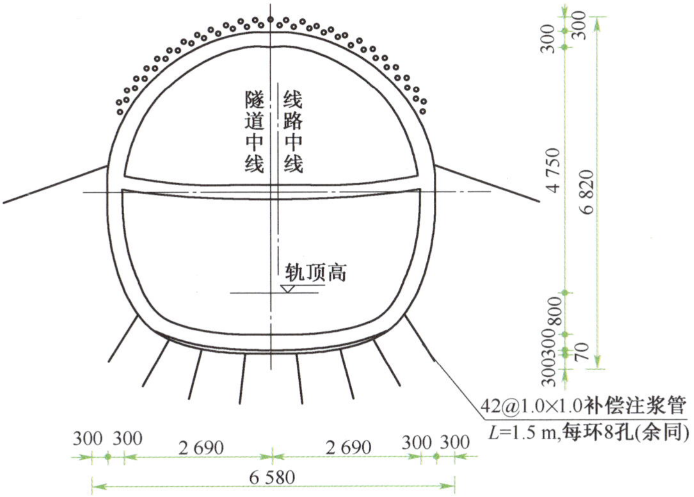

图 5. 2-6　上穿盾构段注浆加固横剖面(单位:mm)

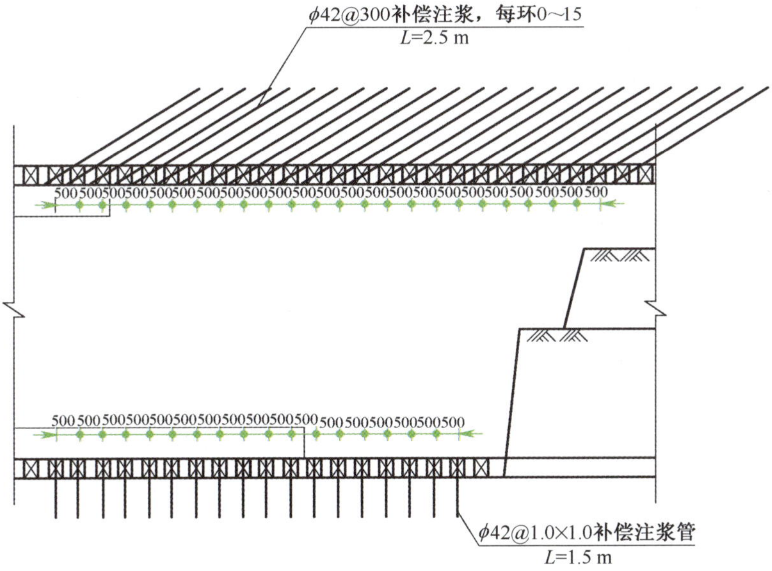

图 5. 2-7　上穿盾构段注浆布置纵断面(单位:mm)

台→测放井点位置→钻机就位→成孔施工→拔钻管→管井制作及安装→洗井→井管连接→下滤料→水泵安装→抽排水。在隧道断面四周布设 8 个井点管,管井布置图如图 5. 2-8 所示。

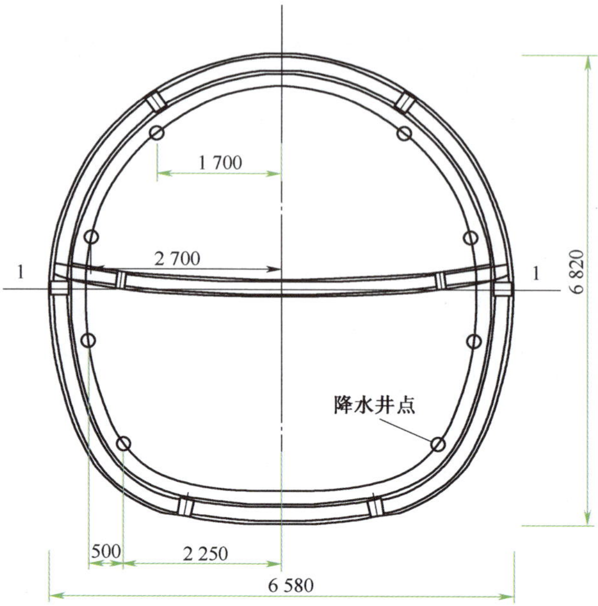

图 5.2-8　降水真空管井布置图(单位:mm)

5.2.3　实施过程及效果评价

1. 专家论证与咨询意见

在区间通过风险工程阶段,为确保施工安全,于 2012 年 8 月 16 日、2012 年 10 月 17 日和 2013 年 7 月 11 日分别组织矿山法专业的专家,进行了专家巡视,给出了针对性的指导意见,指导工程的下一步进展。

(1)2012 年 8 月 16 日

专家巡视形成的详细专家意见如下:

1)区间下穿道路应明确作为重要风险工程,并给出相应控制指标。

2)区间过道路区段穿越地层以粉质黏土为主,土层中含弱结合饱和水,疏干较为困难,不建议采用水平旋喷注浆的方式进行止水,宜通过优化施工工艺及工序、快速施工、快速封闭的措施降低地层中水的影响。

3)前期施工过程中周边环境变化较大的主要原因为:区间上方多为回填土层、地质较为疏松,且存在带水作业现象;穿越道路辅路及电力方沟区段变形相对较小,主要原因为辅路及电力方沟刚度较大、变形反映不明显,不可与其他区段做简单对比,需进一步分析地层结构与特性,并做好超前探测工作,防止地层突变或存在水囊等不利因素导致风险。

4)主要渗漏水位置在上断面拱腰处,应在上断面即进行有序引排处理,不宜导流至下断面再统一引排;同时建议采用局部注浆封端的方式处理初支背后渗水点。

5)进一步调查综合楼的基础及基坑围护型式,做好道路空洞探查,并排查穿越道路区段的管线及其小室情况。

6)规范核心土留设,加强开挖支护的工序衔接与控制。

7)支护及时封闭,强化回填注浆,回填注浆应以注浆量和注浆压力双控。

8)穿越道路区段(含综合楼)应在上半断面通过后才能开挖下半断面,下半断面应做好临时封端。

9)会同设计,进一步优化穿越风险源区段的技术措施,楼房段宜采取隔离桩隔离。

10)尽快做好试验段试验,为下穿道路做好技术支撑。

11)加强穿越风险源区段的监测和监理,关键工序监理应旁站。

(2)2012年10月17日

专家巡视形成的详细专家意见如下:

1)严格保证上下导洞安全距离,优化台阶长度,及早封闭初支结构。

2)地层稳定性较差,施工中应高度关注掌子面地层竖向剥离情况,开挖时宜适当留设掌子面倾斜度,加强超前探测及分析。

3)初支背后渗水点需及时处理,背后回填注浆管布置需进一步优化,同时严格控制打设长度、角度、注浆压力。

4)拱架架设前需垫实拱脚,并加设垫板,以加大拱脚接触面积,防止格栅整体发生较大沉降。

5)精细化施工工艺,包括超前小导管打设、纵向连接筋焊接质量等。

(3)2013年7月11日

专家巡视形成的详细专家意见如下:

1)按设计要求做好真空降水,改善地下水的处理效果。

2)规范台阶留设,加强机械开挖施工管理,减少对地层的扰动。

3)加强已成环区段渗漏水部位背后回填注浆工作。

4)及时引排洞内渗漏水,及时清淤,改善文明施工质量。

5)做好抢险物资储备。

2. 工期控制

(1)侧穿综合楼:

1)左线小里程侧穿:2013年1月19日~2013年2月28日(图5.2-9~图5.2-12)。

图 5. 2-9　左线袖阀管注浆加固地层

图 5. 2-10　局部仰拱处有积水

图 5. 2-11　真空降水施工

图 5. 2-12　螺栓连接存在不规范现象

2)右线小里程侧穿:2013 年 3 月 1 日～2013 年 3 月 21 日(图 5. 2-13、图 5. 2-14)

图 5. 2-13　袖阀管注浆加固效果良好

图 5. 2-14　导洞核心土留设

3)左、右线完成侧穿：2013 年 3 月 21 日(图 5. 2-15～图 5. 2-18)

图5.2-15　格栅连接规范

图5.2-16　下层掌子面地质情况

图5.2-17　上层导洞施工基本规范

图5.2-18　下层导洞地层稳定

(2)上穿既有线：

1)左、右线进入上穿既有线盾构区间影响区：2012 年 10 月 7 日(图 5.2-19、图 5.2-20)。

图5.2-19　右线掌子面存在剥落现象

图5.2-20　左线拱腰处有较小渗漏水

2)左线进入影响区，右线穿出影响区：2012 年 10 月 16 日(图 5.2-21 ~ 图 5.2-24)。

图 5. 2-21　右线真空降水效果良好

图 5. 2-22　拱脚渗漏水有所改善

图 5. 2-23　左线临时喷混凝土挂网封闭

图 5. 2-24　右线临时喷混凝土挂网封闭

3)左、右线均穿出既有盾构区间影响区:2012 年 12 月 1 日(图 5. 2-25、图 5. 2-26)。

图 5. 2-25　格栅及超前支护

图 5. 2-26　掌子面初支施工规范

3. 方案落实情况

(1)试验段施工落实

1)施工参数

根据设计图纸要求,在左线 K25+840～K25+890 段进行了试验段施工,试验段施工采用袖阀管深孔注浆加固隧道左侧土体。

2012 年 12 月 12 日开始试验段施工，该试验段共进行了 4 个循环的施工，第一个循环注浆加固段长度为 18 m，实际开挖长度 15 m，其余 3 个循环注浆加固段长度为 15 m，开挖长度 12 m。试验段每个循环上下台阶各施工 25 根袖阀管，注浆效果较好，达到了加固地层的目的，具体如图 5.2-27、图 5.2-28 所示。

图 5.2-27　试验段注浆效果图 1

图 5.2-28　试验段注浆效果图 2

2）监测分析

本区间左线小里程自 2012 年 12 月 12 日进入侧穿综合楼试验段（试验段范围：K25+840～K25+890），对试验段的监测时间历时 31 d，在试验段上方新增 18 个地表监测点（图 5.2-29）。

从监测数据分析，隧道中线处沉降量最大，部分地段将超出设计允许值；隧道中心线左侧进行过深孔注浆加固的部分，地表沉降控制明显优于未进行加固部分；区间左侧进行加固后，开挖施工影响范围将小于正常段；试验段拱顶沉降控制措施基本有效，洞内收敛变形较小，结构主体安全可控。

深孔注浆试验段增设点位平面布置图

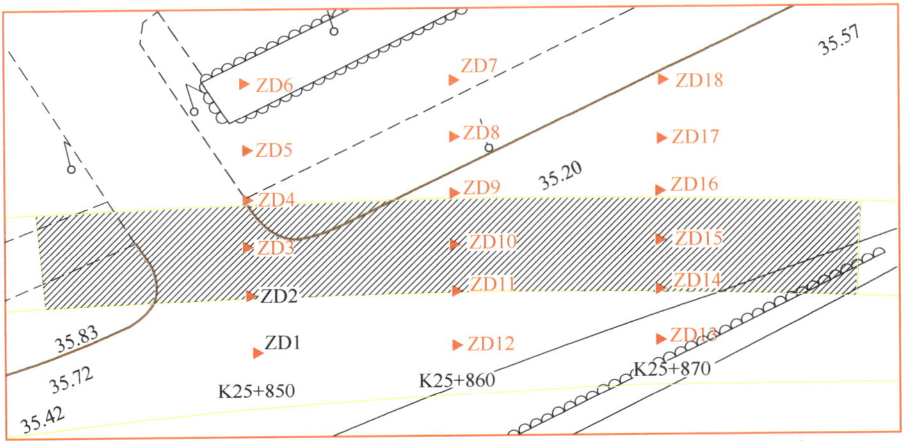

图　5.2-29

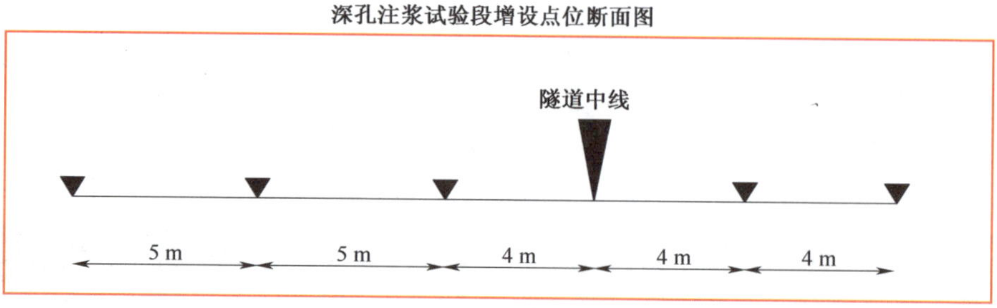

图 5.2-29　试验新增地表测点位置图

(2)侧穿综合楼袖阀管深孔注浆

侧穿综合楼期间按照既定方案实施了袖阀管侧向注浆,浆液扩散效果不佳,起到了一定的地层加固效果,开挖过程中无坍塌情况(图 5.2-30、图 5.2-31)。

图 5.2-30　袖阀管注浆

图 5.2-31　袖阀管注浆效果

(3)开挖施工

施工过程中严格控制了各个工序,严格控制了开挖断面,核心土留设规范,格栅架设及时到位,连接牢靠,拱脚部位进行了支垫。拱架定位好以后及时打设锁脚锚杆,每根锁脚锚杆长 3.0 m,每侧拱脚打设 1 根,有效控制开挖初期沉降,具体如图 5.2-32~图 5.2-35 所示。

图 5.2-32　核心土留设规范

图 5.2-33　格栅架设情况

图 5.2-34　超前支护到位

图 5.2-35　喷混凝土质量可控

(4)上穿既有线注浆加固

上穿既有线区域隧道下台阶开挖完成后,从洞内采用补偿注浆加固新建区间与既有线之间土体,采用 ϕ42@1.0×1.0 补偿注浆锚管,长度为 1.5 m,每环 8 根(图 5.2-36);初期支护形成后在其背后及时注浆填充空隙,并使附近土层得到加固,减小因隧道开挖引起的地面沉降。注浆材料为 1∶1 水泥浆,注浆压力控制在 0.1~0.3 MPa;初衬与二衬之间压注与二衬混凝土等强的超细水泥浆,注浆压力小于 0.1 MPa。

图 5.2-36　区间底板预留注浆管

(5)洞内真空降水

风险源区域水位位于底板以上约 1 m 位置,实施真空降水后抽排效果良好,基本疏干了地层水,开挖过程中基本解决了带水施工的隐患(图 5.2-37、图 5.2-38)。

图 5.2-37　穿越风险工程前仰拱处积水较多

图 5.2-38　真空降水效果良好

4. 环境影响评价

在2013年1月19日至2013年4月5日本区间下穿综合楼建筑物施工期间，根据监测数据和现场巡视情况可知，综合楼总体沉降平稳，无明显破坏情况，处于安全可控范围，最大累积沉降为9.90 mm/d。

在2012年10月7日至2013年12月10日本区间上穿10号线盾构区间施工期间，根据监测数据和现场巡视情况可知，既有线总体变形较小，周边环境变形平稳，处于可控状态，周边环境变形在30 mm左右；既有线变形最大变形2.3 mm。

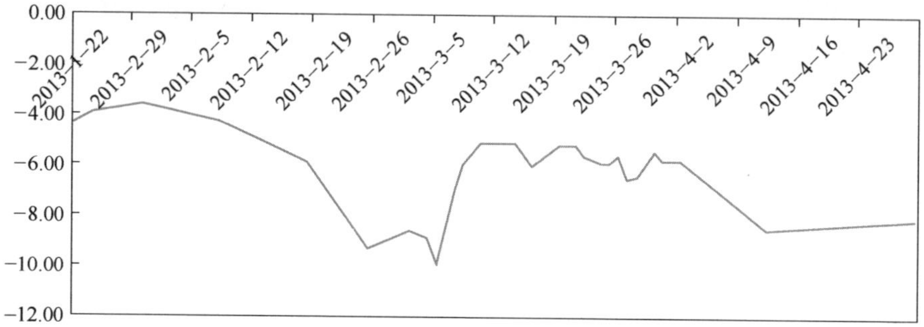

图5.2-39　综合楼JCJ-99沉降历时曲线图

5.2.4　经验教训与建议

1. 通过对袖阀管注浆试验段的总结分析，优化施工参数，为顺利侧穿综合楼打下了良好的基础。侧穿段施工通过期间，各项施工参数执行基本到位，注浆加固效果良好，掌子面地层稳定，建筑物沉降情况可控。

2. 对于粉质黏土层中的弱结合饱和水，疏干较为困难，长时间暴露易引起地层剥离甚至坍塌，施工中通过采取真空降水等措施对掌子面渗水情况进行了有效治理。真空降水效果良好，下层导洞开挖过程中掌子面局部有轻微剥离，无坍塌等现象发生。

3. 对于重要风险工程，施工过程中采用加设临时仰拱的方式施工，有利于劳动力组织，结构可快速封闭，回填注浆施工较便捷，同时在施工下半断面期间仍可根据需要反复多次进行回填注浆工作。对增加结构的稳定性和控制沉降发展具有重要意义。

5.3　新建车站下穿既有车站施工管控案例

5.3.1　工程概况

1. 工程简介

某站主体单层段采取“零距离”刚性接触下穿既有某站(图5.3-1～图5.3-3)，

即 A 号线顶板顶与 B 号线车站底板底密贴。单层段为两个分离式双跨矩形断面，单个矩形断面的开挖尺寸为 14.05 m×9.32 m，两矩形断面之间的净距 49.2 m。

下穿段施工影响范围内既有 A 号线车站存在四条变形缝，左线左侧距变形缝 1.271 m，右侧距变形缝 11.659 m；右线左侧距变形缝 10.521 m，右侧距变形缝 2.409 m。

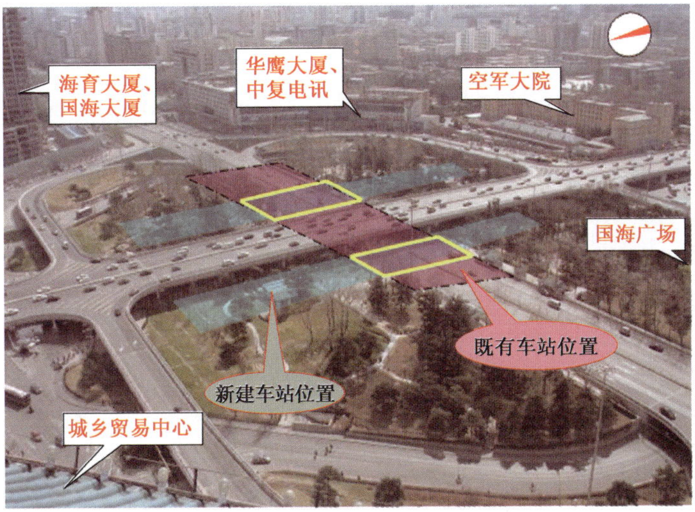

图 5.3-1　新建站与既有站平面关系图

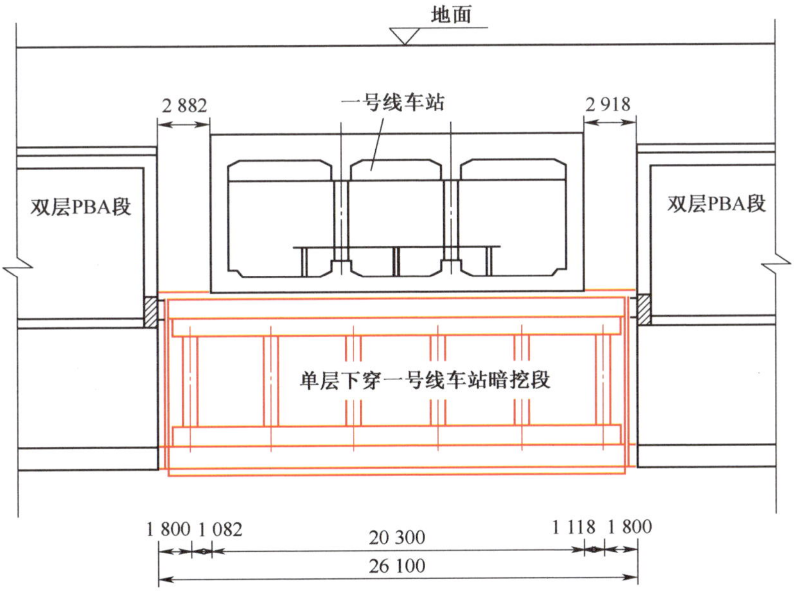

图 5.3-2　新建站与既有站横断面关系图(单位:mm)

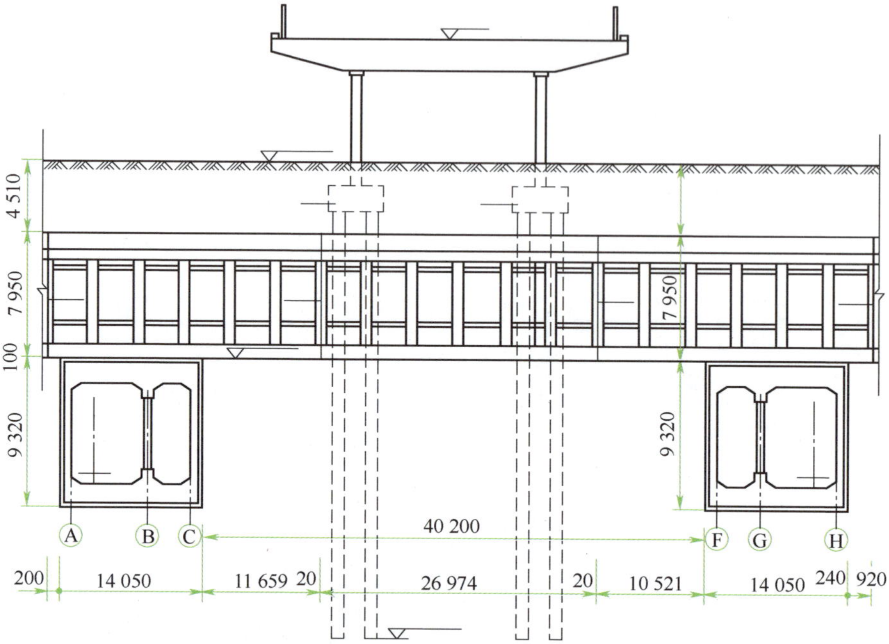

图 5. 3-3　新建站与既有站纵断面关系图(单位:mm)

2. 工程地质与水文地质

(1)工程地质

既有车站底板标高为地面以下 12. 5 m,新建车站开挖范围内,既有线底板以下 0~0. 5 m 为卵石⑤层,下部主要为砾岩⑪层,⑤层与⑪层交界处以下 0~3. 5 m 为强风化砾岩(图 5. 3-4)。

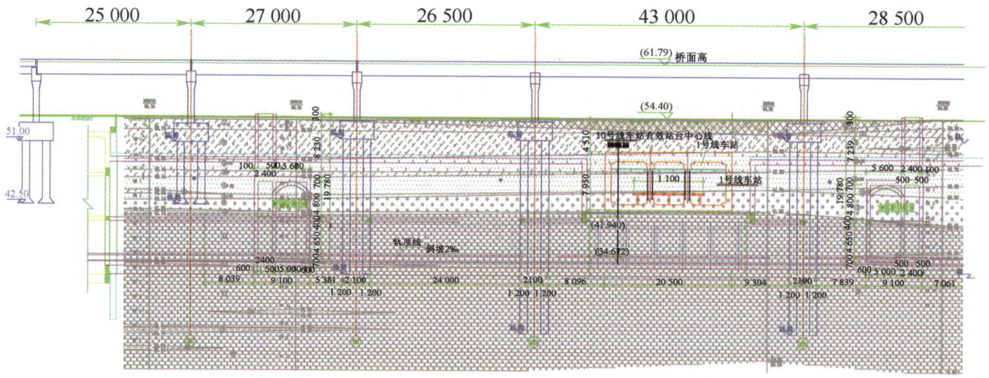

图 5. 3-4　工程地质剖面图

(2)水文地质

根据 PBA 小导洞及小导洞内孔桩开挖实际揭露,场区地下水类型为上层滞水(一)、松散岩类孔隙潜水(二)和风化岩裂隙水。单层段拱顶以下 0~4 m 存在岩裂隙水,施工期间采取止水措施。

地下水类型见表 5.3-1。

表 5.3-1　地下水类型分类表

地下水性质	水位/水头埋深(m)	与暗挖结构的关系	含水层及其特征	
			含水层	渗透系数(m/d)
上层滞水(一)	5.53	在暗挖中洞结构拱顶上约 0.5 m 处	粉土②层	0.5
潜水(二)	9.96~13.5	在暗挖上导洞结构底板下约 1.0 ~4.0 m 处	卵石⑤层、中粗砂$⑤_1$ 层及粉细砂$④_3$ 层,厚度约 2 m	1.00
风化岩裂隙水	13.5	在暗挖下导洞结构拱顶上约 5 m 处	强风化砾岩⑪层,厚度约 2 m	1.2

(3)工程重难点

既有站结构施工时间为 1967 年左右,车站结构为钢筋混凝土矩形框架结构,车站结构长 169.69 m,宽 20.3 m,高 7.95 m;底板厚度 0.8 m、侧墙厚度为 1.0 m,顶板厚度 1.3 m。下穿既有站是本项目的特级风险工程。

1)首次采用平顶直墙结构下穿既有线,既有线控制标准高(3 mm),控制既有线的沉降,确保既有线运营安全是本工程的重难点之一。

2)穿越既有线采取"CRD+千斤顶"施工,合理划分施工断面及工序筹划,及时发挥千斤顶作用,为本工程重难点。

3)二衬施工采取不拆除临时支撑施工,防水节点较多,施工如何控制防水质量是另外一个重难点。

5.3.2　风险工程对策

1. 地层注浆

(1)采用"PBA"法施工的车站主体结构开挖接近既有线时,由洞内向既有线方向上方注浆加固前方地层。注浆浆液为单液水泥浆,具体如图 5.3-5、图 5.3-6 所示。

(2)开挖前从 PBA 暗挖段端墙掌子面对小导洞(1)(3)上半部分做超前深孔注浆加固,超前导管采用 $\phi25\times2.75$ 热轧钢管 $L=10$ m,共设置两排四列,其中两列方向与导洞同向，边列向外各放 7°外插角。注浆压力为 1～1.3 MPa。注浆浆液为单液水泥浆。

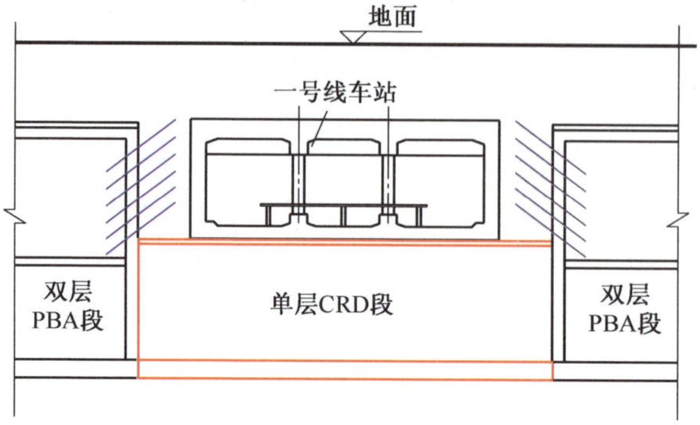

图 5.3-5　双层段加固剖面图

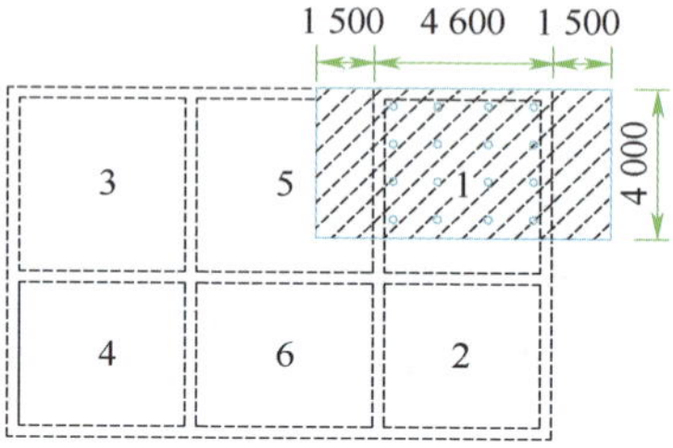

图 5.3-6　掌子面超前深孔注浆

2. 支护方案

下穿既有站隧道采用"CRD+千斤顶工法"分两层六部施工，每部之间用临时中隔壁或临时仰拱分割，采用钢筋格栅和型钢钢架+纵向连接筋+网喷混凝土形成支护体系。千斤顶采用 120 t 液压数显自锁式千斤顶，纵向间距 1.5 m，每断面共计 4 个。二衬施工时，1、3 部外侧墙上的千斤顶直接浇入结构混凝土内、内侧的千斤顶进行拆除。在型钢支撑封闭成环后，且拱顶型钢横撑架设完成后，即可进行预加顶力。仰拱封闭成环后，即施加 300～700 kN 的顶力，初支结构强度达到一定要求后，施加设计荷载 700～900 kN 的顶力，在 5、6 部初支施工阶段，可施加 900～1 100 kN 的顶力，并根据监测结果，动态调整千斤顶顶力大小。千斤顶布置位置如图 5.3-7 所示。

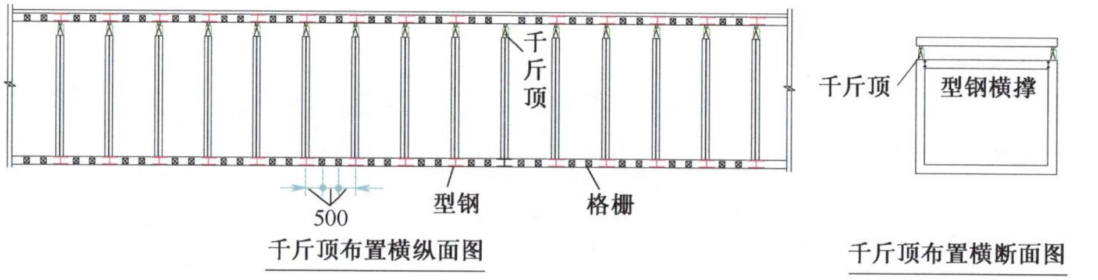

图 5.3-7　初支结构千斤顶布置示意图

施工步骤如图 5.3-8～图 5.3-19 所示：

步骤一：小步距南北、左右对称开挖小导洞 1，导洞下半部在侧壁打设小导管超前支护。超前支护 ϕ25×2.75 热轧钢管，垂直向间距 0.3 m，小导管 L=1.8 m，水平倾角 15°～20°，一榀一打，注浆压力为 0.8～1 MPa。

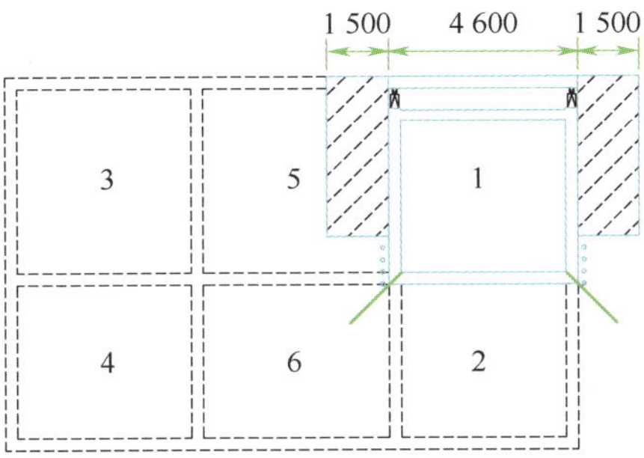

图5.3-8　步骤一

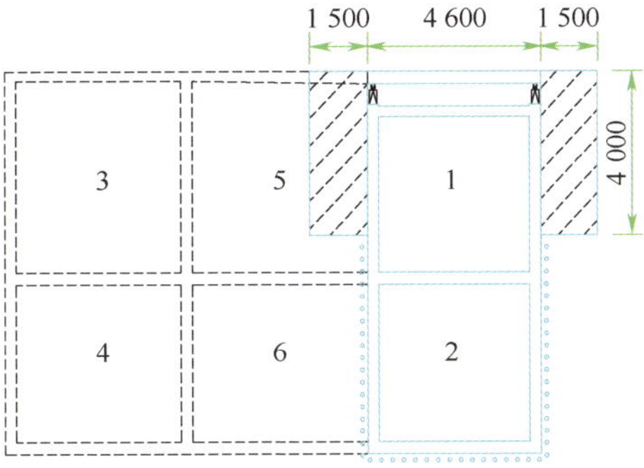

图5.3-9　步骤二

步骤二：小步距开挖小导洞2，开挖前在掌子面上对侧壁打设小导管超前支护。参数同小导洞1。

步骤三：对小导洞1格栅侧壁的千斤顶加载，预压地层，动态控制既有站底板沉降。在导洞1的侧壁上进行横向的深孔注浆。

步骤四：在1、2导洞内施做防水层及底板、边墙、顶板二衬结构。顶板与底板间钢管垂直支撑（带千斤顶）、侧墙与初衬之间横向型钢支撑应与二衬模板同时架设。略加垂直支撑顶力，以顶紧密贴为原则。

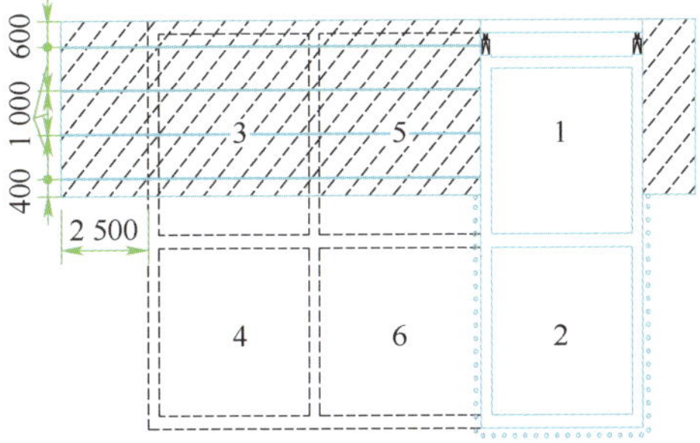

图5.3-10　步骤三

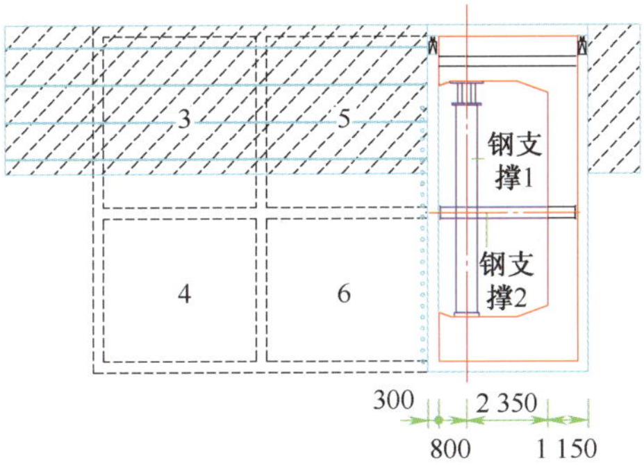

图5.3-11　步骤四

步骤五：小步距开挖小导洞3，开挖前在掌子面上对导洞侧壁打设小导管超前支护。参数同小导洞1。

步骤六：小步距开挖小导洞4，参数同上。格栅封闭后加载小导洞3侧壁千斤顶，动态控制既有站底板沉降。

步骤七：在3、4洞室里施做防水及底板、边墙、顶板二衬结构。顶板与底板间钢管垂直支撑（带千斤顶）、侧墙与初衬之间横向型钢直撑应与二衬模板同时架设。略加垂直直撑顶力，以顶紧密贴为原则。

步骤八：小步距开挖小导洞5。凿除局部钢筋格栅初衬，架设顶板间型钢支撑。

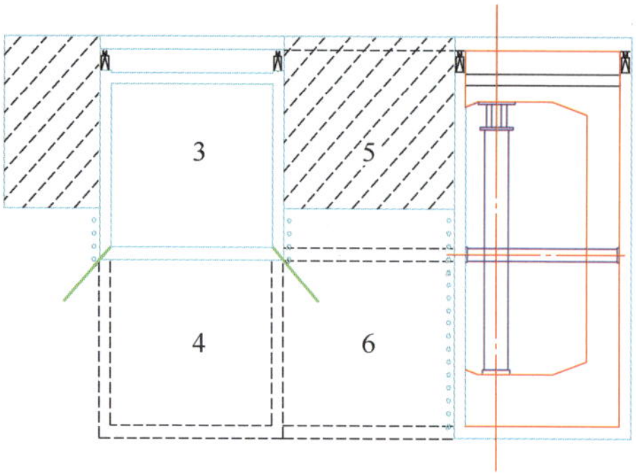

图 5.3-12　步骤五

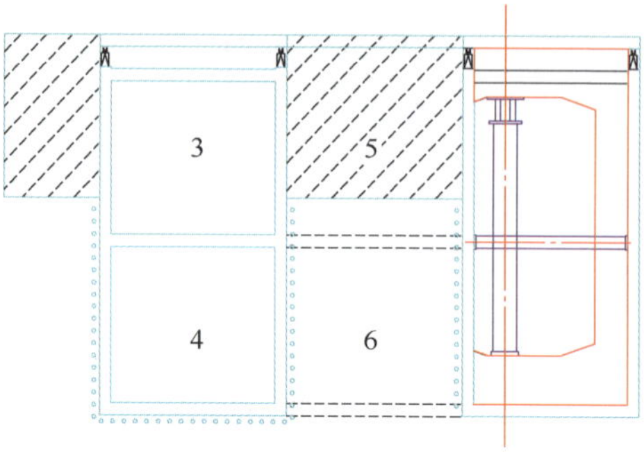

图 5.3-13　步骤六

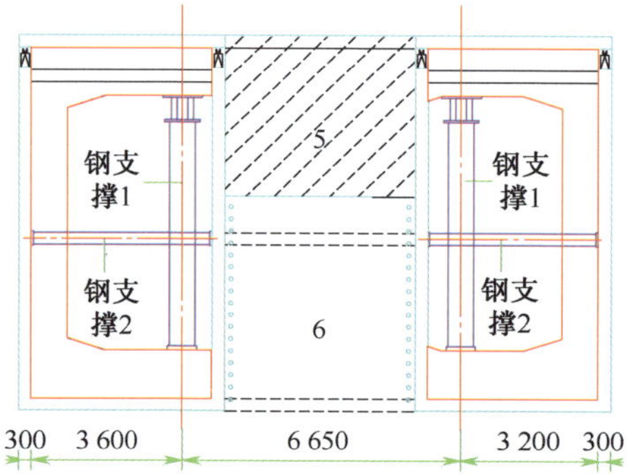

图 5.3-14　步骤七

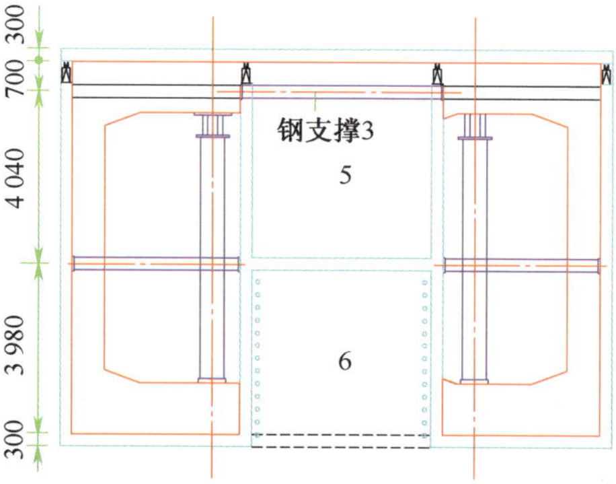

图 5.3-15　步骤八

步骤九：小步距开挖小洞室 6。凿除局部钢筋格栅初衬，架设底板间型钢支撑。

步骤十：加大两侧垂直钢管直撑顶力，在监测应力允许情况下，拆除小导洞 5 两侧壁的型钢格栅及千斤顶，再凿除导洞 5、导洞 6 其余初衬格栅中隔壁。

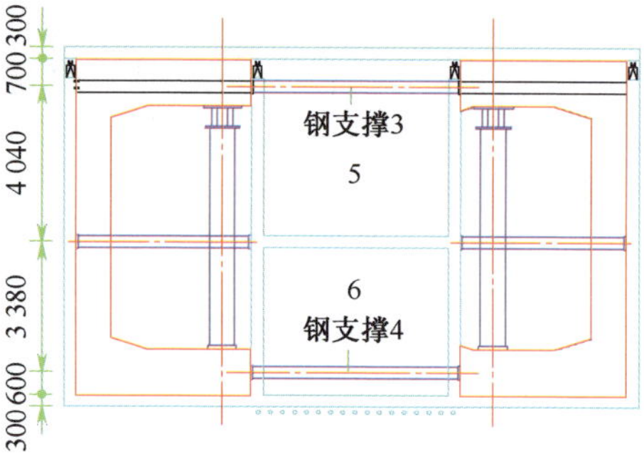

图 5.3-16　步骤九

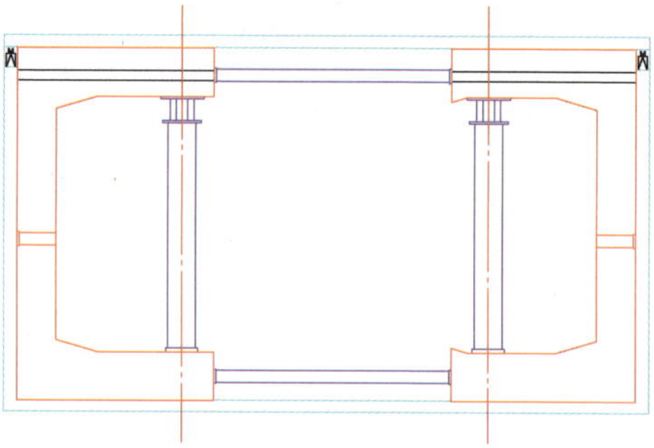

图 5.3-17　步骤十

步骤十一：施做剩余防水层及顶板、中柱、底板二衬结构。

步骤十二：在二衬结构混凝土达到设计强度 95% 以上时，根据应力监测，逐步减少垂直支撑千斤顶顶力直至拆除。拆除过程中通过顶板与既有站底板间预埋管压力注浆控制沉降。

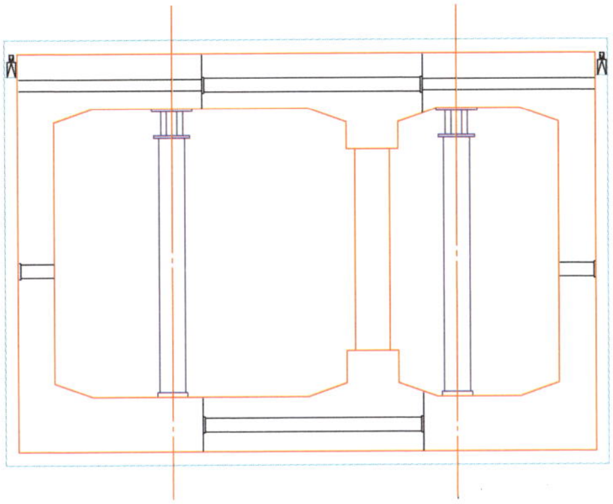
图 5.3-18　步骤十一

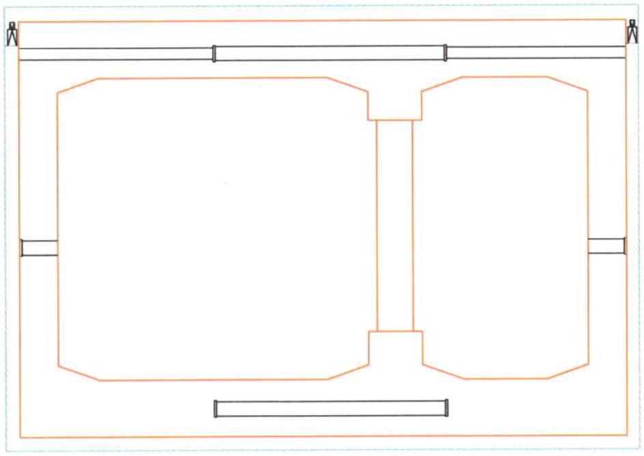
图 5.3-19　步骤十二

3. 监测方案

(1) 风险工程控制标准

1) 既有线结构共有 4 条变形缝处于新建车站施工影响范围内，变形缝处如产生不均匀沉降将危及行车安全。

2) 既有线安全运营限制标准非常严格：

①既有车站结构沉降≤3 mm，既有车站结构变形缝两端差异沉降≤2 mm；

②既有车站轨道下沉≤3 mm。

③在施工过程中以及施工完成后，保证既有车站的变形控制在限制标准值内。

④为了总沉降值、差异沉降值、沉降速率都能够在控制范围内，分别按照最大值的 70%、80% 作为预警值、报警值；并在每一施工步序中进行分解、确保每一步序的沉降值都在控制指标内，具体见表 5.3-2。

表 5.3-2　既有车站沉降控制指标表

序号	监测对象	监测项目	控制指标
1	既有地铁站	车站结构竖向变形	3 mm
2		道床结构竖向变形	3 mm
3		变形缝两端差异沉降	2 mm
4		轨道几何形位检查	按轨道防护设计要求
5		无缝线路钢轨位移变化	2 mm

(2)监控量测范围

现场监测范围为新建车站中心沿地铁 A 号线东西各外扩 30 m 范围。

(3)监测项目及测点布置

为保证施工过程中的运营安全,对既有车站采用自动化及人工监测两种监测手段,以便及时掌握穿越既有车站施工过程中既有车站结构形状和道床的改变。根据监测手段的不同,将监测对象、项目列表见表 5.3-3。

表 5.3-3　既有线监测项目表

序号	监测对象	监测项目		布点数量
1	暗挖下穿地铁 A 号线某站	自动化远程监测	道床结构竖向变形、差异变形	32 个测点
2		人工静态监测	道床结构竖向变形、差异变形	34 个测点
3			隧道结构竖向变形、差异变形	34 个测点
4			隧道结构变形缝开合度监测	12 个测点
5			轨道几何形位检查	16 个测点
6			无缝线路位移	8 个测点

自动化监测测点布置如图 5.3-20 所示。

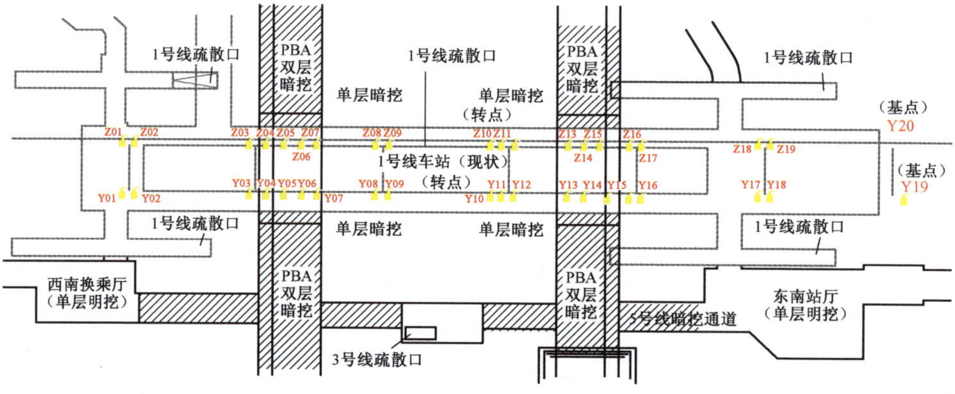

图 5.3-20　第三方监测单位既有站部位布点图

5.3.3　实施过程及效果评价

1. 专家论证与咨询意见

(1)方案专家论证

2010 年 5 月 6 日,北京市交通委路政局轨道养护处在北京市龙爪树宾馆组织召开了下穿既有线施工方案专家评审会。会议形成的专家意见及回复如下:

1) 本站单层暗挖段下穿 A 号线某站施工方案及安全专项方案总体思路可行，但应根据设计方案做进一步深化和细化。

2) 安全专项方案中的应急预案应进一步完善。

3) 第 1、3、5 导洞上部砂卵石层宜采用全断面注浆。

4) 初衬底板下应清除浮渣，施做快凝、快硬混凝土垫层，以作为型钢支撑的持力层。

(2) 专家巡视

为有效把控本站下穿既有线施工安全，于 2011 年 3 月 10 日邀请建管公司矿山法及相关专业专家，对本站下穿既有车站施工进行现场巡视及安全风险评价。专家组对本站提出以下咨询建议：

1) 新建车站采用“零距离”刚性接触下穿既有线，宜遵循“优化施工组织、减少施工步骤、快速通过”的施工原则。

2) 施工单位拟将开挖掌子面方法由“三步开挖法”变更为“两步开挖法”的思路可行，可有效缩短结构封闭时间，有利于结构稳定；变更过程中需注意优化节点板留设位置，以利于结构整体受力。

3) 掌子面地质为砾岩层，稳定性好，侧向压力影响较小，横撑作用不明显，宜优化横撑型钢尺寸，兼顾结构受力和方便现场施工，以利于结构快速封闭。

4) 新建车站下穿既有线施工，风险等级高，施工工序复杂，存在多次工序转化；施工过程中应“细化工序转换过程、尽量缩短转换时间、降低影响”；同时，严格控制各工序施工质量，施工工艺精细化（包括及时回填注浆、加强渗水处理等）。

2. 工期控制

具体见表 5.3-4。

表 5.3-4　工期控制表

导洞 \ 线路	左线		右线	
	开始时间	完成时间	开始时间	完成时间
1 号导洞	2011/2/22	2011/4/10	2011/2/18	2011/4/3
2 号导洞	2011/3/19	2011/5/14	2011/4/5	2011/5/10
3 号导洞	2011/5/21	2011/7/24	2011/5/18	2011/6/27
4 号导洞	2011/7/10	2011/8/21	2011/7/1	2011/7/21
5 号导洞	2011/10/7	2011/11/7	2011/10/7	2011/11/7
6 号导洞	2011/10/17	2011/11/11	2011/10/22	2011/11/11

3. 方案落实情况

(1) 深孔注浆加固地层

施工过程中严格按照施工方案进行深孔注浆加固地层（图 5.3-21、图 5.3-

22)，根据现场注浆记录，隧道所处上部地层为砂卵石层或强风化砾岩层，纵向每延米注浆量约 25～28 m^3，从后期开挖情况观察，掌子面稳定性良好，地层中的空隙基本被填充密实，深孔注浆效果基本达到。

图 5. 3-21　超前深孔注浆加固地层

图 5. 3-22　超前小导管注浆加固地层

(2)侧壁超前小导管支护

1 号、3 号导洞下半部侧壁，2 号、4 号导洞侧壁打设小导管超前支护(图 5. 3-23)。根据现场实施效果，超前小导管增强了侧壁围岩的强度，加强了对初期支护变形的约束，基本达到了预期目的。

图 5. 3-23　侧向注浆小导管支护

(3)开挖支护

车站穿越地层主要为坚硬的砾岩和卵石层，局部地段出现裂隙，地层中伴有残余水。由于工钢横撑重量及尺寸较大，为按照工钢横撑，开挖台阶改为三台阶施工，增长了初支结构封闭时间，对控制沉降不利。因此后期施工缩短了台阶长度，台阶长度控制在 1～1. 5 m，循环进尺 0. 5 m。初支封闭后采用超细水泥及时进行回填注浆(图 5. 3-24、图 5. 3-25)。

(4)千斤顶施工

型钢钢架封闭成环后及时加力，首次加力值为 35～40 t，以 5 t 为一级分次加

图 5. 3-24　初期支护开挖工作面

图 5. 3-25　初支后回填注浆

至预定值。1 部导洞贯通后采用 3 台高压油泵控制 3×14 台千斤顶同时加力顶升(图 5. 3-26)。加力时根据既有结构数据变形情况,做到在监测数据指导下进行施工。

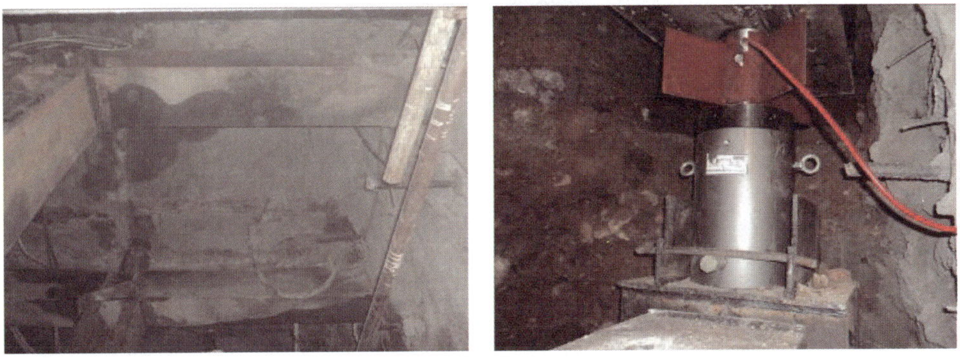

图 5. 3-26　千斤顶加力顶升

(5)二衬施工

二衬施工严格按照既定方案,随开挖分阶段分段分幅对称施作,先施工两侧洞口段,再施工中间,最后施工剩余部分(图 5. 3-27、图 5. 3-28),以尽早为既有车站

图 5. 3-27　不拆除竖撑施工二衬

图 5. 3-28　边墙二衬施工

结构提供刚性支撑。防水层按照二衬施工的分段进行铺设，在结构顶部的型钢横撑处，防水层按照穿墙管处理的办法进行施工。

4. 专家意见落实情况

（1）增加临时立柱和千斤顶（图 5.3-29、图 5.3-30）

1 号、2 号导洞净跨为 4.0 m，为了防止既有线结构的弹性变形以及初支结构在回填注浆过程中发生较大沉降，选择在每榀型钢格栅处的跨中附近增加临时立柱及千斤顶，以减小初支结构的跨度并增加整体顶升力。

临时立柱由 2 根 32b 槽钢组成，使用 200×260×10 的钢板将 2 根槽钢并焊在一起，钢板间距 500 mm。临时立柱在每个型钢格栅处布置，纵距 1.5 m。

图 5.3-29　增加的减跨立柱及千斤顶

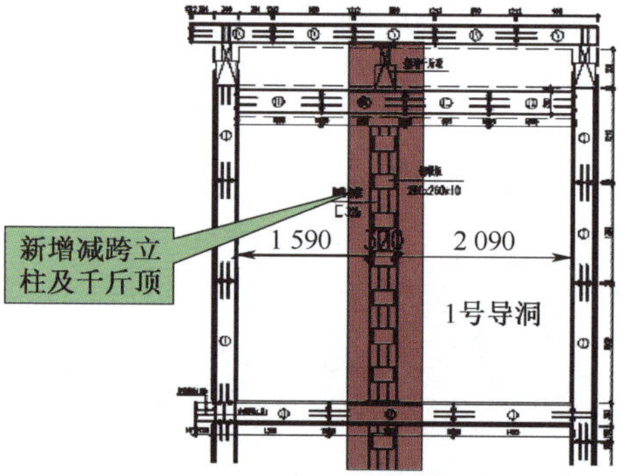

图 5.3-30　增加的减跨立柱及千斤顶（单位：mm）

（2）型钢钢架基底处理

型钢钢架顶部与既有结构垫层密贴位置用钢板垫实。1 号导洞上部、中部和下部开挖时拱脚用钢板垫实。导洞临时仰拱和预留脚板处均把渣土清理干净，并现场拌快硬混凝土填充找平后架立钢架。

（3）采用多台千斤顶同时加力顶升

根据第三方监测提供的自动化监测数据，适时、多次进行动态顶升控制既有结构沉降。左右线各采用 3 台高压油泵控制 3×14 台千斤顶同时加力顶升，做到步调一致、形成合力。

（4）上层导洞全断面注浆加固。

（5）在初衬底板下做快硬混凝土垫层，保证基底承载力。

5. 环境影响评价

根据第三方监测单位监测数据可知，截至 2012 年 6 月 20 日，既有站主体结构轨行区各项监测项目累计变形均在可控范围内，没有出现报警现象，变形控制较好，既有站监测情况见表 5.3-5。

表 5.3-5　既有站监测最大值统计

监测项目		测点编号	累计沉降（mm）	变形速率（mm/d）	预警值（mm）	报警值（mm）	控制值（mm）	监测结论
（自动化）道床沉降		Z4	-2.98	0.01	-2.10	-2.40	-3.00	正常
（人工）结构沉降		ZS11	-2.9	-0.1	-2.10	-2.40	-3.00	正常
（人工）道床沉降		ZG13	-2.9	0.00	-2.10	-2.40	-3.00	正常
变形缝差异沉降		YG7～YG8	0.9	-0.10	-1.40	-1.60	-2.00	正常
变形缝开合度		BF4	0.3	0	—	—	—	正常
无缝线路位移		Z5～Z6	0.3	0	1.4	1.6	2	正常
几何形位	轨距	GJ01	2.0	-0.04	+2.8，-1.4	+3.2，-1.6	+4，-2	正常
	水平	GS03	-2.0	-0.1	2.80	3.20	4.00	正常

注：1. 轨面、道床、隧道壁沉降，+为上升，-为沉降；2. 轨距测量，以 1 435 mm 为标准，距离大于 1 435 mm 为“+”，小于为“-”

下穿既有线段自施工至现在，既有线变形共有 1 个测点达到报警状态，7 个测点达到预警状态，如图 5.3-31 所示。

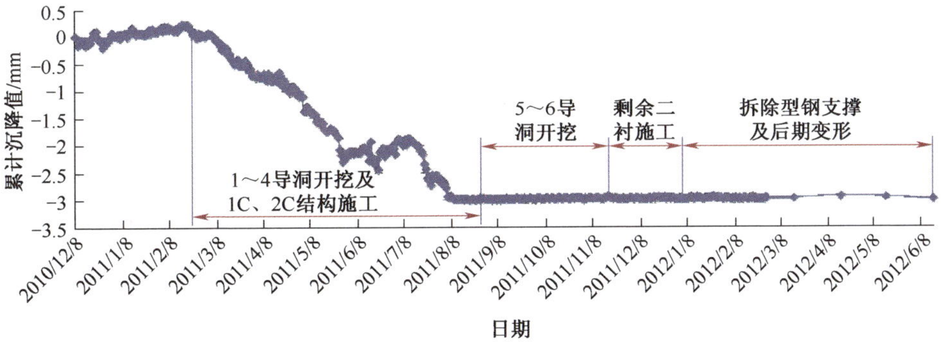

图 5.3-31　左线 1 号导洞上方 Z4 点沉降历时曲线图

由图 5.3-31 可知：

(1)既有线变形主要发生在1~4号导洞开挖及1C、2C二衬结构施工阶段,可见,初支开挖对既有线的影响甚大。

(2)通过初支后的回填注浆以及千斤顶顶升,对抑制既有线的沉降作用明显。

(3)当1C、2C二衬结构施工完成后,形成了柱—板支撑体系,5~6号导洞初支开挖对既有线的影响甚微。

5.3.4 经验教训与建议

1. 矿山法施工穿越既有线沉降控制严格,设计过程中应充分考虑施工对既有线的影响,尽量减小下穿既有线开挖面积,对采取多洞室施工的断面,宜合理划分每一洞室跨度,减小施工难度。

2. 施工过程中设置千斤顶榀格栅采取工钢初支及工钢横撑,工钢尺寸重量均较大,造成初支及横撑架设困难,为此将两台阶施工变更为三台阶施工,延长了初支封闭时间,不利于变形控制,后续设计施工中需对此引起重视。

3. 通过注浆等工程手段,提高地层的整体刚度,使施工对地层的扰动影响降到最低。预埋的注浆管跟踪补偿注浆,有效地控制了既有线变形,但由于千斤顶的设置导致注浆区域不能封闭形成有效压力,降低了注浆实施效果。

4. 采用不拆除临时支撑二衬施工方法防水节点较多,采用了新型的防水材料:橡化沥青进行处理,在地下水丰富的时候,对施工质量要求较高,处理不好时,结构渗漏水严重,后期需要处理时难度大。

5. 采取千斤顶法穿越既有线施工针对前期千斤顶加力时间、后期千斤顶卸载对沉降的影响及结构参数的选取、后期回填注浆的控制等方面仍有进一步研究的空间。

5.4 暗挖车站换乘通道仰挖施工管控案例

5.4.1 工程概况

1. 工程概况

某站沿道路东西向布置,与南北走向的既有站形成T型岛换乘(图5.4-1)。本车站共设置4个出入口、2个出入口(兼换乘通道)及1个无障碍垂直电梯、3个换乘通道及1个人防专用疏散口及2个换乘厅。

2号换乘通道采用暗挖法施工,复合式衬砌结构。初支开挖自车站站厅层向东仰挖通过某立交桥西侧环岛,下穿某立交桥挡墙、下穿干道后与既有站中部对接,实现与2号线的换乘。换乘通道总长度为64.4 m,仰挖段爬坡高度为5.95 m,人防段挑高2.1 m。

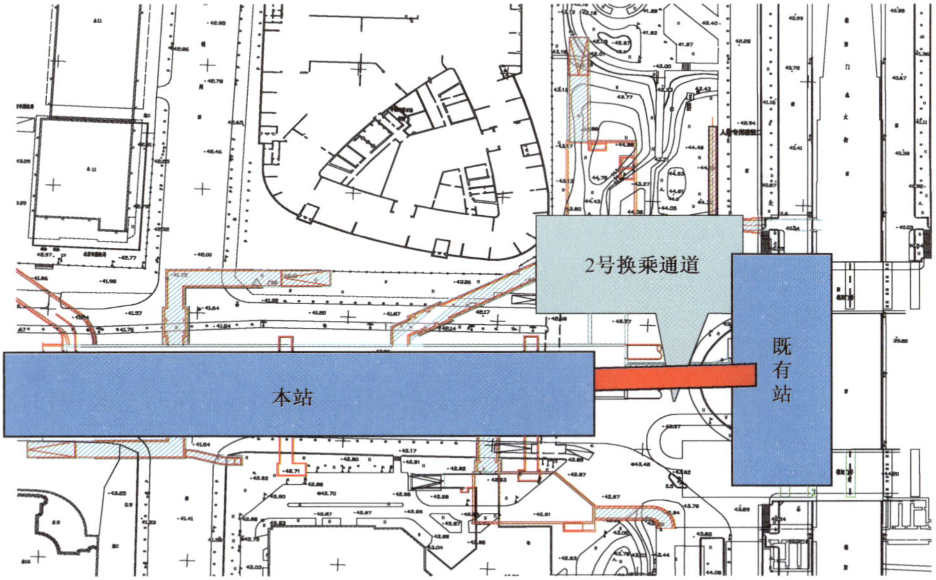

图 5. 4-1　换乘通道与车站位置关系平面图

2. 工程地质与水文地质

2 号换乘通道结构与既有线相交部分为既有线回填区，为卵石填土，地层稳定性较差，施工时对此部位需要加强超前支护效果，保证施工安全。根据对本站周边降水井水位观察情况看，地下水水位全部处于通道初支结构以下，施工时能够确保在无水条件下进行（图 5. 4-2）。

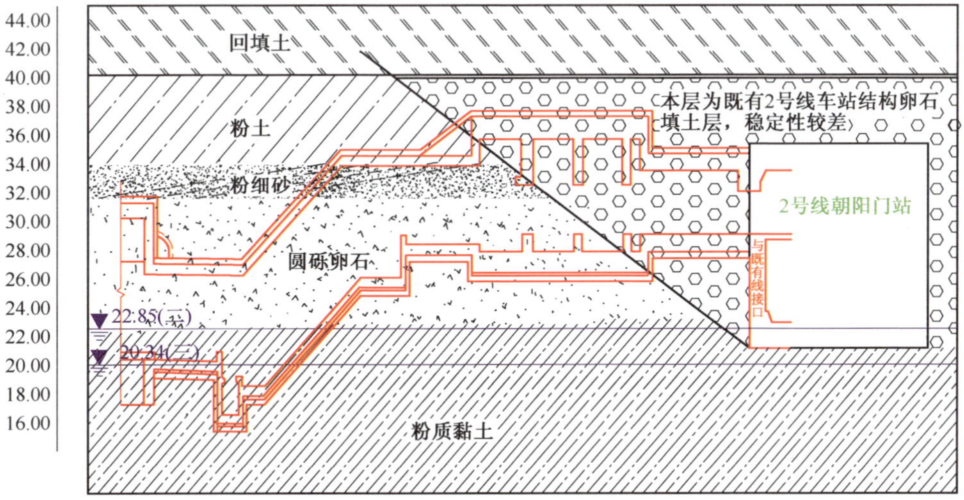

图 5. 4-2　2 号换乘通道地质剖面图

5.4.2 风险工程对策

1. 主要风险

(1)下穿各类市政管线、立交桥挡土墙、配电室等构筑物,周边环境复杂,并且多次扰动,变形要求高。

(2)仰挖段施工难度大,2 号换乘通道仰挖施工段爬坡高度为 6.0 m,长 10.3 m,爬坡角度为 30°。穿越地层主要为粉细砂层和圆砾卵石层,稳定性差,很难形成自然拱,仰挖施工过程中容易发生坍塌,加之既有区间正线左右线通过和本车站主体结构施工对该范围地层反复扰动,造成地层稳定性进一步降低,仰挖施工风险进一步加大。

(3)穿越既有线基坑肥槽松散回填区,存在坍塌风险:既有线明挖肥槽回填区地质砂卵石,黏结力极小,初支开挖时掌子面自稳性较差,易产生塌方。

2. 市政管线保护

(1)施工前对雨污水管渗漏情况详查,并对其下方的空洞或水囊进行注浆处理。

(2)施工前对电力沟详查,若沟内存在积水及时输干,如有补给水源应切断。

(3)施工前需对雨污水等管线采取必要的洞内洞外加强保护措施,确保各类管线的正常使用、并避免对暗挖工程产生不利影响。

(4)控制开挖步距 0.5 m。

(5)平行下穿或垂直下穿管线前后 5 m 范围拱部超前小导管注浆量为普通段的 1.5 倍,必要时采用上半断面注浆。

(6)考虑主体、风道等结构施工对管线的影响、加强对管线变形的监测。

(7)加强初支背后多次回填注浆,并控制注浆效果。

(8)准备好雨、污水管渗漏以及上水(燃气)管发生漏水(漏气)等情况的应急预案,发生预警时,及时启动相应预案。

3. 立交桥、配电室等构筑物保护

(1)提前对挡墙采取洞外支顶预加固措施。

(2)2 号换乘通道结构下穿挡墙及配电室前后 5.0 m 范围内拱部超前小导管注浆量为普通段的 1.5 倍,注浆加固圈厚度不小于 1.0 m,加固体无侧限抗压强度不小于 0.8 MPa。

(3)控制开挖步距 0.5 m。

(4)设置临时中隔壁及临时仰拱,采用 CRD 法开挖。

(5)初期支护施工时拱部预埋背后注浆管,初期支护封闭成环后,及时多次对初支背后压注水泥浆液,注浆压力控制为 0.3 MPa,严格控制初支背后注浆效果。

(6)根据监测结果,必要时对下穿挡墙及配电室段前后 5.0 m 范围采用上半断面注浆加固。

4. 深孔注浆加固仰挖段及既有 2 号线基坑肥槽区

(1)在邻近既有车站 5 m 范围内,对开挖通道周围 1.2 m 范围回填土进行深孔注浆加固,注浆加固体无侧压强度不小于 0.8 MPa。

(2)侧墙外 2 号换乘通道结构初支封闭至既有结构侧墙边,及时对初支背后压注水泥浆液,注浆压力达到 0.3 MPa,严格控制初支背后注浆效果。

(3)换乘通道二衬浇筑至既有结构侧墙边顶紧既有结构,并确保二衬背后回填注浆效果再进行分块凿除既有结构。

(4)对既有轨道增设绝缘轨距拉杆、防脱护轨等措施。

(5)严格按施工步序图进行分块破除,架设临时支撑,及时施作加强结构。

(6)对既有结构及轨道结构加强监测。

5. 严密开挖支护方案

施工期严格遵循"管超前、严注浆、短进尺、强支护、快封闭、勤量测"的原则,加强施工管理,细化施工方案,保证施工规范性。

6. 风险工程监控

为保证施工过程中的自身结构和环境变形安全,在施工过程中对施工影响范围内周边环境变形和隧道内初支结构变形及时进行监控量测。根据监测手段的不同,将监测对象、项目列表见表 5.4-1。

表 5.4-1　2 号换乘通道监测项目表

序号	监测对象	监测项目	监测仪器	控制值/mm
1	地表	沉降	水准仪	25
2	市政管线	沉降	水准仪	雨水、污水:15, 燃气、上水:10, 电力、热力:20
3	立交桥挡墙	沉降	水准仪	桥区路面:8 竖向沉降:3 mm/8 m
4	配电室	沉降	水准仪	15
5	初支拱顶	沉降	水准仪	10
6	初支净空	收敛	收敛计	15
7	既有站结构	使用区间隧道下穿既有站监测系统		

5.4.3　实施过程及效果评价

1. 专家论证与咨询意见

(1)专家论证

2011 年 12 月 9 日,在附属结构施工前,组织了专家对包括 2 号换乘通道在内的车站附属结构安全专项施工方案进行了评审,形成专家意见如下:

1）从车站进暗挖段的马头门方案需要细化，补充剖面图，并说明反掏做法。

2）暗挖段穿越粉细砂层及既有线基坑肥槽的掌子面应进行注浆加固，保证掌子面稳定。

3）斜坡段如改变施工方向由下向上施工亦应对掌子面进行注浆。

4）格栅节点就位后连接质量不好时需绑焊钢筋。

5）通道施工时应计入车站前期施工对风险工程变形的影响，并加强倾斜值的分析。

（2）专家巡视

2012 年 3 月 15 日在附属结构施工过程中，监控中心组织了现场巡视活动，具体建议为：

1）建议爬坡段与设计进一步会商，增设临时仰拱，优化各导洞施工顺序，增加掌子面稳定的施工措施，确保掌子面稳定性。

2）需注意控制各导洞间距离，掌子面进一步规范核心土及开挖面坡度留设。

3）进一步规范格栅架立、格栅连接、锁脚锚杆打设等环节施工工艺，加强施工各环节的质量控制。

4）由于纵向连接筋强度不足，导致临时中隔壁产生裂缝，建议适当增强。

5）初支格栅腹筋设计不足，建议会同设计单位进行优化。

6）加强现场抢险预案及现场抢险物资的准备。

7）加强现场监测及巡视工作，强化信息反馈及时对施工进行指导。

2. 工期控制

（1）2 号换乘通道初支开挖：2012 年 1 月 15 日～2012 年 8 月 15 日，（图 5.4-3，图 5.4-4）

图 5.4-3　平挖段初支施工状态

图 5.4-4　仰挖段初支施工状态

（2）2 号换乘通道结构二衬：2012 年 6 月 25 日～2012 年 9 月 20 日

为缩短工期，2 号换乘通道在初支开挖后期，初支和二次衬砌平行施工，2012 年 9 月 20 日完成（图 5.4-5～图 5.4-8）。

图 5.4-5　人防段初支施工状态

图 5.4-6　与既有线连接段初支施工状态

图 5.4-7　仰挖段二衬施工状态图

图 5.4-8　人防段二衬施工状态

3. 方案落实情况

(1)爬坡段施工情况

2 号换乘通道仰挖施工段爬坡角度为 30°,高度约为 6 m,仰挖施工段掌子面为砂卵石地层,施工风险较大,原设计采用小导管进行超前注浆加固,受现场地质条件及小导管打设难度大的影响,现场超前支护效果差。为保证交通及施工安全,在经过四方会议后,在该位置进行深孔注浆+小导管的超前支护形式进行加固(图 5.4-9、图 5.4-10),注浆浆液采用水泥-水玻璃浆液,注浆加固范围:拱部 180°范围内开挖轮廓线外1.5 m 及开挖轮廓线内 0.25 m,注浆加固长度 13 m。注浆完成后,仰挖施工时掌子面稳定,未发生塌方现象。

(2)既有线基坑肥槽区(平顶直墙段)施工情况

由于地层、结构、施工等多方面原因出现了坍塌施工。

(3)二衬临时支撑拆除

换乘通道暗挖段二衬施工时需先对通道临时支撑结构进行拆除,临时支撑结构的拆除以确保安全、节省工期为原则,每 4~6 m 为一组,采用跳段法分批进行临时支撑拆除,第一批拆除第一、二、四组(图 5.4-11 中①部分),第二批拆除第三、五、六组

（图 5.4–11 中②部分），第三批拆除第七、八、十组（图 5.4–11 中③部分），第四批拆除第九、十一、十二组（图 5.4–11 中④部分），前一批结构施工完成后进行下一批临时支撑拆除施工。

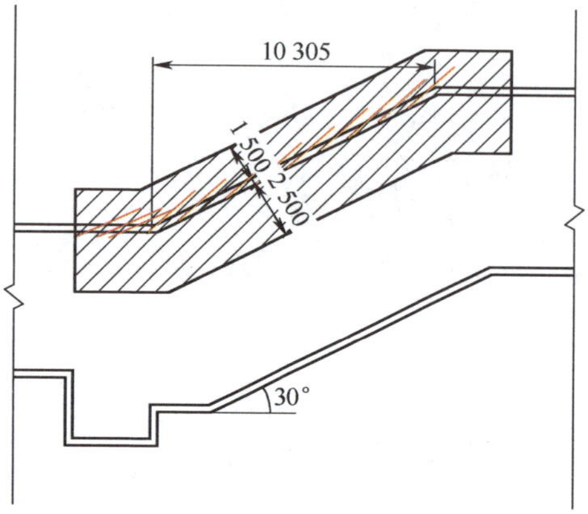

图 5.4-9　上坡段超前支护注浆范围示意图

图 5.4-10　爬坡段地层深孔注浆加固

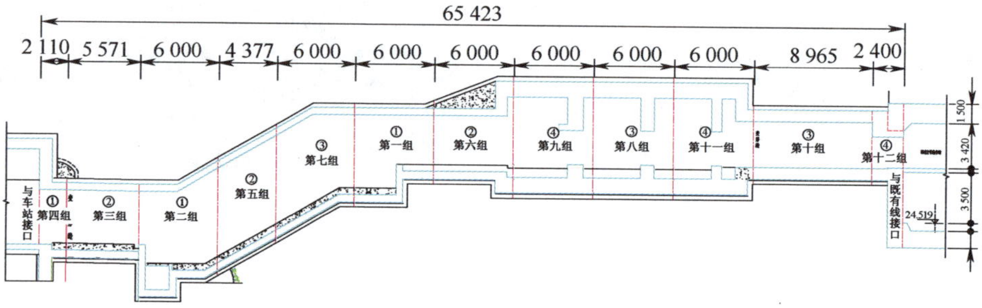

图 5.4-11　2 号换乘通道临时支撑拆除示意图（单位：mm）

4. 险情/预警情况处置

（1）险情概况

2012 年 6 月 29 日下午 14 时 40 分，2 号换乘通道 8-8 断面（平顶直墙、CD 法施工、接近既有 2 号线部位）②部（南侧导洞）作业面，施工人员在掌子面开挖时，因拱顶渗水，造成掌子面坍塌（图 5.4-12，图 5.4-13），塌方部位地面对应位置为东二环西侧辅路下，情况十分危急，现场人员紧急撤离，后期拱部土体仍然在垮塌，最终坍塌土体范围约：长度 9 m，宽度 7 m（开挖面范围），高度 6 m（西侧开挖面拱顶至路面下 0.5 m，东侧 3 m 范围开挖面拱顶至路面下 1.5 m），坍塌方量约 370 m^3。塌方造成道路西侧辅路路面下土体全部塌陷，路面相对稳定。

（2）应急响应

洞内封堵时间：

1）工字钢封堵及加固：6 月 29 日 15：20～21：40。

2)加气砖及砂袋封堵:21:40~次日 1:30。

图 5.4-12　路面塌方情况

图 5.4-13　换乘通道掌子面塌方情况

洞外填充时间:

1)回填砂砾:6 月 30 日 0:40~2:30;砂砾回填完成后填充点距离地面 4.1 m。

2)周边部位为坡型扩散,最深处(靠既有线一侧)约 7.2 m。

3)回填混凝土:6 月 30 日 2:40~11:00。

开始灌注 1~2 车(每车 11 m^3)混凝土后填充点距离地面 4.3 m(回填砂下沉 0.2 m),灌注 3~4 车(每车 11 m^3)混凝土后填充点距离地面 4.1 m,灌注 5~6 车(每车 11 m^3)混凝土后填充点距离地面 3.85 m,后续每填充两车高度上升 0.25~0.3 m。于 6 月 30 日 12:00 放行西侧辅路东侧车道,16:30 路面及交通恢复全部(图 5.4-14~图 5.4-18)。

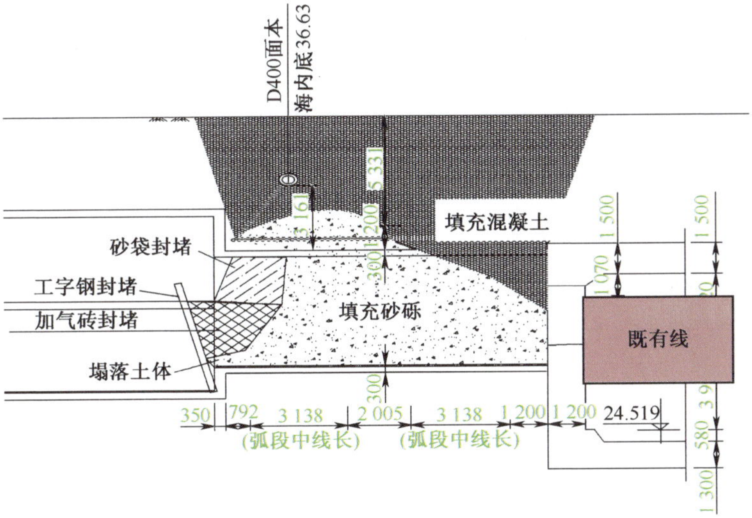

图 5.4-14　换乘通道塌方处理情况示意图(单位:mm)

图 5.4-15　掌子面沙袋、工字钢封堵

图 5.4-16　沙砾填充

图 5.4-17　塌方处地面回灌混凝土

图 5.4-18　塌方处处理完毕

(3)险情原因分析

1)因结构距离 ϕ800 雨水管较近,该管线检查井紧邻结构南侧,且近期雨水较多,可能造成雨水管及检查井内水流外渗,致既有线防爆层(3.5 m 宽)下部土体受浸泡松软,形成淤泥区,造成下部土体涌水垮塌。

2)坍塌部位紧邻环岛下绿地内,绿地内近期受喷灌及雨水浸泡,下部土体内含水量较大;容易造成拱顶土体淤泥化,导致垮塌。

3)平顶直墙段位于既有线肥槽回填区内,拱顶注浆效果不好,初支结构上方不能形成有效的壳体,支护能力较差。

4)平顶直墙段中支撑部位两侧均有节点连接,是结构受力的薄弱环节,该部位受前方垮塌土体冲击,导致中支撑向左侧跨,拉垮拱顶及后方已成环的初支结构。

5)因 1 号洞室开挖时该部位地层比较稳定,未出现塌方等现象,现场盲目乐观,思想麻痹大意,对施工风险估计不足。

6)对于平顶直墙部位的土方开挖没有制定有针对性的施工方案。

(4)后续施工方案

为确保后续施工安全,按以下方案进行:

1)地面处理措施:为确保地面回填密实,防止沉降过大,对地表回灌区域进行雷达探测,根据雷达探测情况,如有空洞则采取地面回填注浆填充的方式进行加固。

加强地面监测及巡视,发现沉降较大或塌陷情况及时进行处置。

2)深孔注浆加固塌方影响范围。由于 8-8 断面内开挖断面范围内主要存在的土体为塌落下来的杂填土和回填的砂砾,内部孔隙率较大,极其松散,下一步开挖时存在一定的安全隐患,在恢复土方开挖前对塌方土体进行深孔注浆,注浆范围为开挖全断面、起拱线以上至混凝土回填区;浆液采用水泥-水玻璃双液浆。

3)重新调整后结构为圆拱直墙结构,重新架立钢格栅置于原有初支结构内。开挖时对影响初支结构施工的部分剩余前期拱部初支结构进行破除。

4)为避免衬砌施工时,拆除临时中支撑影响初支结构稳定,本段施工时中支撑不拆除,浇筑在衬砌结构内,待衬砌结构成环且达到一定强度后割除。施工时对中支撑部位的防水进行特殊处理。

5. 环境影响评价

(1)预警情况统计

2 号换乘通道结构施工期间,平台共发生 13 个橙色、1 个黄色监测预警,预警情况如图 5.4-19 所示。整个施工过程中未发生巡视预警及综合预警。

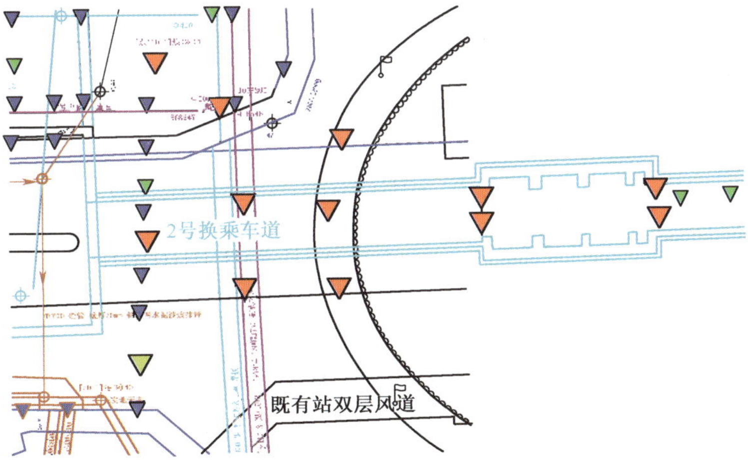

图 5.4-19　2 号换乘通道监测预警情况示意图

(2)监测数据分析

根据监测数据(图 5.4-20),截至 2012 年 8 月 26 日,各风险工程在施工期间最大累计沉降情况统计见表 5.4-2。

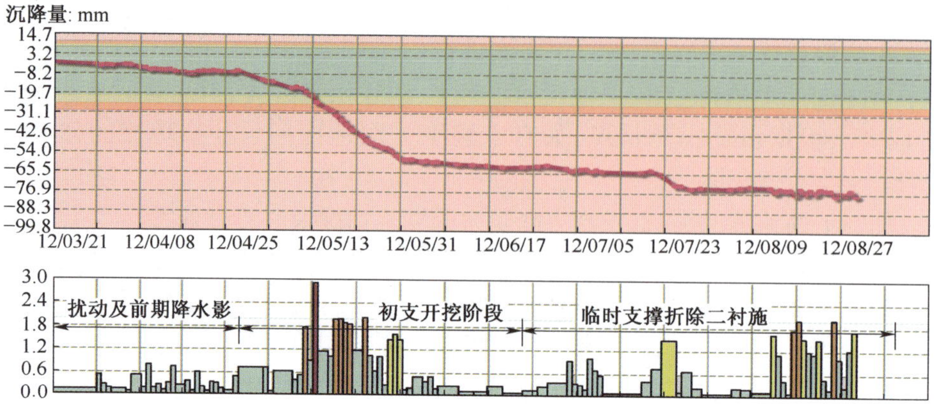

图 5.4-20　换乘通道上方 DB-71-09 沉降历时曲线图

表 5.4-2　2 号换乘通道风险监测最大值统计

序号	监测对象	累计沉降/mm	变形速率 mm/d	控制值/mm	状态
1	地表	-73.20	-0.39	-25	橙色预警
2	雨水管线	-84.87	-0.59	-15	橙色预警
3	电力管线	-88.13	-0.09	-20	橙色预警
4	燃气管线	-29.52	-0.07	-10	橙色预警
5	上水管线	-52.62	-0.12	-10	橙色预警
6	立交桥挡墙	-14.55	-0.03	-8	橙色预警
7	配电室	-83.32	-0.20	-15	橙色预警

本站 2 号换乘通道监测数据显示部分监测项目变形值较大，经认真分析，总结原因如下：

1）换乘通道在桥梁挡土墙以西部分位于本站主体结构暗挖施工影响范围内，地层受车站施工扰动较大，稳定性降低；初支施工土方开挖引起的地层损失是引起环境变形的重要原因。爬坡段施工难度大，初支结构不能及时封闭成环也是主因。

2）挡土墙以东部分位于桥区绿化带和既有线基坑肥槽区，地层受绿化灌溉和雨季降水影响较大，且稳定性较差。加之换乘通道还位于区间左右线结构上方中间位置，地层受区间隧道施工反复扰动，换乘通道初支开挖再次扰动时地层沉降变形加剧。

5.4.4　经验教训与建议

1. 爬坡段仰挖工法是在工期进度等压力下被动采用的，虽然从结果上看相对顺利，但从过程来看，施工难度大，风险高，各项施工措施很难真正落实到位，后续施工中应尽量避免此类施工方案。

2. 平顶直墙断面结构受力复杂，施工中出现的风险事件与其结构设置不无关系，后续施工中建议尽量起拱，避免平顶直墙型式，当必须采用时，应对结构跨度、支护措施、地层适用性、结构受力转换性质进行深入论证，杜绝安全隐患。

3. 必须认真对待反复扰动地层的极度不稳定性，严格做好注浆加固措施。

5.5　暗挖区间大断面施工管控案例

5.5.1　工程概况

1. 设计概况

某区间起讫里程为 K29+281.904 ~ K29+974.924，单线长 693.02 m，在 K29+333.983 处设置施工竖井，区间设置双列位停车线，采用暗挖法施工，区间隧道的覆土深度为 12.6~18 m。断面形式一共 13 种，断面转换 26 次，右线大断面长度 480 多米，施工难度大（图 5.5-1）。

区间防水采用 1.5 mm 厚的 EVA 防水板进行全包防水，二衬结构均采用 C40 防水混凝土，抗渗等级 P10。

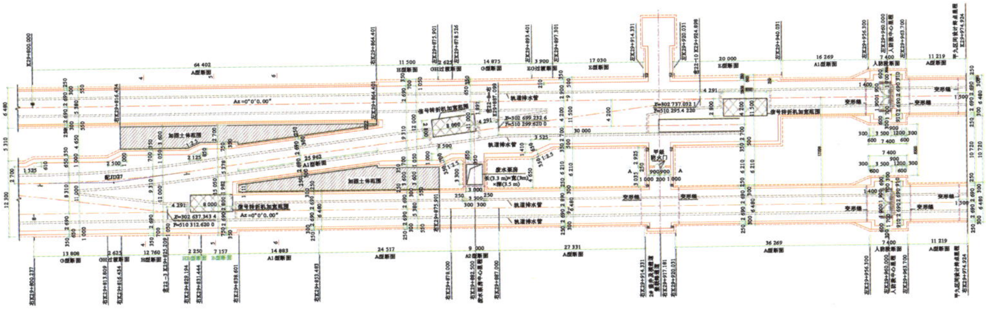

图 5.5-1　区间平面图

2. 工程地质与水文地质

区间结构顶板标高约在 19.5 ~ 23.5 m 之间，以中粗砂为主；结构底板标高约在 11.5~13.0 m 之间，以中粗砂为主；结构侧墙穿过的土层沿线路方向变化不大，隧道洞身范围内地层以中粗砂及可塑黏性土为主，隧道洞体断面上下地层软硬程度差异较大（图 5.5-2）。沿线隧道围岩基本分级一般为Ⅴ ~ Ⅵ级，经地下水状态修正后均为Ⅵ级，围岩稳定性差，易发生坍塌。区间结构位于地下水位以下，施工时应采取有效的地下水控制措施。

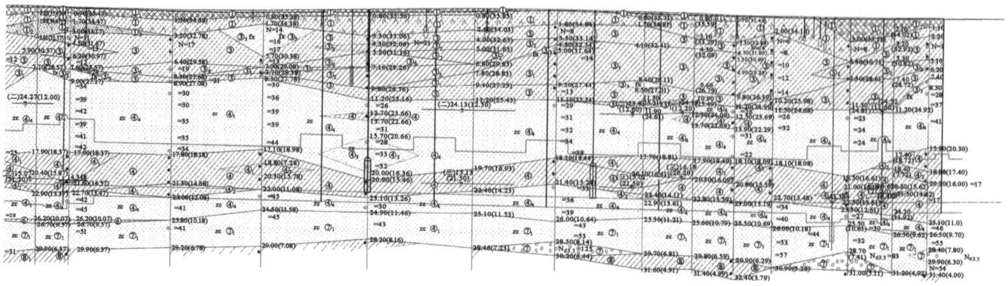

图 5.5-2　区间左线地质剖面图

5.5.2　风险工程对策

1. 主要风险

初支施工为双侧壁导坑法为主,严格控制施工工艺,避免群洞效应,控制地面沉降是风险管控的重点;

由于大断面二衬施工过程中需拆除初支结构,确保支架体系的稳定及安全是施工的另一个重点。

2. 初支施工

停车线大断面初支以双侧壁导坑法为主,渡线段为多个过渡断面。

3. 二衬施工

本区间双侧壁大断面包括 F 断面 312 m,其余 B、E、G、H、I、L 共 272 m,其中 F 断面二衬采用台车法施工。

除 F 断面外,其余 B、E、G、H、I、L 大断面二衬采用工字钢模架 + 可调钢模板施工。

5.5.3　实施过程及效果评价

1. 专家论证与咨询意见

(1)专家论证

2013 年 9 月 29 日,组织了对本区间大断面二衬安全专项施工方案进行了专家论证,形成专家论证意见如下:

1)考虑到大断面二衬施工阶段受力转化复杂,补充试验段拆除工序,通过试验段根据实时监测数据优化拆除工序。

2)根据地面管线和隧道的位置关系,加强施工中监控量测,应考虑管线累计变形的影响。

3)根据现场实际情况对初支背后进行补充注浆。

4）完善拆除临时支护后，保证结构稳定性的应急预案。

（2）专家巡视

2012 年 4 月 18 日组织矿山法专业的专家，对本区间大断面施工进行巡查并提出意见如下：

1）会同设计单位，进一步优化工程总体筹划，细化大断面受力转换施工步序。

2）拱部砂层稳定性较差，需加强核心土留设及台阶长度控制，同时优化格栅节点位置。

3）进一步加强现场施工工艺控制。

4）对上方管线进一步核查，并加强管线差异沉降分析。

2013 年 7 月 11 日组织矿山法专业的专家，对本区间大断面施工进行巡查并提出意见如下：

1）严格施工工艺，对台阶长度、核心土留设、初支封闭成环时限等各个方面加强管控。

2）左线大里程断面转换部位部分中隔壁拆除，需加强监测及巡视。

3）加强机械开挖施工管理，减少对地层的扰动。

4）做好右线标准段向人防段过渡区域工序转换，建议过渡段增设竖撑（图 5.5-3）。

图 5.5-3　右线侧导洞施工

5）做好抢险物资储备。

2. 工期控制

（1）2011 年 10 月 6 日～2013 年 8 月 27 日：初支结构施工阶段（图 5.5-4～图 5.5-13）；左右线标准段掌子面地层以黏土层为主，降水效果良好，无渗漏水现象，开挖施工规范，开挖过程中基本无坍塌、超挖等现象。渡线段施工过程中局部地段受层间水影响明显，掌子面地层稳定性较差，洞内积淤严重，采用超前注浆加固地层后基本可保证开挖过程自稳能力，施工基本平稳，未出现较大坍塌及其他风险事件。

（2）左右线二衬施工（图 5.5-14～图 5.5-17）。

3. 方案落实情况

（1）台车施工

F 断面采用模板台车施工（图 5.5-18），台车长度 9 m。二衬混凝土分两次施工，先施工仰拱混凝土，然后施工拱墙混凝土。作业面分为：仰拱施工作业面，拱墙防水作业面，钢筋作业面，台车混凝土浇筑作业面，二衬背后回填注浆，流水施工。

图 5.5-4　左线 A 断面

图 5.5-5　右线 F 断面

图 5.5-6　右线 L 断面

图 5.5-7　左线 K 断面

图 5.5-8　联络通道超前注浆

图 5.5-9　拱脚处稳定性较差

图 5.5-10　左线渡线段施工

图 5.5-11　右线渡线段施工

图 5.5-12　洞内积淤严重

图 5.5-13　地层中含饱和水

图 5.5-14　仰拱二衬中隔壁混凝土破除长度过长

图 5.5-15　底板二衬浇筑

(2)工字钢模架+可调圆弧钢模板(图 5.5-19~图 5.5-23)

其余大断面采用 20a 工字钢模架 + 可调圆弧钢模板,钢模板采用 H 型钢作为龙骨使用,单组二衬施工长度为根据各断面长度而定。二衬分三次施工,先施工仰拱部分,然后进行边墙施工,最后施工拱部。施工作业按顺序或跳仓流水施工。

图 5. 5-16　二衬边墙完成情况

图 5. 5-17　二衬施工情况

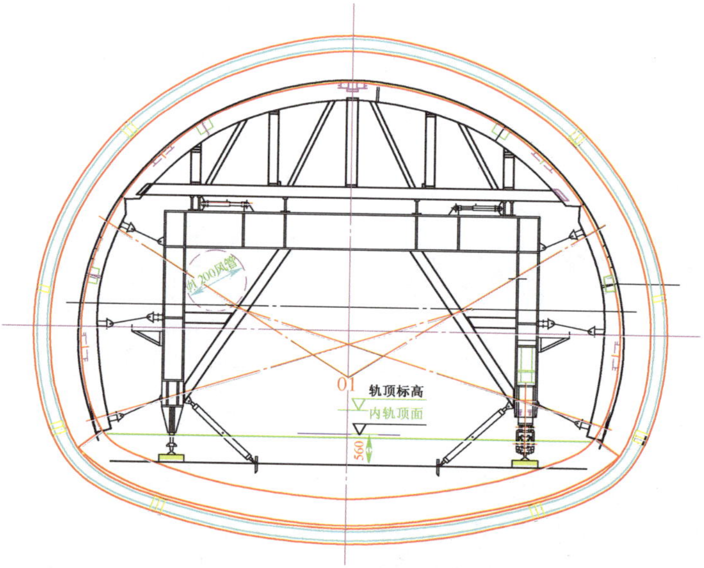

图 5. 5-18　台车浇筑混凝土

4. 环境影响评价

本区间大断面施工期间,各项监测符合一般施工规律,对周边环境产生影响持续时间较长,累计变形较大,累计变形集中在 50 ~ 80 mm,最大 107. 6 mm,沉降速率基本可控。

5. 5. 4　经验教训与建议

1. 大断面施工对周边环境影响明显,持续时间长;施工过程中需重点对格栅连接质量、各导洞施工纵向间距、锁脚锚管打设质量、回填注浆及时性等方面进行控制,严格每一环节施工质量。

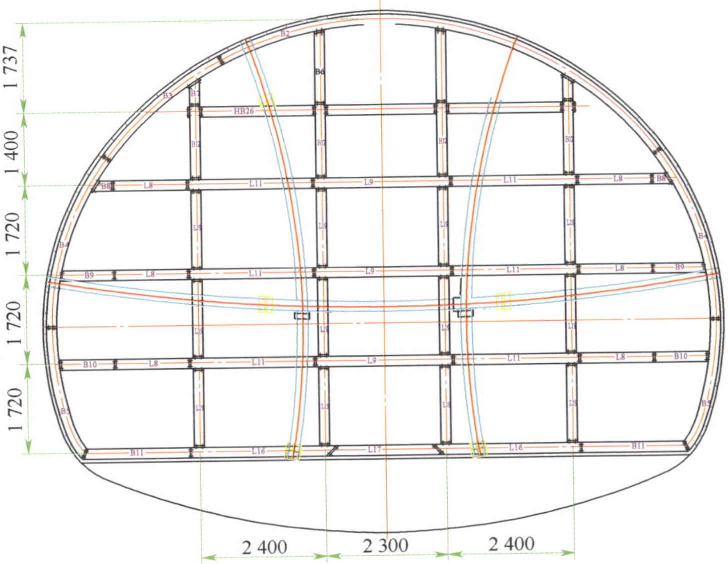

图 5.5-19　工字钢模架+钢模板(单位:mm)

图 5.5-20　组装工字钢模架

图 5.5-21　拆撑长度可控

图 5.5-22　二衬边墙情况

图 5.5-23　大断面拆撑

2. 区间大断面距离较长，且存在多个断面形式，多种断面之间相互转换，施工难度大，工期紧，通过多套优化方案，专家论证，使得工效得到大步提升。

3. 在开挖施工中，将原设计隧道拱部超前小导管打设由设计的每两榀打设一次调整为每榀打设一次，减少了隧道坍塌风险。

4. 将原设计二衬分块施工变更为整体式台车衬砌，保证了二衬质量和外观的平整，有利于防水施工的质量保证，加快了施工进度。但该种作业方式易引起结构及环境出现较大沉降，在施工前建议施工试验段，根据试验段数据确定二衬施工工序工艺。

5. 长距离大断面二衬施工，交叉作业工序多，多道工序同步进行，尤其需强调协调管理。本区间二衬施工过程中，新增了 1 处材料运输竖井、3 个混凝土泵送口，解决了材料运输及长距离混凝土泵送的问题，确保了各工序衔接。

5.6 区间联络通道泵房施工管控案例

5.6.1 工程概况

1. 工程简介

某区间全长约 1. 5 km。线路纵坡为“V”型坡，线路埋深在 12. 0～20 m 之间。共设 2 个联络通道(图 5. 6-1、图 5. 6-2)，其中 2 号联络通道与泵站合设，2 号联络通道位于右K27+980. 912。

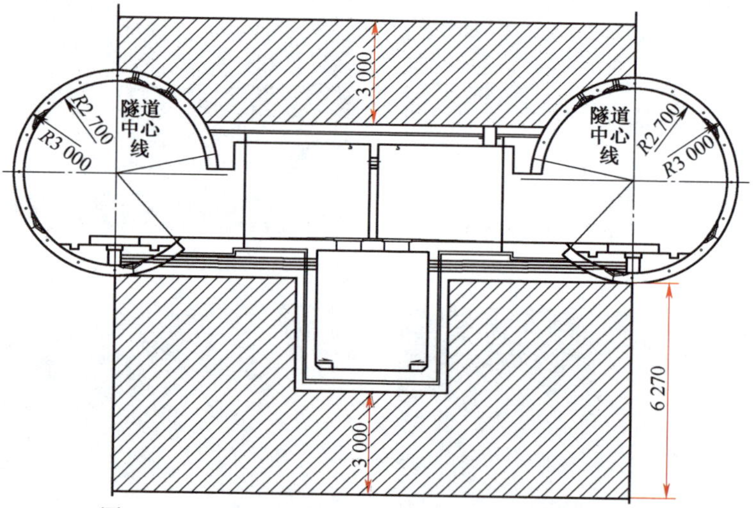

图 5. 6-1　1 号联络通道与区间位置关系(单位：mm)

联络通道兼废水泵站长度约为 9. 6 m 左右，通道开挖宽度为 3. 76 m，高约4. 48 m，联络通道净空 2. 6 m×2. 8 m，泵房开挖深度为 3. 56 m(从通道底部初支顶距离泵坑底部)，开挖尺寸 4. 3 m×3. 2 m，初支厚度 0. 25 m。内部净空尺寸为 3. 2 m×2. 1 m。

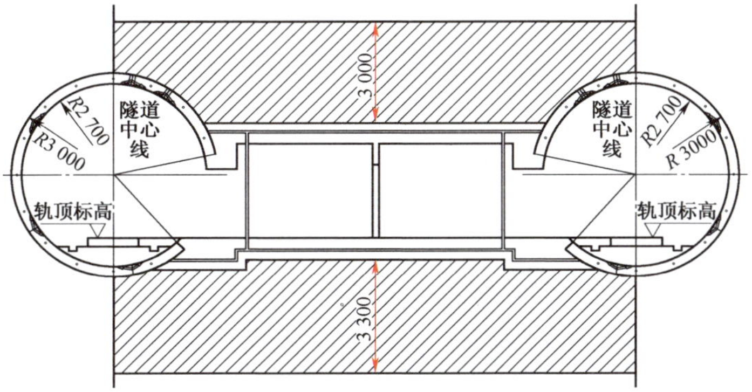

图 5. 6-2　2 号联络通道与区间位置关系(单位:mm)

2. 工程地质与水文地质

联络通道泵房基本位于粉质黏土层中,本区间隧道断面所涉及到的地层主要有粉质黏土④层、粉土④$_2$层、细砂④$_3$ 层、圆砾⑤、中粗砂⑤$_1$层、粉细砂⑤$_2$层、粉质黏土⑥层、黏土⑥$_1$层,并以粉质黏土④层、细砂④$_3$、粉细砂⑤$_2$层、粉质黏土⑥层为主,主要有来自承压水(三)的风险,标高 11. 8 m,具体如图 5. 6-3、图 5. 6-4 所示。

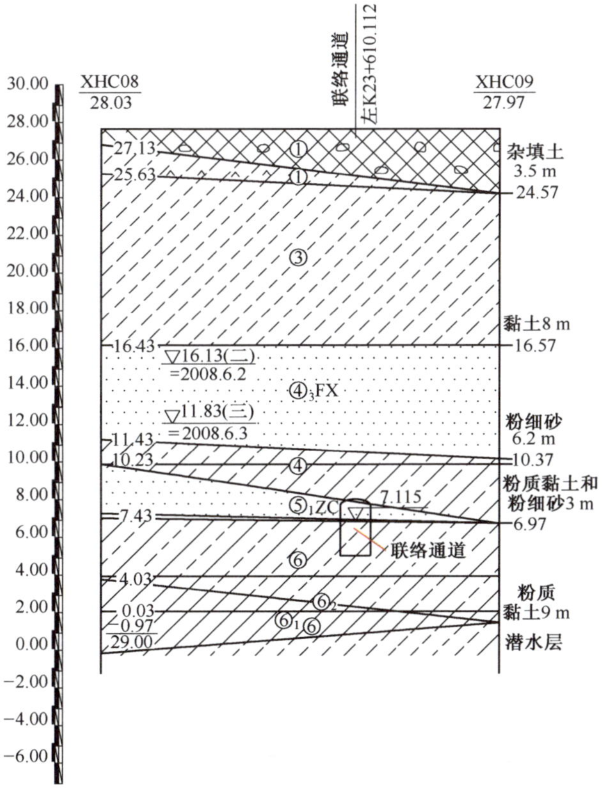

图 5. 6-3　1 号联络通道地质剖面图

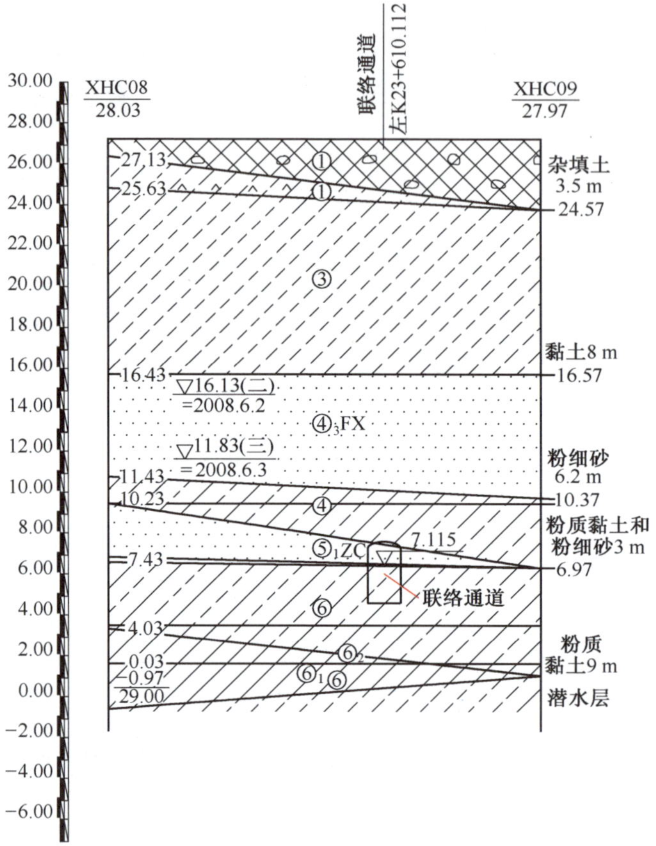

图 5. 6-4　2 号联络通道兼泵房地质剖面图

5. 6. 2　风险工程对策

1. 主要风险

本区间泵房及泵站埋深较深，底板埋设达到 27. 8 m 位于承压水（三）中，承压水头较高，地层交错变化复杂，初期方案为主要采用高压旋喷桩进行地层加固，设置 4 口降水井进行降水，发生涌砂险情后，经专家评审，增加降水井至 18 口进行降水。

2. 地层加固

联络通道穿越地层为粉细砂层和黏土层，粉细砂层稳定性差，开挖时可能出现塌方或流沙，引起地面沉降或塌方，所以为了保证开挖过程中地层的稳定，采用高压旋喷桩方式加固地层（图 5. 6-5～图 5. 6-8）。

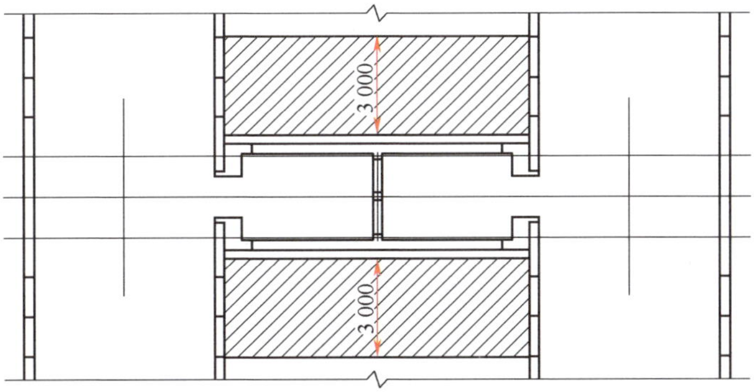

图 5.6-5　1 号联络通道土体加固平面图

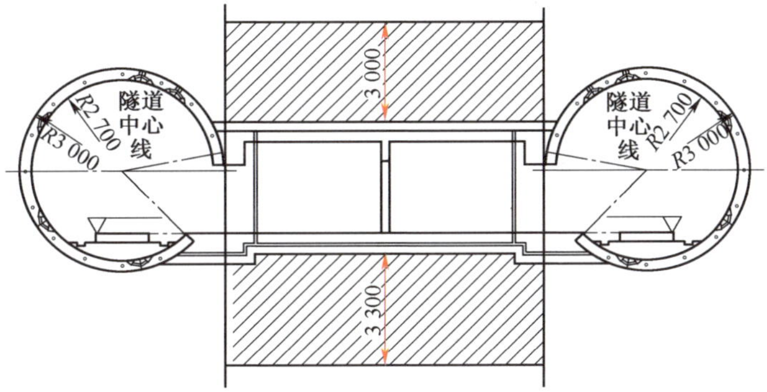

图 5.6-6　1 号联络通道土体加固立面图

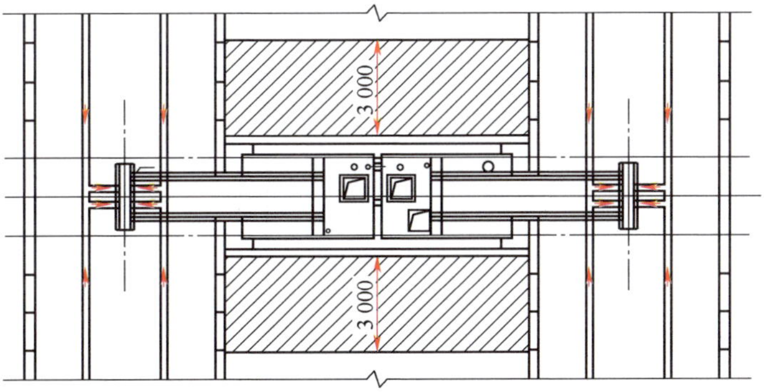

图 5.6-7　2 号联络通道兼泵站土体加固平面图

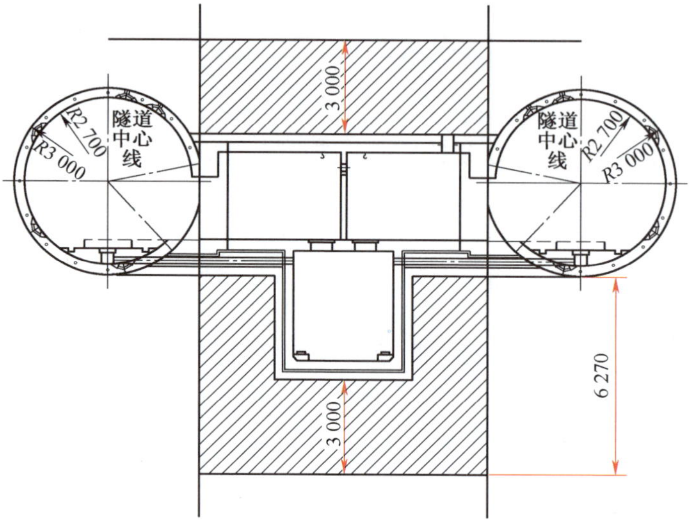

图 5.6-8　2 号联络通道兼泵站土体加固立面图

施工采用双重管法施工，注浆孔为矩形布置，孔间距为 60 cm，通过旋喷管压入高压水泥浆，喷射流为纯水泥浆液，按照成桩直径及施工经验泵压为 20～30 MPa。

3. 管片加固

暗挖联络通道开挖之前，要对联络通道中心线两侧三环都安装临时钢支撑，确保管片的稳定（图 5.6-9、图 5.6-10）。钢支撑由工字钢制成。

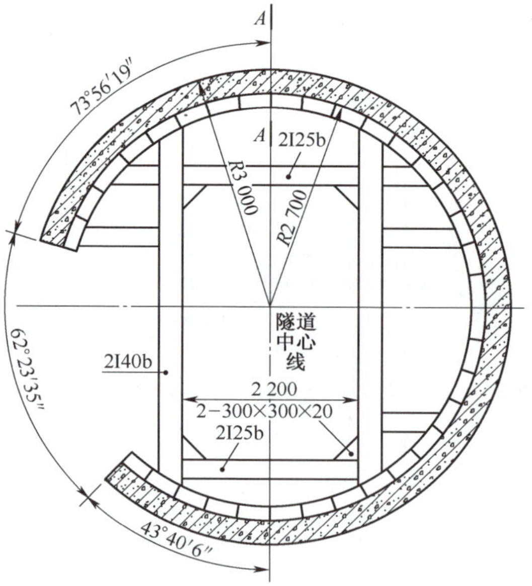

图 5.6-9　管片支撑示意图

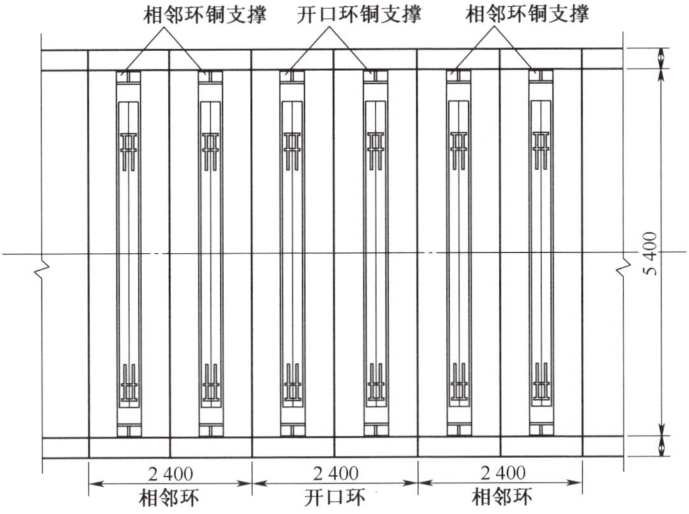

图 5.6-10　管片支撑剖面图(单位:mm)

之后通过管片注浆孔对开口环及相邻环采取环箍注浆加固措施,浆液采用水泥液浆,注浆压力为 0.3 MPa,浆液采用 1∶1 水泥浆液,注浆范围为开口处管片及相邻环管片。

4. 超前小导管注浆

联络通道开洞门施工主要采用超前小导管注浆加固(图 5.6-11),使用 $\phi25\times2.75$ mm,$L=2$ m 的注浆管,采用小导管注浆和无管注浆加固联络通道地层。在开洞门前,在洞门顶上施作超前小导管,打设仰角 30°,小导管间距 250 mm。

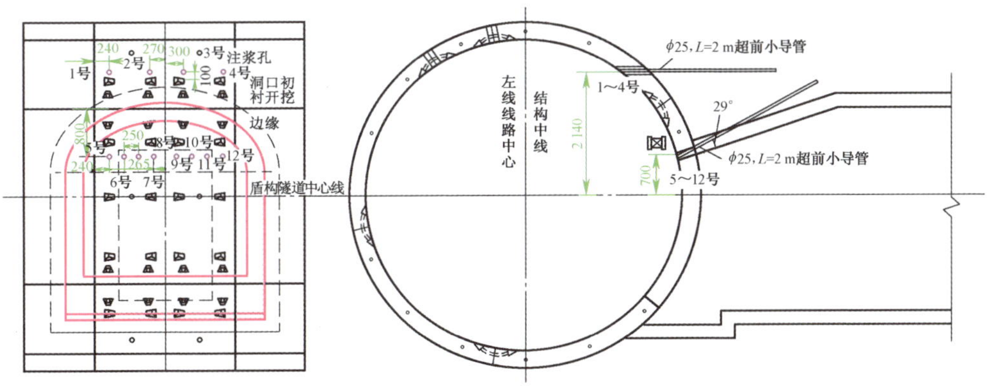

图 5.6-11　联络通道注浆孔布置图(单位:mm)

开洞门后通过拱顶打设超前小导管对洞门处地层进行进一步加固,使用 $\phi25$,$L=2.0$ m 的注浆小导管,扩挖区仰角 30°,未扩挖区仰角为 15°,小导管间距为 250 mm/300 mm。浆液的选择:黏土层选用 1∶1 水泥浆液,粉细砂层选用水泥水玻璃浆液。

5. 反扩施工

管片开口尺寸在联络通道衬砌界限内，开口后需要上挑高度约为 866 mm，两侧各需要外扩 630 mm，要进行土方的反扩施工。反扩开挖的长度为 1 243 mm。首先在洞门处沿 19° 角向上开挖，沿 18° 角向两侧开挖，施做初衬。对洞门处还未开挖的土体通过打设超前小导管进行拱顶注浆加固，共打设三排小导管，每排小导管环向间距 300 mm 进行加固土体。

6. 风险工程控制

(1) 风险工程控制标准

根据设计文件及相关规范，联络通道及泵房施工区域监测项目控制标准见表 5.6-1。

表 5.6-1　联络通道及泵房监控量测控制标准

监测项目	控制值	平均速率控制值	最大速率控制值
地表沉降	沉降 30 mm， 隆起 10 mm	2 mm/d	4 mm/d
有压管线沉降	10 mm	倾斜率控制值 0.002	2 mm/d
无压雨、污水管线沉降	20 mm	倾斜率控制值 0.002 5	3 mm/d
其他管线沉降	30 mm	倾斜率控制值 0.004	3 mm/d

(2) 监控量测范围

沿联络通道轴线上方总宽度 30 m 的范围。

(3) 监测项目及测点布置

联络通道及泵房区域内监测项目主要为地表沉降及管线沉降，管线类型为雨水管线、上水管线，地表及管线测点间距为 10~15 m。测点布置如图 5.6-12 所示。

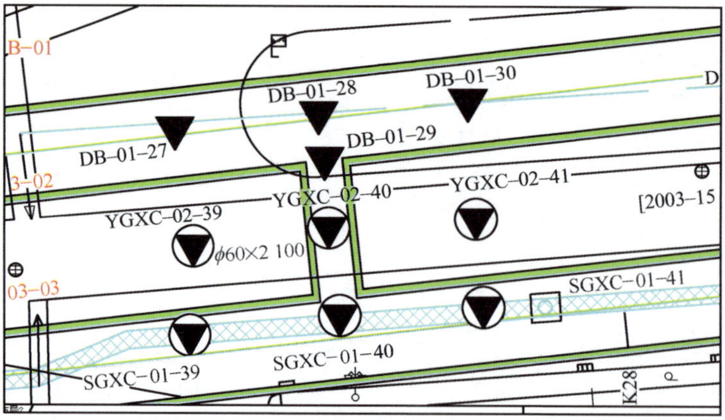

图 5.6-12　第三方监测单位联络通道兼泵房部位布点图

5.6.3　实施过程及效果评价

1. 专家论证与咨询意见

(1)专家论证

2011年9月21日,在联络通道及泵站施工前,项目部组织了专家对施工安全专项施工方案进行了评审。

(2)专家意见

联络通道及泵站安全专项施工方案专家评审会形成详细专家意见如下:

1)旋喷方案及加固范围要细化,做好旋喷试验,取得数据后再进行后续施工。

2)管片内支撑应与管片密贴,如果做不到密贴应采取响应措施。

3)在开洞门前,要进行超前探测,若发现水,要辅以洞内注浆止水措施。

4)重点做好洞内反掏范围内的加固,反掏完成后要对管片上下两个三角区再进行补充注浆,保证土体的稳定。

5)细化泵房的施工方案,泵房竖井完成后,要对泵房井口和通道底板进行注浆。

6)要对开口范围内的管片收敛变形进行监测。

2. 工期控制

本区间联络通道于2011年11月8日开始开挖施工,于12月1日完成初支开挖施工。联络通道泵房于2012年3月25日开始开挖施工,4月1日发生大量涌泥(涌砂),进行抢险加固6月14日凌晨泵房开挖及初支完毕,6月下旬二衬施工完成。因发生涌砂涌泥险情,工期延后5个月。

3. 方案落实情况

(1)联络通道施工情况

2号联络通道开挖过程中,由于所处粉细砂层含水,容易形成流砂,旋喷桩注浆效果不够理想,在开挖5 m后,封闭了掌子面,对剩余地层进行注浆加固,完成开挖初支施工(图5.6-13~图5.6-16)。

图5.6-13　2号联络道横通道涌砂情况

图5.6-14　2号联络道横通道开挖施工

图 5. 6-15　2 号联络道横通道深孔注浆加固

图 5. 6-16　2 号联络道横通道二衬施工完成

(2)泵房施工情况

泵房埋深较大,主要位于承压水层,地层加固主要是正线隧道内的水平高压旋喷注浆,不但地层固结强度有限,而且存在加固盲区,同时考虑到注浆实施的实际效果可能存在一定不足,开挖过程中出现了情况严重的涌泥(涌砂),大量泥沙灌入成型隧道内,虽然由于应急措施到位,没有发生更为恶劣的社会影响,但也充分说明先期施工方案是失败的。

4. 险情/预警情况处置

(1)涌水涌砂及抢险情况(图 5. 6-17、图 5. 6-18)

2012 年 4 月 2 日早 7:00,联络通道泵房开挖至 2. 5 m,在开挖东北角剩余土体时,泵房出发生大量涌泥(涌砂)。2 min 内涌砂(泥)量约 70 m^3,部分泥沙流入隧道内。抢险工作主要包括洞内应急和地面应急。洞内应急主要负责联络通道洞口的封堵,防止泥土外流,地面应急主要负责地面交通疏导、管线排查和地表监测。

图 5. 6-17　涌砂涌水进入联络通道

(2)险情发生后续施工措施(图 5. 6-19 ~ 图 5. 6-22)

根据 4 月 2 日、4 月 3 日专家咨询会意见及补充勘察结果分析,本区间泵房位于承压水(三)中,承压水头较高,地层交错变化复杂,泵房结构底板下方的黏土层厚度对承压水的约束不能抵抗承压水头压力,是造成泵房底部产生突涌的主要原因。泵房涌砂、水后采取的施工措施主要有:

1)4 月 2 日、3 日组织召开专家咨询会议,对涌砂涌水原因进行分析,并制定相关施工措施。

图 5.6-18　涌砂涌水后盾构正线

图 5.6-19　洞门封堵

2）对联络通道所处地层进行了补勘，并对空洞回填混凝土约 150 m^3。

3）增设降水井由 4 眼至 18 眼，进行降水。

4）区间隧道内，联络通道马头门已经完成封堵，如图 5.6-19 所示。

5）区间隧道内的淤泥已清理完毕，并对管片背后进行物探检查。

6）会同设计单位对泵坑进行设计变更，将泵房的底板在原设计基础上提高 0.65 m，由 3.2 m×2.1 m×3.8 m 调整为 3.2 m×1.9 m×3.15 m，缩小开挖断面和深度。

图 5.6-20　地面探孔勘探

图 5.6-21　增设降水井施工

（3）泵房后续开挖施工情况（图 5.6-23～图 5.6-27）

1）先施做通道内浮土水平探孔，提前进行超前探测，探测通道内淤泥的含水情况，清理洞口处封堵的水泥袋，拆除清理通道内的浮土。清至泵坑处停止施工，对泵坑进行超前探测，探测深度要位于泵坑底板以下 3 m，查明是否有地下水，然后再清理泵坑上方淤泥。清理泵坑上部土体时，如果土体湿软，首先要施工两根纵向工字钢，每推进 60 cm，垫上工字钢和大板，工 20a 工字钢 60 cm 一道，大板采用 8 cm 厚，满铺施工。

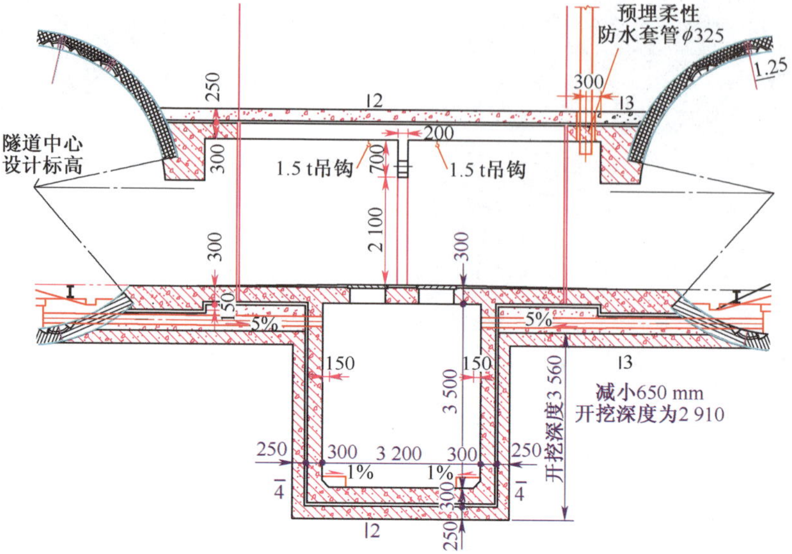

图 5.6-22　开挖深度减小示意图(单位:mm)

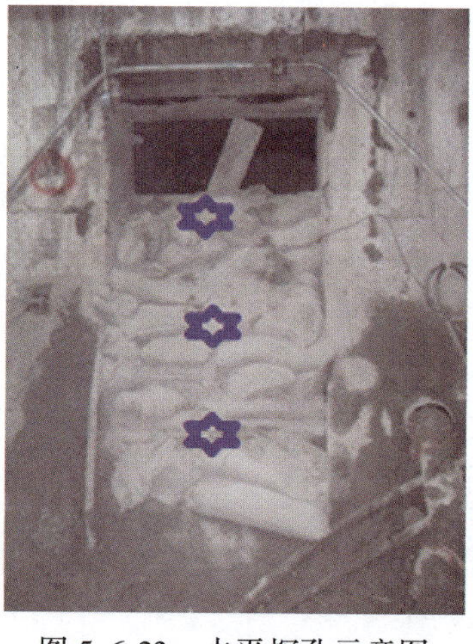

图 5.6-23　水平探孔示意图

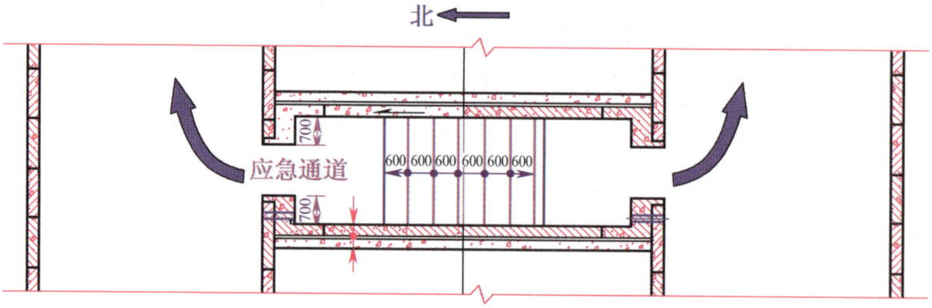

图 5.6-24　工字钢布置示意图

2）对泵坑进行加固注浆，加固范围为泵坑底下 2 m，泵坑周围 2 m 及泵坑内部土体。注浆浆液为水泥水玻璃，注浆压力为 0.2～0.5 MPa，采用重复注浆的方式进行。

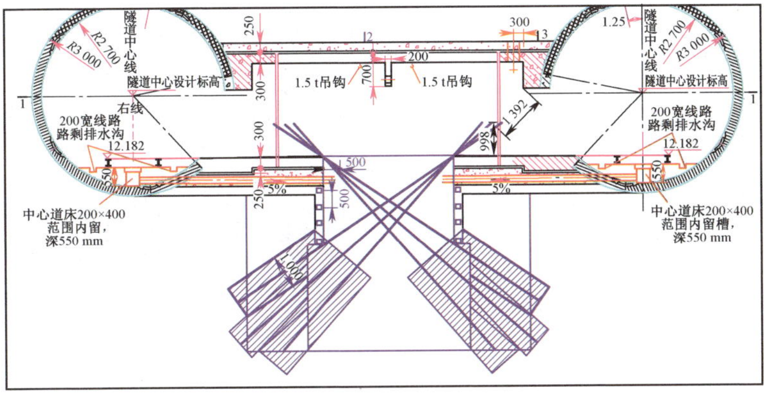

图 5.6-24　第一步纵向注浆示意图

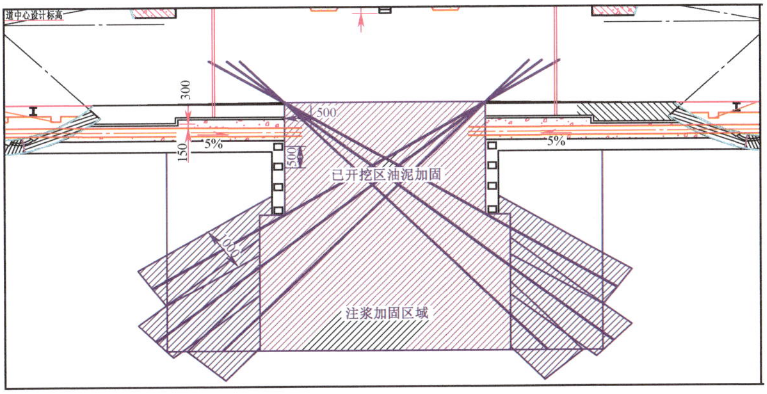

图 5.6-25　第二步注浆示意图

3）对泵房竖井已完成的部分进行初支背后进行注浆加固地层。注浆完成后再进行下一榀土方的清理，依次完成前三榀的处理。第四榀破除后重新施工。完成前四榀格栅喷混后，继续分层对角开挖泵坑土体，架设格栅并喷混，直至设计泵坑底部。

5. 环境影响评价

（1）监测数据分析

根据第三方监测单位监测数据可知，截止至 2012 年 8 月 30 日，联络通道兼泵站施工影响区域内的测点预警均已消除，总体变形控制较好，监测情况见表 5.6-2。

图 5.6-26　泵房重新开挖施工

图 5.6-27　泵房二衬施工

表 5.6-2　联络通道及泵房监测最大值统计

监测项目	测点编号	累计沉降(mm)	变形速率(mm/d)	累计沉降控制值(mm)	变形速率控制值(mm/d)	监测结论
地表沉降	DB-01-20	−35.33	−0.51	−30.0	−4.0	正常
雨水管线沉降	YGXC-02-41	−47.55	−0.07	−20.0	−3.0	正常
上水管线沉降	SGXC-01-03	−46.97	−0.68	−10.0	−2.0	正常

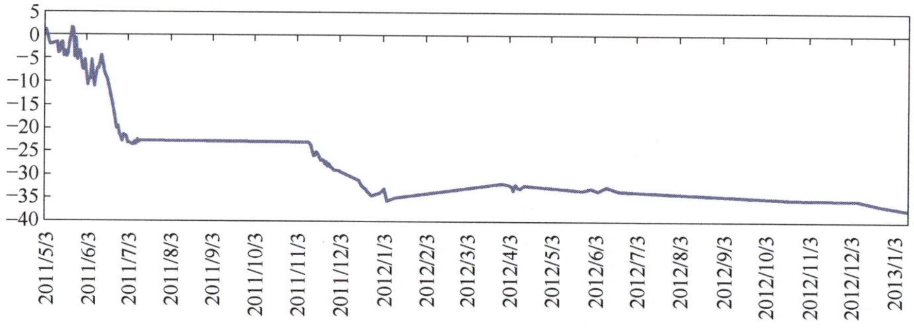

图 5.6-28　联络通道上方 YGXC-02-40 沉降历时曲线图

从典型测点沉降历时曲线图 5.6-28 可以看出，联络通道测点沉降主要发生在联络通道施工期间，累计沉降量约 20 mm，联络通道二衬施工期间及泵房开挖对沉降影响较小，联络通道初支施工是控制地层及管线沉降的关键阶段，泵房施工安全风险控制的关键在于地下水的控制。

(2)预警情况统计

2 号联络通道兼泵站施工期间(图 5.6-29)，平台共发生 6 个橙色、6 个黄色监测预警，整个施工过程中未发生巡视预警及综合预警（表 5. 6-3）。

表 5. 6-3　联络通道及泵站监测预警统计表

序号	测点编号	累计沉降值	目前沉降速率	预警情况	目前状态
		mm	mm/d		
1	YGXC-02-39	−27. 72	0. 06	橙色预警	消警
2	YGXC-02-40	−33. 46	−0. 10	橙色预警	消警
3	YGXC-02-41	−47. 55	−0. 07	橙色预警	消警
4	SGXC-01-39	−22. 82	0. 24	橙色预警	消警
5	SGXC-01-40	−33. 13	−0. 10	橙色预警	消警
6	SGXC-01-41	−32. 33	−0. 15	橙色预警	消警
7	SGXC-02-40	−19. 18	0. 32	橙色预警	消警

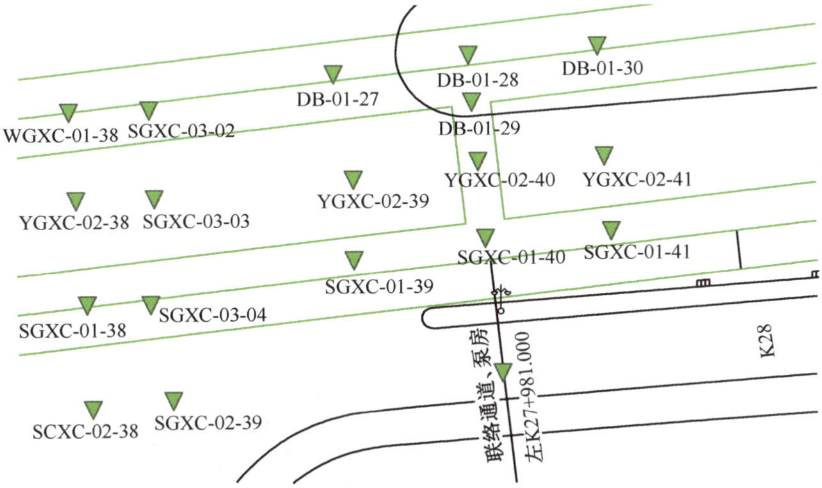

图 5. 6-29　2 号联络通道及泵站监测平面图

5. 6. 4　经验教训与建议

1. 本区间联络通道兼泵站埋深较深，泵房竖井结构位于承压水（三）中，地质复杂，施工过程中容易形成流沙，施工风险较大，施工前应详细了解该区域地质情况，编制具有针对性专项施工方案，专家评审后方可实施。

2. 联络通道及泵房施工前针对该类情况，严格进行 A 类条件验收，深孔注浆后进行对注浆效果进行抽芯检查，效果确认后方可进行开挖。

3. 施工前应坚持超前探测，探明前方地层含水情况方可组织后续施工。

4. 施工前应编制应急预案，施工现场应急物资应准备充分。

5. 为防止盾构区间联络通道及泵房施工发生突涌事故造成盾构隧道发生变形,建议盾构区间的道床及铺轨作业在区间联络通道及泵房施工完工后再进行。

5.7 盾构区间扩挖车站管控案例

5.7.1 工程概况

1. 工程概况

A 站为站台、站厅分离布置(图 5.7-1、图 5.7-2),站台层位于某道路下方,为地下单层侧式站台,采用大盾构扩挖法施工,利用车站两端 1 号、2 号风道作为扩挖施工横通道;集散厅及设备用房布置在道路东侧,南北分离布置,利用联系通道连接。主要一级环境风险源有 ϕ2 200 雨水管线 2 条,ϕ1 050 污水管线 2 条、电话局建筑群。

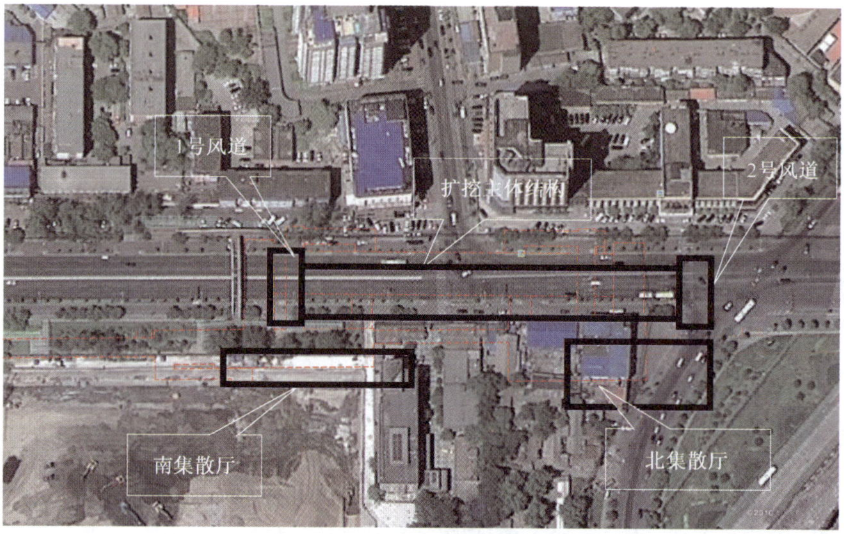

图 5.7-1　A 站车站布置平面图

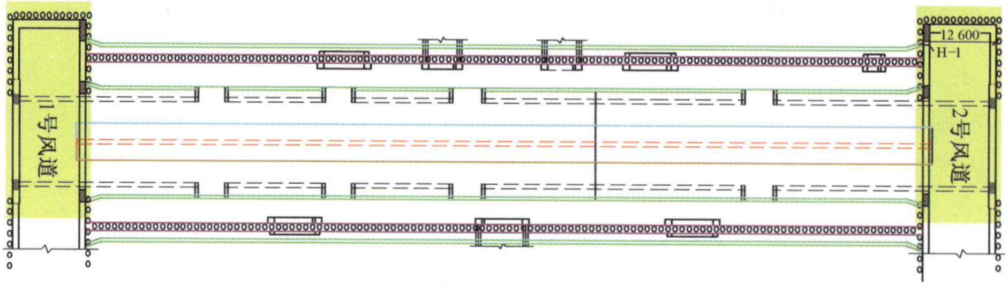

图 5.7-2　A 站盾构扩挖主体结构示意图

B 站为站台、站厅分离布置(图 5.7-3),站台层位于某道路下方,为地下单层侧式站台,采用大盾构扩挖法施工(图 5.7-4),利用车站南端 1 号风道兼作扩挖施工横通道;集散厅及设备用房布置在道路东侧,受现况平房拆除制约目前无法施工,具备过站条件即满足通车要求,待平房区拆除后施工集散厅、出入口及 2 号跨线风道等附属结构。主要一级环境风险源有 ϕ1 050 雨水管 1 条,ϕ1 050 污水管 1 条、大山子南里小区、待拆迁平房。

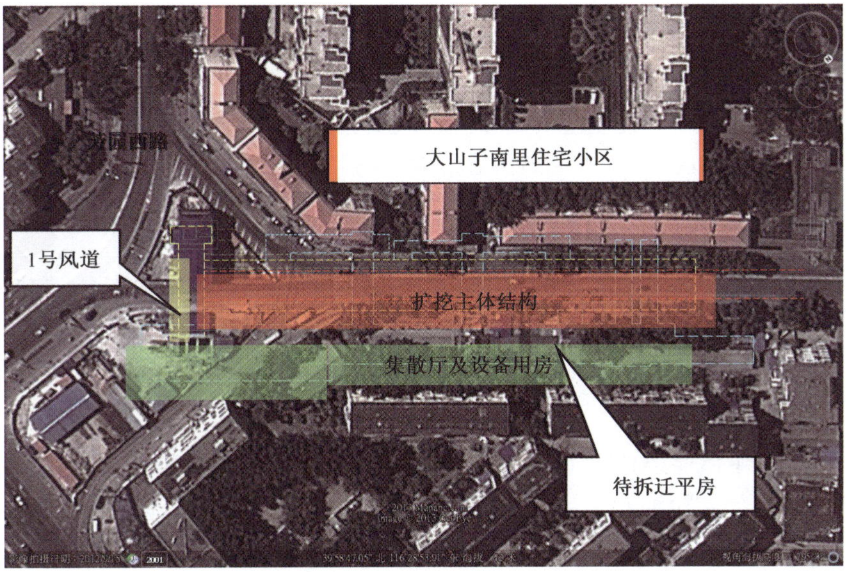

图 5.7-3　B 站车站布置平面图

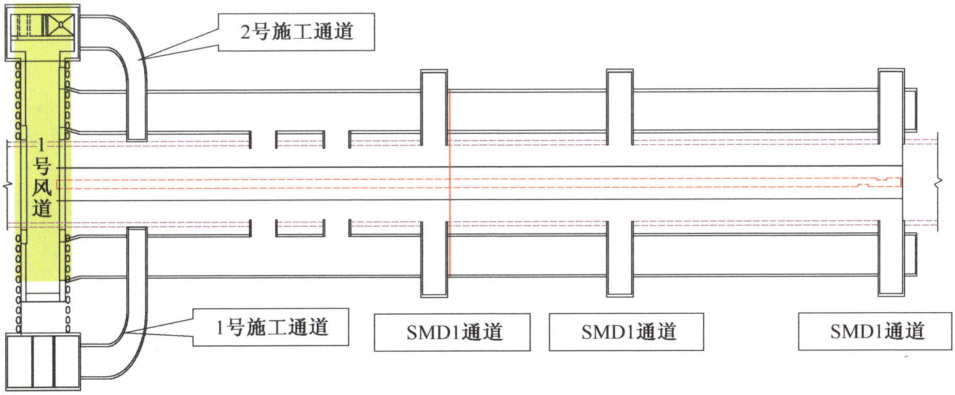

图 5.7-4　B 站扩挖主体结构示意图

2. 工程地质与水文地质

A 站开挖深度主要揭穿潜水(二)、承压水(三),局部揭穿承压水(四),其中潜水(二)层具微承压性,承压水(三)水头 2~3 m,承压水(四)水头 5~8 m;大部分结构位于潜水位以下 0.5~1 m,底板结构在承压水中(图 5.7-5)。

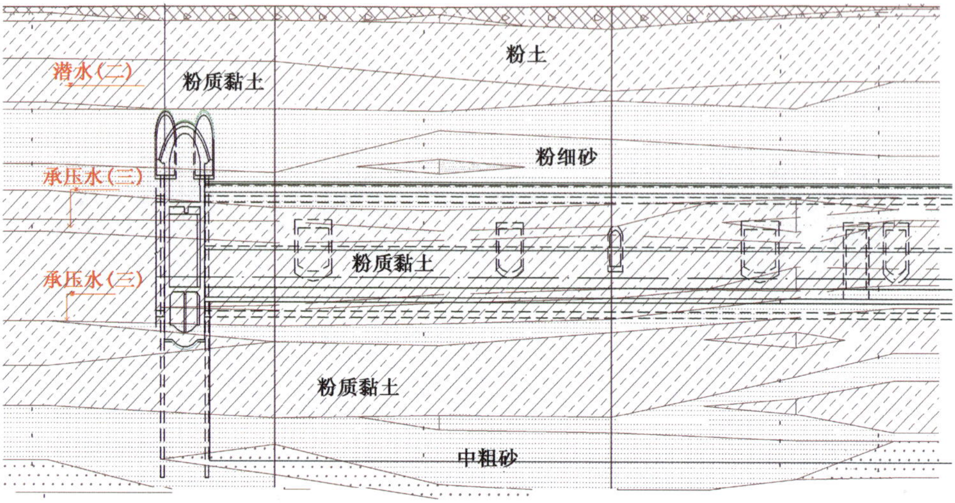

图 5.7-5　A 站扩挖结构地质纵剖面图

B 站车站主体通道位置上部覆土厚 7.5 m 左右,结构顶板位于粉土③层、粉质黏土③$_1$层、局部有粉细砂④$_3$层,结构所处位置围岩分级均为Ⅵ级,且粉土层、砂层均为饱水层,土层的稳定性差,无法形成自然应力拱,易坍落(图 5.7-6)。

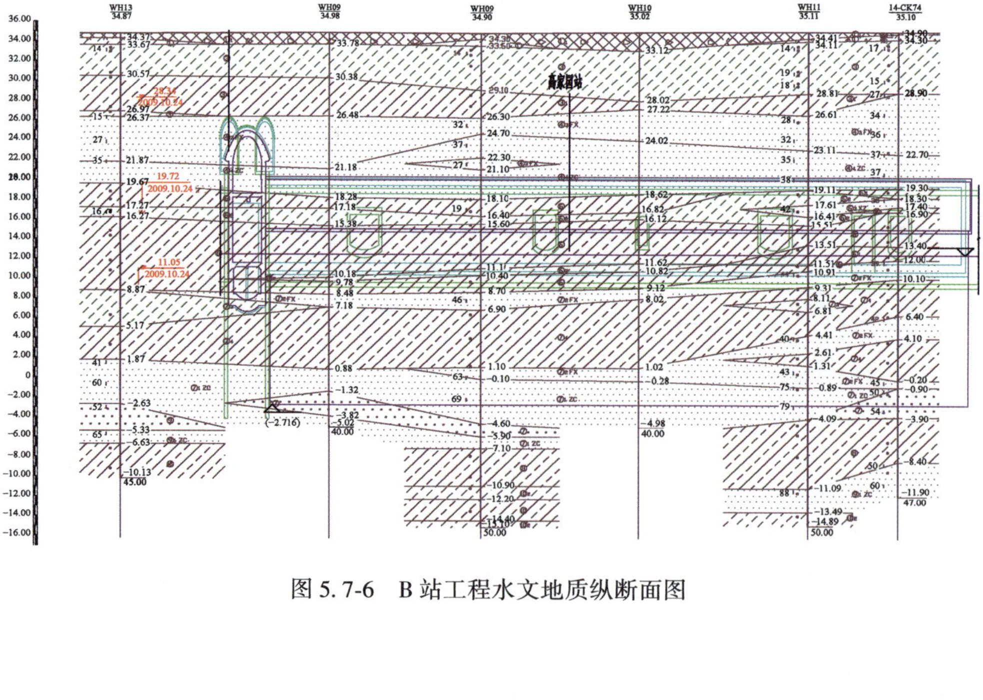

图 5.7-6　B 站工程水文地质纵断面图

5.7.2　风险工程对策

1. 主要风险

(1)A站及B站均为盾构扩挖工法施工的暗挖车站,该工法第一次在北京地区应用,无相应经验可供借鉴,且涉及多次应力转换,自身施工风险高。

(2)两站土体围岩分级为Ⅵ级,土体自稳能力极差,结构施工范围内受三层地下水影响,其中潜水(二)、承压水(三)均位于结构范围内,盾构过站施工造成较大扰动,水体上下贯通,后续扩挖施工极易出现流砂、坍塌。

(3)B车站临近地下管线较多,且较为重要。车站东、西两侧为大山子南里住宅小区和大山子西里住宅小区,为五层、六层砖混住宅,局部临街建筑为单层的商业建筑,是车站暗挖施工过程中的重点保护对象。

(4)由于受周边环境限制,A站降水方案实施难度大,降水效果不能保证。扩挖车站侧导洞开挖阶段,东西两侧降水井间距大于25 m,因地层渗透性差,工期紧张降水周期短,实际上属单侧降水。

(5)B站受周边环境限制,无法实施地面降水,拱部受承压水影响严重,采取深孔注浆止水的措施,效果较难保证。

2. 风险工程对策

(1)大盾构扩挖法施工

具体施工工序如下:

第一步:施工盾构内中墙,架设洞内临时支撑,对侧导洞范围进行深孔注浆加固,开挖扩挖结构侧导洞,洞内施工围护桩、旋喷桩、冠梁等。

第二步:侧导洞内衬施工,预留初支背后注浆管,并回填混凝土。

第三步:对中洞周边深孔注浆加固。小导管注浆加固,对称开挖中洞,初衬扣拱。对上排导洞进行注浆加固(图5.7-7)。

第四步:开挖土体至侧导洞底板位置,作临时封底。

第五步:沿隧道纵向分段拆除盾构隧道部分K管片。

第六步:对称拆除B块,此阶段侧导洞初衬不凿除,第二道支撑作为施工平台(图5.7-8)。

第七步:搭设拱顶二衬脚手架,分段局部拆除侧导洞初衬,铺设防水层、绑扎钢筋、浇混凝土,完成二衬扣拱。

第八步:拆除脚手架,破除临时封底,对称开挖至盾构隧道内第三道支撑下。

第九步:拆除中部标准块管片及相应内部支撑(图5.7-9)。

第十步:对称开挖至坑底设计标高,拆除下部标准块管片及相应内部支撑,及时施工垫层。

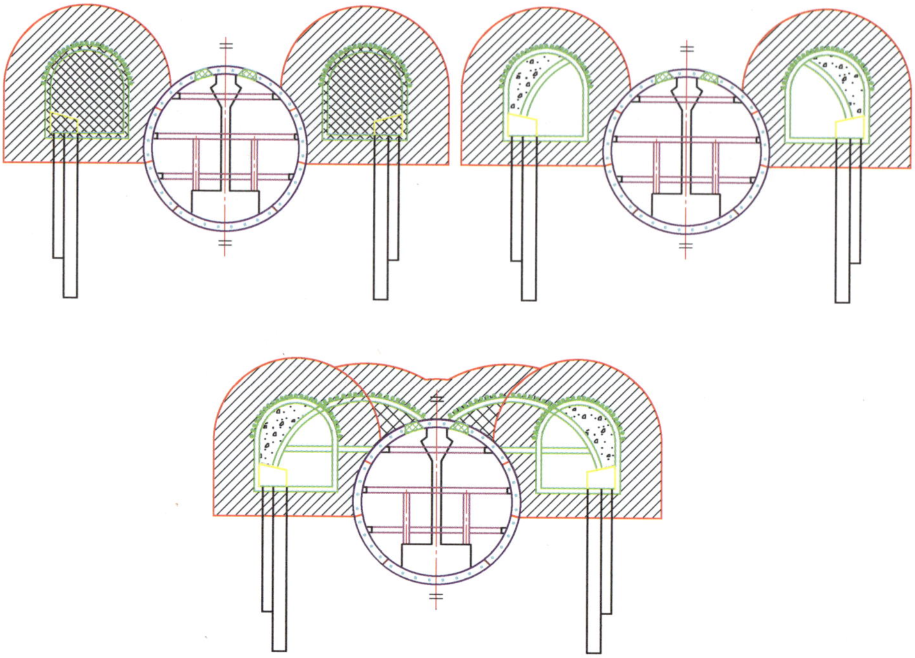

图 5.7-7　盾构扩挖示意图

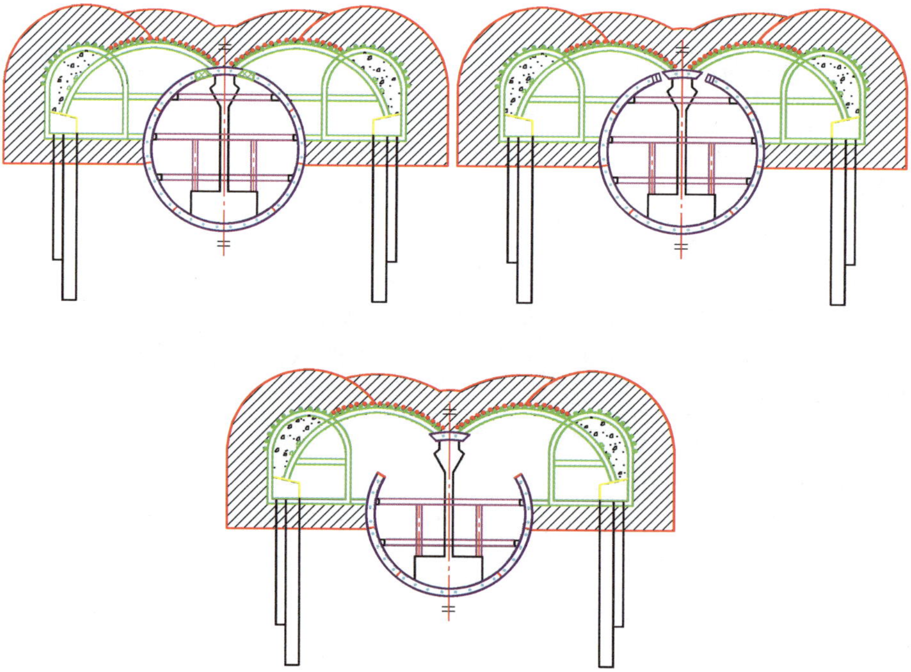

图 5.7-8　盾构扩挖示意图

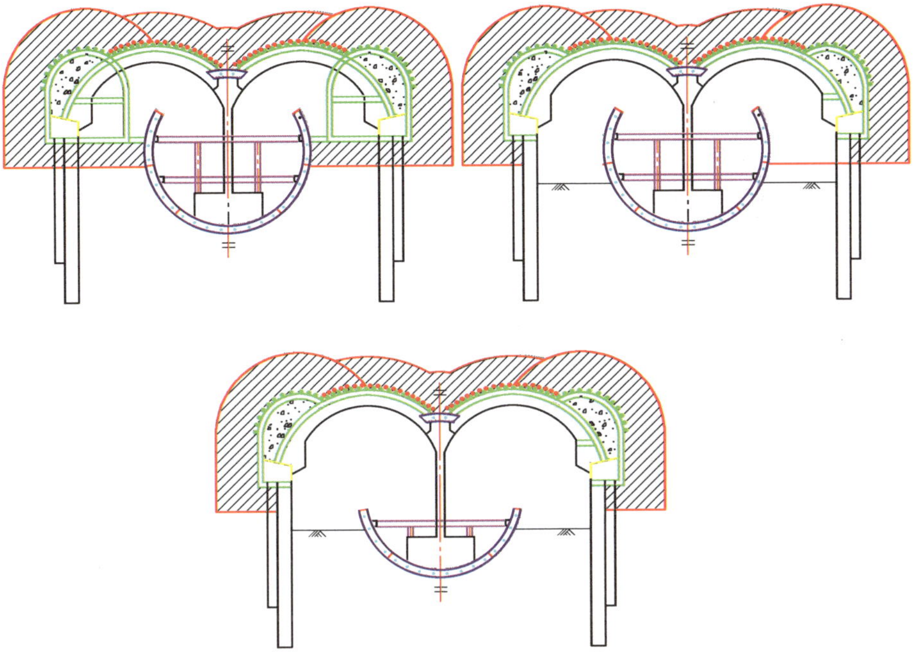

图 5.7-9　盾构扩挖示意图

第十一步:施工防水层和保护层,绑扎钢筋,浇筑底板、侧墙二衬混凝土,完成二衬结构施工。施工站台板等内部结构(图 5.7-10)。

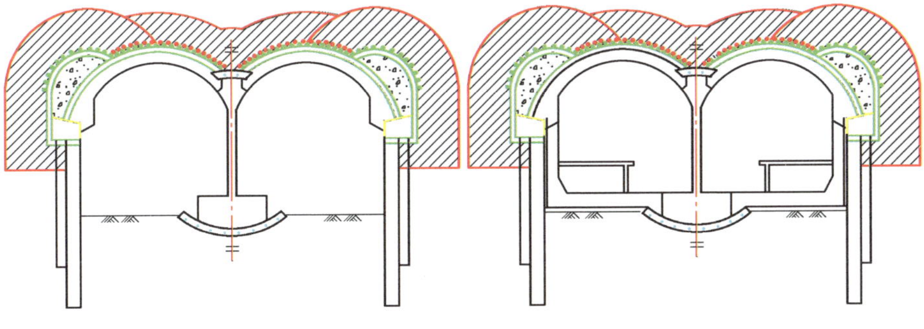

图 5.7-10　盾构扩挖示意图

(2)地下水综合治理

综合工程水文地质条件、工程环境状况,采取“堵降结合,以堵为主,加强排水、防水施工”的技术原则对地下水进行治理。

侧导洞开挖施工及中导洞扣拱阶段均采取深孔注浆止水的措施,止水范围初定为初衬外 2.5 m,初衬内全断面,施工中由于高家园站受承压水影响较大,将止水范围扩大至初衬外 3.5 m，初衬内全断面。

5.7.3 实施过程及效果评价

1. 专家论证与咨询意见

（1）2013 年 8 月 25 日组织矿山法专业的专家，对 B 站初支扣拱施工进行巡查并提出意见如下：

结合前期施工揭示的水文地质情况及注浆效果，现有方案和措施存在较大风险，为确保施工安全，对后续地下水处理方案必须进行深入研究。

B 站含水层厚且具有承压性，应在现有基础上适当增大注浆范围和止浆墙厚度；开挖过程中坚持先探后挖，连续作业，如有渗水流砂，应立即封闭掌子面并采取补充注浆措施。

1）车站北端未封闭，需特别注意该部位管片下方止水措施。

2）边桩止水效果对施工影响很大，建议桩间采用两组旋喷桩确保止水效果。

3）加强对勘察资料的分析，做好地质素描，密切关注地层中透镜体变化情况。

图 5.7-11　注浆效果

（2）2013 年 10 月 10 日组织矿山法专业的专家，对 A 站、B 站盾构扩挖施工进行巡查（图 5.7-12、图 5.7-13）并提出意见如下：

B 站：

1）临时横通道部位涉及多处破马头门施工，受力转换复杂、风险较大，开挖过程中需做好地层加固、严格施工工艺，并进一步完善破洞门及后续施工方案，破洞门前做好临时结构稳定措施。

2）保证深孔注浆的效果，开挖施工前严格效果检测，效果达不到开挖要求时及时封闭掌子面进行补充注浆。

3）扣拱施工过程中加强节点连接质量。

4）扣拱施工阶段，需尤其关注结构侧向位移情况，做好洞内收敛与拱顶下沉的监测。

5)现场采用机械开挖方式,需加强管理,防止对地层产生较大扰动。

6)对于扣拱过程中“半幅开挖、临时支顶”等与原设计方案不符的问题,需会同设计,完善相关手续。

7)加强文明施工,做好洞内积水的疏排。

A站:

1)细化管片拆除方案和安全防护方案,防止管片伤人。

2)顶部钢管片拆除后平整度对后续防水施工质量影响较大,需完善防水层保护措施。

3)做好洞内收敛与拱顶下沉的监测,对于管片拆除过程的监测,建议在初支节点上方布设水平收敛点。

图5.7-12 B站巡视现场

图5.7-13 A站现场巡视情况

2014年3月6日组织矿山法专业的专家,对B站盾构扩挖施工进行巡查(图5.7-14、图5.7-15)并提出意见如下:

1)进一步加强深孔注浆管理,保证注浆效果。

2)加强对雨污水管线和大山子南里建筑的监测,根据监测情况采取应急措施。

3)加强洞内施工组织,及时清理积水积淤,确保各工序衔接。

图5.7-14 洞内积水积淤

图5.7-15 南段底板及边墙施工

2. 工期控制

(1)A 站:

1)2013 年 4 月 14 日~2013 年 11 月 6 日:A 站盾构扩挖侧导洞、初支扣拱,开挖地层以黏土、粉质黏土层为主,稳定性良好,受渗水影响较小,开挖施工规范(图 5.7-16~图 5.7-19)。

图 5.7-16　侧导洞地层稳定

图 5.7-17　格栅连接基本可靠

图 5.7-18　初支扣拱背后渗漏水

图 5.7-19　扣拱施工

2)2013 年 11 月 07 日~2014 年 1 月 19 日:K、B1、B2 管片拆除及二衬扣拱施工(图 5.7-20~图 5.7-25)。

图 5.7-20　西侧盾构管片拆除

图 5.7-21　分段拆除管片

图 5.7-22　衬扣拱支模

图 5.7-23　二衬扣拱

图 5.7-24　北段管片拆除过长

图 5.7-25　管片拆除完成

3)2014 年 1 月 20 日～2014 年 4 月 15 日：A1、A6、A2、A5 管片拆除及土方开挖，二衬底板、侧墙结构施工(图 5.7-26、图 5.7-27)。

图 5.7-26　下断面管片拆除

图 5.7-27　底板及边墙二衬

(2)B 站：

1)2013 年 1 月 16 日～2013 年 3 月 3 日：盾构扩挖侧导洞向南小里程开挖(图 5.7-28～图 5.7-33)。

图 5.7-28　二衬结构施工

图 5.7-29　二衬基本完成

图 5.7-30　马头门工钢框架支顶加固

图 5.7-31　盾构扩挖侧导洞掌子面稳定

图 5.7-32　扩挖侧导洞完成进行回填注浆

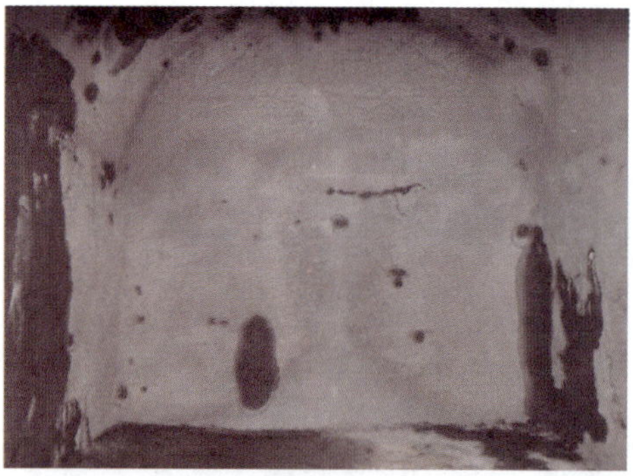

图 5.7-33　导洞封端状态

2）2013 年 3 月 4 日～2014 年 4 月 15 日：临时通道以北侧导洞及初支扣拱施工阶段，地层以黏土层为主，受渗漏水影响，洞内积水积淤情况严重，掌子面存在垮塌现象，深孔注浆效果一般，注浆引起地表较大隆起开裂（图 5.7-34～图 5.7-41）。

图 5.7-34　扩挖侧导洞向北施工

图 5.7-35　拱脚处渗水

图 5.7-36　扩挖侧导洞内边桩施工

图 5.7-37　深孔注浆辅助开挖

图 5.7-38　地表开裂

图 5.7-39　侧向注浆

3)2014 年 1 月 17 日~2014 年 5 月 17 日:为加快施工进度,初支扣拱与二衬扣拱同步展开,期间二衬扣拱无异常(图 5.7-42~图 5.7-47)。

图 5. 7-40　小导洞底板积淤

图 5. 7-41　掌子面垮塌

图 5. 7-42　扩挖中洞二衬扣拱

图 5. 7-43　管片拆除

图 5. 7-44　管片拆除及二衬扣拱

图 5. 7-45　积淤情况改善

3. 方案落实情况

(1)全断面深孔注浆

B 站位于某道路下方且受管线、建筑物影响，地面降水无法实施，针对现场恶劣的水文地质条件，采用全断面深孔注浆止水措施对地下水进行控制，注浆工艺选用双重管后退式注浆工艺，浆液选用 WSS 浆液，止水范围初衬外 2.5 m，初衬内全断面，注浆孔最大间距 0.6～0.7 m，注浆次序由内向外、由下而上（图 5.7-48～图 5.7-50）。

图 5.7-46　边墙浇筑完成

图 5.7-47　站台板施工

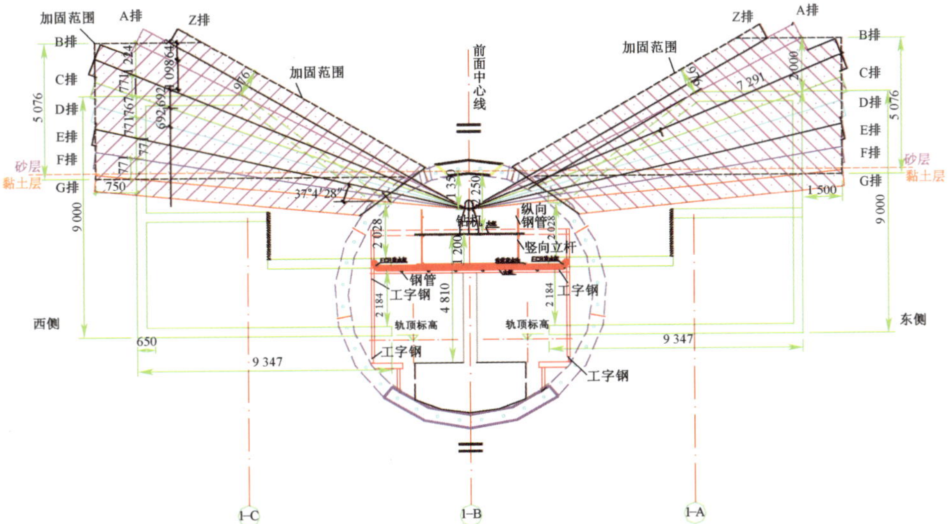

图 5.7-48　B 站临时横通道深孔注浆加固纵剖面

但在施工过程中发现注浆止水加固体厚度不足以抵抗水压，发生“溃坝”现象，具体表现为土方开挖过程中掌子面及拱顶均无异常情况，但在格栅安装时局部出现洇水，继而土体穿孔，由小而大，最终发生涌水涌砂。针对上述情况，施工方对注浆止水范围进行调整，进行多循环反复注浆，增大初衬外止水范围至初衬外 3.5 m，初衬内全断面（图 5.7-51～图 5.7-53）。

图 5.7-49　对盾构扩挖侧导洞深孔注浆

图 5.7-50　深孔注浆辅助施工

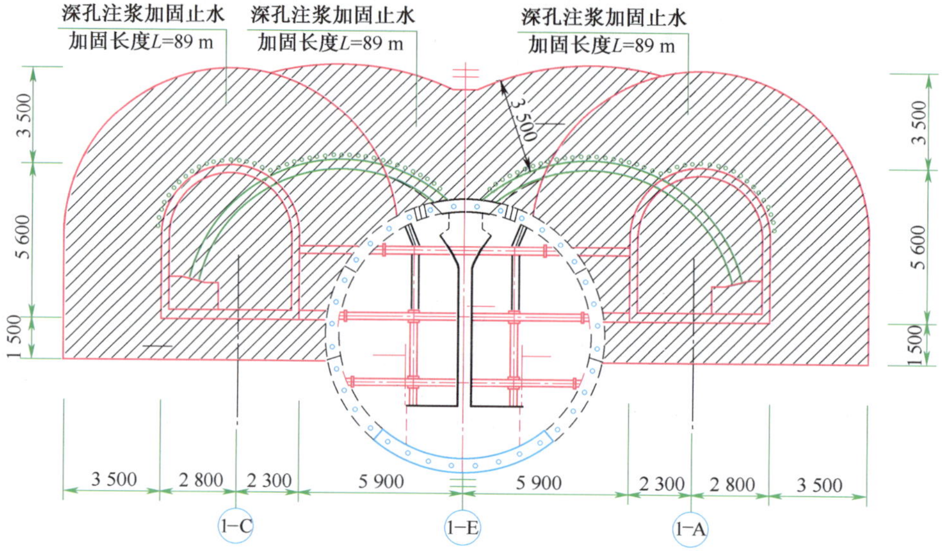

图 5.7-51　B 站临时横通道调整后深孔注浆加固纵剖面(单位:mm)

图 5.7-52　浆脉扩散效果良好

图 5.7-53　地下水冲破止水加固体

(2)大盾构扩挖法施工

大盾构扩挖法施工包含大盾构、中洞法、PBA 等各项工法元素,以中洞法的整体工序为主体,首先采用大盾构施工中洞并进行中墙施工,之后采用 PBA 工法进行初衬、二衬扣拱,创造相对开阔的地下施工空间,最后进行下部土方、结构施工,闭合二衬结构(图 5.7-54~图 5.7-59)。

图 5.7-54　盾构隧道内结构施工

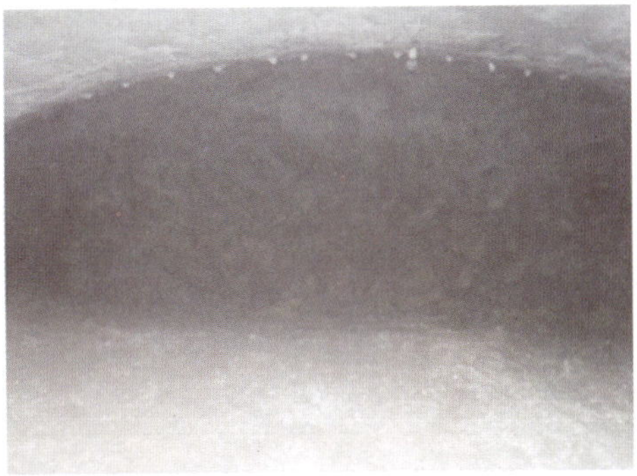
图 5.7-55　初支扣拱

图 5.7-56　二衬扣拱

图 5.7-57　管片拆除

图 5.7-58　底板、站台板、边墙二衬施工

图 5.7-59　二衬基本完成

4. 环境影响评价

A 站盾构扩挖施工期间,各管线及地表变形基本速率基本可控,无突变,周边环境未见明显异常。

B 站扩挖施工期间,受深孔注浆影响,车站上方地表隆起明显,初支扣拱区域上方管线也发生较大隆起,多次触发红色监测预警,路面存在开裂情况。优化深孔注浆参数,控制注浆压力后,测点变形情况得到了控制(图 5. 7-60、图 5. 7-61)。

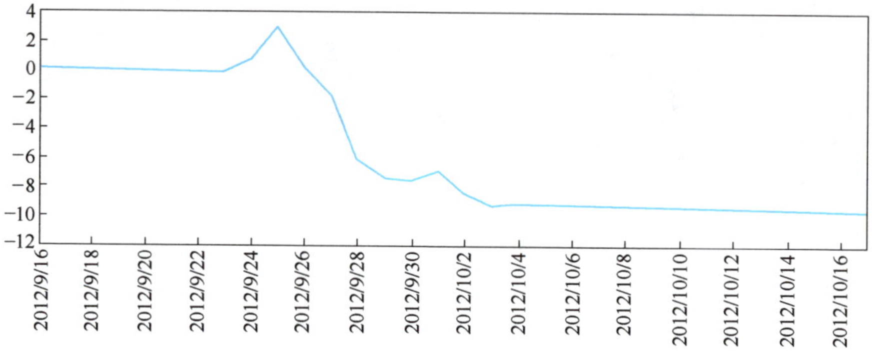

图 5. 7-60　B 站 3 号临时通道小导洞上方地表典型测点历时变形曲线

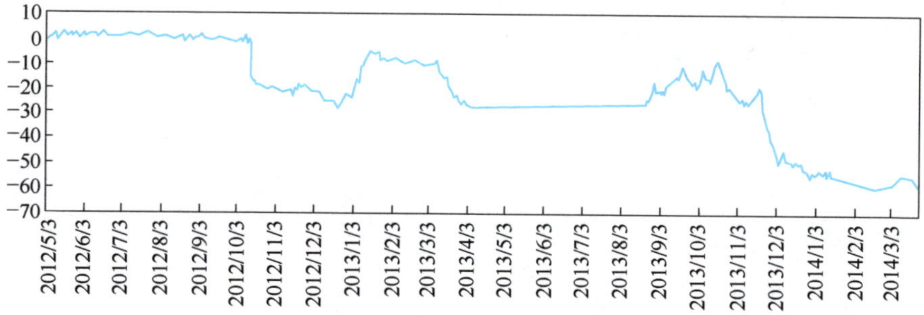

图 5. 7-61　B 站上方 D1050 雨水管典型测点历时变形曲线

5. 7. 4　经验教训与建议

1. 大盾构扩挖法在北京地铁的首次应用是相对成功的,其盾构扩挖中洞可以安全快速的形成,且中间开阔,因此可利用中洞开辟作业面组织部分扩挖施工。

2. 由于盾构通过期间对地层的扰动影响,车站范围地下水形成贯通通道,如果受场地限制无法降水或降水效果不佳,将对后期开挖造成较大困扰。

3. B 站扩挖施工期间,初期深孔注浆止水措施未达预期效果,渗漏水情况突出,洞内积淤情况严重,甚至出现涌水涌砂现象;调整注浆范围后,经多循环反复注浆,加固效果有所改善,但仍存在渗水情况,并且由于注浆压力控制不当,地表出现明显裂缝,对周边环境产生一定影响。因此后续相关工法施工中,应进一步加强以对施工工艺的控制,寻求更加有效的止水措施,确保止水加固效果。

4. A站受到地面建筑的限制,扩挖结构中段56m范围不能设置降水井,其他扩挖结构采用降水施工;B站整体无降水措施,全部采用深孔注浆止水;通过对两工点对比分析可知,处置地下水最有效的措施仍为前期降水,深孔注浆止水措施在承压水状态时效果较难保证,且周期较长、不利于施工组织、对周边环境影响大。

5.8　洞桩法车站机械成桩风险管控案例

5.8.1　工程概况

1. 工程简介

某站位于某桥区西侧、沿某路下东西向布置,与桥区西辅路下在建南北向B线路某站换乘。车站北侧为某开发地块及在建B号线L2施工竖井围挡;车站南侧为武警总部及在建B号线围挡;车站东侧为在建B号线车站,车站主体为洞桩逆作法施工,邻近处主体结构已施工完毕。

本站起点里程为右SSK104+457.108、有效站台中心里程为右SSK104+566.108、终点里程为右SSK104+675.108,全长218 m,有效站台中心处轨面高程18.630 m。主体结构标准段宽度为24.7 m,车站结构高25.73 m,车站埋深7.5~9.2 m。车站主体结构为地下三层岛式站,采用PBA工法施工,车站暗挖风险等级为一级。车站地下一层为设备层,地下二层为站厅层,地下三层为站台层。车站站台层提供盾构过站条件。车站共设置3座施工竖井及横通道,其中,1号施工竖井结合H西南口设置,2号施工竖井设置在武警总部北侧绿地内,3号施工竖井利用B号线某站L2施工竖井。

车站共设4个出入口(其中西北E出入口与三义地块相结合、东北F出入口与下沉广场相结合、东南G出入口与B号线出入口相结合)、2个安全出口(其中1号安全出口与三义地块相结合)、2组风亭(其中1号风亭与某地块相结合顶出,2号风亭与下沉广场相结合)。附属结构除与永久出地面结构相接部位采用明挖法施工外,其余均采用暗挖法施工。车站东、西两端区间均采用盾构法施工,车站主体提供盾构过站条件。

2. 工程地质及水文地质

(1)工程地质(图5.8-1)

本站主体暗挖结构主要穿越地层为砂质粉土黏质粉土②层、粉质黏土$③_1$层、粉细砂$④_3$层、圆砾卵石$④_4$层、卵石⑤层、中粗砂$⑤_1$层、粉质黏土⑥层、黏质粉土砂质粉土⑥$_2$层、细中砂⑥$_3$层、卵石⑦层、中粗砂⑦$_1$层、粉质黏土⑦$_3$层、粉质黏土⑧层、黏质粉土砂质粉土⑧$_2$层、细中砂⑧$_3$层、卵石⑨层，拱顶位于砂质粉土黏质粉土②层、粉质黏土③$_1$层、粉细砂④$_3$层、圆砾卵石④$_4$层、卵石⑤层，地底板位于卵石⑨层。

车站暗挖小导洞主要穿越粉细砂④$_3$层、圆砾卵石④$_4$层、卵石⑤层，其中小导洞拱顶主要为粉细砂④$_3$层，小导洞开挖位于地下水以上，开挖时无水。

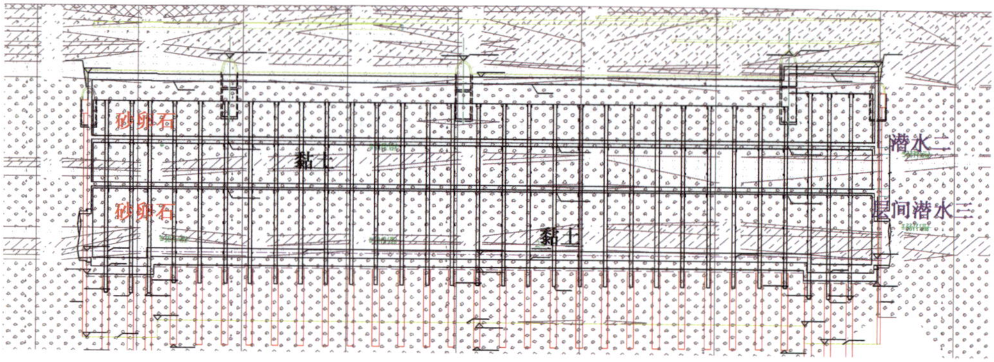

图 5.8-1　本车站主体地质剖面图

(2)水文地质

根据勘察单位提供的成果资料，勘察过程中观测到二层地下水，为潜水(二)和层间水(三)。

潜水(二)：水位埋深 18.00~18.68 m，水位标高为 32.23~33.74 m，含水层为卵石⑤层。该层水位位于卵石⑤层底部，水量较小，分布不稳定，当卵石⑤层底部存在隔水层粉质黏土层⑥层时，由于隔水层影响，存在该层水；当卵石⑤层底部不存在隔水层粉质黏土⑥层时，该层水将下渗至卵石⑦层。主要接受大气降水及侧向径流补给，以蒸发、侧向径流、向下越流补给的方式排泄。

层间水(三)：水位埋深 28.16~28.20 m，水位标高 22.77~23.04 m，含水层岩性为卵石⑦层、中粗砂⑦$_1$层、黏质粉土砂质粉土⑧$_2$层、细中砂⑧$_3$层。该层水位于卵石⑦层底部。主要接受侧向径流补给，以侧向径流、向下越流补给的方式排泄。

小导洞位于潜水(二)之上，小导洞及初支扣拱开挖无水，根据勘察报告，潜水(二)水量较小，开挖过程中根据水量情况采取抽排、疏干或堵水措施。层间水(三)位于车站底板以上，需采取降水措施。根据设置的水位观测孔，对地下水位进行观测，如果地下水位上升，应及时通知设计、业主及勘察单位，以便采取有效措施。

5.8.2 风险工程对策

1. 主要风险

(1)自身风险

车站为双柱三跨洞桩逆作暗挖车站，地下三层结构，车站长218 m，标准段结构宽24.5 m，高24.73 m，加宽段结构宽28.4 m，高24.73 m，底板埋深33.37 m，覆土厚9.2 m。车站埋深范围内主要有三层地下水，分别为潜水(二)埋深18.00~18.68 m、层间水(三)埋深28.16~28.20 m、承压水(四)埋深30.36~30.50 m，主要位于卵石层。车站底板位于承压水(四)以下约2.3 m。

采取措施：1)施工前排查处置地下水囊、管线渗漏等环境风险隐患；2)采用PBA"洞桩法"施工；3)确保开挖支护刚度，控制开挖步距0.5 m；4)暗挖施工严格按照设计执行开挖留设和星图、超前小导管注浆支护、超前注浆加固地层、搭设锁脚锚管、设施临时仰拱、及时回填注浆等附属工法；5)施工期间进行全程加测，通过监控量测，反馈现场施工及设计。

(2)环境风险

1)本工程暗挖施工工艺较为复杂，主要施工方法为洞桩法，且下穿上水管(两根DN600)、燃气管(一根ϕ500)、污水管(两根DN400)、雨水管(ϕ400变ϕ800)等大型市政管线，如何安全快速通过，保证施工安全是本工程的难点。

采取措施：施工前加强超前地质探测及管线调查，对于不良地质地层或地面空洞预先打设超前小导管注浆加固地层。

施工中控制开挖步距，加强初支背后注浆，确定合理的开挖顺序，尽快封闭成环，减少施工对土体的扰动。

加大施工期间的监测力度，确定监控量测的预警值及警戒值，确保施工期间结构及管线的安全。

2)根据现有图纸及现场调查，目前项目风险源辨识工作已经完成，安全风险管理是本工程的重点。

采取措施：成立安全管理小组，对已知风险源实施重点监控，针对风险源的种类制定相应的保护应急预案，施工过程中加强监控量测，及时归纳总结监测信息来指导施工。

3)道路西南围挡距居民楼较近，如何采取有效措施减小对附近居民的影响，以防扰民妨碍施工，是本工程的重点。

采取措施：施工现场全封闭施工，同时施工前期深入居民区走访、调查了解居民意见，向居民讲解地铁施工的重要性，自觉遵守《首都市民文明公约》，与当地居民建立相互信任、相互支持的良好关系。对施工现场噪声较大的部位进行有效的降噪处理，避免夜间施工，施工现场成立群众来访接待室，认真接待来访群众，接受并处理关于施工噪声扰民的意见。

4) 车站结构邻近某房地产公司基坑，并该地产基坑围护结构锚索影响车站施工，如何解决房地产基坑锚索对车站结构施工的影响及如何减小车站施工对基坑的影响是本工程的难点。

采取措施：将房地产基坑回填；回填至基坑围护桩顶，分层回填，每层回填厚度 50 cm，并严格控制压实度，1.5 m×1.5 m 布设注浆导管，回填完成后注浆加固回填土，回填坡面采用挂网喷射厚 10 cm C20 混凝土围护，顶面浇筑 C20 混凝土。

5) 车站结构邻近 B 号线某站，如何减小车站施工对 B 号线某站影响为本工程的难点。

采取措施：加强地下水降排管理，保证无水作业；“PBA”暗挖施工严格按“十八字”方针组织施工；本站东端导洞及通道内打设边桩，减小桩间距、加强边桩配筋；对两站主体结构之间土体进行深孔注浆加固，根据地层情况决定注浆浆液，注浆后无侧限抗压强度：开挖面不小于 0.3 MPa，周边不小于 0.8 MPa，渗透系数不大于 1×10^{-7} cm/s，注浆范围为竖向范围下部为隧道以下 1 m，上部为换乘通道顶上 1.5 m；邻近 B 号线部分车站暗挖主体结构通过调整工筹，尽量提前施工进度，在 B 线路正式运营前完成；对 B 号线车站加强变形监测，及时掌握变形情况，并据此确定是否需采取其他保护措施。

2. 车站主体施工工序及技术措施

本站车站主体施工工序如图 5.8-2 所示。主体施工过程主体导洞采用台阶法施工，开挖前采用超前小导洞注浆施工，确保地层稳定性。为了确保超前注浆及初支背后回填注浆质量，施工单位反复试验注浆压力、浆液配比等各项参数。

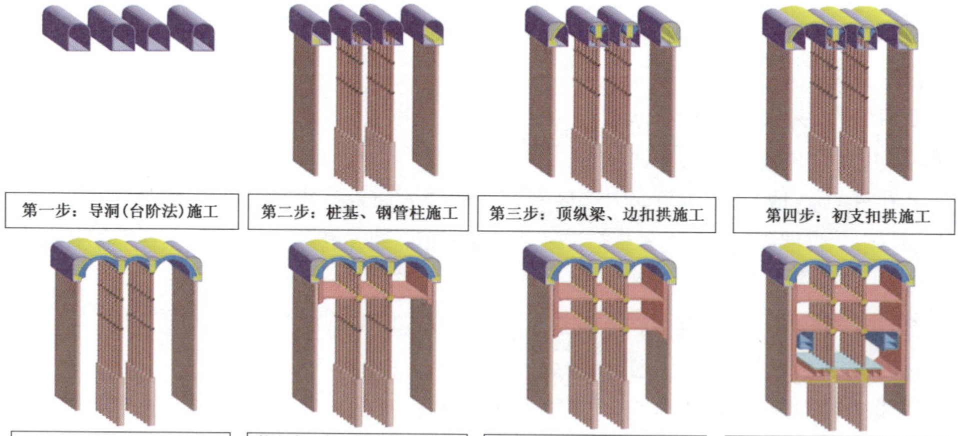

图 5.8-2 车站施工步序

车站主体导洞主要穿越地层为卵石⑤层，位于地下水位线以上，开挖面无地下水，主体导洞拱部穿越粉细砂层，因此导洞开挖过程拱部容易出现超挖问题需重点关注。车站主体各层地层情况如图5.8-3所示。

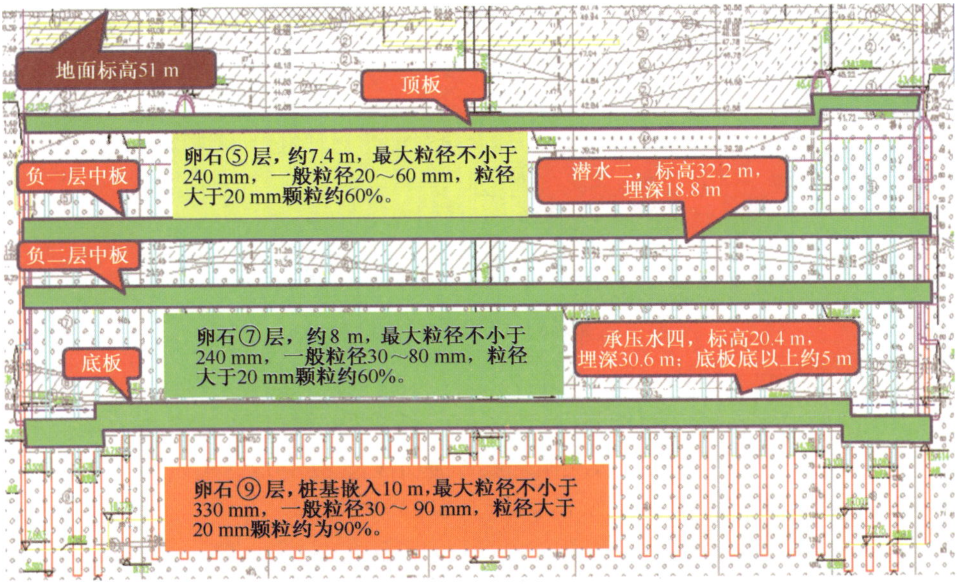

图5.8-3　车站地层情况

3. 机械成桩施工工序及技术措施

(1)机械成桩概况(图5.8-4)

本站边桩共367根，桩径1 m，桩长26.91~33.04 m，分A~F共6种型号。中桩及钢管柱共62根，柱下桩基长10 m，桩径1.8 m，钢管柱长23.81~26.84 m，钢管柱直径0.9 m，成孔总深度为29.81~33.06 m。

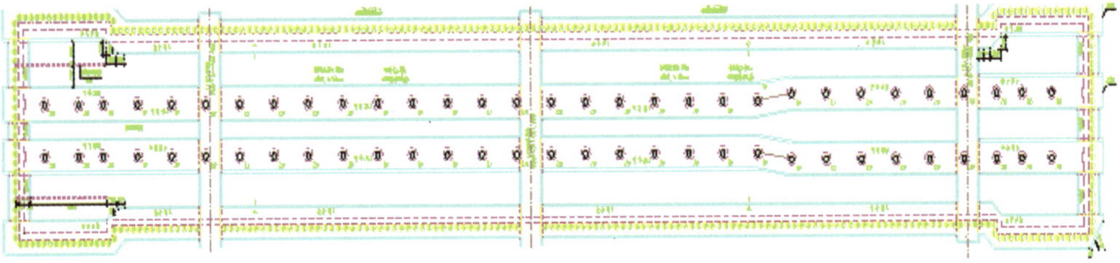

图5.8-4　车站主体桩体类型分布图

成孔主要穿越地层(图5.8-5)为卵石⑤层、粉质黏土⑥层、细中砂$⑥_3$层、卵石⑦层、粉质黏土⑧层、砂质黏土$⑧_2$层、细中砂$⑧_3$层、卵石⑨层；穿越三层水层，分别为潜水(二)、层间水(三)、承压水(四)。

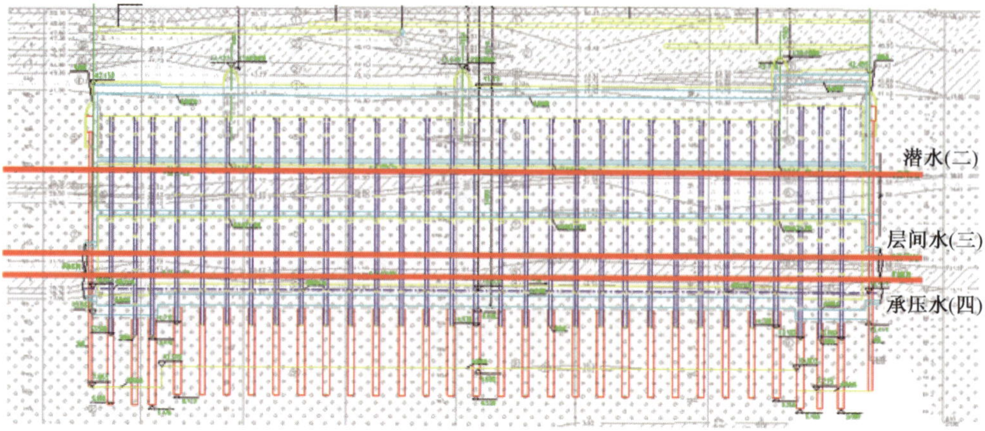

图 5. 8-5　成孔桩穿越地层

(2)洞桩逆作施工工法边桩简介

由于洞内成桩作业空间有限,目前各种机械成桩设备均不适合在有限空间内作业成桩,比选后采用改进后的反循环钻机施工(图 5. 8-6)。边桩施工流程如图 5. 8-7 所示,现场施工照片如图 5. 8-8～图 5. 8-27 所示。

图 5. 8-6　机械成桩设备

(3)洞桩逆作施工工法中桩简介

中桩桩基施工流程与边桩基本相同,中桩施工重难点为钢管柱吊装及调垂。中桩共计 62 根,分 ZG1-ZG7 共 7 个型号,长度 23. 81～26. 84 m,每根钢管柱分 9 节加工,单节长度 1. 97～4. 04 m,单根钢管柱重量 15～17. 4 t。

钢管柱垂直度控制重点如下:根据本工程施工条件及作业环境,项目部及作业队伍研发了适用性较强的调垂盘加吊装架相结合的钢管柱调垂系统(以下简称调垂机)。钢管柱调垂机吊架高 4 600 mm,调垂底盘宽 2 160 mm,长 4 000 mm。底盘装有脚轮,方便调垂机洞内移动及调整位置,调垂机设有锁紧卡环,通过初步调整底盘位置对位钻孔，调整调节螺栓控制锁紧卡环精密控制钢管柱中心，通过钢管柱自重控制垂直度。此调垂机满足在导洞内不同位置完成钢管吊装工作，具体如图 5.8-28 所示。

现场施工照片如图 5.8-29～图 5.8-32 所示。

4. 钻孔桩坍孔事故的预防及处理

坍孔的特征是孔内水位突然下降，孔口冒细密的水泡，出渣量显著增加而不见进尺，钻机负荷显著增加等。

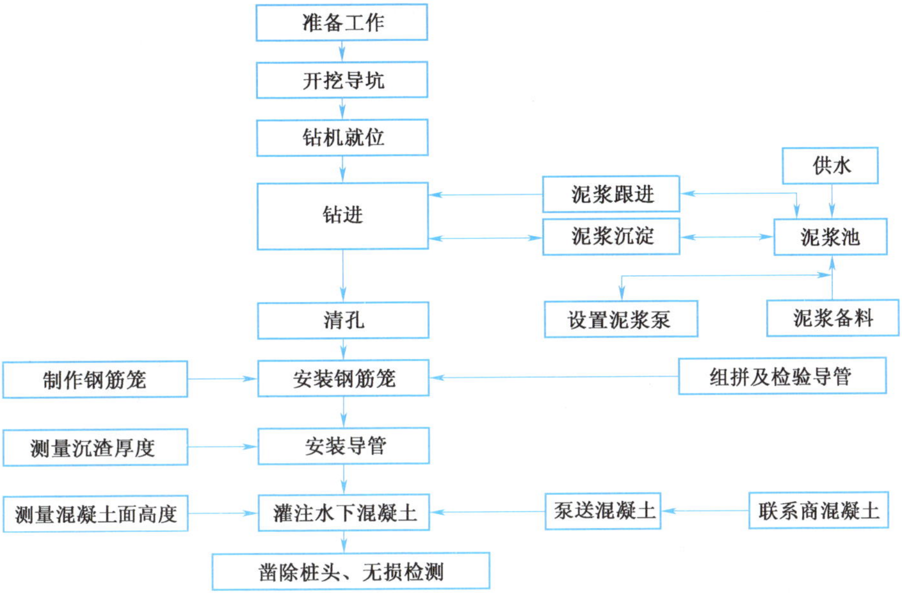

图 5.8-7　边桩施工流程

图 5.8-8　施工测量

图 5.8-9　钢筋笼分节加工

图 5. 8-10　钢筋笼分节存放

图 5. 8-11　导洞底板破除

图 5. 8-12　桩口加固

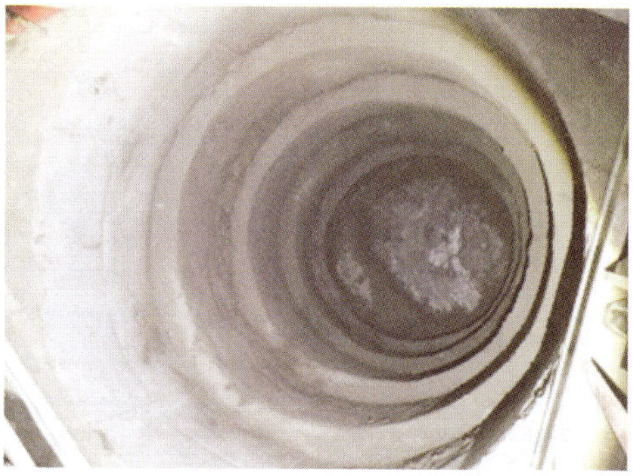

图 5. 8-13　分节施工护壁

图 5. 8-14　护壁混凝土浇筑

图 5. 8-15　利用竖井做泥浆池

图 5.8-16　泥浆循环

图 5.8-17　泥浆比重测试

图 5.8-18　钻机就位

图 5.8-19　钻机钻进

图 5.8-20　分节安装钻杆

图 5.8-21　成孔

图 5. 8-22　钢筋笼分节倒运

图 5. 8-23　钢筋笼分节安装

图 5. 8-24　地泵管安装

图 5. 8-25　导管分节安装

图 5. 8-26　封底混凝土浇筑

图 5. 8-27　浇筑过程拔导管

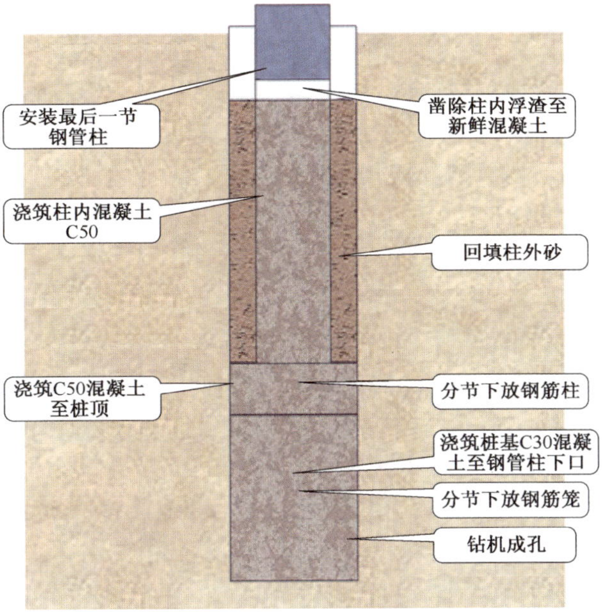

图 5.8-28　钢管柱调垂系统

图 5.8-29　施工测量

图 5.8-30　钢筋笼分节加工

图 5.8-31　导洞底板破除

图 5.8-32　桩口加固

(1)坍孔原因

1)泥浆相对密度不够及其他泥浆性能指标不符合要求,使孔壁未形成坚实泥皮。

2)由于出渣后未及时补充泥浆(或水),或河水、潮水上涨,或孔内出现承压水,或钻孔通过砂砾等强透水层,孔内水流失等而造成孔内水头高度不够。

3)护壁下端孔口漏水、坍塌或孔口附近地面受水浸湿泡软,或钻机直接接触在护壁上,由于振动使孔口坍塌,扩展成较大坍孔。

4)在松软砂层中钻进进尺太快。

5)提出钻锥钻进,回转速度过快,空转时间太长。

6)水头太高,使孔壁渗浆或护壁底形成反穿孔。

7)清孔后泥浆相对密度、黏度等指标降低,用空气吸泥机清孔泥浆吸走后未及时补浆(或水),使孔内水位低于地下水位。

8)清孔操作不当,供水管嘴直接冲刷孔壁、清孔时间过久或清孔停顿时间过长。

9)吊入钢筋骨架时碰撞孔壁。

(2)坍孔的预防和处理

1)在松散粉砂土或流砂中钻进时,应控制进尺速度,选用较大相对密度、黏度、胶体率的泥浆或高质量泥浆。

2)发生孔口坍塌时,应回填钻孔,重新埋设护筒再钻。

3)如发生孔内坍塌,判明坍塌位置,回填砂和黏质土(或砂砾和黄土)混合物到坍孔处以上 1~2 m,如坍孔严重时应全部回填,待回填物沉积密实后再行钻进。

4)清孔时应指定专人补浆(或水),保证孔内必要的水头高度。供水管最好不要直接插入钻孔中,应通过水槽或水池使水减速后流入钻中,可免冲刷孔壁。应扶正吸泥机,防止触动孔壁。不宜使用过大的风压,不宜超过 1.5~1.6 倍钻孔中水柱压力。

5)吊入钢筋骨架时应对准钻孔中心竖直插入,严防触及孔壁。

5. 管线风险工程对策

(1)工程实施前应对车站上方及周边邻近管线进行详细周密的调研,并应通过管线所属的管理单位了解掌握管线的现况,根据调研结果针对不同管线制定不同的预防及加固方案。

(2)对污水和雨水管(沟)在有条件的情况下应进入洞内探明管线的现况及渗漏水情况,必要时施工前对污水及雨水管(沟)采取洞内导流、增设防水内衬等措施、导洞开挖前,还应对其下方拱顶部位的土体含水和软化情况进行超前探测,必要时采取注浆处理措施(图 5.8-33)。

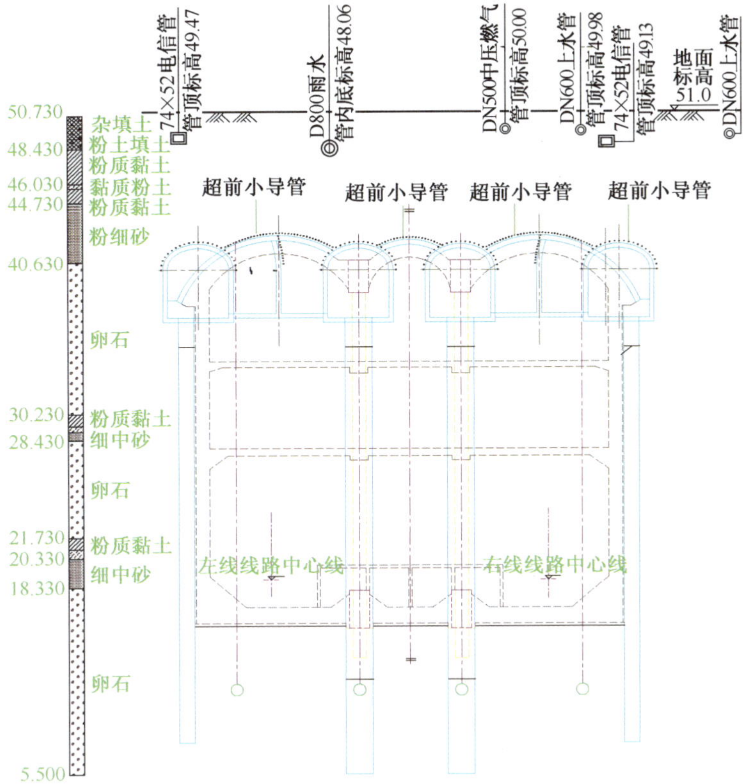

图 5.8-33　管线保护措施

(3)施工过程中加强掌子面前方超前探测,关注水文、地质情况是否与设计一致,施工应严格按照设计施工步序施工。

(4)为保证开挖过程管线的安全,导洞上台阶格栅落脚处及时打设锁脚锚管并注浆,控制格栅架设后下沉,并做好初支背后的回填注浆施工,必要时进行多次补浆。

(5)施工前针对环境风险工程的特点,对可能出现的事故情况进行预判,制定完善的抢险预案,备足抢险物资,如遇险情立即启动抢险预案并及时上报相关单位。

(6)施工期间加强对暗挖结构及既有管线的监测,编制专项监测方案并严格执行,发现变形超限及时通知有关部门进行处理。

6. 周边建筑物风险工程对策

(1)施工过程中,加强动态监测,保证市政管线及周边建构筑物的安全。在建构筑物沉降监测速率过大时,研究应对措施。

(2)如果沉降速率较大,在地面对周边建构筑物进行加固,或者洞内暂停开挖,注浆加固土体。

(3)根据施工监测结果,优化施工方案。

7. 主体临近B线路车站特级风险工程对策

车站主体临近B线路车站为环境特级风险工程,为减少本站终点处结构施工对B号线主体结构的影响,拟采用洞内深孔注浆超前加固两结构间土层:

(1)站端深孔注浆分三步进行:深孔注浆一区为随车站导洞及端通道土方开挖超前对周边区域土层进行加固;深孔注浆二区为端通道施工完成后斜向下对周边区域土层进行加固;深孔注浆三区为地下二层结构端墙浇筑前斜向下对周边区域土层进行加固。目前第二步注浆加固已完成。

(2)孔注浆范围内土层平均孔隙率约为0.343。

(3)深孔注浆浆液宜采用水泥-水玻璃双液浆(也可根据现场注浆试验情况进行调整),注浆加固后地层无侧限抗压强度不小于0.8 MPa,透系数不大于1×10^{-6} m/s。

(4)提前临近B号线部分车站暗挖主体结构施工进度,尽量在B线路正式运营前完成。

(5)施工时加强对B号线车站结构及轨道(若完成铺轨)变形监测,及时掌握其变形情况,并据此确定是否需采取其他的保护措施(图5.8-34、图5.8-35)。

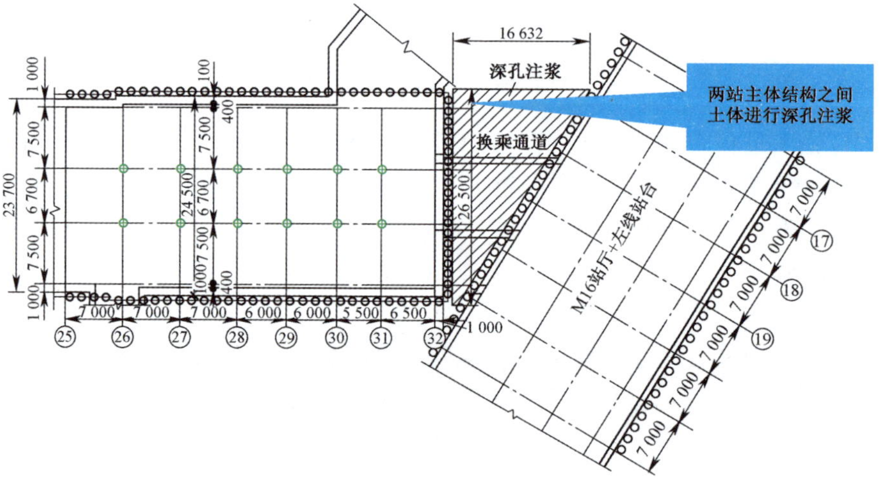

图5.8-34　车站临近B线路车站加固平面示意图(单位:mm)

8. 主体临近房地产基坑一级风险工程对策

(1)地产基坑(图5.8-36~图5.8-38)

本站主体临地产基坑为环境一级风险工程。目前邻近车站侧地产项目基坑回填,随车站开挖解除基坑已施工三道锚索。

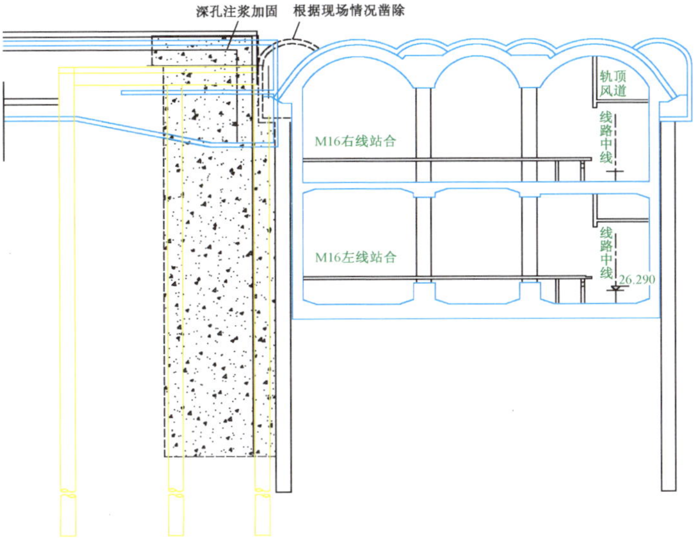

图 5. 8-35　车站临近 B 线路车站加固剖面示意图

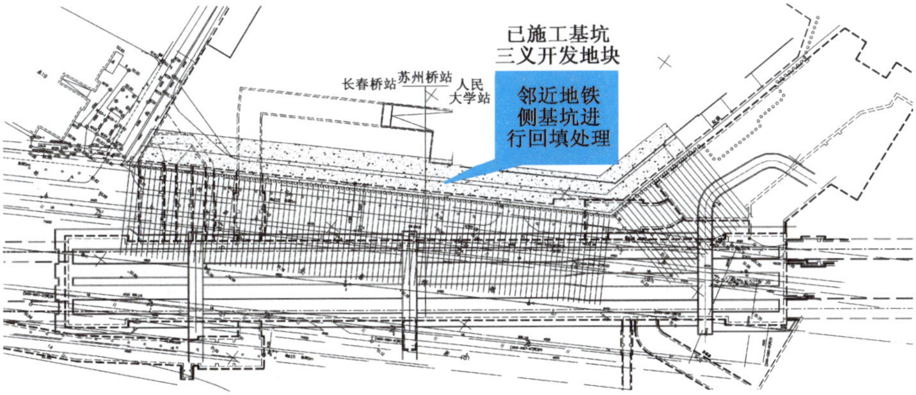

图 5. 8-36　车站主体与地产基坑平面示意图

(2)房建工程基坑回填设计由其原基坑设计单位提供，具体方案如下：

1)基统回填设计：

①为了保障基坑安全，回填采用分层碾压回填，回填材料尽量采用基坑内黏性土、卵石、圆砾或砂石，压实系数不小于 0. 93，分层厚度不大于 0. 8 m。

②回填时预埋钢管土钉，土钉采用 $\phi42\times3.5$ 的普通焊管制作，土钉长度、间距如图 5. 8-37 所示，图中所示土钉长度不包括外露 20 cm。

③在坡面全部喷射完混凝土后进行统一注浆。注浆采用纯水泥浆，水泥浆水

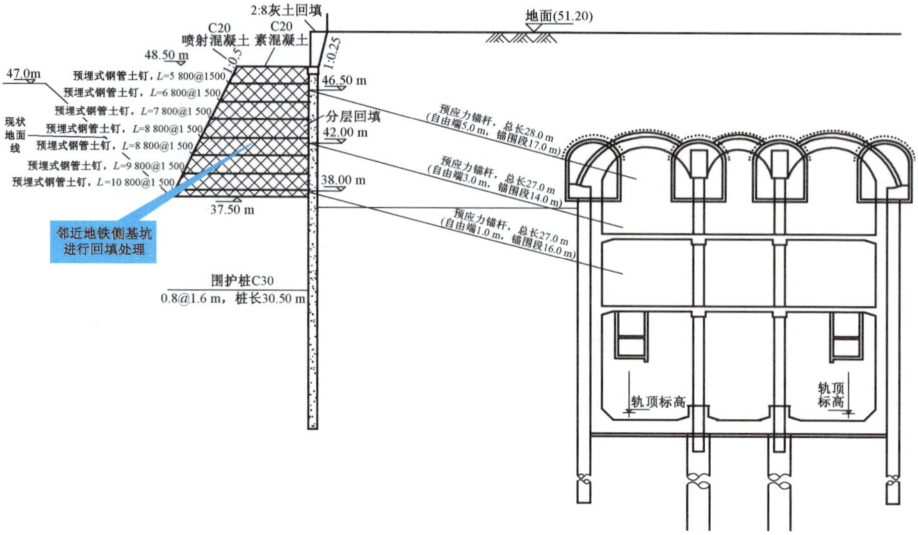

图 5. 8-37　车站主体与地产基坑剖面示意图

图 5. 8-38　主体导洞开挖截断基坑锚索

灰比为 0. 5～0. 55，选用 P. O42. 5 水泥，注浆压力为 0. 3～0. 5 MPa。

2）支护设计（图 5. 8-39～图 5. 8-42）：

①土钉材料采用 ϕ42×3. 5 的普通焊管，杆体的选择要求表面平直，无影响杆体质量的裂痕，杆体的内部畅通，在入土端约 1/2 长度范围内制作出浆孔，出浆孔大小约 ϕ6～10 mm，间距 500 mm，梅花形布置，浆孔焊上∠20×20×3 角钢倒刺，倒刺宽 1～2 m。

②杆体在回填时预埋，回填时钢管外留 20 cm 注浆用，回填过程中注意保护杆体及注浆口。

③钢管土钉需要接长时，采用绑条焊接，绑条为 3 根 14 钢筋，沿钢管截面均匀分布焊接，同时钢管对接接口应用焊缝填满。

④在坡面全部喷射完混凝土后进行统一注浆。注浆采用纯水泥浆，水泥浆水灰比为0.5~0.55，选用P.O42.5水泥，注浆压力为0.3~0.5 MPa。每根土钉压浆量可根据实际情况确定最适宜的压浆量。浆液应搅拌均匀，随搅随用，须在浆液达到初凝前用完。

图5.8-39　基坑1

图5.8-40　基坑2

图5.8-41　基坑3

图5.8-42　基坑4

5.8.3　实施过程及效果评价

1. 专家论证及咨询意见

2018年7月11日，由北京市轨道交通建设管理有限公司组织，暗挖咨询组和第四项目管理中心协助，组织专家对本站初支扣拱安全风险状态进行了专家现场巡视，经讨论和质询形成了如下意见：

(1)根据掌子面地层变化、周边基坑锚索分布和结构上方管线情况，适当优化超前支护方式，在关键部位建议采取深孔注浆措施。

(2)加强初支格栅节点板连接质量管控。

(3)做好精细化施工；规范核心土留设和台阶长度，加强超前小导管角度和长度等参数管控，做好初支背后回填注浆。

(4)汛期施工，做好管线调查，现场应储备充足的应急物资。

(5)结合二次扣拱工序，适当减小初支扣拱掌子面开挖高度。

2. 施工过程(表 5.8-5)

表 5.8-5　施工过程跟踪情况

工程部位	开始施工日期	施工过程照片
L1 竖井	2016 年 9 月 13 日	
L1 横通道	2016 年 11 月 10 日	
L2 竖井	2016 年 9 月 28 日	

续上表

工程部位	开始施工日期	施工过程照片
L2 横通道	2016 年 11 月 24 日	
L3 横通道	2017 年 3 月 23 日	
主体导洞	2016 年 12 月 23 日	
初支扣拱	2018 年 5 月 31 日	

3. 主要措施落实情况

本站采取超前注浆及背后回填注浆（图 5. 8-43、图 5. 8-44），局部管线采取深孔注浆施工，注浆效果较好，从目前的监测数据累计沉降量可以看出，车站整体沉降为 10~30 mm，沉降控制效果较好，总体沉降量相对较小。

图 5. 8-43　超前小导管注浆

图 5. 8-44　背后注浆施工

4. 巡视预警情况处置

本站从开工至今共发布了 16 个巡视预警，全部为黄色巡视预警。其中，监理单位发布了 10 个，第三方监测单位发布了 3 个，咨询组发布了 3 个。巡视预警分类统计见表 5. 8-6。

表 5. 8-6　预警分类统计

预警类型	地层稳定性	带水作业	施工规范性	管理类
预警数量	7	0	6	2

本站巡视预警统计表见表 5. 8-7。

表 5. 8-7　巡视预警统计表

序号	部位	发布单位	预警时间	预警级别	预警原因	消警时间	预警类型
1	L1 竖井	监理	2017-3-23	黄色	路面测点被沥青覆盖，无法进行监测	2017-3-28	管理预警
2	主体导洞	监理	2017-3-28	黄色	摄像头跟进不及时	2017-3-30	管理预警
3	端导洞	第三方	2017-8-22	黄色	东侧端导洞（1 号→2 号）拱顶超挖	2017-8-26	地层稳定性
4	L3 横通道	监理	2018-3-1	黄色	L3 横通道三层未按照图纸和方案留置核心土	2018-3-5	施工规范性

续上表

序号	部位	发布单位	预警时间	预警级别	预警原因	消警时间	预警类型
5	L3横通道	监理	2018-3-13	黄色	现场收敛点保护盒破坏	2018-3-14	管理预警
6	L3横通道	咨询组	2018-3-21	黄色	3号横通道三、四层停工期间,未封闭掌子面	2018-3-22	施工规范性
7	车站主体	第三方	2018-6-21	黄色	初支扣拱存在局部超挖约1 m	2018-6-23	地层稳定性
8	车站主体	监理	2018-6-22	黄色	开挖进尺第36榀出现超挖85 cm,开挖进尺过程中小导管打设不满足设计要求	2018-6-23	施工规范性
9	车站主体	监理	2018-6-23	黄色	拱顶部分超挖65 cm,注浆效果不佳	2018-6-26	地层稳定性
10	车站主体	监理	2018-6-27	黄色	第8榀扣拱土方超挖65 cm	2018-7-2	地层稳定性
11	车站主体	咨询组	2018-7-1	黄色	1-2号中洞初支扣拱,拱部超挖约70 cm	2018-7-2	地层稳定性
12	车站主体	监理	2018-7-5	黄色	L1-L2间边跨扣拱图纸要求同步开挖进行,目前南侧进尺为21榀,北侧扣拱进尺为25榀,施工步序与图纸不符	2018-7-6	施工规范性
13	车站主体	监理	2018-7-30	黄色	初支扣拱开挖面出现超挖50~80 cm,土质为细砂层	2018-8-1	地层稳定性
14	车站主体	监理	2018-8-5	黄色	初支扣拱上台阶开挖步距不满足方案要求,影响初支结构体系稳定性	2018-8-7	施工规范性
15	车站主体	第三方	2018-8-14	黄色	南侧扣拱拱顶位置存在65 cm的超挖,范围约60 cm ×60 cm	2018-8-16	地层稳定性
16	车站主体	咨询组	2018-9-3	黄色	1号横通道向西南侧扣拱,小导管打设偏短,设计要求2 m,实际打设70 cm,拱部超挖50 cm	2018-9-6	施工规范性

按照预警类型,每个类型选取1个典型预警说明情况:

(1)地层稳定性

2018 年 7 月 1 日,咨询组对本站初支扣拱导洞发布巡视预警(图 5.8-45),预警原因:1-2 号中洞初支扣拱,拱部超挖约 70 cm。

施工单位针对超挖部位预埋了注浆管,进行了初支背后回填注浆(图 5.8-46)。

图 5.8-45　预警照片

图 5.8-46　处置照片

车站主体初支扣拱阶段因超挖问题共发布了 7 个巡视预警,导致超挖问题发布的原因主要为:

1)地层稳定性较差。

2)超前小导洞打设长度不满足设计要求,注浆效果无法保证。

(2)施工规范性

2018 年 3 月 1 日,监理单位对本站车站主体发布巡视预警,预警原因:未按照图纸和方案留置核心土(图 5.8-47)。

施工单位针对未按图施工问题,要求现场工人立即进行整改,并对工人进行教育,要求工人后续开挖过程中,严格按照设计蓝图进行开挖作业(图 5.8-48)。

图 5.8-47　预警照片

图 5.8-48　处置照片

5. 监测情况分析

(1)车站主体监测情况：

1)重要预警及采取的施工措施、控制效果

车站主体施工时平行下(旁)穿的管线主要有：2 根 DN600 上水管(与主体结构净距约 6.69 m)、2 根 740×520 通信(与主体结构净距约 6.2 m)、1 根 DN500 中压燃气管(与主体结构净距约为 6.95 m)、1 根 D400～D800 雨水管(与主体结构净距约 5.46 m)、1 根 D400 污水管(与主体结构净距约 4.2 m)、1 根 400×300 通信(与主体结构净距约 7 m)及部分直埋电力管线。预警主要分布在 3 个竖井横通道上方及两侧(图 5.8-49)。

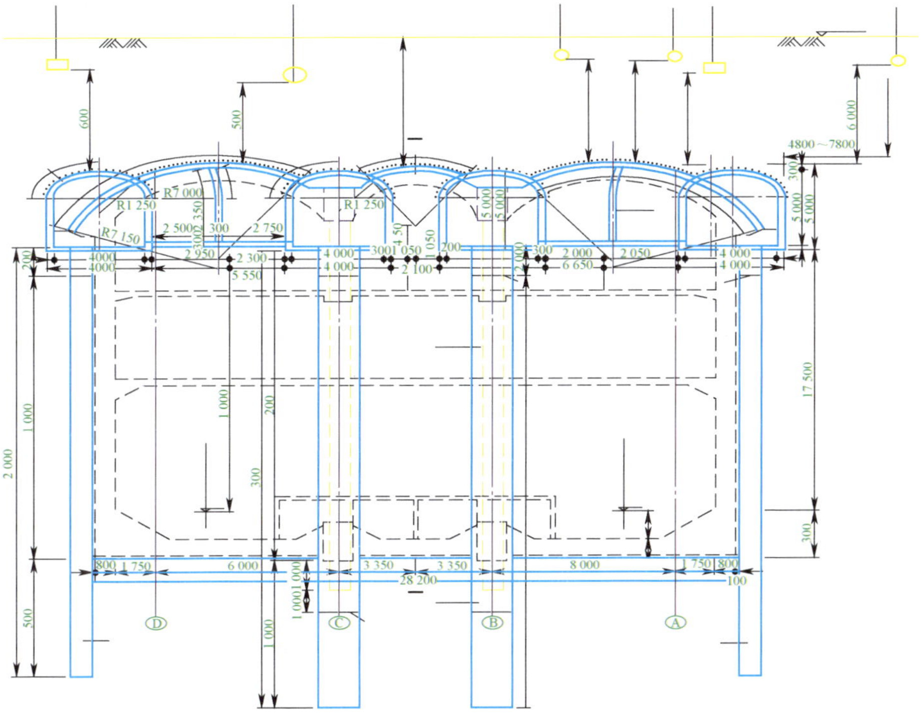

图 5.8-49　本站风险源剖面图(单位：mm)

本站监测点布置图如图 5.8-50 所示。

本站主要管线及监测断面沉降曲线图如图 5.8-51～图 5.8-54 所示。

2)典型预警点变形控制分析

本次分析选取了 2 个典型监测点(YSG-01-05 和 DB-33-05)分析不同阶段沉降情况。由图 5.8-55 和图 5.8-56 可知，车站上方监测点在横通道施工阶段及上层主体导洞施工阶段产生的沉降值较大，人工挖孔桩施工阶段及机械成桩阶段产生的沉降值较小。从两个监测点变形曲线图可知，初支扣拱阶段及二衬扣拱阶段均会产生较大变形，尤其是二衬扣拱阶段如未控制好拆撑长度，上方监测点易产生较大变形速率。目前 L3 横通道向东二衬扣拱尚未完工。

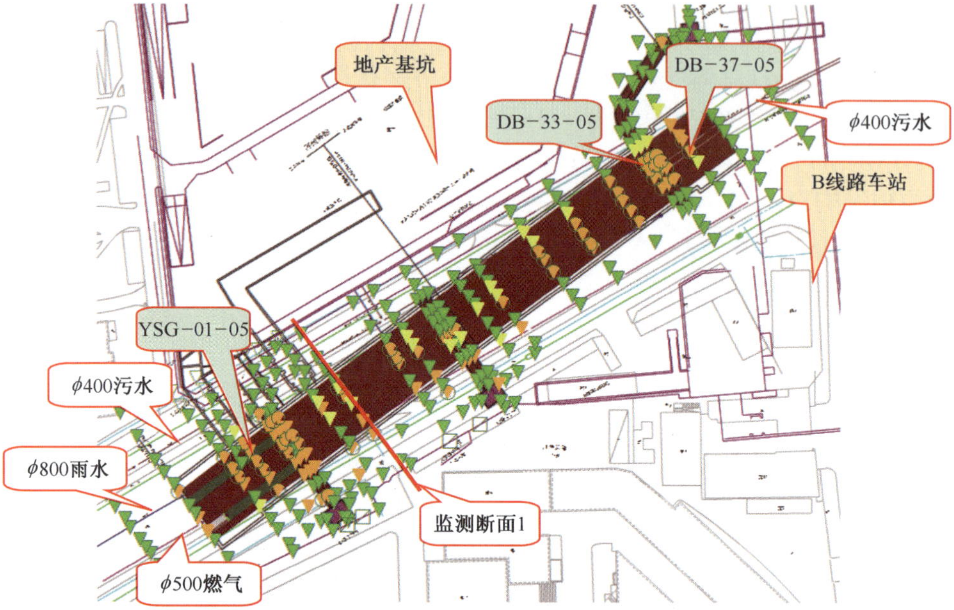

图 5.8-50　本站监测点布置图

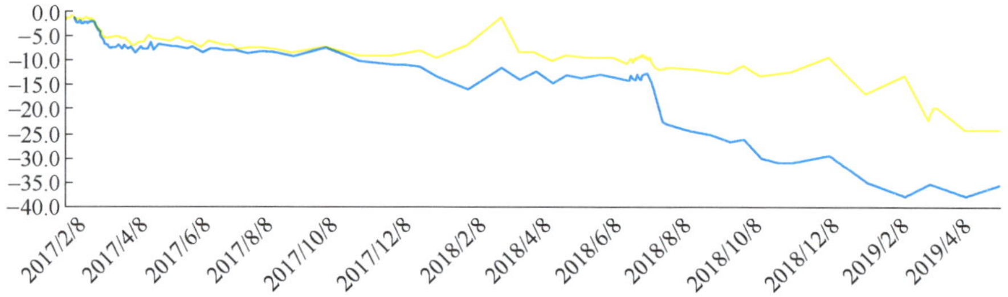

图 5.8-51　监测断面 1 监测点沉降时程图

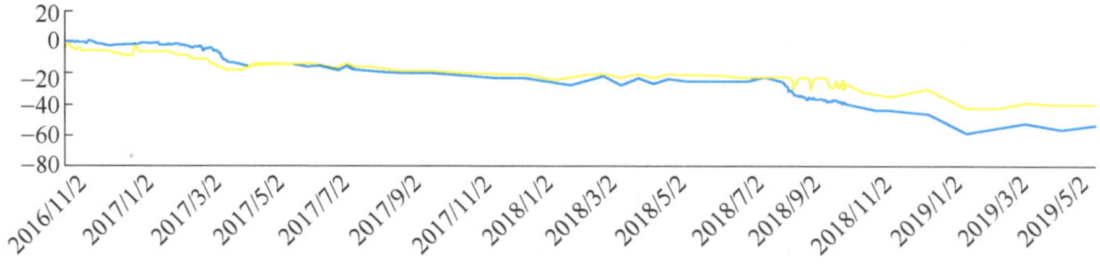

图 5.8-52　ϕ500 燃气管线监测点沉降时程图

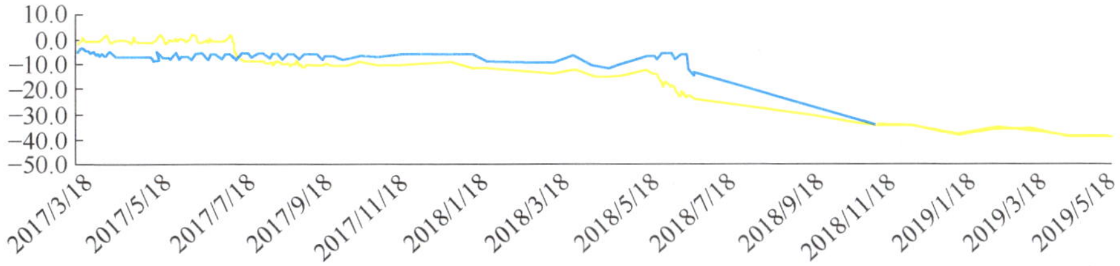

图 5. 8-53　ϕ400 污水管线监测点沉降时程图

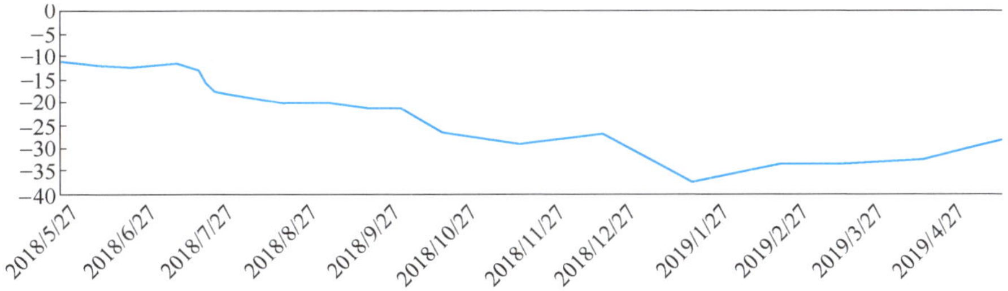

图 5. 8-54　ϕ800 雨水管线监测点沉降时程图

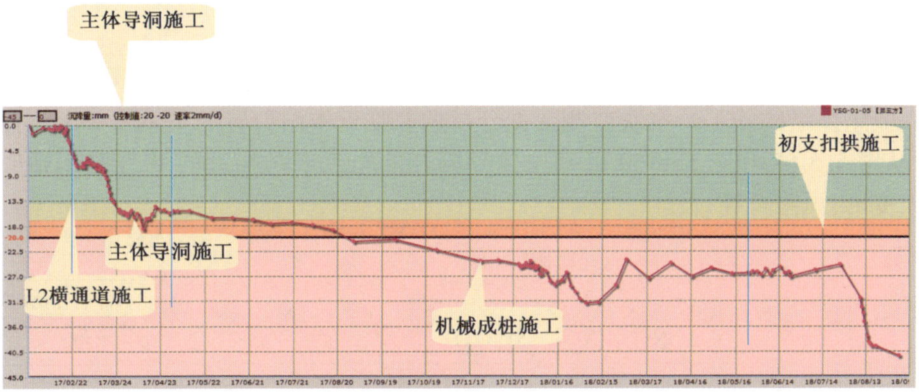

图 5. 8-55　ϕ800 雨水管线监测点 YSG-01-05 沉降时程图

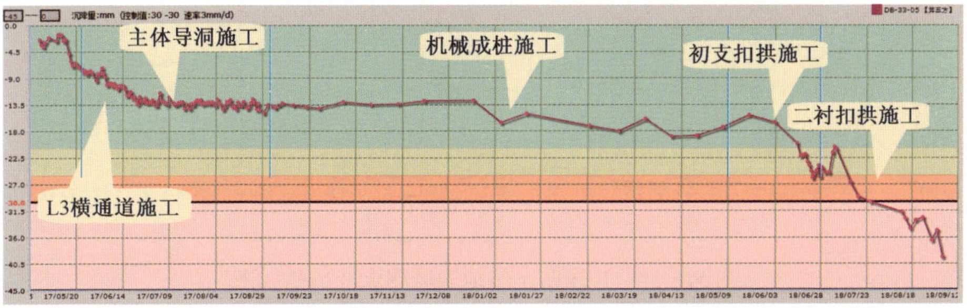

图 5. 8-56　地表监测点 DB-33-05 沉降时程图

临近地产基坑监测情况:

临近车站主体结构一侧的基坑已回填,施工单位共布置了 10 个沉降监测点进行监测,最大变形值为-9. 47 mm,风险可控,监测点变形曲线图如图 5. 8-57 所示。

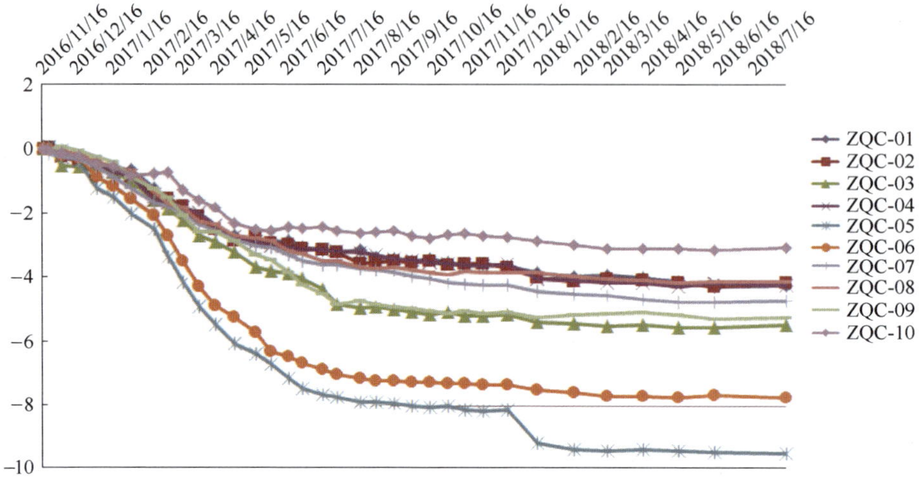

图 5. 8-57　基坑监测点变形曲线图

临近 B 线路车站监测情况:

本站车站主体东侧临近地铁 B 线某站主体,B 线路车站主体于 2016 年 12 月份完成主体结构施工。本次监测数据分析选取临近本站位置的车站主体上方监测点,从图 5. 8-58 和图 5. 8-59 可知主体导洞开挖施工未对临近的 B 线路车站产生较大变形,风险可控。

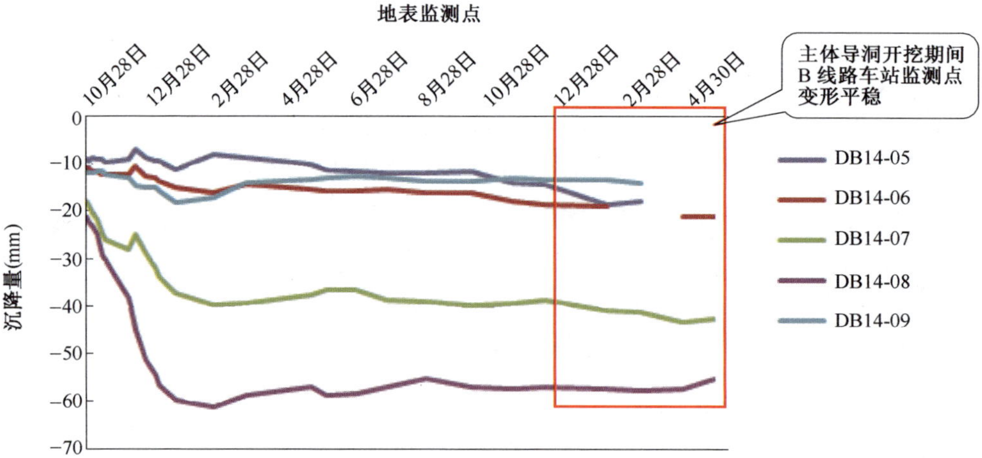

图 5. 8-58　B 线路车站地表监测点变形曲线图

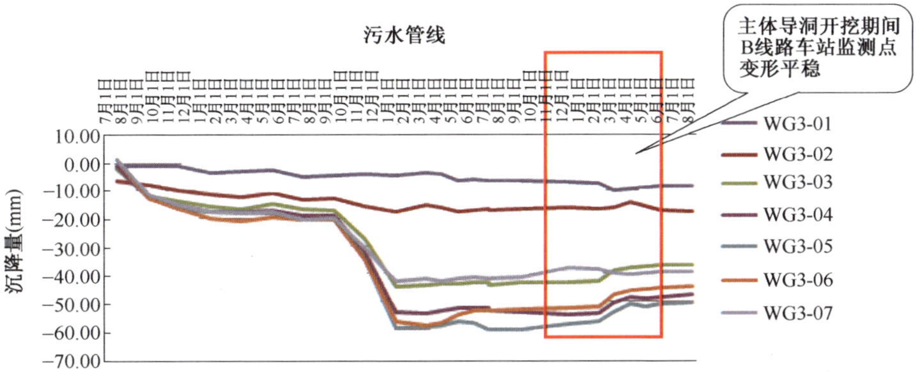

图 5.8-59　B 线路车站管线监测点变形曲线图

6. PBA 法单层机械成桩优势分析

本站全长 218 m,为地下三层岛式站,采用 PBA 工法施工,开挖上层 4 个主体导洞(只开挖单层)后采用单层机械成桩方式完成桩柱体系,主体导洞及初支扣拱开挖采用超前小导管注浆方式加固土体。对比相似地层(砂卵石地层为主)、相似开挖方式的其他几个车站(6 号线西延田村站、廖公庄站均为 PBA 法 8 导洞施工,图 5.8-60~图 5.8-62)变形情况,可看出单层机械成桩在沉降控制上有一定优势。

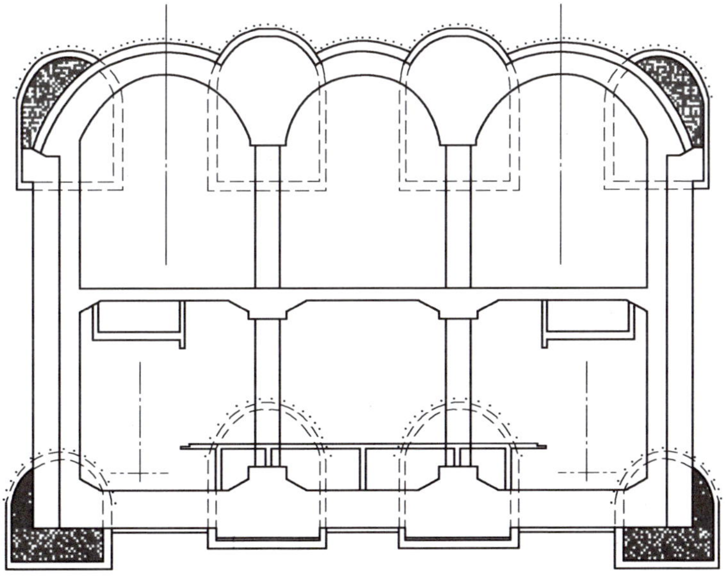

图 5.8-60　PBA 法 8 导洞车站断面示意图

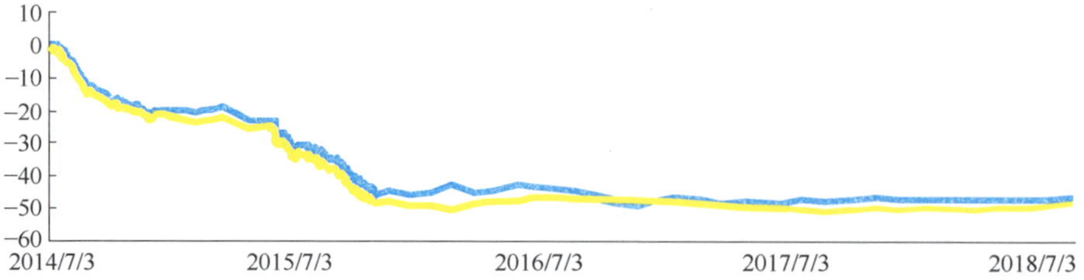

图 5.8-61　田村站典型测点变形时程曲线图

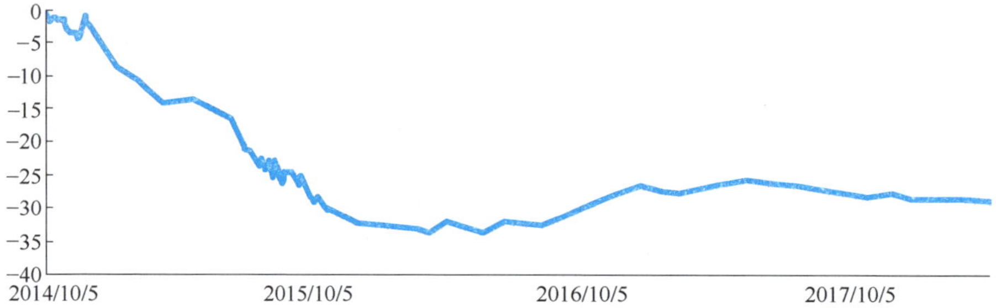

图 5.8-62　廖工庄站典型测点变形时程曲线图

7. 风险管控总体评价

本站共有 353 个监测点，其中沉降值超过−20 mm 的占 7%，从整体变形来看，53% 的监测点沉降值均较小，总体监测情况风险可控（图 5.8-63）。

变形值	监测点个数
0～−10 mm	222
−10～−20 mm	44
−20～−30 mm	34
−30～−40 mm	52
<−40 mm	1
合计	353

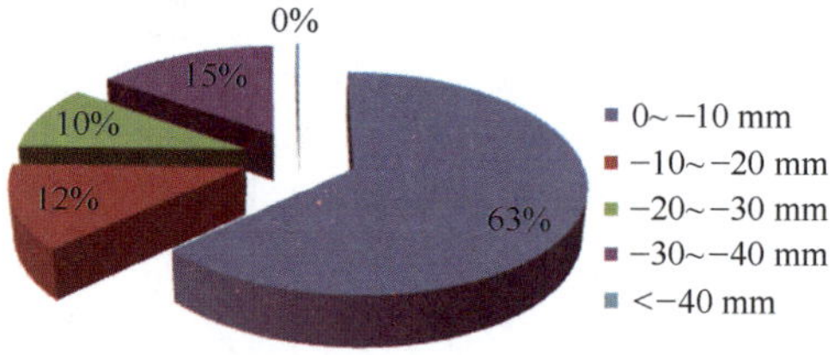

图 5.8-63　本站监测点沉降值分析

本站目前处于初支扣拱阶段，近期发布的巡视预警数量远多于其他几个施工阶段，因此初支扣拱阶段应重点关注地层稳定性及现场施工规范性，从总体来看苏州桥站风险可控。

5.8.4　经验总结及建议

1. 车站主体初支扣拱阶段局部发生超挖问题，施工单位严格按照设计图纸进行超前支护，确保支护效果，保证开挖面地层稳定。

2. 主体导洞开挖期间多循环多频次背后回填注浆，减少主体上方地表沉降。

3. 洞内机械成桩过程中，操作空间有限，应按方案顺序施工、做好孔口加固措施、结合实际地层条件合理调整泥浆比重，预防成桩过程中塌孔，保证成桩质量。

4. 采用单层洞内机械成桩工法，相较“PBA”(8 导洞)工法开挖减小了对地层的多次扰动，有效控制了地表总体沉降。

5. 本站周边环境风险源众多，其中北侧临近某地产基坑，东侧临近在施 B 号线车站，施工过程中严格落实各项针对性措施，未对周边风险工程造成较大影响。

5.9　矿山法区间小净距隧道施工风险管控案例

5.9.1　工程概况

1. 设计概况

某区间暗挖段开挖方法分别为台阶法(6.2 m×6.5 m)，CRD 法(9.0 m×8.98 m)，类 CRD 法(初支联拱二衬独立断面 13.0 m×6.62 m、11.9 m×6.62 m)(图 5.9-1、图 5.9-2)，暗挖段结构覆土 5.201～14.647 m。

初支联拱二衬独立断面采用类似 CRD 法施工，架设临时仰拱，保留核心土开挖，采用复合衬砌结构，外侧为初支结构，内侧为二衬结构，中间为防水层，两个单洞平行设置，初支在中部相联，构成联拱支撑的初支结构，初支结构内壁形成两个独立的圆环形初支，左右线区间结构对称、相互独立且封闭。

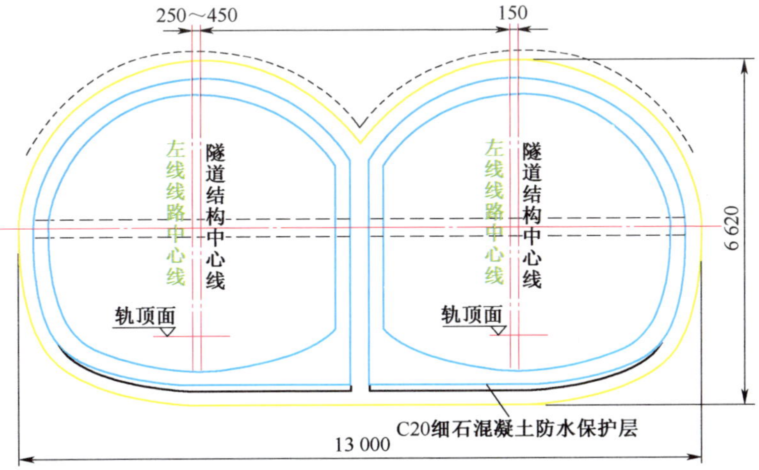

图 5.9-1　初支联拱段(13.0 m×6.62 m)

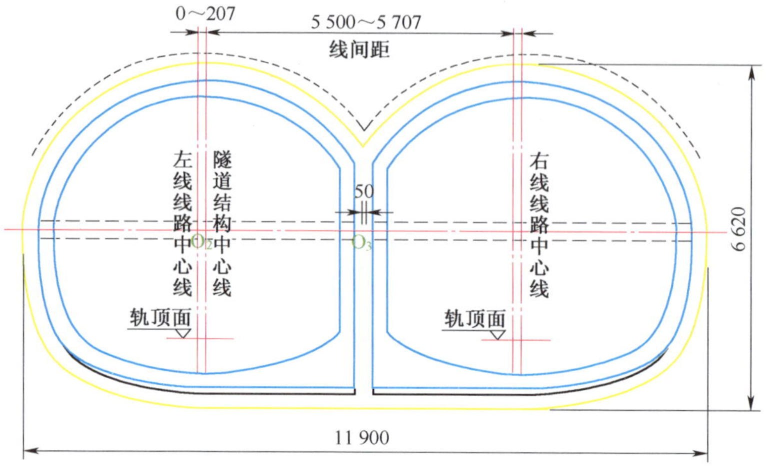

图 5.9-2　初支联拱段(11.9 m×6.62 m)

2. 工程地质及水文

(1)工程地质(图 5.9-3)

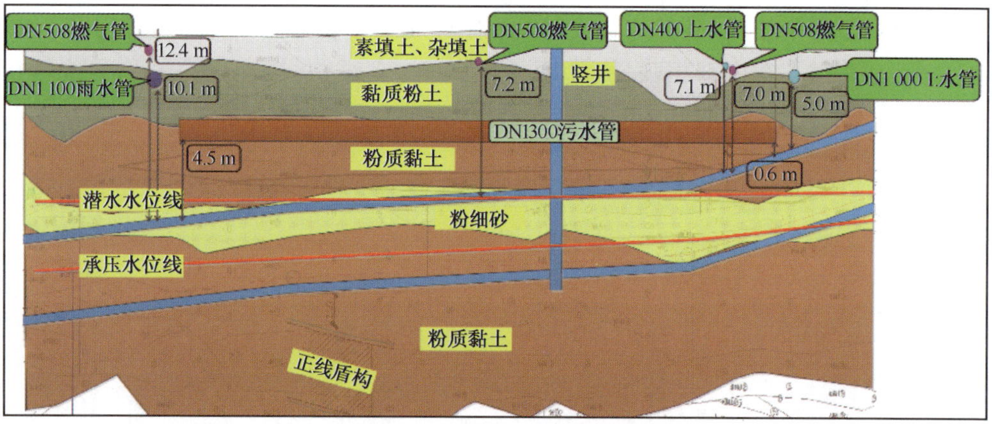

图 5.9-3　地质及风险剖面图

工程场地土层主要为人工填土、新近沉积土和第四纪冲洪积土(表 5.9-1)。穿越土层为:④粉质黏土、$④_1$黏质粉土、⑤细砂、$⑤_1$黏质粉土、$⑤_3$粉砂、$⑤_5$粉质黏土、⑥粉质黏土、$⑥_1$黏质粉土、⑦细砂、$⑦_2$粉砂。

(2)水文地质

根据勘察提供的地下水情况,地表以下 50 m 深度范围内地下水类型分别为上层滞水、潜水、承压水(一)和承压水(二)(表 5.9-2)。区间结构大部分位于潜水水位以下,并受到承压水(一)的影响。

表 5.9-1　岩土物理力学性质综合统计表

岩土分层	岩土名称	重力密度(γ)	直接快剪		承载力标准值(f_{ka})	静止侧压力系数(ζ)	基床系数		孔隙率
			黏聚力(C)	内摩擦角(φ)			水平(K_h)	垂直(K_v)	
		kN/m³	kPa	度	kPa	—	MPa/m		%
①	黏质粉土素填土	18.1	5	10	—	—	—	—	—
①$_1$	杂填土	19.5	0	10	—	—	—	—	—
③	黏质粉土	19.2	8	22	140	0.40	20	20	40
③$_1$	粉质黏土	18.9	9	12	130	0.42	25	25	43
④	粉质黏土	19.5	10	12	160	0.42	35	30	42
④$_1$	黏质粉土	18.9	12	18	190	0.42	35	35	40
④$_4$	砂质粉土	19.0	6	18	200	0.42	40	30	42
⑤	细砂	20.0	0	28	220	0.38	40	45	37
⑤$_1$	黏质粉土	19.9	9	22	170	0.42	45	45	36
⑤$_2$	砂质粉土	19.0	8	24	200	0.42	40	35	39
⑤$_3$	粉砂	20.0	0	26	220	0.41	40	40	39
⑥	粉质黏土	20.7	17	11	180	0.42	30	35	39
⑦$_2$	粉砂	20.0	0	26	200	0.40	40	40	39
⑧	粉质黏土	19.4	25	10	200	0.42	30	30	44

表 5.9-2　地下水统计表

地下水性质	水位/水头埋深(m)	水位/水头标高(m)	主要含水层
潜水	10~18	7.95~9.21	细砂⑤层
承压水(一)	16~24	7.04~8.27	细砂⑦层
承压水(二)	25 以下	3.06~4.85	细砂⑨、⑨2 层
上层滞水	主要接受大气降水和自来水、雨水、污水等地下管线的垂直渗漏补给		

5.9.2　风险工程对策

1. 工程风险

(1)自身风险(表 5.9-3)

表 5.9-3　自身风险汇总表

序号	风险工程名称	风险等级	起点里程	终点里程	工程难点
1	小间距隧道段	二级	右 CK0+820.430	右 CK1+150.000	(1)地质较为复杂,存在地下潜水,有坍塌险情; (2)马头门处结构受力复杂,空间效应影响较大,地层多次扰动,地面沉降控制难度较大; (3)初支联拱段缺乏类似工程经验
2	穿越粉细砂地层段	二级	右 CK0+533.36	右 CK1+150.000	
3	临时支撑拆除	二级	右 CK0+820.430	右 CK1+150.000	
4	浅覆土段	二级	右 CK1+000.000	右 CK1+100.000	

(2)环境风险(表 5.9-4)

表 5.9-4　环境风险工程情况汇总表-管线

序号	风险工程名称	风险等级	起点里程	终点里程	工程难点
1	下穿 400 上水管	二级	右 CK1+044.000	右 CK1+044.400	4 个管线类一级风险,其中 1 300 mm 污水埋深约 7 m,最小竖向距离约 0.5 m,管线沉降控制难度大
2	下穿 1100 雨水管	二级	右 CK0+621.500	右 CK0+622.600	
3	下穿 1300 污水管	一级	右 CK0+805.928	右 CK0+848.994	
4	下穿 1000 上水管	一级	右 CK1+094.000	右 CK1+095.000	
5	下穿 1300 污水管	一级	右 CK1+078.000	右 CK1+079.300	
6	下穿 508 燃气管	三级	右 CK0+618.400	右 CK0+618.900	
7	下穿 508 燃气管	一级	右 CK0+865.000	右 CK0+865.500	

2. 自身风险应对措施

(1)初支连拱二衬独立断面开挖顺序为:左线上半断面,左线下半断面,右线上半断面,右线下半断面,左右线隧道开挖纵向错开 5~7 m,回筑二衬结构左右线错开 10~15 m,及时形成对称断面,减小不平衡推力影响。

(2)回筑二衬顺序为:回筑左右线仰拱—回筑左线拱墙—回筑右线拱墙,左右线纵向错开 10~15 m。

(3)横通道进洞前在隧道拱部 150°范围内,环向间距 0.3 m,水平打设 3 m 长小导管并注浆加固,隧道洞口上方联立三榀格栅钢架。

(4)临时仰拱拆除前,仰拱二衬混凝土要达到设计要求强度,拆除时要加密监测频率,一旦发现异常及时上报并迅速采取应急措施。

3. 地下管线应对措施

施工过程中应严格执行以下常规措施:

(1)应严格遵循“管超前、严注浆、短开挖、强支护、快封闭、勤量测”的基本原则。

(2)一级环境风向工程处隧道拱部深孔注浆加固地层,加固范围为结构初支外 1.5 m。

(3)开挖过程中严格控制开挖步距 0.5 m,及时进行初支背后注浆,控制地层沉降。

(4)初支结构在格栅角部及时打设锁脚锚管并注浆,控制格栅架设后下沉,并应及时进行初支背后注浆。

4. 监控量测

(1)监测重点分析

1)地下管线仅对污水、雨水、上水、燃气等管线进行沉降及差异沉降监测,监测范围取隧道结构边缘两侧各 1.0H 范围。

2)道路及地表沉降监测范围取隧道结构边缘两侧各 1.0H 范围。

(2)监测对象、项目及精度

根据有关规范,确定现场监测对象、项目及精度见表 5.9-5。

表 5.9-5　区间隧道监测对象、项目、及精度

序号	监测对象	监测项目	监测仪器	监测精度
1	隧道周围	道路及地表沉降	水准仪	0.3 mm
2	地下管线	地下管线沉降	水准仪	0.3 mm

(3)监测频率及周期

区间监测频率及控制值见表 5.9-6。

表 5.9-6　区间监测频率及周期

序号	监测对象	监测项目	监测频率
1	周围土体	地表沉降	当监测点位于开挖面前方 $L \leq 3D$ 时,1 次/1 d;$3D<L\leq 5D$ 时,1 次/2 d;$5D<L\leq 8D$ 时,1 次/(3 d~5 d);监测点位于开挖面后方 $L\leq 3D$ 时,1 次/1 d;$3D<L\leq 8D$ 时,1 次/2 d;$L>8D$ 时,1 次/(3 d~7 d)
2	周围管线	管线沉降	

(4)控制指标

区间隧道控制指标见表5.9-7。

表5.9-7　区间隧道控制指标

序号	监测对象	监测项目	控制指标
1	周围土体	地表沉降	30 mm,2 mm/d
2	周围管线	管线沉降	有压10 mm,2 mm/d,无压15 mm,2 mm/d

5.9.3　实施过程及效果评价

1. 专家论证及咨询意见

(1)本区间暗挖结构施工安全专项方案专家论证意见

1)做好后续相邻工程的筹划。

2)细化环境风险等级描述,完善相邻车辆段施工专项措施。

3)会同设计对如下方面进行优化:小净距隧道中间土柱注浆加固范围,地层界面残留水的控制措施,共用初支段连接节点的构造措施,上跨盾构隧道区段的地层和隧道预加固措施。

4)深孔注浆宜进行试验段试验,下穿DN1300污水管区段应优化注浆范围,控制好注浆压力,避免对管线造成不利影响。

5)施工过程中应确保共用初支段格栅点连接质量,按照设计要求的拆撑长度先进行拆撑试验,以优化与控制拆撑长度,加强施工过程中对初支结构变形的监测与巡查。

6)完善共用初支段隧道开挖与二衬施工过程中初支结构变形超限的应急处理措施。

(2)区间临时支撑拆除施工方案专家论证意见

基于拆撑试验和监测结果提出的临时支撑拆除方案(模板台车的拆除长度为21 m)是可行的。建议如下:

1)做好安全技术交底。

2)加强拆撑过程中的监测及巡查。

3)完善拆撑变形超限应急措施。

(3)区间降水安全专项施工方案专家意见

1)进一步探查降水井周边地下管线,确保地下管线安全。

2)做好真空管井及真空管路系统的密封连接,确保真空度满足规范要求。

3)根据降水及开挖情况,合理控制真空泵及潜水泵的开启。

4)加强降水井成井控制,保证抽水含沙量不超标。

5)车辆段不能封闭降水的部位可根据注浆止水效果,必要时可辅助洞内轻型井点降水。

6)做好车辆段部位降水沉降监测工作。

(4)区间第三方监测实施方案专家意见

1)适当增设下穿雨污水管线,特别是联拱区段测点。

2)加强开挖、初支及拆撑过程中对雨污水管线状态监测及巡查。

(5)专家巡视意见

2017年11月3日,本区间暗挖段正线开挖施工对周边环境影响明显,周边环境多次出现红色监测预警,累计变形最大已达-54.71 mm,即将穿越车辆段,为安全顺利通过该风险工程组织专家巡视活动,经专家质询与讨论,形成以下意见和建议:

1)因本区段地层偏软,隧道结构密贴共用初支、连拱跨度较大,且上半断面边墙拱脚坐落在粉细砂层等综合因素,目前地表沉降超限,但是开挖面状态较好,施工处于风险可控状态。

2)建议:①进一步优化深孔注浆参数,确保拱顶粉细砂层注浆效果;②加强上半断面台阶锁脚及墙脚稳定措施;③尽可能加大上、下断面及左、右隧道错距;④下半断面开挖宜留设核心土,并做好边墙格栅锁脚;⑤加强初支背后回填注浆;⑥应加强工序的综合控制与衔接,并宜会同设计适当调整地表沉降控制值。

2. 实施过程及风险管控

(1)施工过程(表5.9-7)

表5.9-7　施工时间节点统计

工作面		开工时间	贯通时间
左线	左线大里程	2017/9/10	2018/3/17
	左线小里程	2017/9/23	2018/7/23
右线	右线大里程	2017/9/25	2018/3/31
	右线小里程	2017/9/20	2018/6/12

(2)主要措施落实情况及效果(图5.9-4~图5.9-7)

1)超前小导管注浆:采用DN32×2.75 mm小导管注浆拱部120°,环向间距300 mm,注浆小导管在右CK0+640.134~右CK0+661.784,右CK0+782.904~右

CK0+827.900，左 CK0+626.172～左 CK0+637.472 范围一榀打设一环，其余范围隔榀打设一环。

2）深孔注浆：采用二后退式注浆工艺，注浆长度 12 m，多段连续注浆，每段注 12 m，挖 10 m，段与段之间搭接 2 m，下一段注浆前设置止浆墙。注浆压力控制在 0.8～1.0 MPa，注浆液采用水泥-水玻璃双液浆。

3）锁脚锚杆：DN32×2.75 mm 小导管，$L=2.0$，一榀一打，与格栅焊接牢固，注单液浆，注浆有效扩散半径不小于 0.3 m，注浆压力 0.3～0.5 MPa。

4）初支背后注浆：加强初支背后注浆，注浆分两次进行，第一次距开挖面 3 m，为低压注浆，浆液从掌子面冒出时即结束，第二次距开挖面 8 m，为饱压注浆，注浆压力 0.5 MPa，必要时进行再次补浆，注浆深度 0.5 m。

图 5.9-4　超前小导管注浆

图 5.9-5　深孔注浆加固

图 5.9-6　两根锁脚锚杆

图 5.9-7　初支背后注浆

（3）预警情况处置

1）重要风险预警处置

本工点共发生巡视预警 37 次，主要预警类型为地下水、施工规范性、施工管理不当、地层稳定性、其他类预警。如图 5.9-8 巡视预警分类统计图所示。

①地层稳定性：橙色巡视预警，2017 年 10 月 1 日，左线大里程下导洞右上角

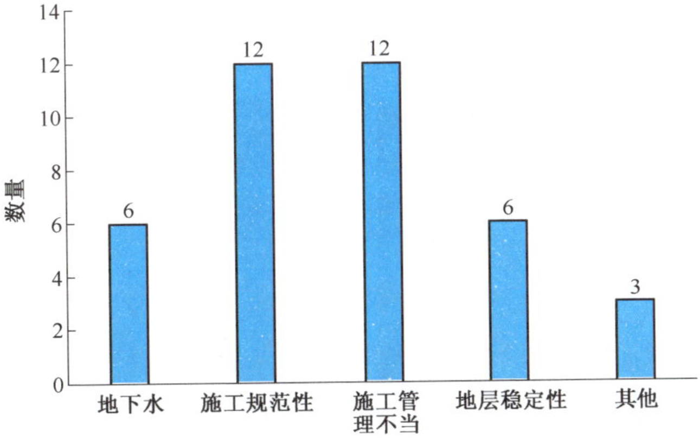

图 5.9-8　巡视预警分类统计图

土体坍塌，两榀格栅悬空，仰拱有积水(图 5.9-9)。处置情况：临时封闭掌子面(图 5.9-10)。

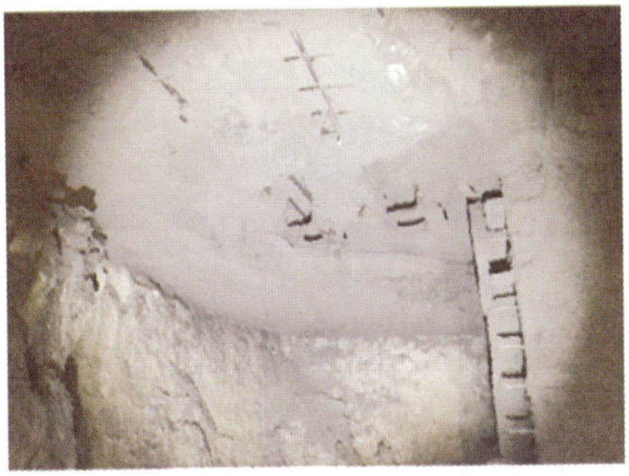

图 5.9-9　连续两榀格栅拱脚脱空

图 5.9-10　临时封端

②地下水：黄色巡视预警，2018 年 4 月 26 日，下台阶存在层间渗水导致垮塌、形成反坡(图 5.9-11)，底板位置存在少量渗漏积水。处置情况：集水抽排(图 5.9-12)。

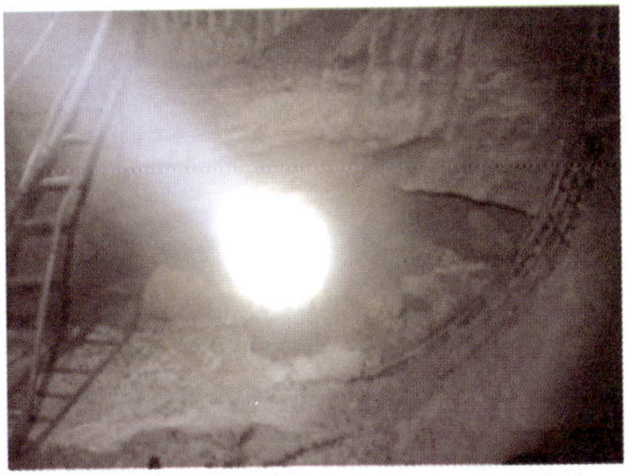

图 5.9-11　下台阶滑塌形成反坡

图 5.9-12　抽排渗漏水

③初支规范性：黄色巡视预警，2018 年 3 月 31 日，右线大里程下导洞连续两榀格栅未及时喷混封闭成环（图 5.9-13）。处置情况：已封闭成环（图 5.9-14）。

图 5.9-13　连续两榀格栅未及时封闭

图 5.9-14　格栅已封闭成环

④拆撑规范性：橙色巡视预警，2018 年 5 月 4 日，左线大里程方向由东向西进行二衬施工，临时仰拱拆撑长度超 18 m（图 5.9-15）。处置情况：加强现场管控，暂停拆撑，严格依据拆撑会议纪要要求施工（图 5.9-16）。

图 5.9-15　拆撑长度超 18 m

图 5.9-16　暂停拆撑，浇筑二衬

（4）监测情况分析

截至 2018 年 7 月 11 日，本工点新增预警 817 个，其中新增红色预警 59 个，橙色预警 432 个，黄色预警 326 个，监测预警点情况见表 5.9-8、表 5.9-9，如图 5.9-17 所示。

表 5.9-8　预警统计表

保留预警（截至 2017-06-01 24:00）			消警			新增预警			预警累计（截至 2018-07-11 24:00）		
红色	橙色	黄色	红色	橙色	黄色	红色	橙色	黄色	红色	橙色	黄色
0	0	0	59	348	300	59	432	326	0	84	26

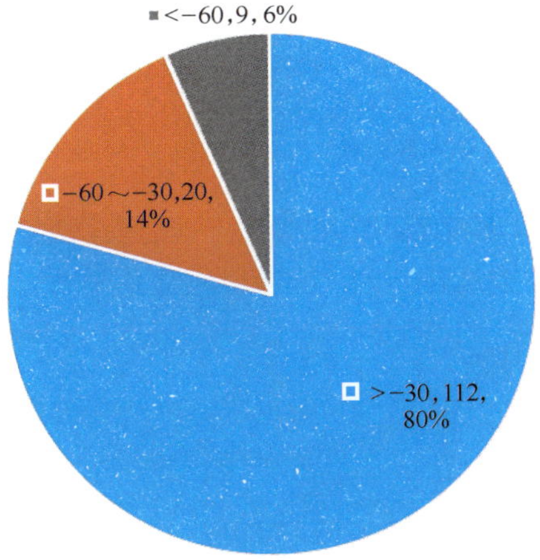

图 5.9-17　监测数据分布饼图

重要预警及采取的施工措施、控制效果。

表 5.9-9　红色监测预警统计表

测点名	报警时间	预警累计变化量(mm)	预警变化速率(mm/d)	本次累计变化值(mm)	变形速率(mm/d)	上控制值(mm)	下控制值(mm)	阈值变形速率(mm/d)
DB-23-07	2017/11/2	-47.92	-2.56	-69.22	-0.4	10	-30	2
DB-23-06	2017/11/20	-56.16	-2.22	-64.96	-0.47	10	-30	2
DB-23-02	2017/10/2	-41.18	-2.79	-71.57	-1.03	10	-30	2
DB-22-07	2017/10/2	-32.52	-2.46	-66.15	-1.02	10	-30	2
DB-22-06	2017/10/8	-43.71	-3.37	-63.23	-0.47	10	-30	2
DB-22-02	2017/10/6	-36.13	-4.44	-66.5	0.18	10	-30	2
RQG-03-01	2017/11/14	-17.45	-5.04	-25.28	0.41	10	-10	2
WSG-05-11	2018/1/5	-23.49	-2.02	-21.96	0.75	10	-15	2
YSG-04-01	2017/12/29	-19.17	-5.25	-20.46	-0.49	10	-15	2
SSG-04-03	2017/11/4	-58.69	-2.37	-71.41	-0.04	10	-10	2
SSG-05-03	2017/12/26	-21.94	-4.59	-39.13	1.32	10	-10	2
SSG-05-04	2018/1/5	-23.42	-2.16	-47.95	0.89	10	-10	2

施工措施：

1)优化深孔注浆参数,确保拱顶粉细砂层注浆效果。

2)加强上半断面台阶锁脚及墙脚稳定措施。

3)加大上、下断面及左、右隧道错距。

4)加强初支背后回填注浆。

5)强化工序的综合控制与衔接。

控制效果:在隧道开挖过程中进行监测数据的动态分析、预警和反馈,根据监测数据及时调整施工参数,监测点累计值最终控制在-70 mm 左右,未发生险情事件。

(5)不同施工部位变形控制分析

1)马头门处典型监测数据分析(图 5.9-18、图 5.9-19)

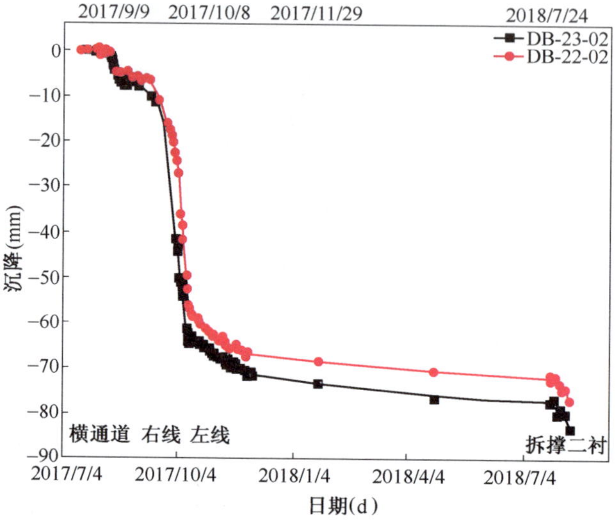

图 5.9-18　小里程方向马头门处典型沉降曲线

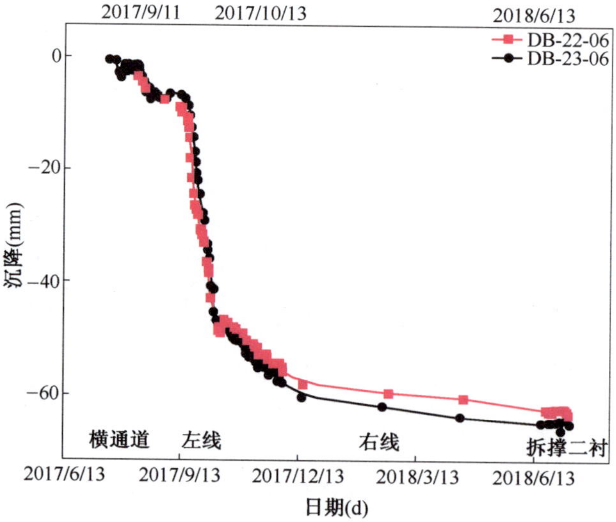

图 5.9-19　大里程方向马头门处典型沉降曲线

本监测点位于马头门一侧 10 m 处,横通道开挖沉降量约-10 mm;由于通州区域地层敏感，先行施工隧道开挖后沉降速率较大，在-2～-4 mm/d 之间，注浆后沉降速率减缓，累计沉降量-50～-60 mm 之间；相邻隧道开挖后沉降速率较小，约-1 mm/d，30 d 后沉降趋于稳定，最终累计沉降-60～-80 mm 之间；拆撑及二衬施工过程中沉降量较小。

2）小里程方向 QB、QC 断面过渡段典型监测数据分析（图 5.9-20、图 5.9-21）

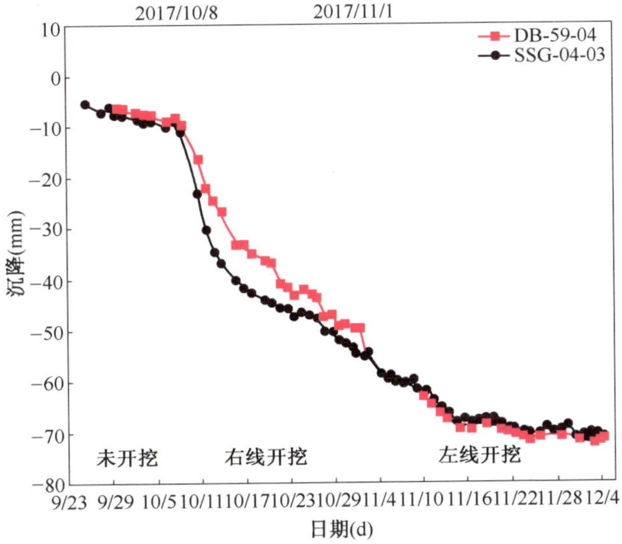

图 5.9-20　小里程方向典型沉降曲线

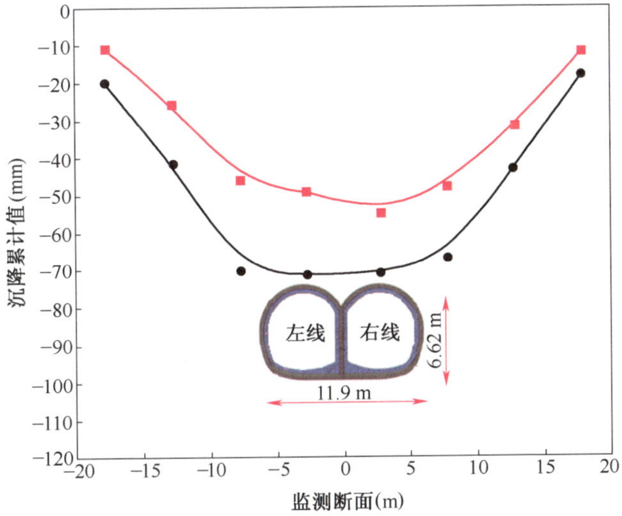

图 5.9-21　小里程方向典型沉降曲线

受施工降水影响，在开挖前固结沉降量约-10 mm；右线开挖施工后，由于通州区域地层敏感，在开挖后 3 d 内沉降速率较大，约-3 mm/d，注浆后沉降速率减缓，累计沉降量-50 mm；左线开挖后沉降速率较小，约-1 mm/d，15 d 后沉降趋于稳定，最终累计沉降-70 mm。

3）大里程方向 QB 断面典型监测数据分析（图 5. 9-22、图 5. 9-23）

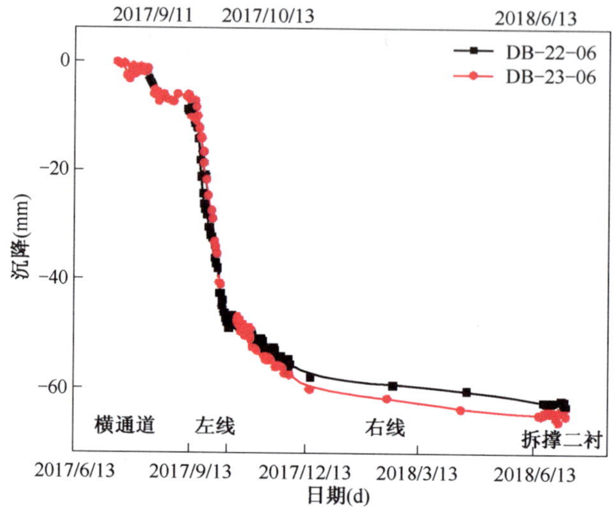

图 5. 9-22　大里程方向典型沉降曲线

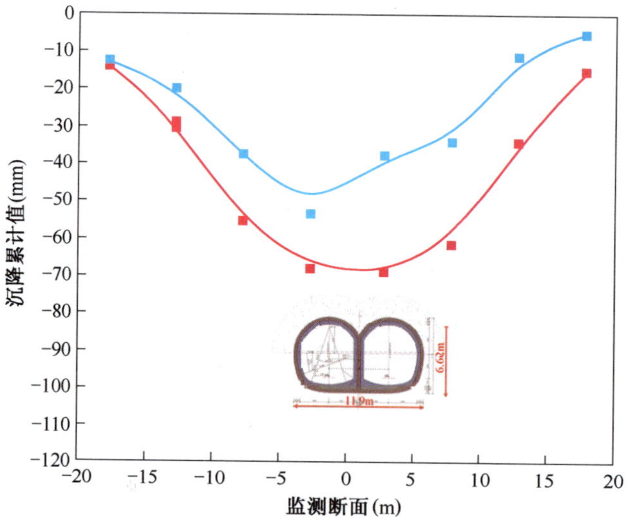

图 5. 9-23　大里程方向典型沉降槽曲线

本监测点位于横通道东侧 10 m 处，横通道开挖沉降量约-10 mm；左线开挖施工后，由于通州区域地层敏感，开挖后沉降速率较大，约-2 mm/d，注浆后沉降速率减缓，累计沉降量-50 mm；右线开挖后沉降速率较小，约-1 mm/d，30 d 后沉降趋于稳定，最终累计沉降-68 mm；拆撑及二衬施工过程中沉降量较小。

对沉降槽曲线进行 peck 公式拟合，拟合后沉降曲线反弯点 $i=0.55H_i=11$ m，本工点隧道主要影响区域为初支格栅联拱正上方至 $0.55H_i$ 范围内，次要影响区为 $0.55H_i\sim1.5H_i$ 范围内，可能影响区为隧道周边 $1.5H_i$ 以外。

4）下穿 DN1300 污水管（一级风险）监测数据分析（图 5.9-24）

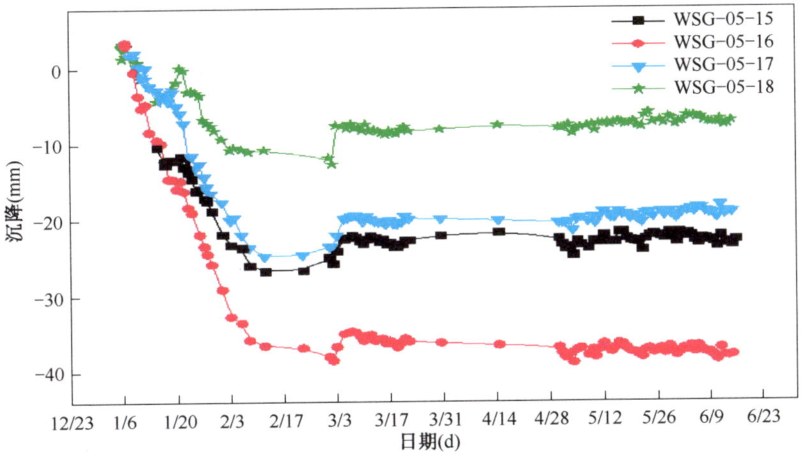

图 5.9-24　DN1300 污水管沉降曲线

出入段线矿山区间与污水管线最小净距 0.5 m，监测数据显示，开挖过程中污水管线沉降速率较大，最大沉降速率为-3.62 mm/d，污水管线沉降最大点 WSG-05-16 位于右线隧道正上方，累计值-37.78 mm，管线差异沉降最大值为-2.02‰，在拆撑二衬施工期间，测点变化基本稳定。

5）下穿 $\phi1000$ 上水管（一级风险）监测数据分析（图 5.9-25、图 5.9-26）

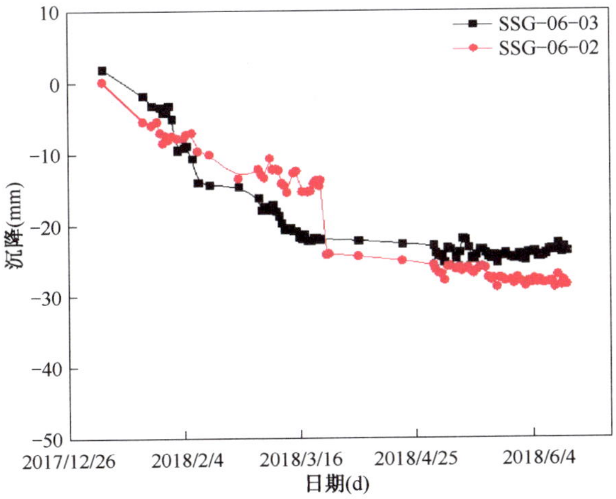

图 5.9-25　$\phi1000$ 上水管沉降曲线

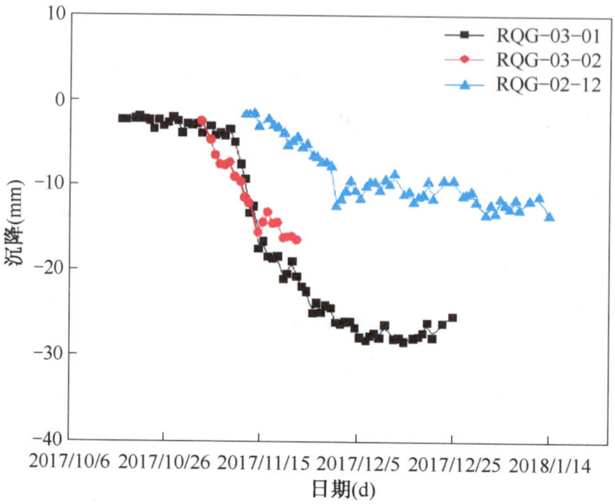

图 5.9-26　ϕ508 燃气管沉降曲线

出入段线矿山区间与污水管线最小净距 5.0 m，监测数据显示，开挖过程中污水管线沉降速率较大，最大沉降速率为−2.63 mm/d，管线沉降最大点 SSG-06-02 位于右线隧道边缘线外侧 7 m 处，累计值−28.35 mm，管线差异沉降最大值为 0.236‰，在拆撑二衬施工期间，测点变化基本稳定。

6）下穿 ϕ508 燃气管（一级风险）监测数据分析

出入段线矿山区间与污水管线最小净距 7.0 m，监测数据显示，开挖过程中污水管线沉降速率较大，最大沉降速率为−4.55 mm/d，管线沉降最大点 RQG-03-01 位于左右线隧道中部，累计值−25.28 mm，管线差异沉降最大值为−0.550‰。

3. 风险管控总体评价

本工点施工过程中发生巡视预警 37 次，红色监测预警 59 点次，沉降量在−30 mm 以内的测点占 80%，马头门处风险较大，其他位置风险基本可控。

5.9.4　经验教训及建议

1. 初支联拱隧道开挖断面大，开挖步序类似 CRD 法，共用初支格栅不拆除，仅拆除临时仰拱，为通州地区类似工程提供了宝贵经验；

2. 因隧道洞身周围主要为砂土层及粉质黏土，隧道围岩分级为Ⅵ级，呈松散状，开挖时易坍塌，建议选择代表性段落进行预注浆试验，检查在该地层中超前小导管的注浆效果，确定合理的注浆工艺；

3. 监测点累计沉降−30 mm 以内的占 80%，−30～−60 mm 占 14%，大于−60 mm 的占 6%，造成红色预警的原因主要为地层条件较差，隧道部分初支格栅拱脚位于粉细砂层，开挖过程中易发生地层坍塌，造成拱脚悬空问题，建议设计阶段宜增加拱脚处锁脚锚杆数量，控制初支沉降；

4. 沉降最大部位位于马头门两侧初支联拱段，马头门部位施工风险较大，空间效应影响显著，横通道开挖沉降量-10 mm，占总沉降量的 13%～17%，先行隧道施工施工期间沉降量为-30～-40 mm，占总沉降量的 46%～50%，相邻隧道施工沉降量为-20～-30 mm，占总沉降量的 31%～38%。建议类似工程马头门处采取地层加固措施，降低施工风险；

5. 初支联拱段临时仰拱拆撑施工过程中地面沉降量较小，数据变化稳定；

6. 初支联拱结构格栅节点连接控制难度大，施工过程中应加强格栅制作精度，施工过程中初支联拱格栅节点应连接密实无缝隙，保证传力可靠性；

7. 加强洞内及地面沉降变形动态监测，指导施工及时调整支护参数。

5.10　洞桩法 8 导洞形式暗挖车站施工管控案例

5.10.1　工程概况

1. 设计概况

某站规划为两条线路的换乘车站，车站呈东西走向，右线 K6+095.716～K6+331.316，长 235.6 m。车站主体全部采用暗挖施工，双层三跨三连拱断面（图 5.10-1、图 5.10-2）。

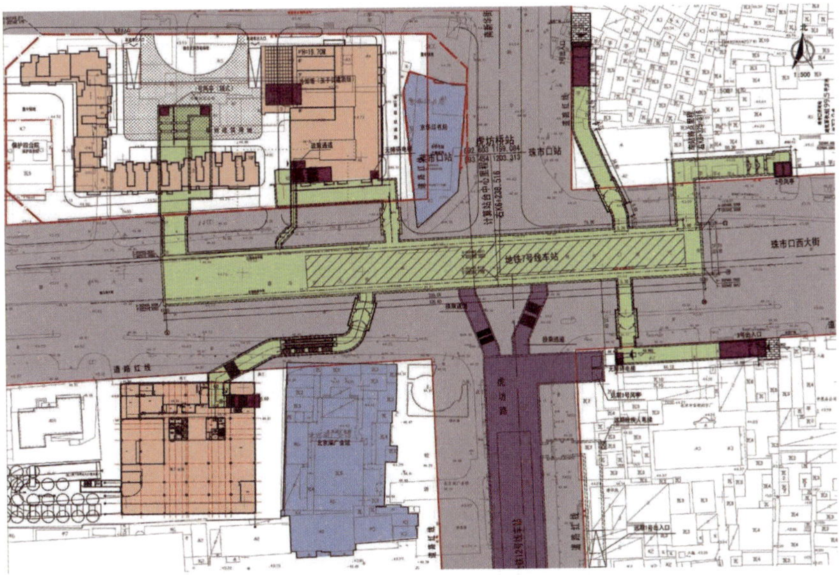

图 5.10-1　本站平面位置

图 5.10-2　本站主体结构标准断面图

2. 工程地质与水文地质

(1)工程地质条件

车站拱部粉细砂④$_3$层、上半断面为中粗砂⑤$_1$层、粉细砂⑤$_2$层层,中部为粉质黏土层⑥层、下半断面及底板为卵石⑦层。本工程段存在饱和的粉土、砂类土,易发生潜蚀、流砂及管涌;多层地下水给矿山法施工带来安全隐患。地质纵断面图详如图 5.10-3 所示。

(2)水文地质条件

本站场区内赋存三层地下水,分别为潜水(二)、层间潜水(三)、承压水(四);潜水(二):含水层岩性粉细砂⑤$_2$层,水位标高 26.7 m,位于车站站厅层位置。层间潜水(三):含水层岩性卵石⑦层,水位标高 21.56 m,位于站台层位置。承压水(四):含水层岩性卵石⑨层,水位标高 13.26 m,结构底板以下,未影响车站施工。

(3)工程重难点

本车站主体双层暗挖结构标准段宽度为 22.9 m,总高 15.96 m,双柱三跨三连拱结构形式,覆土为 8.15 m。顶拱穿越粉细砂层,底板位于卵石层,为一级风险源,是安全风险管控的重点。

主体双层暗挖段平行旁穿直径 1.75 m 污水管、平行下穿 0.8 m×1.3 m 污水管、平行下穿直径 1.5 m 污水管、平行下穿直径 0.6 m 上水管、平行旁穿直径1.6 m 雨水管、平行下穿直径 0.5 m 燃气管均为一级风险源,其中 1 750 污水管距离主体结构最近约 0.13 m,安全风险较大。

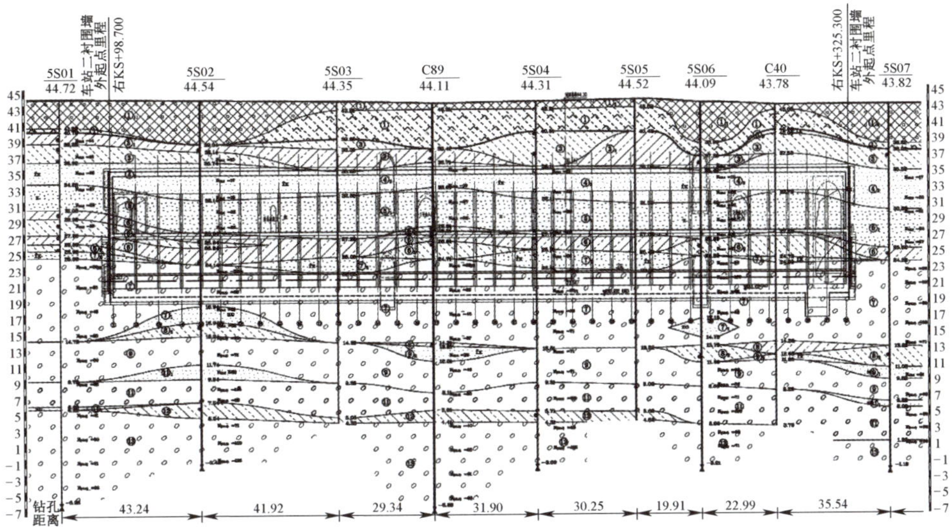

图 5.10-3　主体结构地质纵断面图(单位:m)

5.10.2　风险工程对策

1. 小导洞开挖施工

(1)超前加固分两种形式:小导洞为超前水平小导管,扣拱为管棚。小导洞临时通道侧壁开挖小导洞前,首先打设双排长度 3.5 m 水平超前小导管,小导管与临时通道格栅焊接牢固。临时通道侧壁开挖小导洞前,施作扣拱范围管棚,拱部管棚参数为 $\phi133$($t=6$ mm)@ 300,管内注水泥浆;导洞及扣拱超前加固断面如图 5.10-4 所示。

超前小导管采用 DN25 水煤气管,拱部范围布置,$L=2$ m,间距 300 mm。每榀格栅钢架打设一环。注浆材料采用改性水玻璃。注浆压力控制在 0.2~0.5 MPa,注浆扩散半径 250 mm,注浆速度≤30 L/min。

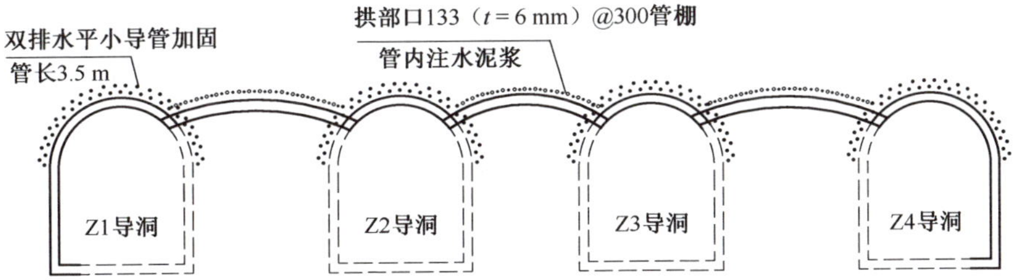

图 5.10-4　超前小导管及管棚超前加固范围

(2)为确保上方主要污水管线安全,在 1 号、4 号小导洞施工时主要采取横通道上半断面全断面深孔注浆加固的措施(图 5.10-5),改善通道上方土体应力,减小因拱顶沉降对管线破坏的施工风险。

深孔注浆每 15 m 一个循环,施工时,封闭掌子面,采用地质钻机钻孔,后退式高压注浆,完成对污水管周围土体的深孔注浆加固,注浆孔在每一循环开始部位的掌子面上按扇形环向布置,对掌子面进行深孔注浆,保证掌子面前方土体被加固,作业顺序:先外圈,后内圈,间隔钻孔注浆。

注浆参数为如下:

钻孔深度:15 m。

注浆材料:浆液采用改性水玻璃。

注浆终压:0.2~0.5 MPa。

凝固时间:1~2 min,为速凝注浆。

注浆结束标准:注浆量和注浆压力双控注浆,单管注入设计浆液量,压力达到设计终压,即可结束注浆。压力持续不上升,流量不减少,采用间歇注浆。

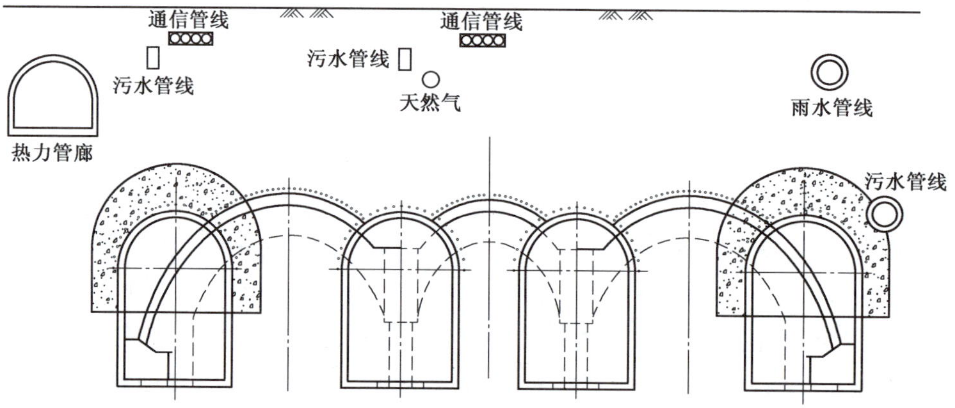

图 5.10-5　全断面深孔注浆示意图

(3)根据地质勘查报告及掌子面地质揭露情况,分析前方地质状况,进行地质预报;采用洛阳铲钻孔超前探测,探孔深度 5 m,开挖间隔 3 m 探测一次。

(4)施工前对上方管线详细进行现场调查,查明管线位置及敷设状况;开挖过程中遇到管线渗漏情况,及时封闭开挖面,防止渗水淘空管线下方土体造成管线沉降破坏。

(5)马头门破除后均对拱顶进行回填注浆加固,必要时采取补偿注浆;导洞开挖施工严格保持施工步距,上下层开挖步距不小于 8 m;严格做好超前注浆措施,提前加固前方地层。

(6)及时施作初支背后回填注浆,如监测变形过大,掌子面自稳能力差,对掌子面砂层进行注浆加固。

2. 初支扣拱施工

初支扣拱采用台阶法留核心土开挖,ϕ133 管棚超前注浆预加固+DN25 超前小导管注浆+钢格栅+350 mm 网喷混凝土联合支护。

(1)本站初支扣拱拱部土方开挖范围设置 ϕ133(t=6 mm)管棚超前支护,环向间距各 0.3 m;1 号横通道单根打设长度 64.00 m(向东)、41.0 m(向西),2 号横通道单根打设长度 41.5 m(向东)、34.725 m(向西),3 号横通道单根打设长度 34.725 m(向东),分节长度 1.6~2 m,丝扣接头连接,确保相邻管棚接头错开,打设角度:水平向打设。水平导向钻机钻孔,管棚分段钻进,注入水灰比 1∶1 水泥浆液,压力按 1.0 MPa 考虑,根据施工实际情况进行动态调整。

(2)超前注浆采用 DN25 水煤气管,长度 2.00 m,环向间距 300 mm,内注改性水玻璃。

(3)钢格栅纵向间距以小导洞开挖同步尺寸相同;钢筋网为 ϕ6.5 双层钢筋网,网格间距 150 mm×150 mm,搭接长度不小于 150 mm。

(4)扣拱施工时与导洞格栅预留钢板焊接牢固(采用七字筋连接),边跨施工时初期支护端部扣在桩顶冠梁上,初支背后露空部分使用 C20 混凝土回填,并与拱脚初支同时施工。

(5)施工过程中做到早封闭,减少土体暴露时间。及时进行初支背后回填注浆,保证距离掌子面距离不大于 10 m。

3. 二衬扣拱施工

车站小导洞侧墙混凝土破除采用分段分层施工。割除导洞格栅随二衬扣拱采用跳段施工,每段长度为控制在 10 m 以内。

初支扣拱土方开挖至拱顶向下 3.2 m 位置,小导洞初支破除范围如图 5.10-6 所示。

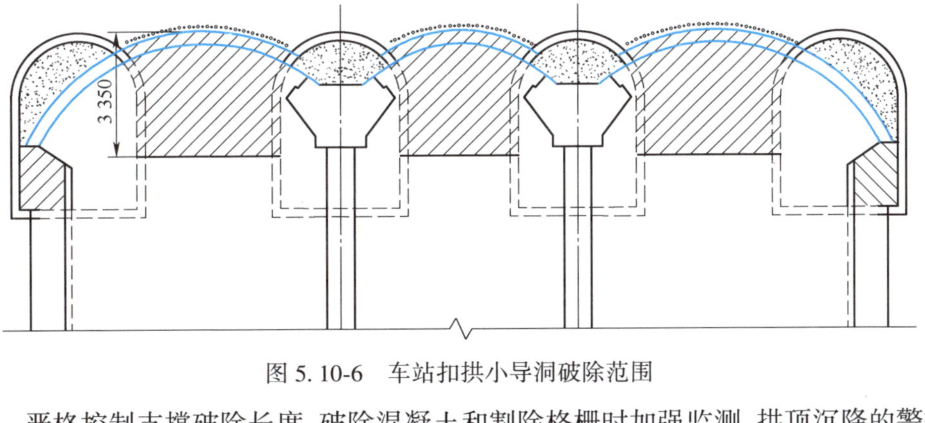

图 5.10-6　车站扣拱小导洞破除范围

严格控制支撑破除长度,破除混凝土和割除格栅时加强监测,拱顶沉降的警戒值设为 1 mm/d,如果发生超出警戒值的速率马上停止施工,采取加固措施:采用 150 mm×150 mm 方木竖撑,竖撑上下均设置 150 mm×150 mm 方木横撑,并且采用 50 mm 厚木板将竖撑连为整体。

4. 土方开挖

土方开挖采用逆作法分两层施工挖土,采用小挖掘机与人工配合开挖。

在两根钢管柱之间,采用机械拉槽挖土,两边采用人工配合开挖。土方开挖采用竖向分层,纵向分段,逐段封闭的施工原则。开挖下一层土方时,待上一层逆作梁板结构砼强度达到设计强度后进行。土方开挖时,严禁紧挨中间钢管柱单边开挖,沿钢管柱四周平衡开挖,以减少土方对中间钢管柱的压力,避免产生不必要的变形。土方开挖对称进行,即由中间向两侧开挖,以平衡土压力对墙体的压力。逆作法施工土方开挖期间应全过程对基坑的围护体系、周围环境、地下结构本身进行监测,及时反馈信息,及时调整开挖方法、开挖速度和开挖方向,做到信息化施工。

5. 风险工程监控

表 5.10-1　本站监控量测控制表

序号	量测项目	监控量测控制指标		
		允许位移值(mm)	位移平均速率控制值(mm/d)	位移最大速率控制值(mm/d)
1	拱部下沉	40	2	5
2	净空收敛	20	1	3
3	地表沉降	车站主体:60	2	5
4	地下管线沉降	有压:10 无压:20	有压:1 无压:2	有压:3 无压:5
5	周围建(构)筑物沉降	15	1	2

5.10.3　实施过程及效果评价

1. 专家论证及咨询意见

2011 年 9 月 29 日及 2012 年 2 月 10 日,在车站主体施工前,项目部组织了专家分别对车站主体(导洞开挖)和主体施工方案进行了评审。

(1)车站主体(导洞开挖)专家意见

1)小导洞格栅节点栓接如果不好,应该采取钢筋绑焊。

2)上导洞应预留扣大拱连接节点条件。

3)上导洞通过市政管线时,建议会同设计单位对注浆方案进行优化,重点对掌子面砂层进行注浆加固,如果采用周边注浆,应控制好注浆压力,不要危及市政管线的安全。

4)下导洞建议取消柱间横导洞方案,改为逐步封底,如果仍采用横导洞方案,应当会同设计单位对开洞接口进行优化。

5）优化市政管线的优化方案，建议增加管线倾斜的监测控制值。

（2）车站主体施工方案专家意见

1）初支扣拱施工：

①初支扣拱施工先扣中拱，再扣边拱。

②横通道开马头门前，应对掌子面砂层进行注浆，注浆长度6 m，后续施工

③参照小导洞开挖做法。

④优化扣拱格栅节点做法，做到等强连接。

⑤二衬施工时，应分段拆除初支导洞，加强钢管柱及与边桩的差异沉降监测。

2）二衬施工：

①中拱与边拱对称施工。

②补充顶纵梁模板支架立杆平面图。

③补充边墙开洞、开槽展开图及模板定位措施。

④补充站厅层中板及轨顶风道开洞平面图及模板定位措施。

⑤细化架体立杆竖向组合尺寸，明确a值。

⑥细化顶梁、中跨及边跨模板支架剖面图。

（3）专家巡视（图5.10-7、图5.10-8）

2012年8月28日由组织矿山法专业的专家，对本站进行现场巡视活动，针对巡视工点施工现状、重要风险工程安全状态、现场施工工艺等（超前支护、土方开挖、格栅架设、注浆实施等相关方面）进行巡查并提出意见如下：

1）进一步规范初支扣拱核心土留设、台阶长度、超前小导管打设间距，确保超前注浆质量，加强初支各工序衔接控制。

2）加强扣拱格栅节点连接质量控制。

3）破除马头门区段宜深孔注浆加固砂层。

4）对天梁、中柱等主要受力结构加强变形监测。

5）注意顶纵梁顶部回填密实，保证后期受力转换可靠。

图5.10-7　专家现场巡视

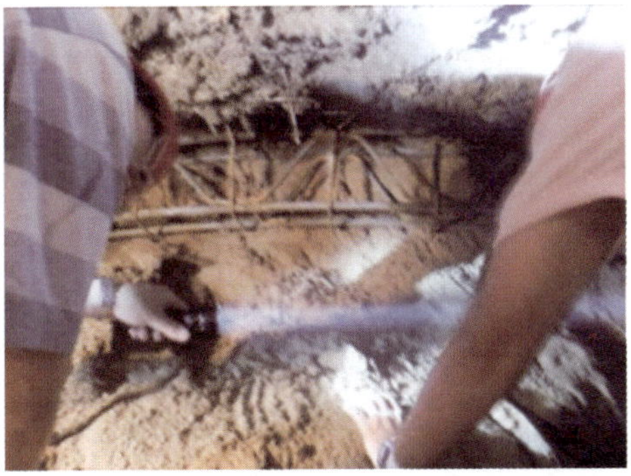

图5.10-8　本站拱部地质情况（粉细砂层）

2. 工期控制

(1)小导洞开挖施工：2011 年 10 月 6 日～2012 年 4 月 28 日(图 5.10-9、图 5.10-10)。

图 5.10-9　小导洞开挖施工状态

图 5.10-10　小导洞拱部粉细砂层

(2)桩梁体系施工：2012 年 2 月 18 日～2012 年 8 月 23 日(图 5.10-11、图 5.10-12)。

图 5.10-11　边跨扣拱格栅安装作业

图 5.10-12　顶纵梁施工状态

(3)车站主体初支扣拱：2012 年 7 月 30 日～2012 年 10 月 8 日(图 5.10-13、图 5.10-14)。

图 5.10-13　初支扣拱施工(1)

图 5.10-14　初支扣拱施工(2)

(4)车站主体二衬扣拱:2012年9月15日~2012年12月20日(图5.10-15、图5.10-16)。

图5.10-15　小导洞临时支撑破除施工

图5.10-16　防水板铺设及钢筋绑扎

(5)主体土方开挖及结构施工:2012年12月10日~目前。

3. 方案落实情况

(1)小导洞开挖(图5.10-17~图5.10-20)

超前深孔注浆加固效果良好,施工过程中基本未发生坍塌现象,格栅连接到位、可靠,喷混凝土效果控制效果不佳,多次出现露筋情况,需进行补喷处理;初支背后回填注浆严格按照施工方案进行了控制,注浆较为及时,距离掌子面距离不大于10 m;各导洞开挖步距进行了严格把控,纵向距离不小于8 m,有效的降低了群洞效应。

(2)初支扣拱方案落实(图5.10-21、图5.10-22)

初支扣拱阶段,严格执行了既定预案,按照"先扣中拱,再扣边拱"的总体思路进行,同时两侧洞扣拱进度基本保持一致,有效降低偏载对结构的影响;重点把控了格栅连接质量,对格栅连接部位进行了加强,确保节点牢靠。

图5.10-17　作业面留设规范

图5.10-18　及时喷混凝土

图 5.10-19　大管棚加固图

图 5.10-20　超前小导管及全断面注浆图

图 5.10-21　初支扣拱施工

图 5.10-22　大管棚预加固施工

(3)二衬扣拱方案落实(图 5.10-23、图 5.10-24)

二衬扣拱阶段,施工中重点把控了初支格栅拆除长度控制,采用分段跳拆的方式施工,每段长度控制在 10 m 以内,整个施工过程安全可控,结构及周边环境均未发生较大变形。

图 5.10-23　二衬扣拱小导洞破除

图 5.10-24　二衬扣拱钢筋绑扎

4. 安全风险管控情况

主体结构开挖及结构施工期间无重大安全事故发生，安全风险管控在如下两个方案加强了施工管控：

(1)针对拱部砂层的超前支护

本站小导洞开挖及扣拱施工拱部均穿越粉细砂层，地层自稳性差，施工过程中容易发生拱部坍塌风险，初支施工期间必须保证超前小导管注浆效果，在小导管打设长度、注浆量等方面加强管理，并保证锁脚锚杆的及时打设。

(2)加强施工规范性巡视

本站周边存在有大量雨水、污水、天然气、上水等管线及京华书局等建筑物，导洞及扣拱开挖卸载及多工序转换会给周边管线和建筑物带来较大变形，控制沉降是本工程能否顺利进行的关键，初支阶段日常巡视中对导洞开挖面间距、台阶留设、格栅架设等方案加强巡视，扣拱阶段对格栅连接质量、格栅破除长度等方案进行检查，保证施工环境安全。

5. 环境影响评价

(1)预警情况统计

本站自施工至今，风险平台共发生 42 个橙色、9 个黄色监测预警，典型测点沉降历时曲线如图 5.10-25 所示。整个施工过程中因初支扣拱时打设超前小导管数量不足发生一次黄色巡视预警。

(2)监测数据统计

根据监测数据和现场巡视情况可知，截止至 2013 年 3 月 10 日，本站周边环境无明显破坏情况，处于安全可控范围。各风险工程在施工期间最大累计沉降情况统计见表 5.10-2(管线测点均为地表测点代替)：

表 5.10-2　周边环境监测最大值统计

监测对象	测点编号	累计沉降	沉降速率	控制值	状　态
		mm	mm/d	mm	
地表	DB-27-5	−103.45	0.06	60.00	橙色预警
污水管线	WGXG-02-29	−123.33	−0.05	20.00	橙色预警
燃气管线	RGXG-01-10	−97.74	−0.02	10.00	橙色预警
雨水管线	YGXG-02-16	−88.92	−0.06	20.00	橙色预警
上水管线	SGXC-03-03	−96.20	−0.07	10.00	橙色预警
热力管沟	RLXG-01-05	−73.92	−0.03	20.00	橙色预警
电力管沟	DGXG-01-03	−21.58	−0.07	10.00	橙色预警
建筑物	JCJ-07-04	−10.81	−0.03	10.00	橙色预警

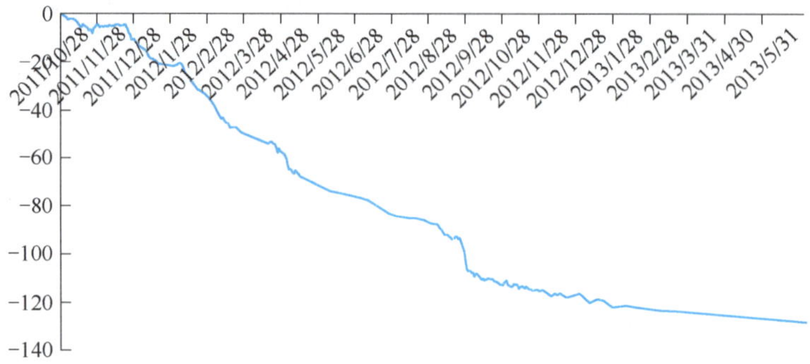

图 5.10-25　主体结构上方 WGXC 测点沉降历时曲线图

5.10.4　经验教训与建议

1. 本站主体施工拱部穿越粉细砂层,施工地质条件差,周边市政管线及建筑物等风险源众多,施工难度较高。过施工过程中通过专家评审、专家巡视、日常巡视及监控量测等风险安全管控工作,降低了施工安全风险,安全顺利地完成了该车站的主体结构施工。

2. 工程勘察设计阶段,应通过调整线高等手段,尽量避免出现车站及区间拱部位置穿越粉细砂层的情况,可以大大降低施工风险和工程造价,缩短施工工期。

3. 通过进行有效地进行施工降水、全断面深孔注浆、大管棚注浆加固措施,严格控制超前小导管注浆加固、格栅连接质量、壁后注浆、破除小导洞长度等施工工艺,有利于减小粉细砂层施工对周边风险工程的影响。

4. 砂层地段控制沉降的关键在于超前支护的及时性与规范性,后续工程施工中必须加强施工管理,加强对沉降的控制。

5.11　暗挖区间可燃气体防护安全管控案例

5.11.1　工程概况

1. 设计概况

某区间过五环采用地下暗挖形式。暗挖段起讫里程为:K1+508~K1+810,全长 302 m,暗挖跨度 11.6 m,高 8.894 m,为单洞双线大断面。暗挖采用双侧壁导坑法施工。本段暗挖工程在环岛绿地内设置 1 座施工竖井(兼雨水泵房),竖井深 22.91 m,净空 4 m×6 m,在暗挖两端分别设置了东端竖井和西端竖井。

本区间暗挖段采用复合式衬砌结构,初期支护采用挂网喷射混凝土+格栅钢架形式,二次衬砌采用模筑钢筋混凝土结构(图5.11-1)。断面尺寸为11.6 m×8.894 m(跨度×高度)。

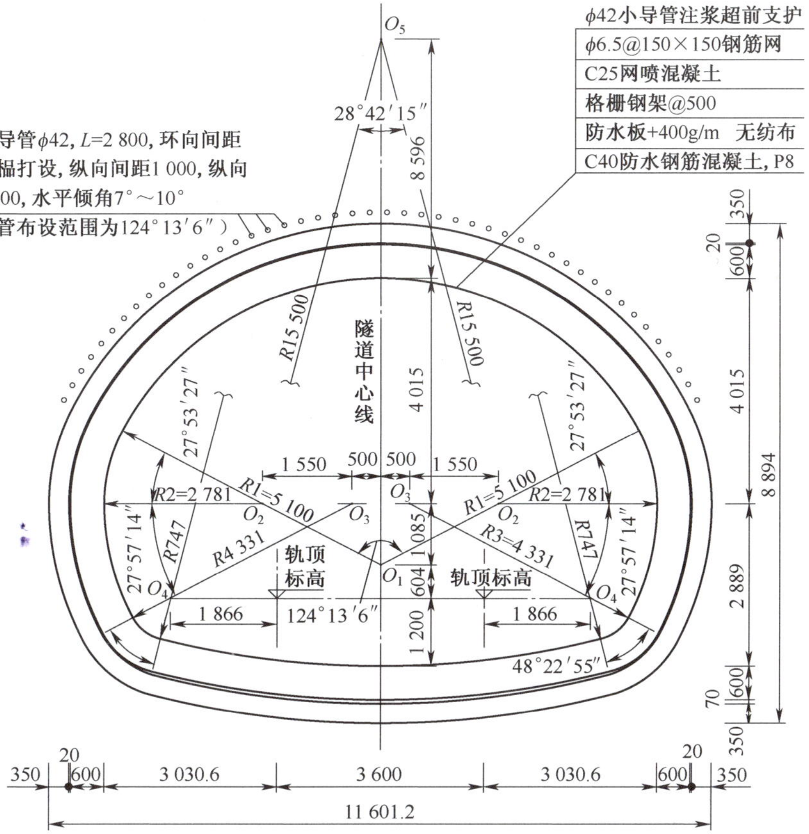

图5.11-1　暗挖段支护结构横断面示意图(单位:mm)

2. 工程地质与水文地质

(1)工程地质条件

暗挖段所处地区地层自上而下可分为人工填土层、第四纪新近沉积层和第四纪晚更新世冲洪积层三大类(图5.11-2)。

隧道拱顶穿过的土层主要为粉质黏土④$_6$层,含粉质黏土⑥$_6$层。边墙穿过的岩土层为含粉质黏土碎石⑦$_5$层,粉质黏土⑧$_6$层,含粉质黏土碎石⑨$_5$层,地层较为稳定。

(2)水文地质条件

本区段场地地下水类型为潜水(二),含水层为含粉质粘土碎石⑨$_5$层,主要接受侧向径流及越流补给,以侧向径流方式排泄。由于暗挖隧道结构底板标高50.6 m,远高于勘察的地下水位标高,因此施工未考虑地下水影响。

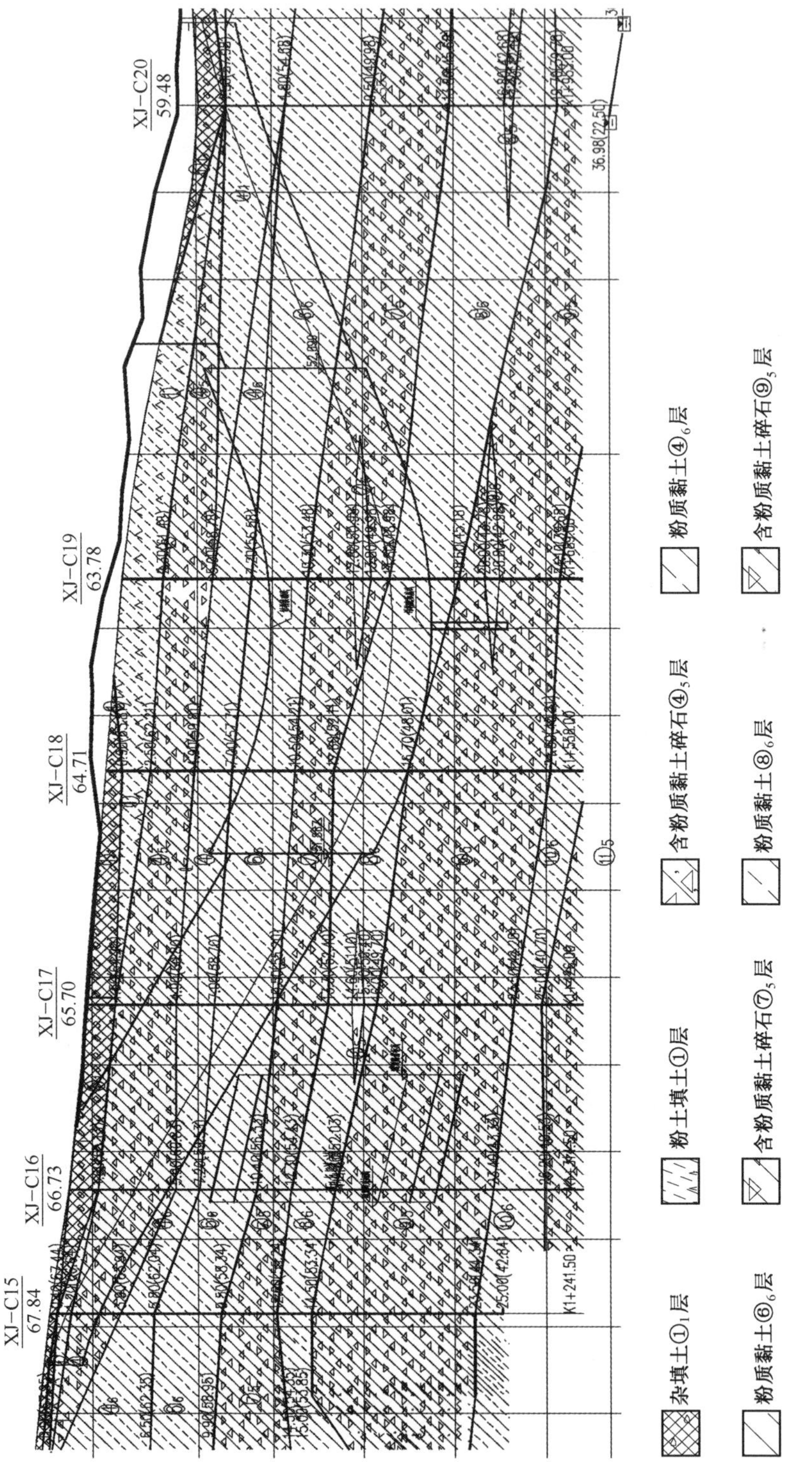

图 5.11-2　暗挖段地质总剖面图

(3)地下可燃气体概况

东端竖井进入正线后发现有汽油味,经检测可燃气体主要成为分 C4-C12 脂肪烃和环烷烃,随导洞深入气体浓度增加,且严重超标,现场随即暂停了东端竖井所有作业面的施工,组织论证后方进行后续施工。

5.11.2　风险工程对策

地下可燃气体随隧道的开挖逐渐释放,不断累积,当气体达到爆炸极限时,遇点火源发生爆炸。为此,必须制定详细的通风方案、气体监测检测方案,并针对可燃气体提出专门的安全措施,制定专门的应急救援预案。

1. 暗挖施工通风方案

为防止可燃气体积聚引起爆炸事故和减少可燃气体对施工人员身体的危害,制订隧道开挖通风方案。方案以东端竖井向西正线导洞开挖施工为主,通风采用正压压入式+斜流排风机的混合式通风方案,在地面设置对旋轴流式通风机,通过风筒将新鲜风流送入掌子面,稀释可燃气体后,依次通过导洞、横洞和竖井将污风排至地面。为了使可燃气体尽快排出,不至于在横通道隅角处积累造成危险,在横通道上下导洞端部各布置 1 台(共 2 台)防爆型斜流风机。

2. 可燃气体监测、检测方案

隧道采用人工监控与自动监控相结合,在掌子面及作业机械设备的隅角设置便携式可燃气体检测报警仪,在检测到可燃气体浓度>0.325%时报警,可燃气体浓度>1%时切断作业区电源,工人停止作业,并撤出作业人员。对需人工检测的部位,保证每 120 min 检测一次,遇突出或异常情况需随时监测。

3. 人员防护方案

洞内作业人员着防静电服,增加工人,采用倒班作业的方式避免工人长时间处于油气体中造成伤害。

5.11.3　实施过程及效果评价

1. 专家论证及咨询意见

针对本区间可燃气体处置,组织专家巡视,形成意见如下:

(1)加强本区间导洞上台阶开挖控制,上台阶拱脚连接板支垫应稳固,控制台阶长度,处置及早封闭成环,及时进行回填注浆。

(2)本区间东端竖井 1 号导洞内应采用人工手推车进行渣土运输,有害气体自动化监测设备应及时跟进,加强洞内有害气体超前探测。

(3)加强洞内监测,及时对比洞内洞外监测数据。

(4)加强对本区间东端竖井作业人员随身携带的明火检查。

(5)东端竖井 1 号导洞内避免明火作业,格栅纵向连接筋可采用直螺纹套筒连接,洞内进行通风风速监测。

2. 工期控制

(1)2014 年 6 月 28 日~2014 年 8 月 15 日:东端竖井正线开挖,开挖面主要穿越砂卵石与黏土地层,地层较为稳定,无渗水影响。进入正线后发现有汽油味,7 月9 日检测结果表明气体浓度最大为 703. 2 mg/m^3,按原专项方案增加通风和气体监测措施。8 月 2 日,1 号洞掌子面气体浓度增加,手持式检测仪测得的结果为 47% LEL,严重超标,封闭各掌子面(图 5. 11-3~图 5. 11-6)。

(2)2014 年 8 月 16 日至今:东端竖井正线恢复开挖后,洞内监测可燃气体浓度可控,开挖中避免明火并加强监测,个别监测设备及气体检测设备存在滞后现象。目前初支结构已全部完成(图 5. 11-7~图 5. 11-10)。

3. 方案落实情况

(1)暗挖施工通风

专项方案通风采用压入式,由 3 台对旋轴流风机对洞内进行了通风,每台风机负责 2 个导洞。为了使可燃气体尽快排出,不至于在横通道隅角处积累造成危险,在横通道上下导洞端部各布置 1 台(共 2 台)防爆型斜流风机(SJG-5.0F-8 型,

图 5. 11-3　东端横通道上导洞大管棚完成

图 5. 11-4　正线导洞开挖

图 5. 11-5　掌子面稳定

图 5. 11-6　东端竖井封闭

图 5.11-7　东端竖井 1 号导洞破面开挖

图 5.11-8　掌子面稳定

图 5.11-9　洞内气体检测设备存在滞后现象

图 5.11-10　1 号导洞地层稳定

12 000 m^3/h，风压 365 Pa，2.2 kW，L=755 mm，D=792 mm，W=115 kg），使通风方式变为混合式，效率更高，安全更有保证。

（2）洞内设备

洞内设备必须采用防爆型（包括锚喷设备、注浆机等），照明和供电系统也要采用防爆型。洞内通信设备采用防爆对讲机，严禁携带手机进洞。

（3）可燃气体监测、检测方案

隧道采用人工监控与自动监控相结合，在掌子面及作业机械设备的隅角设置便携式可燃气体检测报警仪。

（4）人员防护

洞内作业人员着防静电服，洞内高峰时期共有土方开挖人员 36 人，每个循环配备 2 班工人，实行倒班作业，每班连续作业长度不超过 2 h。洞内配备充足灭火器。

（5）洞内电焊作业

格栅焊接作业前，使用水基型灭火器直接对裸露的含油作业面黏土进行喷射，在土层外表形成一层保护膜，在通风状态作业下 1 L 灭火剂可以确保 1 m^2作业面在 4 小时内对保护土层进行隔绝空气保护，在此期间，周边可安全动火作业。同时为确保电焊作业安全，洞内配防火毯 10 块（1.5 m×1.5 m），作为应急备用（图 5.11-11、图 5.11-12）。

4. 环境影响评价

本区间自中间竖井向东开挖期间，环岛辅路上多个测点出现红色监测预警，预警点呈连续分布，且紧跟开挖面，变形具有持续性，其中测点 DB2-15-1 连续 9 d 测点变形速率超挖 2 mm，这在矿山法施工中属于异常情况。经分析为该路段下方为松散回填土，受施工影响较敏感，加强初支背后回填注浆等措施加固地层，施工通过后测点变形恢复平稳，未对施工产生不良影响。

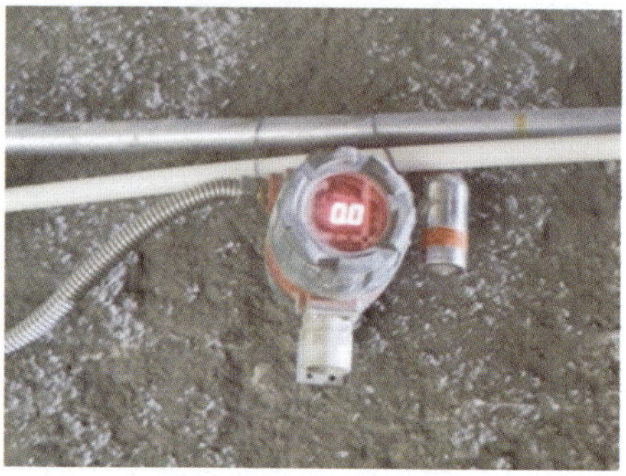

图 5.11-11　东端竖井洞内气体监测

图 5.11-12　封闭掌子面燃气泄漏材料

5.11.4　经验教训与建议

本区间东端竖井施工期间没有发生较大风险事故，总体施工顺利；实施过程中的若干问题有待进一步分析与总结。

1. 施工前应对地层进行更详细更深入的探查，如发现地下存在可燃气体时，必须制定详细的通风方案及气体监测检测方案，并针对可燃气体提出专门的安全措施，制定专门的应急救援预案。

2. 当开挖隧道中存在不利于人体健康的气体时，应做好施工人员防护措施，采取使用防护器具或多班工人轮班的方式，合理安排施工排班，避免施工人员长期处于气体环境中，确保人员安全。

3. 由于可燃气体的存在，电焊作业过程风险较高，施工中采取的“喷涂水基型灭火剂，在土层外表形成一层保护膜隔绝空气”的方式确保了施工安全，在今后的类似工程中可进行推广。

4. 隧道施工过程中，为防止可燃气体爆燃，采取了实时气体检测方案，通过隧道内设定固定式检测点可 24 h 不间断检测可燃气浓度，辅以便携式检测仪检查死角，全方面地掌控了隧道内可燃气体浓度，防止发生爆燃事件。

5. 对作业人员进行了专项安全培训，并建立了明火检查制度，严禁作业人员携带明火进入隧道施工，降低了安全风险。

第6章　近年北京地区矿山法施工风险事件管控案例

6.1　矿山法风险诱因分析

采用矿山法施工时，会遇到各种各样风险因素，如：作业面暴露易坍塌、矿山法施工工序繁多、地下水丰富易突涌、初支结构封闭成环较慢、马头门施工风险、小净距隧道施工风险、平顶直墙及仰挖等工法自身风险大、初支背后易产生空洞、设计不满足施工要求、施工时处置措施不规范等因素。

导致矿山施工发生风险的原因可概括为以下几方面：

(1)因平顶直墙结构复杂，导致施工发生风险。

(2)因渗漏水原因产生的施工风险。

(3)因施工过程中，施工措施处理不规范产生风险。

(4)因设计不满足结构的要求而产生的风险。

6.2　平顶直墙结构自身风险大引发风险事件

(1)平顶直墙暗挖隧道在土方开挖时期不利于形成土拱，土体结构自稳能力差，极易造成拱顶掉土或坍塌。平顶直墙结构在初衬凿除、二次衬砌衬筑过程中结构受力转换较为复杂，易发生沉降过大甚至冒顶坍塌等工程事故。

(2)平顶直墙结构断面受力形式较差，其初期支护及二次衬砌均存在局部节点多类型应力集中的问题，尤其是顶板支点处会形成大偏心受压及大剪力同时作用，较易形成局部受力溃屈，带来安全问题。

(3)平顶直墙结构施工工法特点决定其沉降控制偏弱(图6.2-1)。

6.2.1　案例一

1. 工程概况

某车站站台中心里程为K42+558.700，结构净长248 m，车站标准段净宽度19.7 m，盾构井段净宽度23.2 m，车站顶板覆土约为3.98 m，底板埋深18.9~20.9 m。主体结构型式为地下二层双柱三跨箱型框架结构，车站的主体结构主要采用盖挖逆作

图 6.2-1　平顶直墙施工

法施工。车站附属结构设有 4 个出入口、2 组风亭及 2 个过街通道(图 6.2-2～图 6.2-4)。车站两端的区间隧道分别采用盾构法、暗挖法施工,车站北端设盾构接收井。

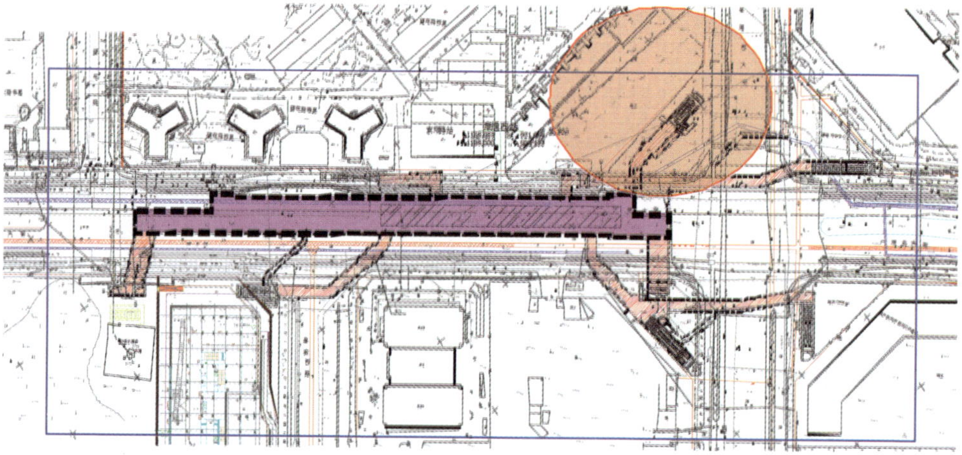

图 6.2-2　A 号出入口平面位置图

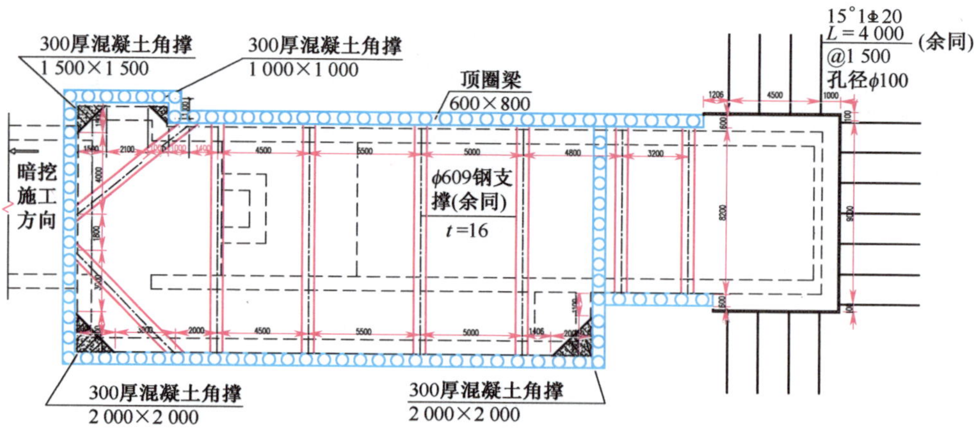

图 6.2-3　A 号出入口平面结构图(单位:mm)

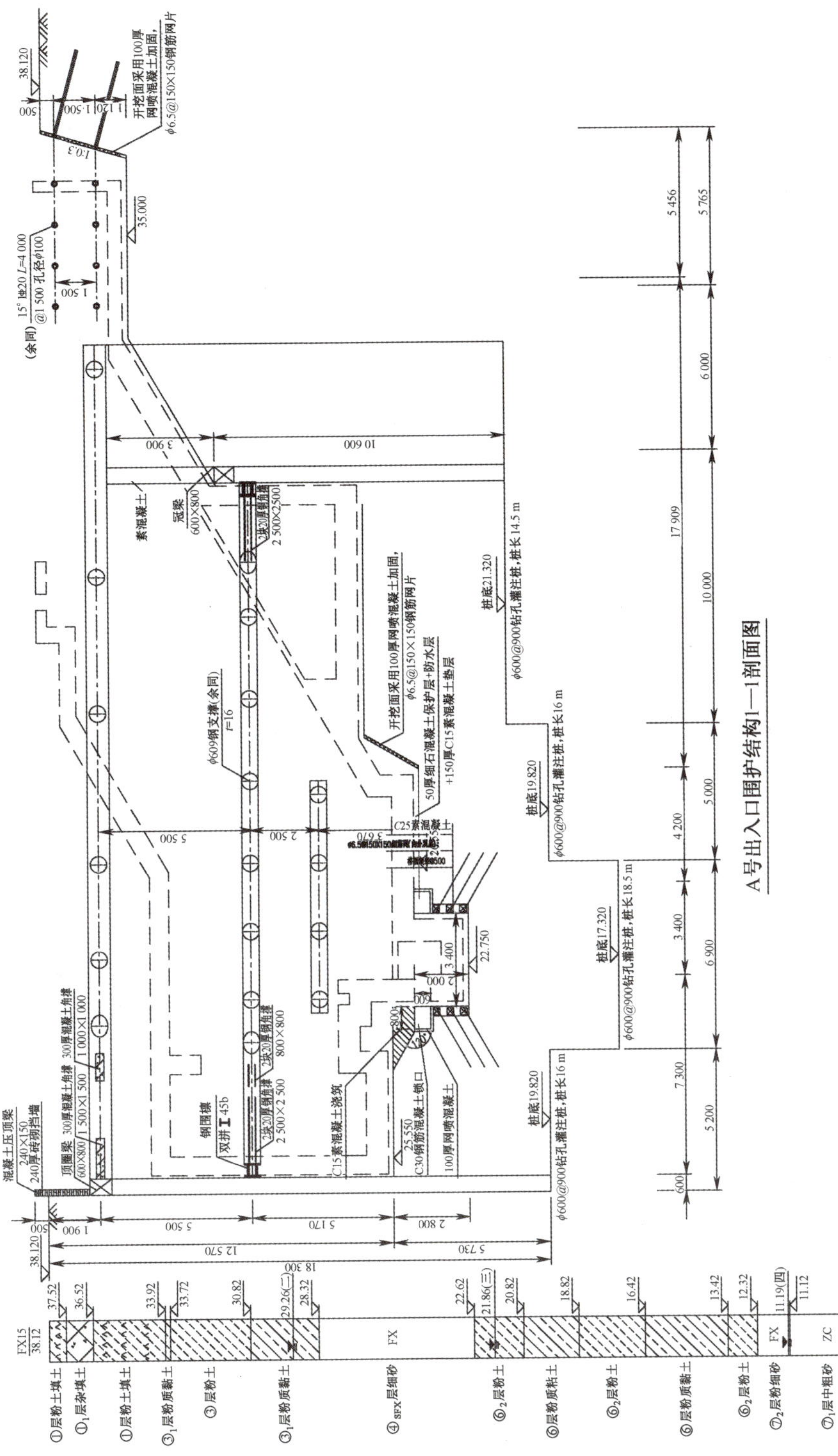

图 6.2-4　A号出入口剖面结构图（单位：mm）

附属结构道路红线外采用明挖顺筑法施工,红线内采用暗挖法施工,明挖部分围护结构形式采用钻孔灌注桩(ϕ600)+内支撑体系。先施工明挖部分,后施工暗挖部分。

2. 工程地质

本站A出入口暗挖段下穿某大街,出入口暗挖通道结构净宽度为5.5 m,长约70 m,底板埋深约12 m。根据结构功能需要,分为4个类型的剖面图,见表6.2-1。拱部位于粉质黏土③$_1$与粉土层③层,拱部以下及仰拱位于④$_3$粉细砂层。

表6.2-1 A出入口暗挖段结构断面结构形式表

项目	断面	开挖最大宽度(m)	开挖最大高度(m)	初支厚度(mm)	二衬厚度(mm)	开挖方法	断面形式	备注
A出入口暗挖段	1-1	7.3	7.16	300	600	CRD法	平顶直墙	
	2-2	8.4	7.0	300	600	CRD法	平顶直墙	
	3-3	7.2	6.03	300	550/600	CRD法	拱顶直墙	
	4-4	9.5	6.921	300	700/820	CRD法	拱顶直墙	人防段

⑧号断面为平顶直墙结构,曲线段长约11 m。平顶直墙段纵剖图及断面尺寸如图6.2-5所示。

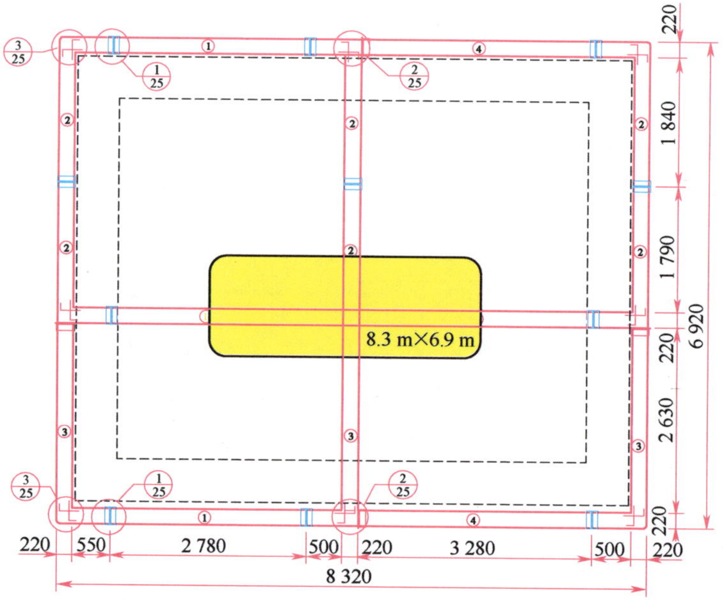

图6.2-5 ⑧号断面平顶直墙结构断面示意图(单位:mm)

施工范围内土层分布较为稳定，自上而下依次为人工堆积层、第四纪全新世冲洪积地层、第四纪晚更新世冲洪积地层（图 6. 2-6）。A 出入口主要穿越地层为粉土层、粉质黏土层，主要受潜水及层间水影响。

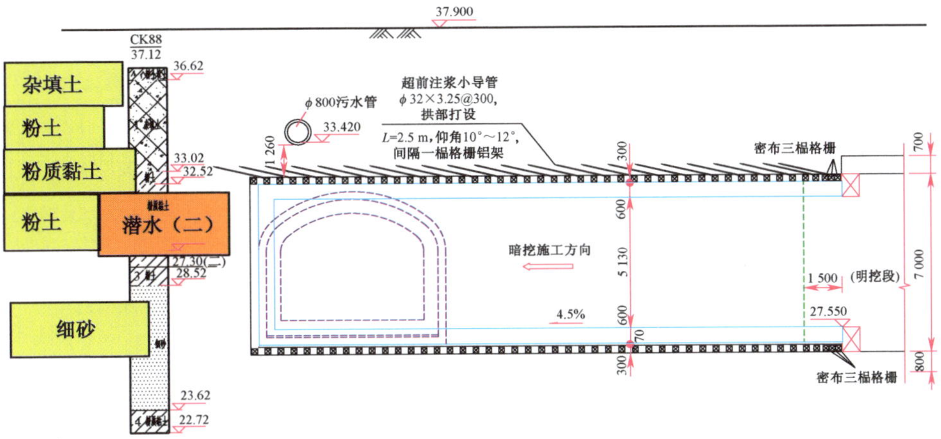

图 6. 2-6　平顶直墙段纵剖图（单位：mm）

3. 主要风险工程

周边环境情况：

（1）位于广顺南大街与阜通西站交叉口，紧邻两条主路、暗挖通道下穿广顺南大街。

（2）便民市场（单层平房）位于基坑西南侧。

（3）管线众多，主要有：ϕ800 污水管、ϕ400 上水管、ϕ500 煤气管等，管线的具体位置及范围见表 6. 2-2。

表 6. 2-2　管线位置表

序号	管线名称	位置、范围	基本状况描述	风险分级
1	ϕ800 污水管	距车站外侧约 7. 4 m 处平行于出入口暗挖段上方	混凝土管材，水泥砂浆抹带，水流平缓管内底标高 33. 420 m。通道顶距管底的最小竖向净距约 1. 1 m	一级
2	ϕ400 上水管	距车站外侧约 4. 0 m 处正交于出入口暗挖段上方	铸铁管材，直埋，撞口接头，壁厚为 8. 1 mm 管顶标高 36. 130 m。通道顶距管底的最小竖向净距约 3. 5 m	二级
3	ϕ500 煤气管	距车站外侧约 6. 0 m 处平行于出入口暗挖段上方	钢管，直埋，接头形式：焊接，壁厚为 14. 5 mm 管顶标高 34. 040 m。通道顶距管底的最小竖向净距约 1. 3 m	一级

4. 施工工法及工艺

(1)施工步序(表 6.2-3)

首先进行出入口明挖段的施工,A 号出入口暗挖段的施工在出入口明挖段完成后进行掘进,暗挖段初期支护完成后开始二次衬砌施工。

明挖段采用钻孔灌注桩+钢支撑的支护方式,暗挖段均采用“CRD”法施工,“CRD”工法分四部开挖支护。各洞室开挖时,超前距离控制在 3~5 m,并及时施作初期支护,封闭成环,各导洞均采用台阶法施工,不得一次开挖,前一节段结构强度达到设计强度的 75%后,方可进行下一节段结构施工。暗挖开挖完成后进行二次衬砌。

表 6.2-3　暗挖段施工流程

序号	图示	施工步骤及措施
1	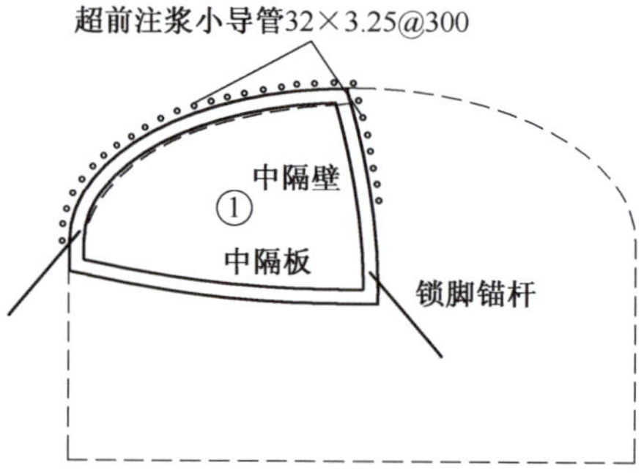	拱顶小导管注浆,开挖洞室①,施作初期支护及中隔壁、中隔板
2	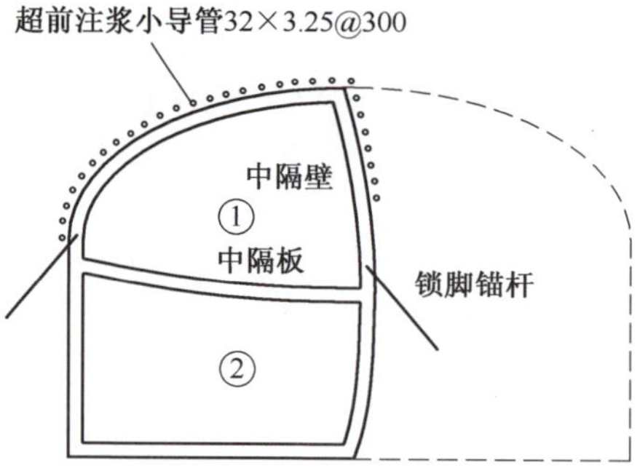	开挖洞室②,施作初期支护及中隔壁

续上表

序号	图示	施工步骤及措施
3	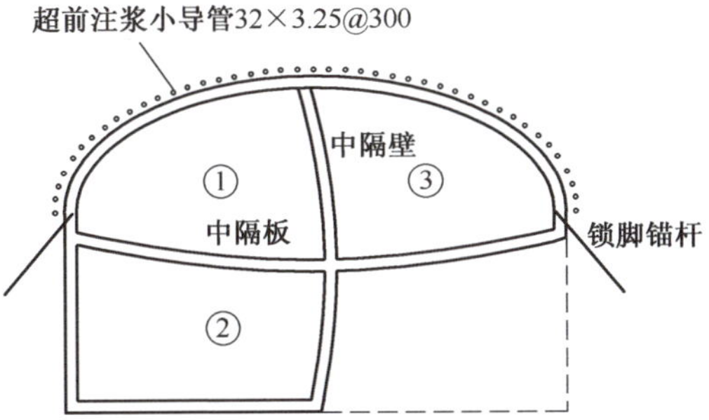	拱顶小导管注浆，开挖洞室③，施作初期支护及中隔板
4	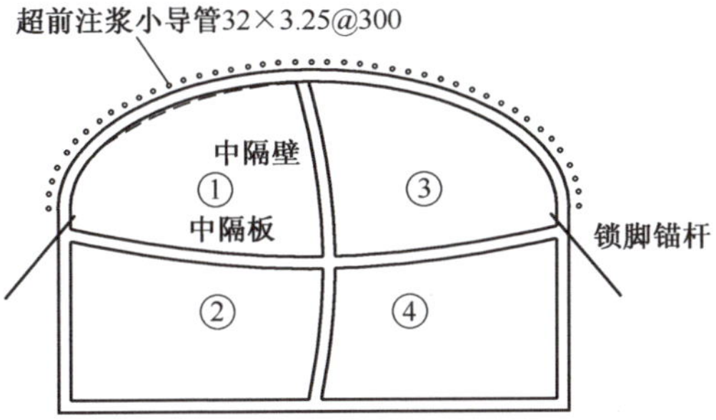	开挖洞室④，施作初期支护
5	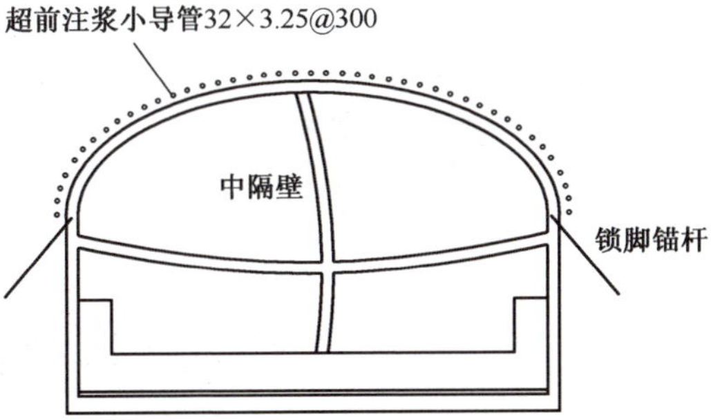	根据监测情况，纵向分段拆除临时中隔壁（步长3~5 m），敷设防水层，浇注底板及部分侧墙

续上表

序号	图示	施工步骤及措施
6	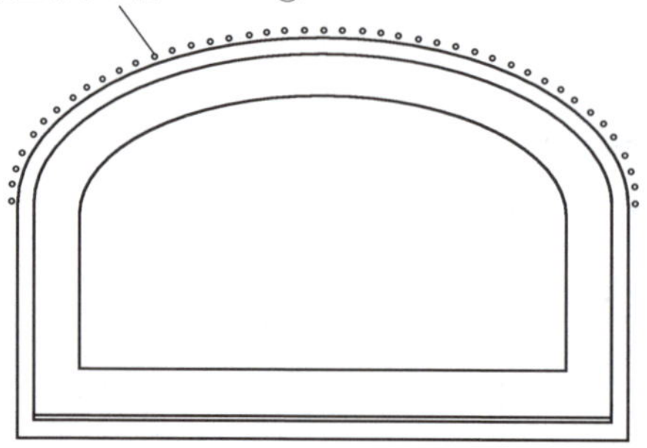	分段拆除中隔板(步长 3~5 m),敷设防水层,浇注其余二衬

(2)暗挖施工方法和工艺

超前小导管支护

出入口暗挖初期支护拱部采用 ϕ32×3. 25 mm,L=2. 5 m 超前注浆小导管加固地层,隔榀打设一环 10°~12°小导管,环向间距 0. 3 m。

后退式注浆工艺

深孔注浆采用后退式注浆施工工艺,根据需要每循环注浆长度 12 m,预留止浆墙 2 m,单孔注浆半径 0. 55 m,相邻孔位设 0. 2 m 咬合。

5. 施工前工程状态

(1)施工状态

A 出入口初支施工阶段质量控制较差,多次发布巡视预警。暗挖段马头门上部导洞破除前未进行洞门加固,未履行条件验收程序,破马头门施工导洞纵向间距不满足方案要求,同时存在格栅连接质量较差、格栅架设间距偏长(约 80 cm)等情况。1 号洞掌子面渗水情况突出,7 月 9 日存在滑塌(图 6. 2-7~图 6. 2-24)。

图 6. 2-7　A 出入口掌子面局部渗水

图 6. 2-8　掌子面超前注浆

图 6.2-9　底板格栅架设施工不规范

图 6.2-10　小导洞下导洞停工未及时封闭

图 6.2-11　下导洞两榀一支不规范施工

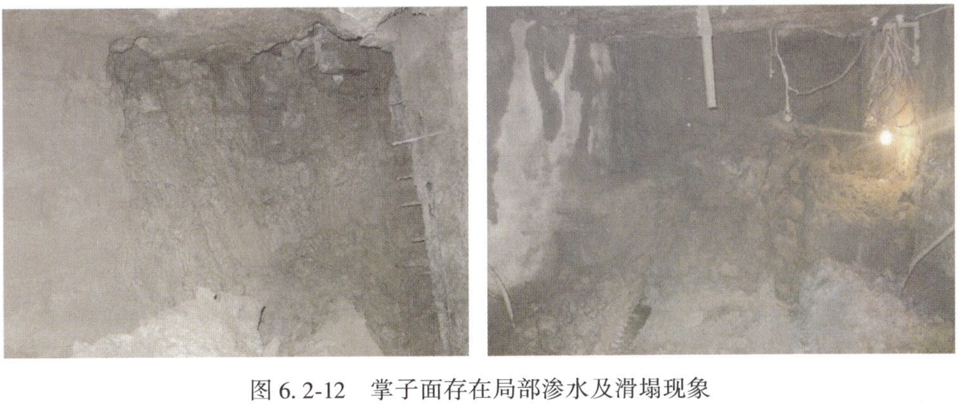

图 6.2-12　掌子面存在局部渗水及滑塌现象

图 6.2-13　A 出入口向北 3 号洞掌子面封闭强度不足,存在明显渗水情况

图 6.2-14　1 号导洞存在滑塌

图 6.2-15　格栅连接质量较差

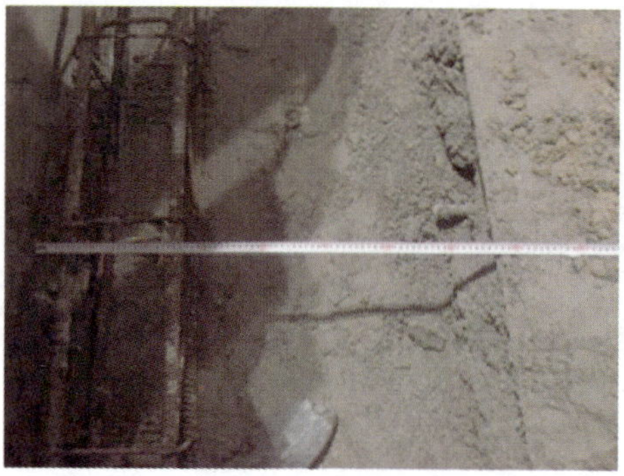

图 6.2-16　格栅架设间距偏长(约 80 cm)

图 6.2-17　掌子面渗水

图6.2-18　拱部喷混不规范

图6.2-19　洞拱顶渗水严重

图6.2-20　格栅架设间距偏长

图6.2-21　存在欠挖

图6.2-22　掌子面存在渗水情况

图6.2-23　底板积水严重

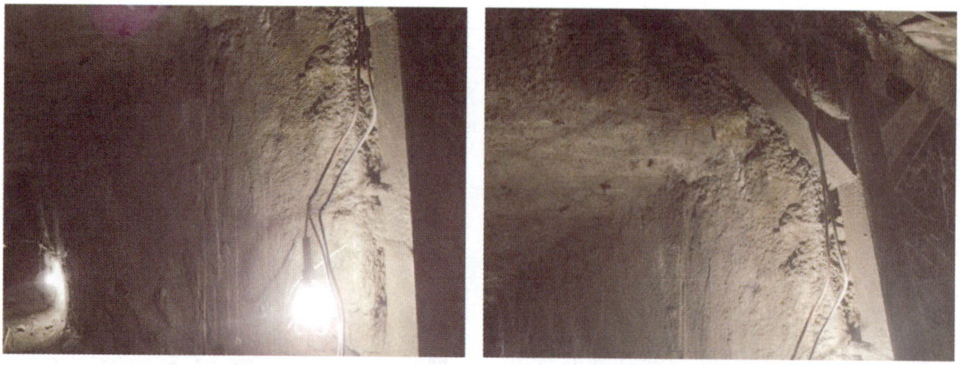

图 6. 2-24　洞门处突现大量流水

风险事件发生前，A 出入口初支结构已完成，正在进行二衬施工，坍塌部位⑧段底板完成，⑦段绑扎底板钢筋，⑨段破除临时中隔壁混凝土(图 6. 2-25～图 6. 2-27)。

图 6. 2-25　二衬施工

图 6. 2-26　⑨段破除竖撑混凝土

图 6. 2-27　⑧段底板完成

(2)监测状况

坍塌事件发生前一个月阜通西站无新增预警，保留 10 个橙色、5 个黄色监测预警，预警主要集中在车站主体及其他几个附属暗挖段上方，A1 口上方无监测预警。

6. 风险事件详情

2014 年 9 月 6 日 13:40，该大街西侧通往附近菜市场的便道发生沉陷开裂，现场立即启动应急预案采取围挡、疏散行人，并上报相关部门及管线管理单位。14:00 左右，大街西侧便道区域发生塌陷，塌陷范围长约 10 m，宽约 4 m，深约 3 m，坍塌部位为平顶直墙结构，坍塌导致隧道结构失稳破坏（图 6.2-28～图 6.2-31）。

图 6.2-28　坍塌路面情况

图 6.2-29　洞内坍塌情况

图 6. 2-30　路面围挡

图 6. 2-31　坍塌区域管线暴露

7. 应急处理

险情发生后，15:00 左右组织专家会，现场邀请五位专家进行塌陷抢险处理，专家踏勘了现场并听取了相关单位的汇报，形成以下意见：

(1) 尽快对塌陷范围进行回填，回填过程中应对燃气管、上水管线和通信管线做好保护，回填至路面以后将西侧围墙拆除。

(2) 施工方案由原来的暗挖改为明挖法施工，采用桩+内支撑的方案，并会同设计单位出相应的施工图。

(3) 在明挖施工过程中，加强对燃气管、上水管线和通信管线进行保护，并征求产权单位意见。

(4) 对周边建筑物和市政管线加强监测和保护，不能造成次生灾害。

此次塌陷没有造成人员伤亡，该部位管线前期已进行导流处理，未对燃气、上水管线和通信管线造成较大损坏。9 月 6 日 19:50 现场塌陷回填完成(图 6. 2-32、图 6. 2-33)，9 月 7 日与各管线产权单位及相关部门进行沟通协商，做好后续的配合工作，积极与设计单位沟通协商按照专家意见完善桩撑方案。

图 6. 2-32　组织回填

图 6.2-33　现场回填完成

8. 后续处置(图 6.2-34～图 6.2-37)

A1 口暗挖改为明挖基坑竖井施工,基坑采用倒挂井壁法分 4 个竖井开挖,破除原有暗挖通道拱部初支结构。竖井采用工 32a@ 750 mm 工字钢支撑分为 4 个竖井,350 mm 厚临时隔墙,C25 喷射混凝土,设内外双层竖向拉结筋 ϕ22@ 1 000 mm,与工字钢可靠焊接。每个竖井采用工 32a@ 750 mm 作为临时中隔壁,工字钢之间连接采用满焊焊接,不喷射混凝土。在 ϕ500 mm 燃气管和原初支结构范围内,设置工 32a 的角撑,作为加强措施。

A1 口暗挖改为竖井施工后,根据设计要求重新埋设 5 个建筑物测点(菜市场平房)、9 个地表测点、10 个管线测点。倒挂井壁法施工设计方案、施工组织方案分别于 9 月 20 日、27 日通过专家评审。

图 6.2-34　道路改移完成,恢复交通

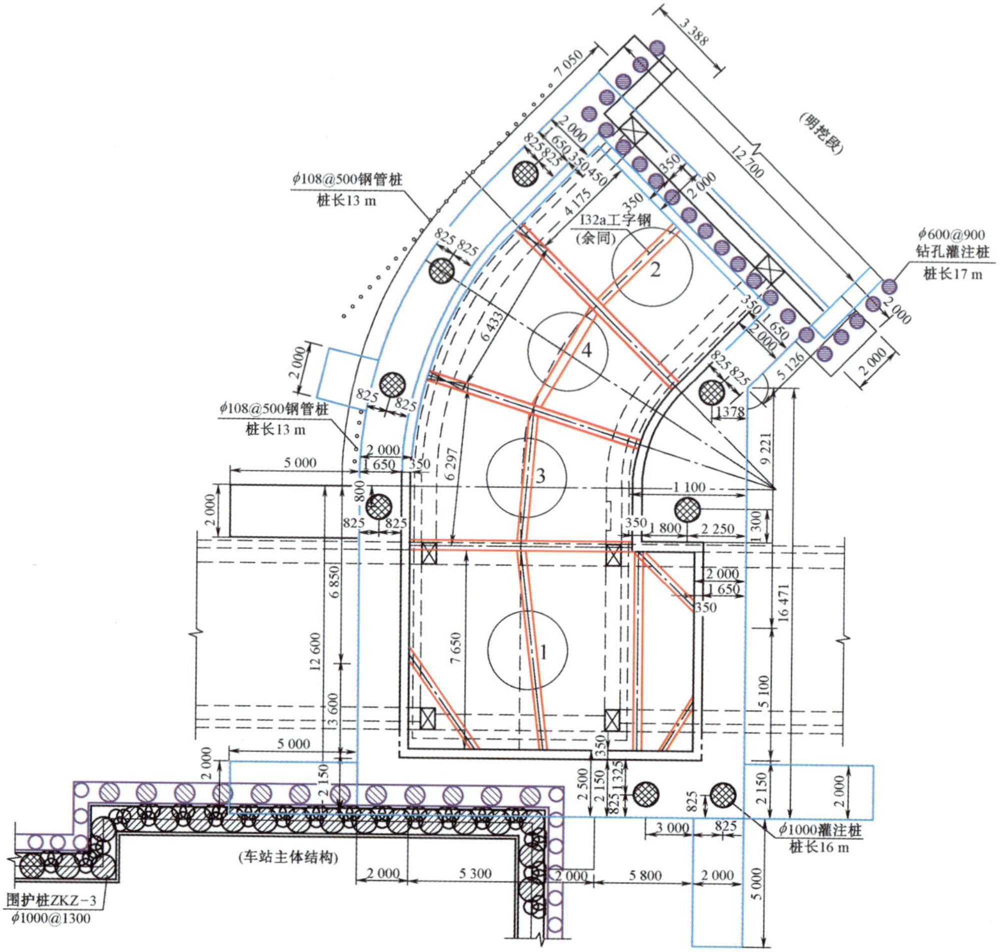

图 6. 2-35　竖井平面图(单位:mm)

9. 原因分析(图 6. 2-38～图 6. 2-40)

(1)平顶直墙结构自身稳定性较差,中隔壁采用格栅连接,自身强度较低,二衬施工拆除临时支撑破坏受力状态,且前期施工初支结构连接质量不佳。

(2)A 出入口通道采用暗挖法施工,开挖宽度 8. 32 m,拱顶覆土 3. 5 m 左右,覆土较薄,且为回填土层,地层松散,无法形成承力拱。

(3)坍塌前连续降雨致地层内含水量增高,上部荷载增大,致使土层失稳引起塌陷。

10. 总结

(1)平顶直墙对于开挖、初期支护及二次衬砌转换结构受力均不利,对于暗挖结构,拱部应遵循“能拱则拱”的原则。

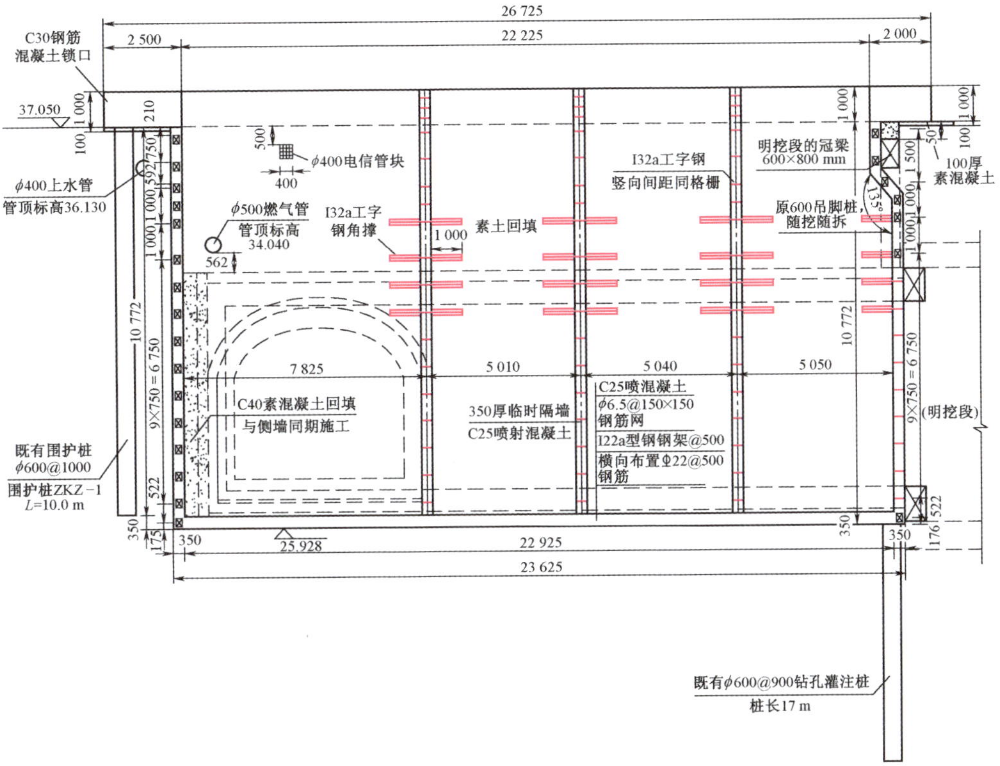

图 6.2-36　竖井施工剖面图(单位:mm)

图 6.2-37　A1 出入口明挖段倒挂井壁法施工

(2)对于较大跨度平顶直墙断面,二衬施工中建议保留工字钢和临时横撑的,有利于控制结构及周边环境变形。为保证二次衬砌拆撑安全,中隔壁钢架宜采用型钢。

(3)平顶直墙结构施工中存在多次应力转换,需严格控制初支施工质量,在格栅连接质量、格栅纵距的方面加强关注,当施工中出现不利于结构稳定的情况时,要采取相应措施对结构进行加强。

(4)浅埋隧道施工应对上方回填土地层稳定性加强关注,严格控制超前支护效果,及时采取初支背后回填注浆等措施补充地层损失。

(5)对于开挖面长时间存在渗漏水情况要加强重视,及时采取有效措施对渗漏水进行处置,遇到连续降雨时期,更要加强监测与巡视,及时了解隧道施工情况,做好抢险预案及物资准备,以防连续降雨导致地层内含水量增高,给隧道施工带来安全隐患。

图 6.2-38　A 出入口两榀一支

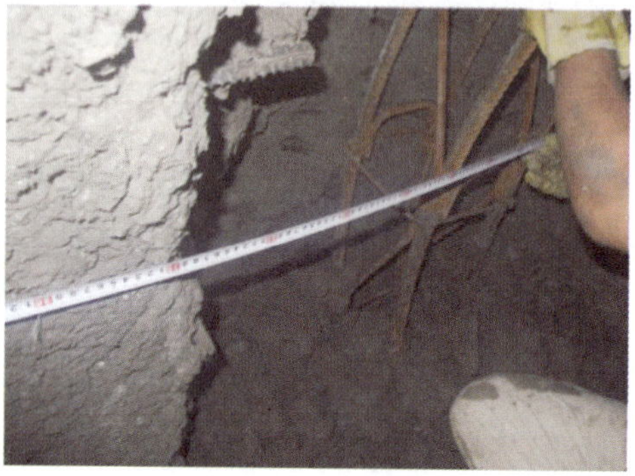

图 6.2-39　格栅间距过长

图 6.2-40　掌子面渗水明显及滑塌

6.2.2　案例二

某暗挖车站南北布置(图 6.2-41)。根据地质勘察资料显示,该出入口施工涉及地层从上至下依次为:人工填土层、粉土层、卵石圆砾层、卵石层。

该出入口地下水类型为松散岩类孔隙潜水(二),赋存于卵石⑦层之中,水位标高 24.47~ 24.94 m。出入口施工范围内无地下水。

1. 主要风险工程

出入口下穿道路段暗挖结构断面大(人防段开挖尺寸为 10.76 m×8.39 m),拱顶距立交桥挡墙底净距仅为 2.66 m,加之在既有盾构区间施工过程中已产生一定沉降,确保沉降控制将是该工程施工难点(图 6.2-42)。

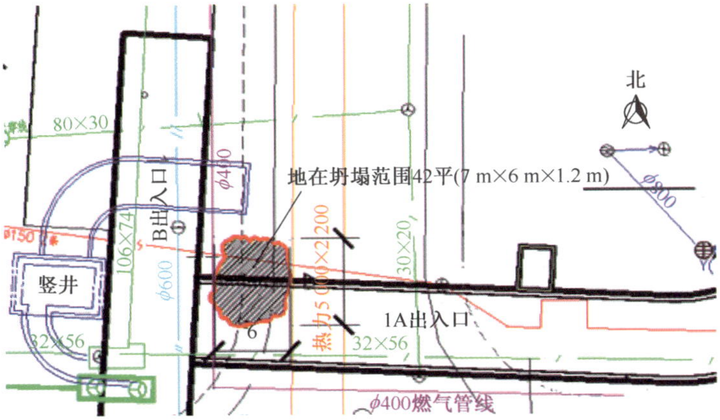

图 6.2-41　出入口平面图

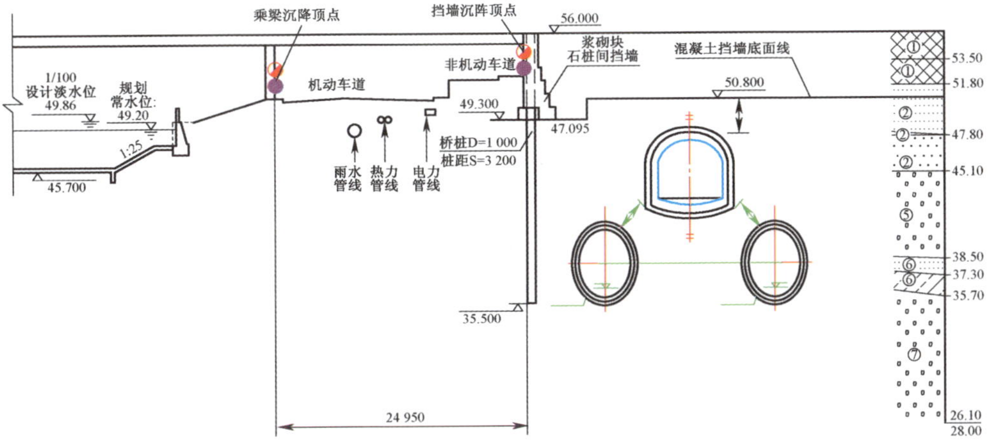

图 6.2-42　出入口与某桥挡墙位置剖面图(单位:mm)

2. 施工工法及工艺

本站 1 号出入口为跨路设置,跨路结构采用矿山法施工,出地面结构采用明挖法施工。暗挖结构采用“钢筋格栅+喷射混凝土”支护形式,明挖结构采用 ϕ600@1 000 钻孔灌注桩结合降水支护形式。

暗挖施工应采用以下施工技术措施:

(1)拱顶范围内采用超前管棚对地层注浆预加固,管棚选用 ϕ159 的热轧钢管,钢管沿隧道开挖轮廓倾角 2°~3°设置,环向间距 400 mm,钢管内灌注水泥砂浆;同时,管棚之间插入小导管注浆加固;

(2)初期支护采用双层挂网喷射混凝土加钢拱架,纵向间距 0.5~0.75 m/榀;

(3)采用分步导洞法,均短进尺,强支护,开挖掌子面用喷射混凝土封闭,尽快封闭初期支护;必要时提前进行二次衬砌施工。

3. 事故前工程状态

1A 出入口暗挖段初支全部完成,平顶直墙段结构二衬底板全部完成,南侧导洞侧墙及拱部二衬结构施工完成,北侧正在进行满堂红脚手架搭设,准备施做防水及二衬结构;平顶直墙段以东拱顶直墙段结构底板二衬结构完成(图 6.2-43、图 6.2-44)。

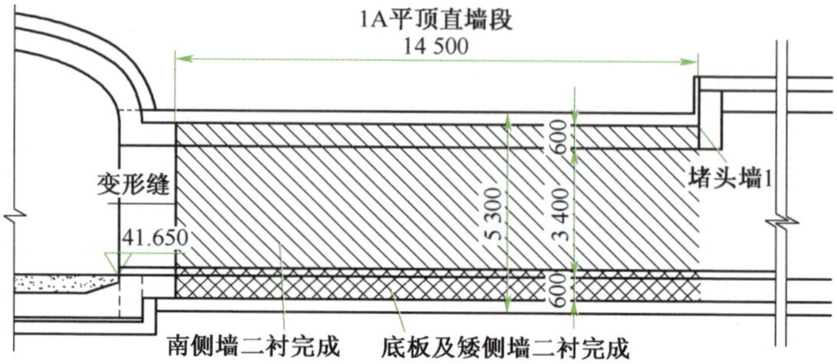

图 6.2-43　平顶直墙段进度纵断面示意图(单位:mm)

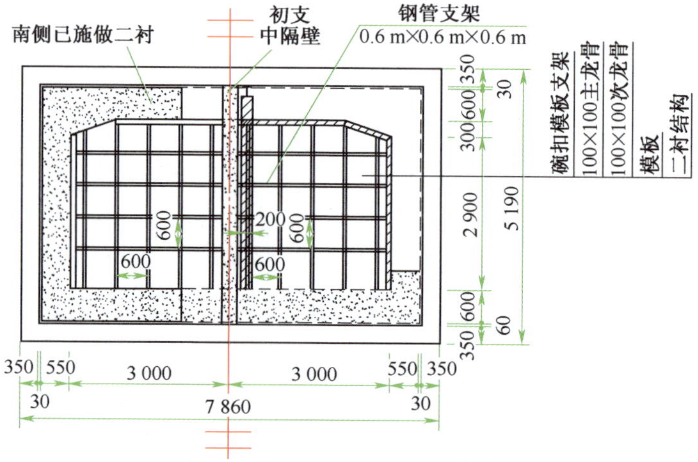

图 6.2-44　平顶直墙段进度横断面示意图(单位:mm)

1B 出入口暗挖段初支全部完成(图 6.2-45),底板及侧墙共分五段,其中人防段以南、以北及人防段共三组底板已施工完成;两端分别接主体段及 1A 通道段底板未施工。

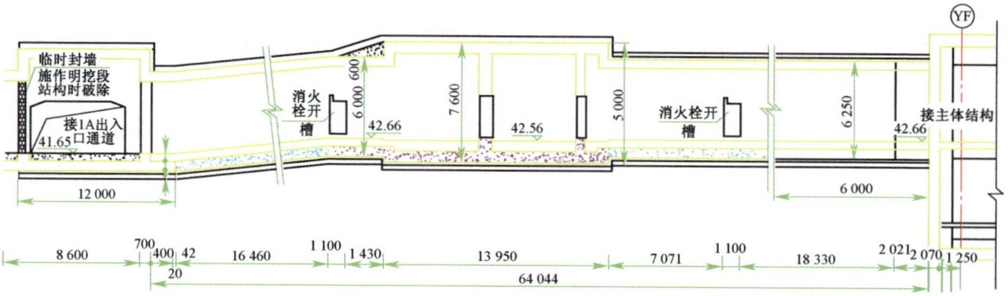

图 6.2-45　1B 暗挖段进度横断面示意图(单位:mm)

该出入口地下水类型为松散岩类孔隙潜水(二),赋存于卵石⑦层之中,水位标高24.47~24.94 m。出入口施工范围内无地下水。出入口暗挖段施工过程中,存在多处不规范施工现象,如拱脚悬空、核心土无保留、连接板质量不合格、格栅间距过大等,存在安全隐患。

北侧1部开挖变断面处,开挖后即遇到小范围塌方(图6.2-46),回填后暂停开挖,说明注浆加固效果不理想,建议重新加固后进洞。

图6.2-46　1B出入口北1部掌子面坍塌

北侧3部掌子面无核心土保留,现场无人施工,左拱脚悬空,未封闭成环(图6.2-47、图6.2-48)。

图6.2-47　1B出入口北3部掌子面现状

图6.2-48　拱脚悬空

1B 出入口南侧 1 部开挖(图 6. 2-49),开挖面粉细砂层,地质疏松,无保留核心土,不利于掌子面稳定。

图 6. 2-49　南侧 1 部开挖现状

当格栅连接需帮焊时,上下主筋断开,不利于初支的稳定(图 6. 2-50~图 6. 2-52)。

图 6. 2-50　多个连接板无螺栓孔

图 6. 2-51　上下格栅主筋断开

图6.2-52　连接板间距大

针对该处施工，监控中心组织专家进行了专家巡视，对工地施工的安全风险状况进行评价，并对存在的问题提供如下咨询建议：

(1)盾构施工已经对地层造成较大扰动，施工中须重视存在的地层风险，确保超前支护的效果。

(2)地层级配不佳，应严格核心土的留设，并落实洞内防坍塌措施。

(3)应加强过路段地层沉降和挡墙变形的分析。

(4)加强现场施工组织，确保各工序紧密衔接，实现支护的及早封闭，并加强初支背后回填注浆。

(5)进一步优化锁脚锚杆打设质量，确保注浆效果，有利于控制结构及周边环境变形。

4. 监测情况

(1)地表监测

塌陷区附近的挡墙沉降监测点(图6.2-53)(无法布设，以地表沉降点代替)为QCJ1-21、QCJ1-22和QCJ1-23，控制标准为-15 mm。塌陷前，累计变形值分别为：-83.2 mm、-205.1 mm和-160.8 mm。8月21日至9月5日QCJ1-21、QCJ1-22及QCJ1-23阶段累计变形值分别为：-4 mm、-6.5 mm及-2.7 mm。此处区域经过了盾构施工及暗挖施工的影响，地层被扰动多次，土层疏松。表6.2-4为各个施工阶段的累计变形值。

表6.2-4　监测情况

序号 \ 工况		盾构通过前累计值(mm)	盾构通过后累计值(mm)	塌陷前累计值(mm)
1	QCJ1-21	-2.1	-17.1	-83.2
2	QCJ1-22	-2.9	-30.2	-205.1
3	QCJ1-23	-2.6	-52.8	-160.8

(2)洞内监测

洞内拆除中隔墙上部过程中,进行了每小时 1 次的拱顶沉降监测,从 9 月 5 日 22:30 至 9 月 6 日 4:30。监测数据显示:破除中隔墙上部过程中,最大变形为 −4 mm 左右,地表沉降变形不明显。

(3)施工过程中预警情况

1)盾构施工过程中,于 4 月 11 日、4 月 12 日共有 2 次监测预警,期间有多次口头预警,项目部按规定进行了预警响应,并制定了响应措施。

2)暗挖施工过程中,于 7 月 1 日、7 月 19 日、7 月 23 日及 8 月 13 日共有 4 次监测预警,项目部进行了预警的响应,并制定了专门的处理措施。

3)预警标准(表 6.2-5):

表 6.2-5　预警标准

警戒级别	预警状态描述
黄色监测预警	累计变化量超过监控量测控制值(极限值)的 70% 时
橙色监测预警	累计变化量超过监控量测控制值(极限值)的 80% 时
红色监测预警	累计变化量超过监控量测控制值,或实测变化速率出现急剧增长时

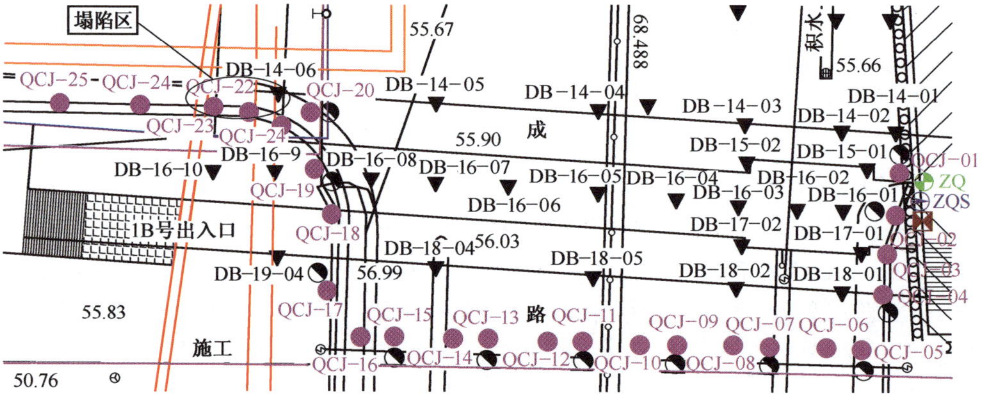

图 6.2-53　地表沉降点布置

5. 风险事件详情

2012 年 9 月 6 日早晨 6 点 10 分,1A 出入口(与 1B 出入口接头处)平顶直墙部位发生地面坍塌,塌方体体积 50 m^3(长 7 m,宽 6 m,深 1.2 m),连带洞内 3.6 m 范围已施工完成的平顶直墙拱顶初支发生掉拱。坍塌范围如图 6.2-54、图 6.2-56 所示。

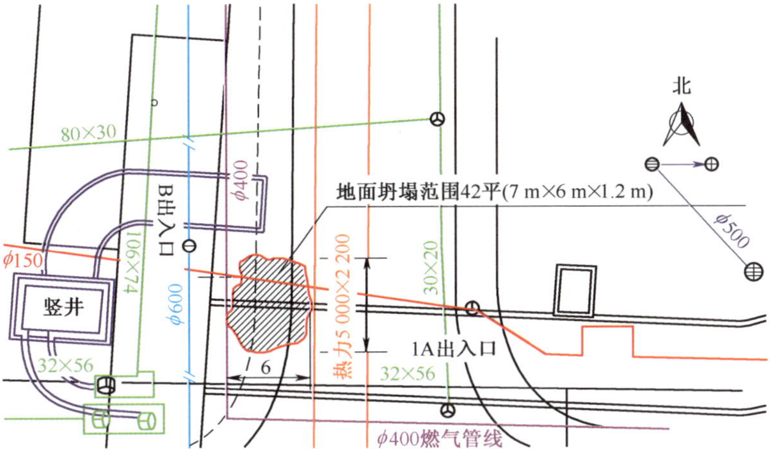

图 6. 2-54　坍塌范围示意图

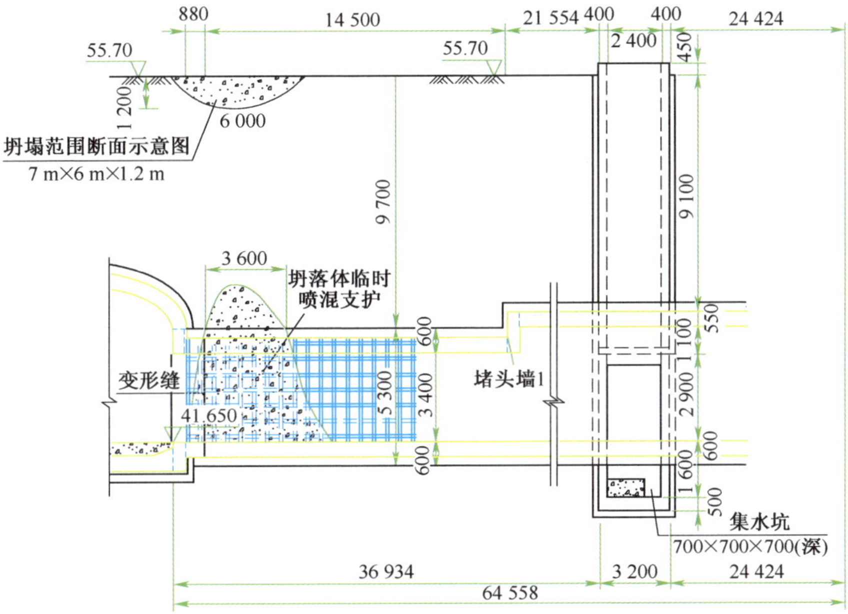

图 6. 2-55　地面坍塌范围平面示意图坍塌范围纵剖面图(单位:mm)

6. 应急处置

事件发生后,项目部立即启动应急预案,公司及项目部领导现场指挥救援,首先立即撤出洞内施工人员,在查清原因并确定安全后,对未坍塌段进行搭设架体进行全面加固支顶(图 6. 2-57);同时地面立即采取交通疏解措施,专人指挥交通,并设置临时围挡,对地面陷坑清理垃圾,用低标号混凝土回填。过程同步按照应急程序逐级汇报。

图 6. 2-56　现场坍塌情况

整个期间未发生人员伤亡,地面交通未受影响,周边管线未被破坏。

图 6. 2-57　洞内加强支撑

7. 后续处置

本着应急抢险、确保安全、杜绝二次灾害的原则,力求最快速度消除对周边环境的影响,最快速度恢复现场施工(图 6. 2-58)。

首先对地面塌陷区进行清理并预埋注浆管,回填 C15 混凝土,铺设二灰及沥青路面;然后对地下塌陷区土体进行喷混凝土封闭,通过预埋注浆管对拱顶上部土体注浆加固,重点是管线下部土体加固;同步对塌陷区东侧钢管支撑架体采取工20 型钢换撑,然后施工坍塌段东侧剩余 6 m 侧墙及顶板二衬结构;其后从 1B 出入口堵头墙向 1A 方向施做 108 大管棚支护塌陷区上部土体,然后对塌陷区小步距(0. 5 m)边清理边恢复初支,最后施做二衬结构。

(1)地表塌陷处处理

1)预埋回填注浆管

坍孔范围每 1. 5 m 间距预埋一根注浆管,注浆管采用直径 25 mm,长 6 m 钢管,其上开设注浆孔(间距 300 mm),打入土体内约 3. 6 m,外露部分高于后期恢复

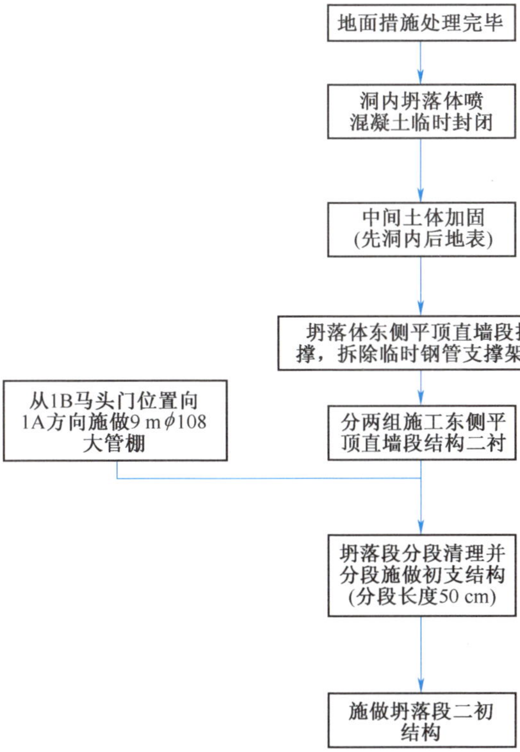

图 6.2-58　总体施工步序图

后路面约 20 cm。

2)混凝土回填

对坍孔范围采用 C15 混凝土回填,回填高度至原路面二灰底标高,其上部分跟路政管理部门联系分层铺设二灰并夯实,其后对既有路面进行规则切割、并铺设沥青混凝土面层。

3)回填注浆

待沥青混凝土铺设完成后 1 d,采用水泥-水玻璃双液浆对坍孔基底以下拱顶以上范围土体进行注浆,以加固坍方影响区的松散土体。

4)既有路面处理

坍孔东侧 2 m 范围路面已发生沉降,路基较为松散,待坍孔范围路面恢复后,再次进行交通导改,委托路政管理部门对坍孔东侧 2 m 范围路面、路基重新处理。

(2)洞内临时支顶措施

由于坍落体上部土体失稳,上部土体破裂面可能影响至坍落体东侧既有初支结构,在洞内采取钢管脚手架+方木支顶措施加强支撑。如图 6.2-59 所示。

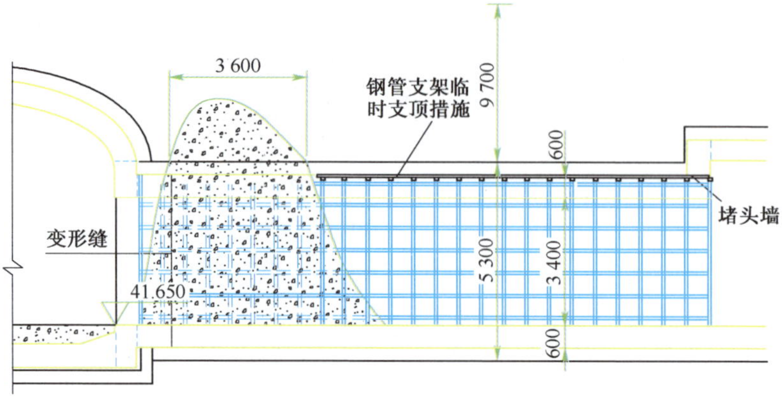

图 6.2-59　临时钢管支架支顶示意图

(3)坍落体封闭及土体注浆加固

为防止地层再次扰动发生坍落,在洞内对塌落体喷混凝土临时封闭,并预埋注浆管,待喷混凝土封闭完成后压注水泥-水玻璃双液浆。同时从地表打设注浆管,对塌陷区下部及管线下部土体进行注浆加固,起到固结土体、提高土体自稳能力及防止管线变形破坏的作用(图 6.2-61)。

注浆管采用 L=5 mϕ32 钢管加工,风镐顶入土体不小于 3.5 m(南侧及东侧墙上部按 0.5 m 间距布置),临时支护及注浆管设置如图 6.2-60 所示。

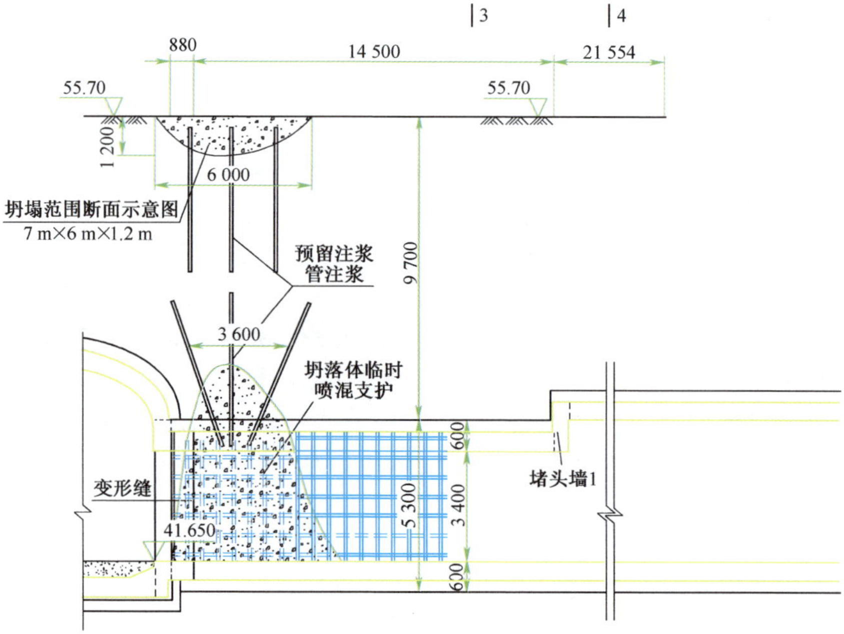

图 6.2-60　临时支护及注浆管设置

图 6. 2-61　1A 出入口洞内坍塌土体已全部喷混凝土完成

8. 原因分析

(1) 该区域受既有区间左、右线盾构及 1B、1A 暗挖施工多次扰动，尤其盾构区间右线处于坍塌区正下方，且距 1A 净距约 40 cm，对该区域土体扰动最大，加之右线采用的盾构机机型较差，换刀频繁且出渣量一直超出设计量，导致该部位地表沉降预警频繁。

(2) 受地下管线影响，该处设计为平顶直墙，又处在 1A、1B 两个通道的交叉口处，在施工过程中受力转换频繁，受力复杂，施工虽然采取了二衬分幅施工，临时支撑换撑等措施，风险依然很大。

(3) 该处地层为杂填土和卵石地层，地质差，今夏雨量大，地层含水量大，已失去自稳能力，前期沉降已发生预警，施工单位多次召开专题会议，用地质雷达和人工探孔进行空洞探测，现场通过地面和洞内多次注浆补偿加固，并在地面铺设钢板。

(4) 此处为立交桥匝道，因周边管线采用明挖法施工，其底部回填建筑垃圾较多，地层松散，且此处道路交通繁忙，大型车辆在此转弯进入主道，长期振动对下部地层土体稳定性产生较大破坏。

(5) 受以上等多种因素影响，下部土体长期累积应力导致突发塌陷，土体完全失去自稳能力，约 9. 7 m 高土压力直接加在拱架初支上，突破拱架承载能力，表现为地面塌陷和拱顶拱架破坏、土体沉陷。

9. 总结

(1) 平顶直墙对于开挖、初期支护及二次衬砌转换结构受力均不利，对于暗挖结构，拱部应遵循“能拱则拱”的原则。

(2) 平顶直墙结构施工中存在多次应力转换，需严格控制初支施工质量，在格栅连接质量、格栅纵距的方面加强关注，当施工中出现不利于结构稳定的情况时，要采取相应措施对结构进行加强。

(3)浅埋隧道施工应对上方回填土地层稳定性加强关注,严格控制超前支护效果,及时采取初支背后回填注浆等措施补充地层损失。

(4)对于开挖面长时间存在渗漏水情况要加强重视,及时采取有效措施对渗漏水进行处置,遇到连续降雨时期,更要加强监测与巡视,及时了解隧道施工情况,做好抢险预案及物资准备,以防连续降雨导致地层内含水量增高,给隧道施工带来安全隐患。

6.3 因渗漏水原因产生的施工风险

在地铁工程施工过程中,会因带水管道开裂渗水或者开挖遇到地层中的水而受到渗漏水的影响,通常情况下掌子面出现渗漏水会导致地层稳定性减弱,造成塌方或涌水涌砂导致地层空洞等风险,底板积水侧壁渗水也会对初支结构造成一定的侵蚀,导致结构稳定性减弱,严重影响安全施工(图 6. 3-1)。

图 6. 3-1 作业面存在渗漏水

6. 3. 1 案例三

1. 工程概况

某位于两条道路相交路口处,为同期建设的两条线路换乘车站。两线车站均是 14 m 站台岛式车站,“T”型换乘,A 号线车站在下,B 号线车站在上。A 号线车站总长 276. 5 m,有效站台中心里程 K14+350. 786,有效站台中心处轨面标高 7. 241,轨面埋深 29. 259 m。车站主体为双柱三跨拱形结构,标准段结构总宽 23. 3 m,总高 17. 44 m,覆土厚度 14. 64 m。车站两端接矿山法区间。

2 号风井及风道位于车站东北角。2 号风井初支净空尺寸为 18 m×4. 8 m,风井深为 26. 091 m,采用倒挂井壁法施工,2 号风道覆土深度 14. 009~15. 339 m,风道总长 65. 65 m,风道为单层双联拱结构,采用中洞法施工,下穿 ϕ200 上水、ϕ500 中压燃气及道路天桥梯道桥桥桩(图 6. 3-2、图 6. 3-3)。

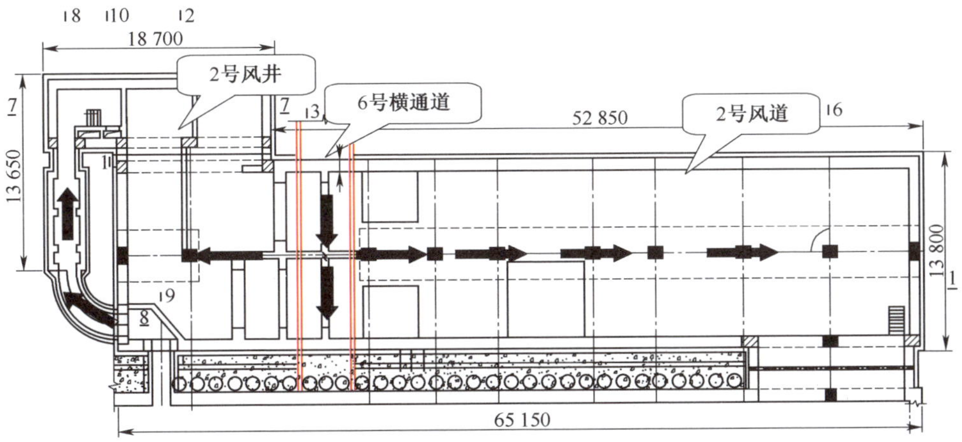

图 6.3-2　2 号风道平面图(单位:mm)

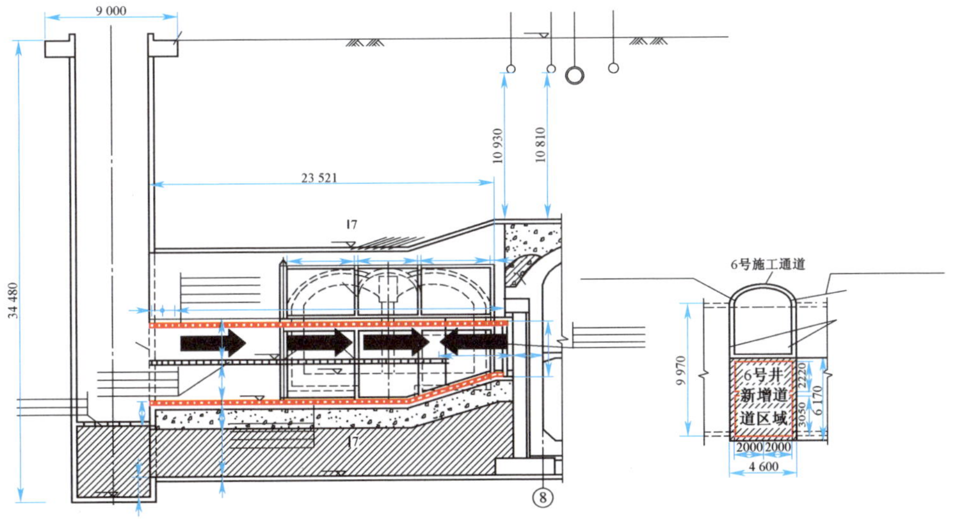

图 6.3-3　2 号风道纵面图(单位:mm)

2. 工程地质及水文地质

结构地层分为 4 个类型的,结构顶拱处土层主要为圆砾卵石⑤层、粉质黏土⑥层、粉土$⑥_2$ 层;边墙土体自上而下依次主要为粉质黏土⑥层、粉土$⑥_2$ 层、粉细砂$⑦_2$;结构底板下主要为粉细砂$⑦_2$。围岩分级均为Ⅵ级,自稳能力差。根据勘察报告,承压水头高于结构底拱,开挖时易发生涌水流砂和流土现象(表 6.3-1、表 6.3-2)。

表 6.3-1　结构主要参数表

施工部位	断面形式	断面尺寸(宽×高,m)	长度(m)	施工方法
风道初支	标准断面	13.8×9.97	35.83	中洞法
	调高断面	13.8×11.47	20.694	中洞法
	过渡断面	13.8×(9.97~10.57)	4.6	中洞法
风道与车站接口初支	标准断面	14.2×7.2	1.5	中洞法

表 6.3-2　2 号风道地下水特征表

地下水性质	水位/水头埋深(m)	水位/水头标高(m)	水位/水头高度(m)	观测时间	含水层及特性
上层滞水(一)	3.40~8.70 m	28.12~32.85	—	2009.9	粉土填土①层、粉土③层
潜水(二)	12.30~12.38	23.90~24.12	—	2011.1	粉细砂$④_3$层、圆砾⑤层、中粗砂$⑤_1$层
	11.97~12.73	23.19~23.96	—	2011.1	
承压水(三)	14.70	21.80	11.0	2009.8	圆砾⑦层、中粗 1 层、粉细砂$⑦_2$层
	14.10~18.0	18.39~22.34	7.0~12.2	2001.1	

风道与车站结构坍塌位置图及位置关系如图 6.3-4~图 6.3-6 所示。

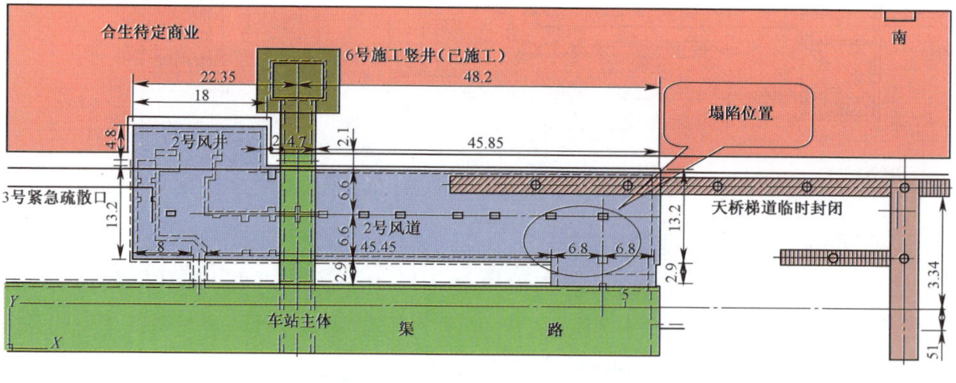

图 6.3-4　2 号风道坍塌位置示意图

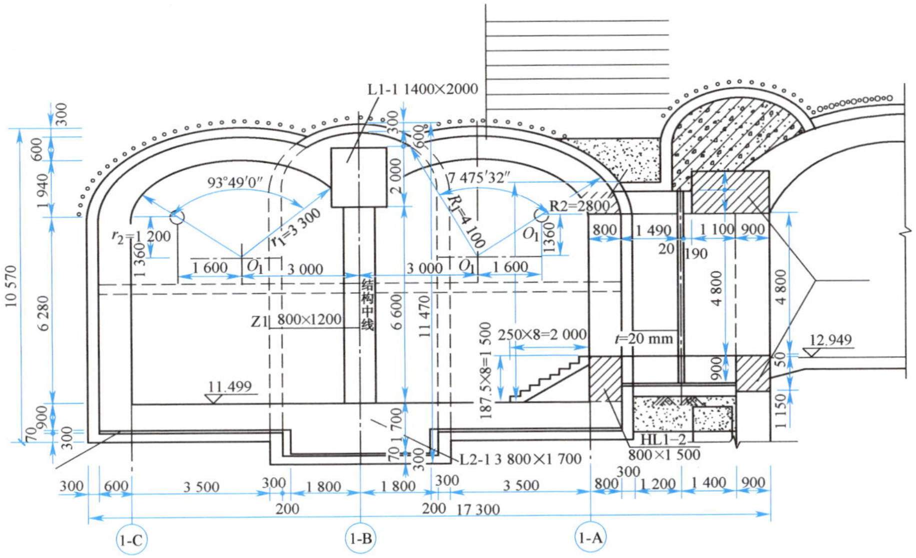

图6.3-5　风道与车站接口初支断面图(单位:mm)

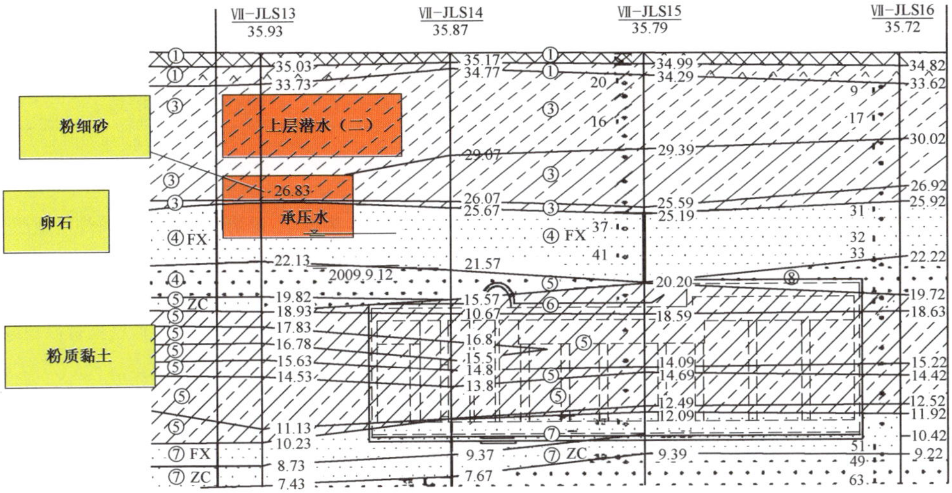

图6.3-6　2号风道段纵剖图

3. 主要风险工程

2号风道周边主要风险有:过街天桥桥桩、DN200上水1条、DN500中压燃气2条,旁穿DN1000上水,DN700污水、DN600上水、DN700雨水等(表6.3-3)。

表 6.3-3 管线及建筑物位置表

序号	管线名称	位置、范围	基本状况描述	风险分级
1	D500 中压燃气管两根	D500 中压燃气分别与 2 号风道平面净距 3.9 m、4.6 m，垂直净距 13.323、13.110 m		一级
2	ϕ400 上水管	D1000 上水管与 2 号风道平面净距 5.8 m，垂直净距 12.470 m		一级
3	ϕ500 煤气管	D600 上水管与 2 号风道平面净距 8.9 m，垂直净距 13.230 m		一级
4	2 号风道暗挖段旁穿 D700 污水管	D700 污水管与 2 号风道平面净距 11.4 m，垂直净距 10.157 m		一级
5	2 号风道暗挖段旁穿 D700 雨水管	D700 雨水管与 2 号风道平面净距 13.7 m，垂直净距 12.260 m		一级
6	2 号风道下穿道路天桥桥桩	2 号风道下穿道路天桥桥桩，与桥桩净距 0.8 m，风道下穿期间临时封闭上部天桥		二级

4. 施工工法及工艺

(1)施工步序(表 6.3-4)

风道初支施工时，每榀格栅间距为一个开挖步距，并保证各洞室之间纵向拉开距离(不小于 10 m)，应注意加强开挖面的工程地质的观察和记录，必要时封闭掌子面。

表 6.3-4 施工步序

序号	图 示	施工步骤及措施
1	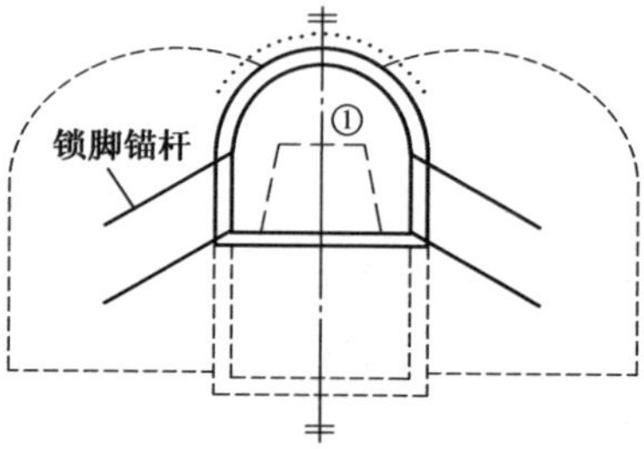	第一步：超前小导管注浆预加固地层，台阶法开挖 1 号洞室，预留核心土，架设钢格栅，采用锁脚锚杆加固拱脚，挂网喷射初支混凝土。及时进行初支背后注浆
2	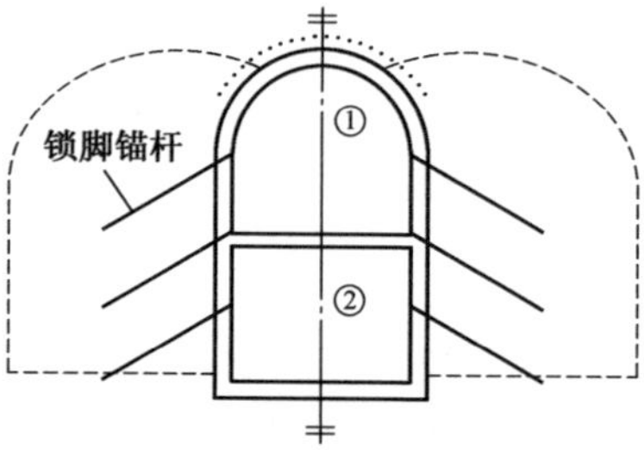	第二步：1 号洞室超前 10～15 m 时开挖 2 号洞室，并施作初期支护。2 号洞室采用台阶法开挖

续上表

序号	图　　示	施工步骤及措施
3	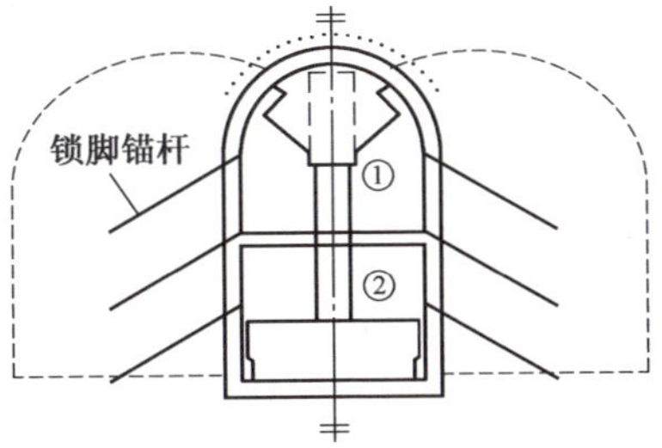	第三步:分段拆除中柱范围内初支结构,施作底部、拱部防水层,同时由下向上施作底梁、中柱、顶梁及部分底部、拱部二衬结构,预留钢筋及防水板接头。及时进行二衬背后注浆
4	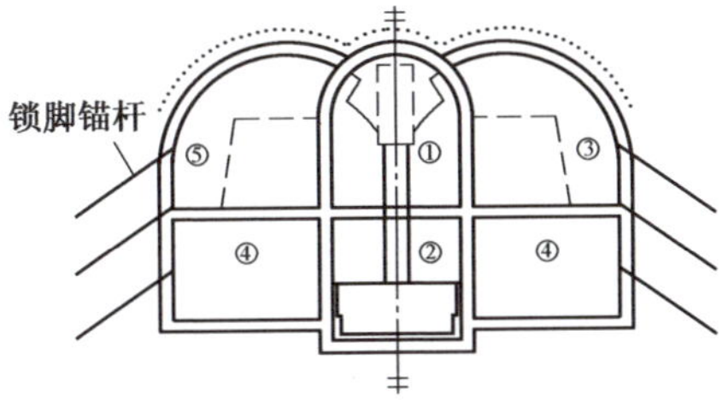	第四步:超前小导管注浆预加固地层,对称台阶法开挖 3 号洞室,预留核心土,架设钢格栅,采用锁脚锚杆加固拱脚,挂网喷射初支混凝土。及时进行初支背后注浆。3 号洞室超前 10~15 m 时开挖 4 号洞室,并施作初期支护。及时进行初支背后注浆
5	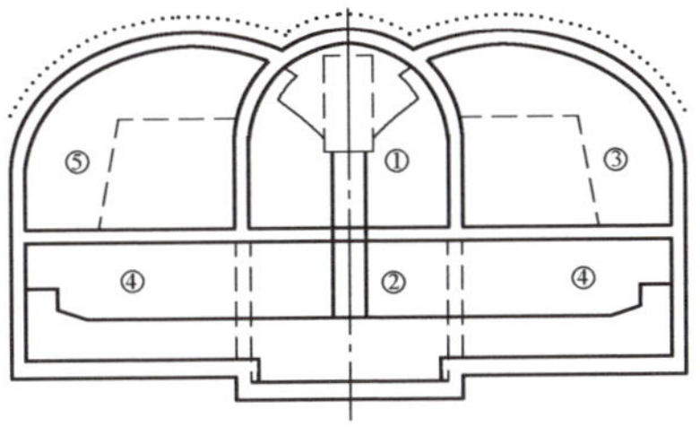	第五步:中洞临时仰拱拆除时,利用工字钢进行倒撑,再拆除临时隔壁,临时支撑采用工 25a,间距 1 m。根据施工监测情况,5~7 m 一段截断临时中隔壁,施作底板及部分侧墙防水层,同时浇筑二衬结构,预留钢筋、防水板接头。及时进行二衬背后注浆
6	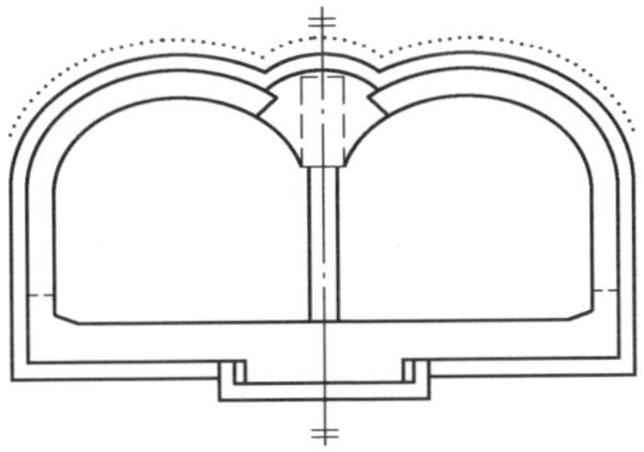	第六步:根据施工监测情况,5~7 m 一段截断剩余临时中隔壁和临时仰拱,施作拱部及侧墙防水层,同时浇筑二衬结构,封闭成环。及时进行二衬背后注浆

(2)暗挖施工方法和工艺

出入口暗挖初期支护拱部采用 $\phi32\times3.25$ mm,$L=2.5$ m 超前注浆小导管加固地层,隔榀打设一环 10°~12°小导管,环向间距 0.3 m。

深孔注浆采用后退式注浆施工工艺,根据需要每循环注浆长度 12 m,预留止浆墙 2 m,单孔注浆半径 0.55 m,相邻孔位设 0.2 m 咬合。

5. 施工前工程状态

2 号风道初支扣拱施工阶段开挖面粉质黏土地层为主，拱部以下台阶砂层，稳定性一般，开挖期间拱顶部位略有渗水，初支背后存在渗漏水情况，施工基本规范，1 号洞掌子面渗水情况突出，4 月 4 日横通道向东南跨端头突遇严重渗漏水现象，水势逐渐增大，端头墙初支裂缝，造成路面坍塌（图 6. 3-7～图 6. 3-10）。

图 6. 3-7　2 号风道中洞初支

图 6. 3-8　中洞初支期间拱腰位置略有渗水

图 6. 3-9　东端头无异常，局部初支背后渗漏水

图 6. 3-10　封端墙位置突遇严重渗漏水，造成路面坍塌

6. 监测状况

坍塌事件发生前一个月该站无新增预警，坍塌位置南侧沉降监测点累计沉降较大，达到-150 mm，主要变形期发生在车站主体结构施工期间。

7. 风险事件详情

2014 年 4 月 4 日 19:05，2 号风道施工横通道向东南跨端头初支突然出现严重渗水现象，水势逐渐增大，端头墙初支随之开裂，施工单位紧急疏散了正在进行二衬施工的工人，地面排查发现道路天桥处路北主辅路与隔离带之间出现路面塌陷，范围约 3 m^2，范围逐渐扩大，19:15，塌陷面积已经扩大形成直径约 10 m 的塌坑，发现一条直径 400 mm 上水管断裂，20:20，自来水单位切断水源，险情得到控制，施工单位及相关单位开始协调抢险，此时大量泥沙已经涌入 2 号风道南跨约 20 m 范围（图 6.3-11～图 6.3-13）。

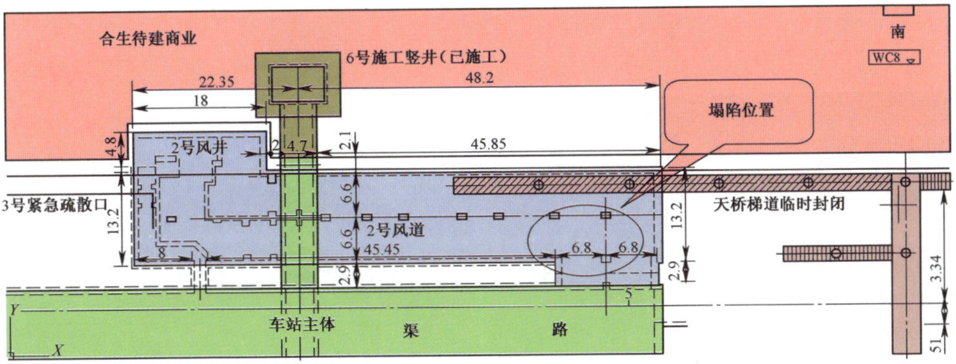

图 6.3-11　2 号风道塌陷位置剖面图

图 6.3-12　坍塌路面情况

此次塌陷没有造成人员伤亡，该部位管线前期已进行导流处理，未对燃气、上

图 6. 3-13　洞内坍塌情况

水管线和通信管线造成较大损坏。9 月 6 日 19:50 现场塌陷回填完成,9 月 7 日与各管线产权单位及相关部门进行沟通协商,做好后续的配合工作,积极与设计单位沟通协商按照专家意见完善桩撑方案(图 6. 3-14~图 6. 3-18)。

图 6. 3-14　组织回填

图 6. 3-15　浇筑混凝土

图 6. 3-16　封堵自来水管、恢复电力管

图6.3-17　回填土方注浆加固

图6.3-18　回填路面

8. 后续处置

为确保地面回填密实，防止沉降过大，对地表回灌区域进行雷达探测，根据雷达探测情况，如有空洞则采取地面回填注浆填充的方式进行加固。加强地面监测及巡视，发现沉降较大或塌陷情况及时进行处置。

深孔注浆加固塌方影响范围。开挖断面范围内主要存在的土体为塌落下来的杂填土和回填的砂砾，内部孔隙率较大，极其松散，下一步开挖时存在一定的安全隐患，在恢复土方开挖前对塌方土体进行深孔注浆，注浆范围为开挖全断面、起拱线以上至混凝土回填区；浆液采用水泥-水玻璃双液浆。

9. 原因分析

(1)直径400 mm上水管断裂，地面排查发现道路天桥处路北主辅路与隔离带之间出现路面塌陷，塌陷面积已经扩大形成直径约10 m的塌坑，下部土体受浸泡松软，形成淤泥区，造成下部土体涌水垮塌。

(2)坍塌部位紧邻下穿道路过街天桥；天桥桥桩，上管断裂下部土体内含水量较大；容易造成拱顶土体淤泥化，导致垮塌。

(3)结构转弯、挑高、变断面，拱顶注浆效果不易控制，初支结构上方不能形成有效的壳体，支护能力较差，是结构受力的薄弱环节。

(4)因2号风道开挖时该部位地层比较稳定，未出现塌方等现象，现场盲目乐观，思想麻痹大意，对施工风险估计不足。

10. 总结

(1)施工中应加强附属结构施工管理，重视管线核查，对老化管线提前采取导改或防渗措施。

(2)严格按方案施工，对结构转弯、挑高、变断面等部位结构施工尤其需做好相应措施，严禁在未施工二衬结构情况下，随意增加开挖面。

(3)对于开挖面长时间存在渗漏水情况要加强重视，及时采取有效措施对渗漏水进行处置，遇到连续降雨时，更要加强监测与巡视，及时了解隧道施工情况，做好抢险预案及物资准备，以防连续降雨导致地层内含水量增高，给隧道施工带来安全隐患。

6.3.2 案例四

1. 工程概况

某车站位于东西向的 A 大街与 B 大街交叉路口以西，沿 A 大街东西向布置，与南北走向的既有某站形成 T 型换乘。本车站共设置 4 个出入口、2 个出入口（兼换乘通道）及 1 个无障碍垂直电梯、3 个换乘通道及 1 个人防专用疏散口及 2 个换乘厅。

2 号换乘通道采用暗挖法施工，复合式衬砌结构。初支开挖自车站站厅层向东仰挖通过立交桥西侧环岛，下穿立交桥挡墙、下穿 B 大街后与既有某站中部对接，实现换乘。换乘通道总长度为 63 m，标准段开挖宽度约 6. 7 m，人防段开挖宽度约 6. 7 m，人防段开挖宽度约 10. 9 m，人防段挑高 2. 1 m，采用 CRD 降水施工，仰挖段爬坡高度为 5. 95 m，主要穿越雨水管线、电力管线、燃气管线、某桥、旁穿 A 大街地下过街道。

2. 工程地质与水文地质

2 号换乘通道拱顶局部位于粉土③层、粉细砂$③_3$ 层，均属Ⅵ级围岩，靠近既有 2 号线范围（人防段及 8-8 断面）土体为既有 2 号线车站结构卵石填土层，稳定性较差，施工过程中容易发生坍塌，换乘通道侧壁土层主要为粉土③层、粉细砂$③_3$层、中粗砂$④_4$ 层、圆砾卵石⑤层、粉质黏土⑥层、粉土$⑥_2$ 层。拟建场地内赋存四层地下水，分别为上层滞水（一）、潜水（二）、承压水（三），根据实测水位，暗挖通道局部位于潜水水位以下，拱顶上部可能存在少量滞水。根据对本站周边降水井水位观察情况看，目前地下水水位全部处于通道初支结构以下，施工时能够确保在无水条件下进行（图 6. 3-19）。

3. 主要风险工程

（1）下穿各类市政管线、立交桥挡土墙、配电室等构筑物，周边环境复杂，并且多次扰动，变形要求高。

（2）仰挖段施工难度大，2 号换乘通道仰挖施工段爬坡高度为 6. 0 m，长 10. 3 m，爬坡角度为 30°。穿越地层主要为粉细砂层和圆砾卵石层，稳定性差，很难形成自然拱，仰挖施工过程中容易发生坍塌，加之既有线区间正线左右线通过和本车站主体结构施工对该范围地层反复扰动，造成地层稳定性进一步降低，仰挖施工风险进一步加大。

（3）穿越既有线基坑肥槽松散回填区，存在坍塌风险：既有线明挖肥槽回填区地质砂卵石，黏结力极小，初支开挖时掌子面自稳性较差，易产生塌方。

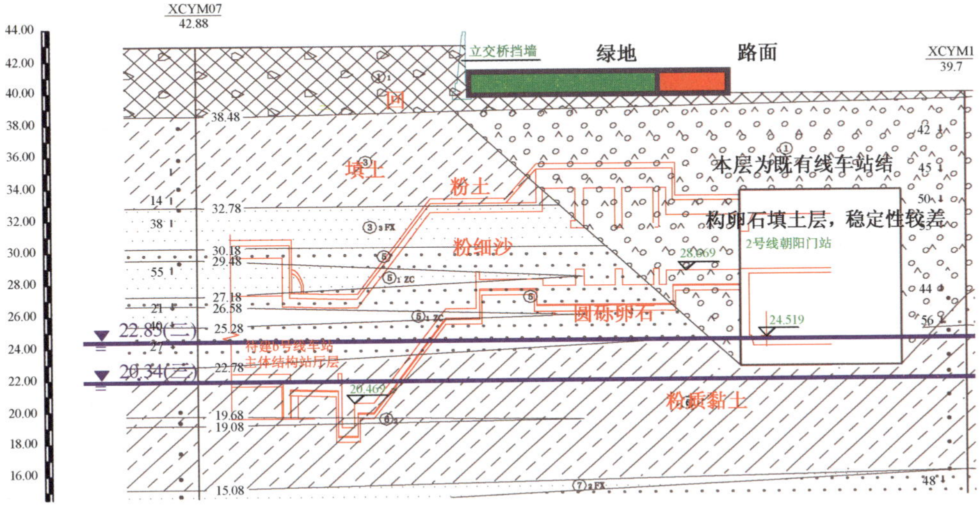

图 6.3-19 2 号换乘通道地质剖面图

4. 施工工法工艺

2 号换乘通道与既有线连接处边墙切割施工步骤：水钻切割既有线边墙左半幅→搭设脚手架，施作半幅墙拱结构→保存脚手架，进行另外半幅既有线边墙水钻切割→搭设脚手架，施作剩余半幅墙拱结构→进行既有线与变形缝之间结构的施工。

5. 事故前工程状态

2 号换乘通道施发前状态，大部分位于粉细砂、砂卵石地层，现场作业基本规范，未受地下水影响（图 6.3-20～图 6.3-23）。

6. 监测情况

2 号换乘通道结构施工期间，平台共发生 13 个橙色、1 个黄色监测预警，预警情况如图 6.3-24 所示。整个施工过程中未发生巡视预警及综合预警。

图 6.3-20 平挖段初支施工状态

图 6.3-21 仰挖段初支施工状态

图 6.3-22 人防段初支施工状态

图 6.3-23 与既有 2 号线连接段初支施工状态

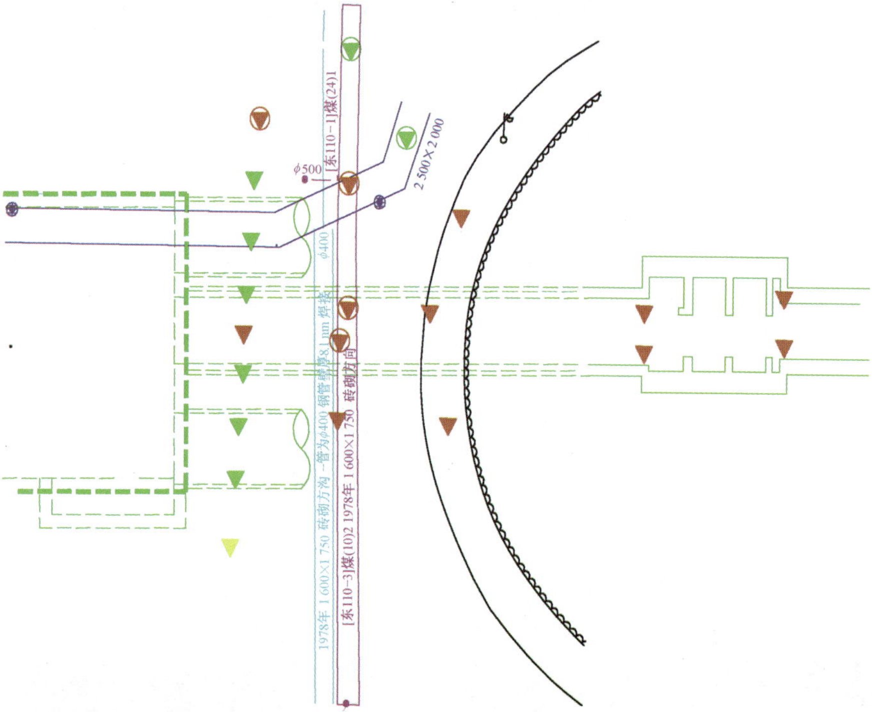

图 6.3-24 2 号换乘通道监测预警情况示意图

7. 监测数据分析

根据监测数据，各风险工程在施工期间最大累计沉降情况统计见表 6.3-5，如图 6.3-25 所示。

表 6.3-5 2 号换乘通道风险监测最大值统计(截至 2012.08.26)

序号	监测对象	累计沉降/mm	变形速率 mm/d	控制值/mm	状态
1	地表	-73.20	-0.39	-25	橙色预警
2	雨水管线	-84.87	-0.59	-15	橙色预警

续上表

序号	监测对象	累计沉降/mm	变形速率 mm/d	控制值/mm	状态
3	电力管线	-88.13	-0.09	-20	橙色预警
4	燃气管线	-29.52	-0.07	-10	橙色预警
5	上水管线	-52.62	-0.12	-10	橙色预警
6	立交桥挡墙	-14.55	-0.03	-8	橙色预警
7	配电室	-83.32	-0.20	-15	橙色预警

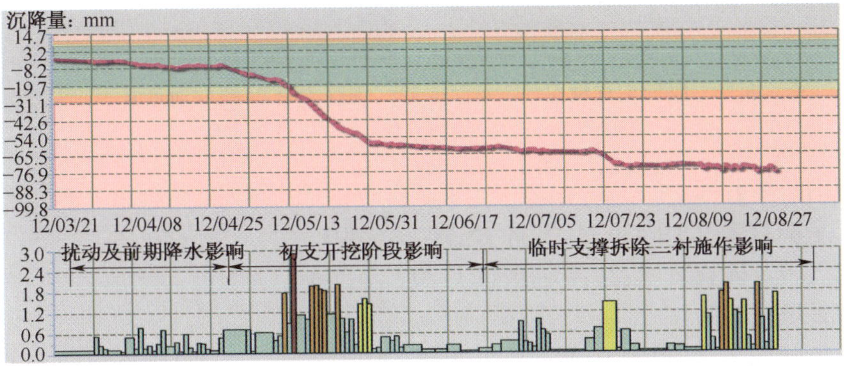

图 6.3-25　换乘通道上方 DB-71-09 沉降历时曲线图

本站 2 号换乘通道监测数据显示部分监测项目变形值较大，经认真分析，总结原因如下：

换乘通道在某桥挡土墙以西部分位于既有某站主体结构暗挖施工影响范围内，地层受车站施工扰动较大，稳定性降低；初支施工土方开挖引起的地层损失是引起环境变形的重要原因。爬坡段施工难度大，初支结构不能及时封闭成环也是主因。

挡土墙以东部分位于桥区绿化带和既有线基坑肥槽区，地层受绿化灌溉和雨季降水影响较大，且稳定性较差。加之换乘通道还位于既有区间左右线结构上方中间位置，地层受区间隧道施工反复扰动，换乘通道初支开挖再次扰动时地层沉降变形加剧。

8. 风险事件

2012 年 6 月 29 日 14:40，在本站 2 号换乘通道 8-8 断面（平顶直墙、CD 法施工、接近既有 2 号线部位）②部（南侧导洞）作业面，施工人员在掌子面开挖时，因拱顶渗水，造成掌子面坍塌，塌方部位地面对应位置为东二环西侧辅路下，情况十分危急，现场人员紧急撤离，后期拱部土体仍然在垮塌，最终坍塌土体范围约：长度 9 m，宽度 7 m（开挖面范围），高度 6 m（西侧开挖面拱顶至路面下0.5 m，东侧 3 m 范围开挖面拱顶至路面下 1.5 m），坍塌方量约 370 m^3。塌方造成 B 街西侧辅路路面下土体全部塌陷,路面相对稳定(图 6.3-26、图 6.3-27)。

图 6.3-26　路面坍塌情况

图 6.3-27　换乘通道掌子面塌方情况

9. 应急处置

洞内封堵时间:

工字钢封堵及加固:6 月 29 日 15:20~21:40;

加气砖及砂袋封堵:21:40~次日 1:30。

洞外填充时间:

回填砂砾:6 月 30 日 0:40~2:30;砂砾回填完成后填充点距离地面 4.1 m,周边部位为坡型扩散,最深处(靠既有线一侧)约 7.2 m;

回填混凝土: 6 月 30 日 2:40~11:00。

开始灌注 1~2 车(每车 11 m^3)混凝土后填充点距离地面 4.3 m(回填砂下沉 0.2 m),灌注 3~4 车(每车 11 m^3)混凝土后填充点距离地面 4.1 m,灌注 5~6 车(每车 11 m^3)混凝土后填充点距离地面 3.85 m,后续每填充两车高度上升 0.25~0.3 m。

于 6 月 30 日 12:00 放行 B 街西侧辅路东侧车道,16:30 路面及交通全部恢复(图 6.3-28~图 6.3-31)。

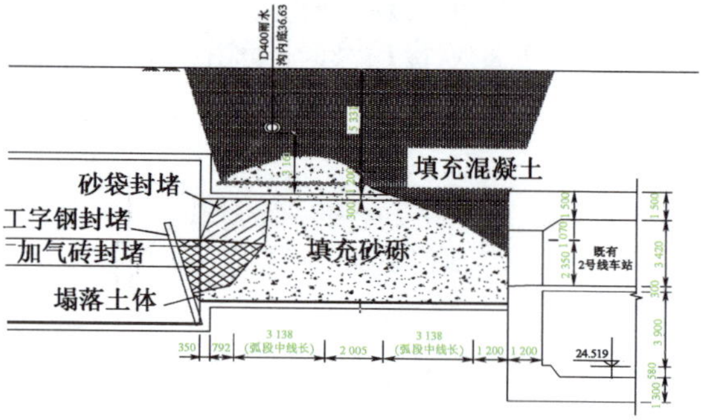

图 6.3-28　换乘通道塌方处理情况示意图

图6.3-29　掌子面沙袋、工字钢封堵

图6.3-30　砂砾填充

图6.3-31　塌方处地面回灌混凝土

10. 后续处置

(1)地面处理措施:为确保地面回填密实,防止沉降过大,对地表回灌区域进行雷达探测,根据雷达探测情况,如有空洞则采取地面回填注浆填充的方式进行加固。加强地面监测及巡视,发现沉降较大或塌陷情况及时进行处置。

(2)深孔注浆加固塌方影响范围。由于8-8断面内开挖断面范围内主要存在的土体为塌落下来的杂填土和回填的砂砾,内部孔隙率较大,极其松散,下一步开挖时存在一定的安全隐患,在恢复土方开挖前对塌方土体进行深孔注浆,注浆范围为开挖全断面、起拱线以上至混凝土回填区;浆液采用水泥-水玻璃双液浆。

(3)重新调整后结构为圆拱直墙结构,重新架立钢格栅置于原有初支结构内。开挖时对影响初支结构施工的部分剩余前期拱部初支结构进行破除。

(4)为避免衬砌施工时,拆除临时中支撑影响初支结构稳定,本段施工时中支撑不拆除,浇筑在衬砌结构内,待衬砌结构成环且达到一定强度后割除。施工时对中支撑部位的防水进行特殊处理。

11. 原因分析

(1)因结构距离ϕ800雨水管较近,该管线检查井紧邻结构南侧,且近期雨水较多，可能造成雨水管及检查井内水流外渗，致既有线防爆层（3.5 m 宽）下部土体受浸泡松软，形成淤泥区，造成下部土体涌水垮塌。

（2）坍塌部位紧邻环岛下绿地内，绿地内近期受喷灌及雨水浸泡，下部土体内含水量较大；容易造成拱顶土体淤泥化，导致垮塌；

（3）平顶直墙段位于既有线肥槽回填区内，拱顶注浆效果不好，初支结构上方不能形成有效的壳体，支护能力较差。

（4）平顶直墙段中支撑部位两侧均有节点连接，是结构受力的薄弱环节，该部位受前方垮塌土体冲击，导致中支撑向左侧跨，拉垮拱顶及后方已成环的初支结构；

（5）因 1 号洞室开挖时该部位地层比较稳定，未出现塌方等现象，现场盲目乐观，思想麻痹大意，对施工风险估计不足。

12. 总结

（1）爬坡段仰挖工法是在工期进度等压力下被动采用的，虽然从结果上看相对顺利，但从过程来看，施工难度大，风险高，各项施工措施很难真正落实到位，后续施工中应尽量避免此类施工方案。

（2）平顶直墙断面结构受力复杂，施工中出现的风险事件与其结构设置不无关系，后续施工中建议尽量起拱，避免平顶直墙型式，当必须采用时，应对结构跨度、支护措施、地层适用性、结构受力转换性质进行深入论证，杜绝安全隐患。

（3）必须认真对待反复扰动地层的极度不稳定性，严格做好注浆加固措施。

（4）应加强地面洞内洞加强监测工作，结合雷达探测结果对路面面层与回填面层间空隙及周边疏松区域进行回填注浆；

（5）针对洞内回填的材料选择适宜的注浆浆液，同时注浆范围适当扩大，加固到回填混凝土底部，并对原平顶直墙侧墙外侧进行补充注浆；细化原初支结构的拆除方案。

6.3.3 案例五

1. 工程概况

某正线区间起讫里程为 K33+614.430～K34+482.845，单线（右线）全长为 868.415 m。正线线路轨顶标高 11.900～20.107 m，隧道顶板埋深约为 11.3～19.5 m。区间附属工程包括 1 号施工竖井（中心里程 K33+679.980）、2 号施工竖井（中心里程右 K34+283.660），联络通道兼废水泵房（中心里程 K33+991）。联络线起讫里程为 K0+52.250～K0494.289，长 442.039 m。联络线路轨顶标高 12.387～20.635 m，隧道顶板埋深约为 9.6～18.6 m。

正线隧道沿某街道施工，平行下穿的管线主要有 ϕ500 煤气管（埋深约 1.3 m）、ϕ600～ϕ1000 污水管（管底埋深约 5.4 m）、4 400 mm×2 100 mm 热力管

（管底埋深约 3.2~9.6 m）、ϕ800~ϕ1600 雨水管（管底埋深约 3 m）、ϕ400 中水管（管顶埋深约 2.3 m）、ϕ600 上水管（管顶埋深约 1.3 m）。

2. 地质与水文地质

区间正线隧道顶板埋深约为 11.3~19.5 m，隧道顶板主要为中粗砂、圆砾层，底板地层主要为粉质黏土、粉土。主要影响地下水为潜水（二），含水层为粉细砂④$_3$ 层，水位埋深 11.70~13.80 m，层间水（三），含水层主要为粉土⑥$_2$ 层，未探测到水位，该层土为饱和状态。在地下工程施工扰动下，易发生涌水、流砂和流土现象。甜水园街坍塌处区间隧道掌子面以黏土层、黏质粉质层为主，拱部及以上范围为砂卵石层，地层稳定性较差（图 6.3-32）。

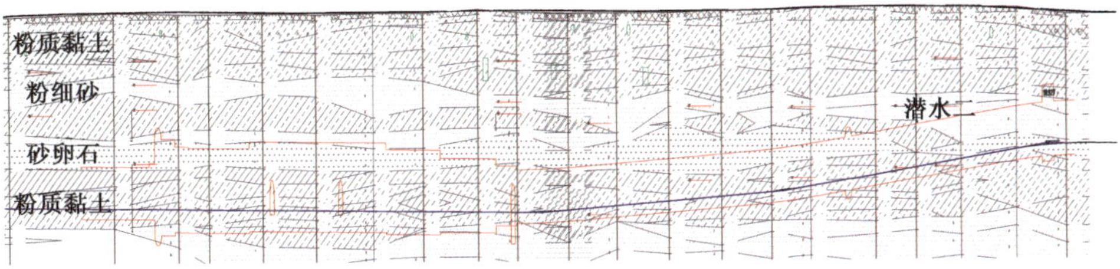

图 6.3-32　区间隧道地质纵向剖面图

3. 主要风险工程

（1）位于某街道交叉口，紧邻两条主路，暗挖区间隧道该街道敷设。

（2）坍塌位置西侧有某小区东门、多处建筑物。

（3）管线众多：ϕ150 上水管、ϕ400 中水管、ϕ600~ϕ1000 污水管、ϕ800~ϕ1600 雨水管、4 400 mm×2 200 mm 热力管等，管线的具体位置（图 6.3-33）及范围见表 6.3-6。

表 6.3-6　管线位置表

序号	管线名称	位置、范围	基本状况描述	风险分级
1	ϕ150 上水管	隧道垂直	埋深 2.0 m	二级
2	ϕ400 中水管	隧道正上方	埋深 2.2 m	二级
3	ϕ600~ϕ1000 污水管	隧道正上方	距结构 10.5 m	一级
4	ϕ800~ϕ1600 雨水管	隧道正上方	距结构 8.3 m	一级
5	4 400 mm×2 200 mm 热力管	隧道侧上方	距结构 6.3 m	一级

4. 施工工法及工艺

（1）施工步序

开挖顺序图（CRD）：开挖顺序如图 6.3-34 所示。上下导洞控制在 5~10 m，左

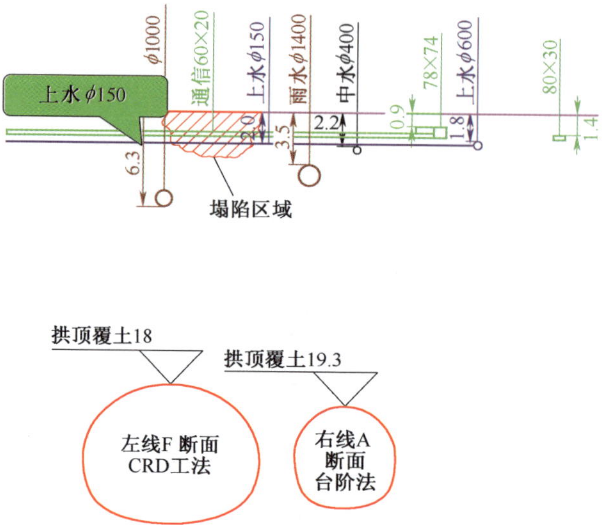

图 6.3-33　塌陷处管线与掌子面平面位置关系图

右导洞控制在 15 m 以上。施工开挖顺序：①→②→③→④。

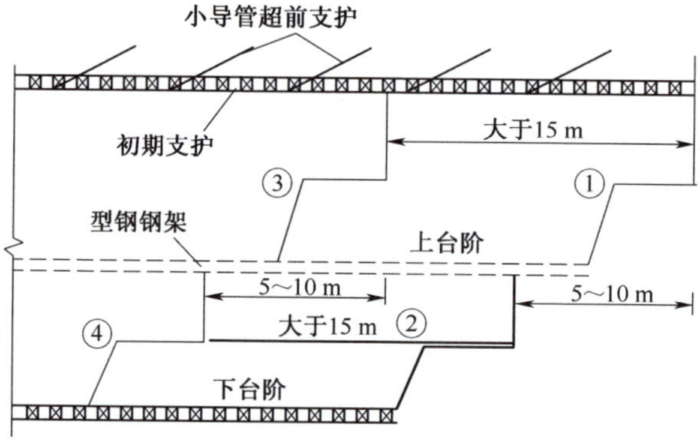

图 6.3-34　CRD 法开挖示意图

(2)暗挖施工方法及工艺

区间隧道初期支护拱部采用 ϕ25 超前小导管，壁厚 3.25 mm，长 1.75 m，环向间距 300 mm，纵向间距 0.5 m。注浆浆液根据地层情况而定。

深孔注浆采用后退式注浆施工工艺，根据需要每循环注浆长度 12 m，预留止浆墙 2 m，单孔注浆半径 0.55 m，相邻孔位设 0.2 m 咬合。

5. 事故前工程状态

1 月 1 日~1 月 15 日巡视中发现 2 号井左线向南 3 号洞掌子面稳定性差，临时封闭。1 号洞深孔注浆后掌子面仍存在明显渗水，稳定性一般，临时仰拱处存在积淤;同时边墙漏水情况严重。3 号井左线大里程拱顶渗漏水情况较严重,掌子面渗漏水情况明显,仰拱处存在积水,1、3 号导洞均存在垮塌现象,不能保持基本稳定性,存在安全隐患。1 月 8 日右侧导洞掌子面超前小导管注浆施工,1 月 13 日 3 号洞完成深孔注浆加固,临时封闭(图 6. 3-35、图 6. 3-36)。

图 6. 3-35　左线小里程 1 号洞仰拱处存在积水

图 6. 3-36　2 号井左线 3 导洞临时封闭

1 月 16 日~1 月 24 日 2 号井左线小里程右侧边墙处漏水情况严重,3 号洞掌子面上台阶封闭,下台阶掌子面存在渗水,掌子面出现剥离,仰拱处存在积水。1 号洞掌子面挂网封闭,深孔注浆施工,掌子面封闭强度不足,掌子面出现开裂现象,建议加强掌子面封闭强度。3 号井大里程暂停开挖,掌子面挂网封闭(图 6. 3-37、图 6. 3-38)。

图 6. 3-37　3 号洞掌子面渗水及仰拱处积水

图 6. 3-38　2 号井左线小里程掌子面出现开裂

2 月 5 日~2 月 12 日 2 号井左线小里程 1 号洞开挖掌子面基本稳定性较差,临时封闭进行拱部填充注浆加固,封闭强度不足,跑浆严重;导洞边墙漏水情况未得到改善,存在严重安全隐患(图 6. 3-39)。

6. 监测状态

本区间近 2 个月施工过程中,初支开挖掌子面通过区域沉降变形持续时间长,

图 6. 3-39　1 号洞深孔注浆跑浆严重

累计沉降较大，长时间未收敛，出现多项橙色监测预警，存在安全隐患。其中地表最大沉降为左线上方的 ϕ600～ϕ1000 污水管 GXC-21-11 测点（图 6. 3-40）。

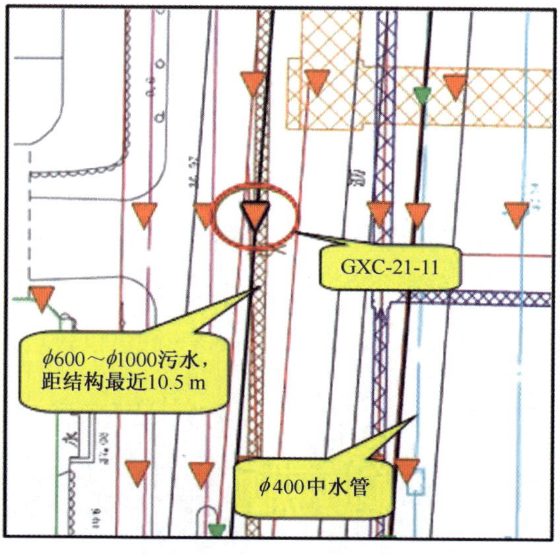

图 6. 3-40　GXC-21-11 测点位置图

左线上方 GXC-21-11 测点累积沉降曲线如图 6. 3-41 所示。

从图中可以看出，近三个月本区间受施工多次扰动影响，左线上方地表、管线发生较大沉降，且沉降长时间未收敛，春节期间沉降略有收敛，节后开挖过程中，沉降持续增大。

右线上方 ϕ400 中水管 GXC-18-26 测点累积沉降曲线如图 6. 3-42 所示。

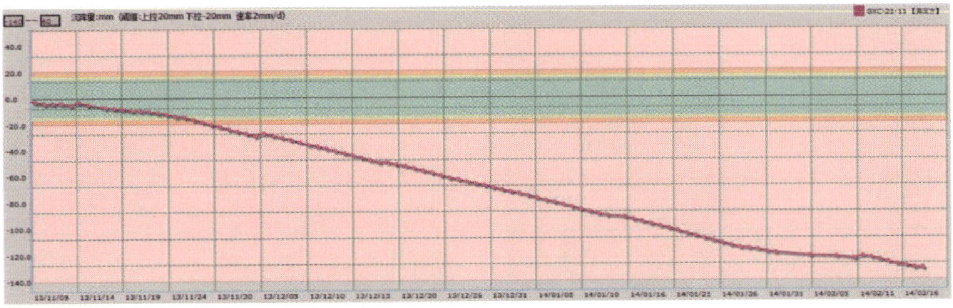

图 6. 3-41　GXC-21-11 测点累积沉降曲线

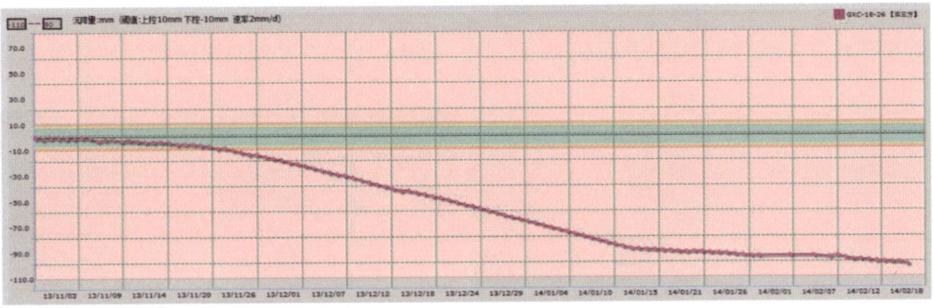

图 6. 3-42　GXC-18-26 测点累积沉降曲线

从图中可以看出,近三个月本区间受施工多次扰动影响,右线上方地表、管线发生较大沉降,且沉降长时间未收敛,自春节至 2 月 16 日,沉降已趋于平稳。

7. 风险事件详情

2014 年 2 月 16 日 15:10 左右,该街道西侧某小区东门口地面裂缝出现冒水现象,15 时 30 分左右停止冒水,16:00 左右路面出现塌陷,陷坑范围约 3 m(长)×2 m(宽)×2 m(深),一条 ϕ150 mm 自来水管和一条 ϕ400 mm 雨水管断裂。15:40 左右,位于塌坑附近的金~朝区间左线隧道 CRD 法施工 3 号导洞掌子面后方约 6 m 处拱脚部位因涌入泥水造成 2~3 m^3 的残留土体,在初支顶拱及侧壁有渗漏水现象(图 6. 3-43~图 6. 3-48)。

图 6. 3-43　路面坍塌鸟瞰图

图 6. 3-44　左线小里程 3 号洞地面坍塌情况

图 6.3-45　左线 3 号洞掌子面状态

图 6.3-46　3 号洞掌子面拱脚处涌水涌泥

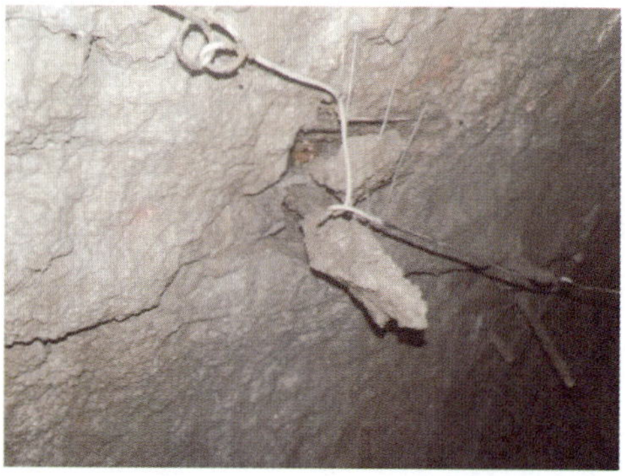

图 6.3-47　掌子面及后方初支结构有纵横向贯通裂缝左南 3 号洞洞内严重积淤泥

图 6.3-48　左南下层导洞内严重积淤

8. 应急处理

2014 年 2 月 16 日，项目部组织召开了该街路面塌陷和本区间隧道涌泥水处理专家会。与会专家查勘了现场后，听取了施工单位的汇报，经质询和讨论，形成如下意见和建议：

(1)尽快做好掌子面封闭及掌子面后方受影响范围初期支护的加固,掌子面加固时应增加型钢和锚杆。

(2)采取洞内掌子面前方注浆和初支背后径向注浆加固地层和填充地层空隙。

(3)严密观察隧道内渗漏水的状态变化并及时采取处理措施。

(4)采取地质雷达和探孔等手段做好空洞探查,并进一步排查相关管线的状态,对地层空洞及时处理。

(5)加强对左、右线隧道初期支护状态、地下管线状态等的监测与巡视。

发生塌陷后,于2月16日21:30进行雷达探测,2月16日当晚23:50左右自来水管线恢复通水,2月17日1:00 3号洞掌子面加固封闭完成。3:00左右地面处理完成,铺设钢板,6:00恢复交通(图6.3-49、图6.3-50)。

图6.3-49　现场进行雷达探测现场抢修自来水管

图6.3-50　3号导洞喷混封闭掌子面路面处理完毕

9. 后续处置

1号导洞堆积沙袋进行反压保护;3号导洞掌子面已封闭完成,初支结构区域已增设四道横撑;2、4号导洞积水、淤泥较多,施工单位加紧排水、清淤(图6.3-51~

图 6.3-53)。

图 6.3-51 1号导洞沙袋反压掌子面

图 6.3-52 3号导洞临近掌子面假设横撑

图 6.3-53 下层导洞积水淤泥清理左线2号洞底板积水处理

10. 原因分析

(1)区间隧道开挖期间,掌子面存在渗水现象,导致土体降水固结,加上开挖过程地层的损失,初支回填不及时,引起坍塌区域管线长期不稳定沉降。

(2)不排除既有管线存在渗漏水现象,导致周围土体出现空洞,引起管线悬空,加上施工的综合影响导致管线断裂,冲刷地层造成地面坍塌。

(3)针对隧道内涌泥水情况,经专家现场查勘,结合地层条件、管线状态等条件初步判定隧道内涌水是因自来水管线破裂、雨水管渗漏,在土体中形成突发性水囊涌入造成。

11. 总结(图 6.3-54~图 6.3-58)

(1)对掌子面长期存在渗漏水情况要加强重视,及时采取有效的措施对渗漏水进行处置,并加强巡视与监测。

(2)浅埋隧道施工应对上方回填土地层稳定性加强关注,严格控制超前支护效果,及时采取初支背后回填注浆等措施补充地层损失。

(3)管线异常沉降路面要加强监测与巡视力度,沉降过大时进行地层雷达探测,避免管线渗漏水导致地层空洞,管线悬空爆裂。

图 6.3-54　左线小里程 1 号洞仰拱处存在积水

图 6.3-55　3 号洞掌子面渗水仰拱积水

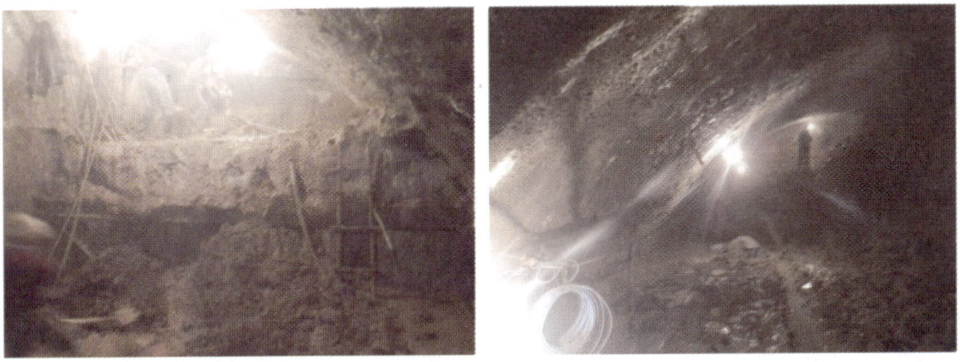

图 6.3-56　左线 1 号洞掌子面渗水底板淤泥左线 3 号洞洞内严重积淤

图 6.3-57　左线下层导洞积水淤泥严重左线 2 导洞仰拱积水严重

图 6. 3-58　2 号井小里程掌子面开裂

6. 3. 4　案例六

1. 工程概况

某区间暗挖段右线现开挖至距渐变段 2 m 处，右线盾构机掘进至距离设计接收端 48 m 处(40 环管片)停机，等待接收(图 6. 3-59)。

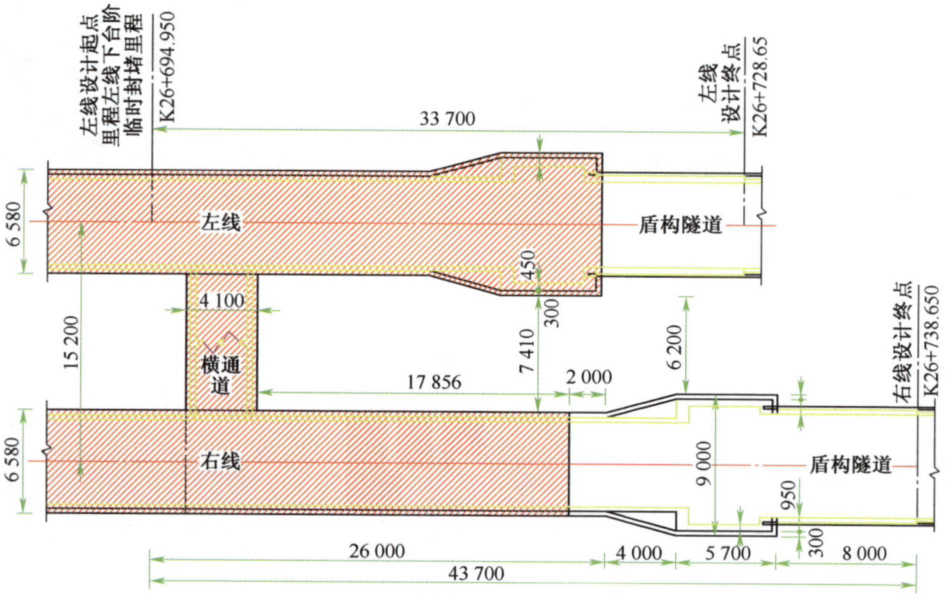

图 6. 3-59　本区间盾构接收端平面图(单位：mm)

2. 工程地质及水文

本区间自然地面标高约为 36. 77 ~ 40. 46 m。本段基岩埋深大于 50 m，地层以黏性土、粉土、砂类土交互沉积为主，碎石土分布较多(图 6. 3-60)。隧道所处土层从上到下依次为杂填土①$_{1}$、粉土素填土①、粉土③、粉土③$_{6}$、粉质黏土③$_{5}$、粉土③$_{6}$、粉土④$_{2}$、粉质黏土④、黏土④$_{1}$、粉细砂④$_{3}$、粉质黏土④、粉土④$_{2}$、粉质黏土⑥、粉土⑥$_{2}$、粉质黏土⑥、粉土⑧$_{2}$、粉质黏土⑧、粉土⑧$_{2}$。地层内含有三层水：分别为上层滞水（一）；潜水（二）；承压水（三）。

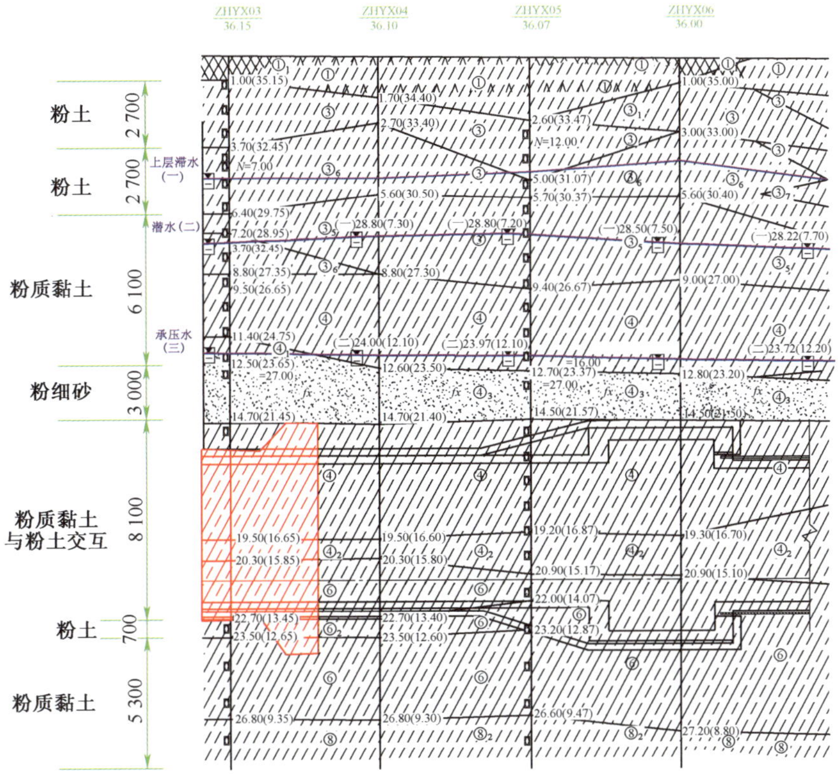

图 6.3-60　地质及水文剖面图

隧道穿越地层主要为粉细砂地层、粉土，拱顶 3 m 厚饱和粉细砂地层，隧道大部分位于饱和粉土层。

开挖过程地层含水量丰富且带有微承压性，地层大部分为细颗粒的饱和粉土层，土体自稳能力差，在隧道开挖过程中普通水泥+水玻璃双液浆注浆效果差，带水作业比较严重。

3. 主要风险工程

施工正线沿弘燕路向东施工，隧道下穿的管线主要有：ϕ1 600 雨水管、ϕ200 中水管、ϕ400 上水管、120 mm×40 mm 电力管、电力管、ϕ200 中压天然气管。管线与区间主体结构关系详见表 6.3-7。

表 6.3-7 本区间(暗挖段)周边环境

序号	管线名称	位置、范围	基本状况描述
5	区间平行下穿 ϕ1 600 雨水管	右线	ϕ1 600 雨水管位于右线隧道正上方,埋深约 1.7 m,距离区间隧道最小净距为 11.9 m
6	区间平行下穿 ϕ200 中水管	右线	ϕ200 中水管位于右线隧道正上方,埋深约 1.2 m,距离区间隧道最小净距为 13.8 m
7	区间平行下穿 ϕ400 上水管	右线	ϕ400 上水管位于右线隧道正上方,埋深约 1.3 m,距离区间隧道最小净距为 13.5 m
8	区间平行下穿 120 mm×40 mm 电力管	右线	120 mm×40 mm 电力管位于右线隧道正上方,埋深约 1.1 m,距离区间隧道最小净距为 14.1 m
2.9	区间平行下穿 ϕ 200 中压天然气管	右线	ϕ200 中压天然气管位于右线隧道正上方,埋深约 0.4 m,距离区间隧道最小净距为 14.6 m

带水管线存在严重渗漏情况,经调查,土体呈淤泥状,且土体存在空洞及土质疏松等情况,隧道上方存在透水性较好的人工填土,粉土及砂土层,开挖过程中引起右线掌子面涌砂,无法正常开挖,且危及隧道开挖安全及后期盾构接收。

地面空洞区域位于文园北大门正前方,存在多条出入文园支管,管线交叉密集,带水管线长期存在严重渗漏现象。

4. 施工工法及工艺

区间正线采用台阶法施工,上台阶由人工开挖,下部预留开挖台阶平行施工,采用人工配合机械开挖。拱部开挖支护包括环形土方开挖、格栅及临时支撑架设、纵向连接筋焊接、安设超前小导管、挂网喷混凝土、超前预注浆。根据计算,每步台阶单循环作业时间总计 8 h,考虑到全断面注浆每天全断面完成三榀,格栅间距 0.5 m,进尺 1.5 m。

暗挖隧道中扩大段 2-2 断面,开挖宽度 9.0 m,高 9.307 m,CRD 法开挖;标准段开挖宽度 6.58 m,高 6.82 m,标准段进入人防段,上扩挖 1 103 mm,下部扩挖 1 383 mm,中间由 8 榀格栅渐变。

5. 事故前工程状态

2014 年 12 月 4 日左线 CRD 段已封端进行二衬施工,左线掌子面局部存在渗漏水进行深孔注浆止水施工(图 6.3-61、图 6.3-62)。

6. 监测情况

此次险情及时得到了控制,隧道掌子面未进一步出现垮塌,地面和管线均未出现破坏和开裂,之后连续监测,数据未发生变化。对交通造成短暂中断,自来水和中水管线短暂关停。

受洞内坍塌影响,坍塌区域附近多测点变形超限,触发红色监测预警,其中 ϕ500 燃气管典型测点累积沉降 −28.10 mm,沉降速率 −4.00 mm/d(控制值

-10 mm，-3 mm/d）（图 6. 3-63）；ϕ600 污水管典型测点累积沉降-42. 50 mm，沉降速率-4. 20 mm/d（控制值-20 mm，-3 mm/d）（图 6. 3-64）；ϕ300 上水管典型测点累积沉降-39. 40 mm，沉降速率-5. 10 mm/d（控制值-10 mm，-3 mm/d）。各管线变形已趋于平稳（图 6. 3-65、表 6. 3-8）。

图 6. 3-61　左线 CRD 段底板二衬施工

图 6. 3-62　右线掌子面深孔注浆施工

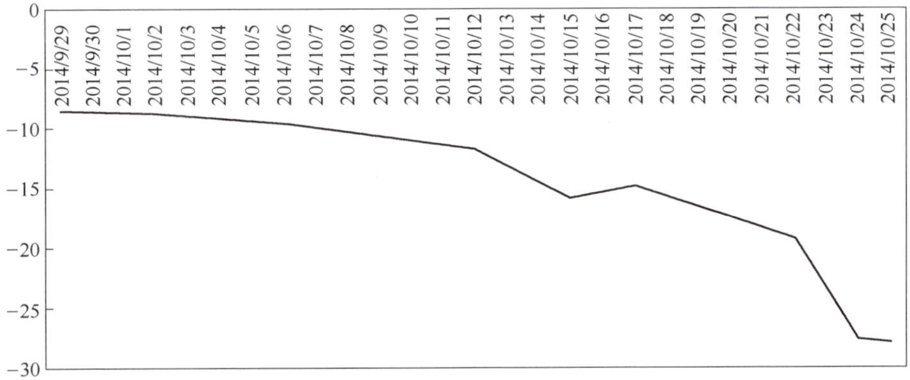

图 6. 3-63　ϕ500 燃气管线测点 GXC-17-19 累计变形曲线

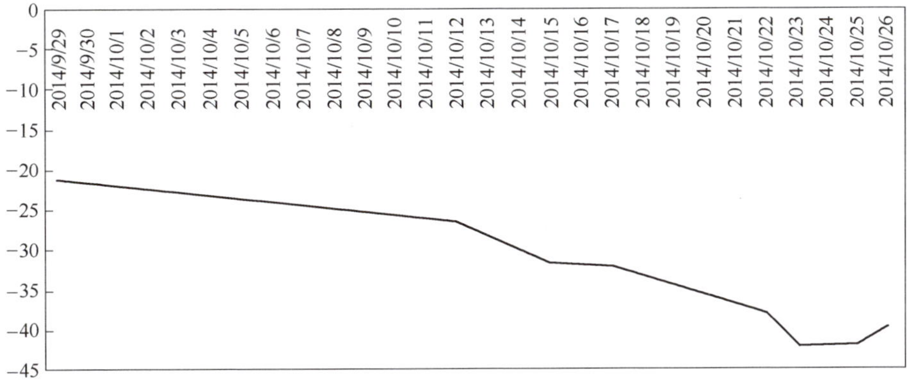

图 6. 3-64　ϕ600 污水管线测点 GXC-19-20 累计变形曲线

表 6.3-8 预警标准

警戒级别	预警状态描述
黄色监测预警	累计变化量超过监控量测控制值(极限值)的 70% 时
橙色监测预警	累计变化量超过监控量测控制值(极限值)的 80% 时
红色监测预警	累计变化量超过监控量测控制值,或实测变化速率出现急剧增长时

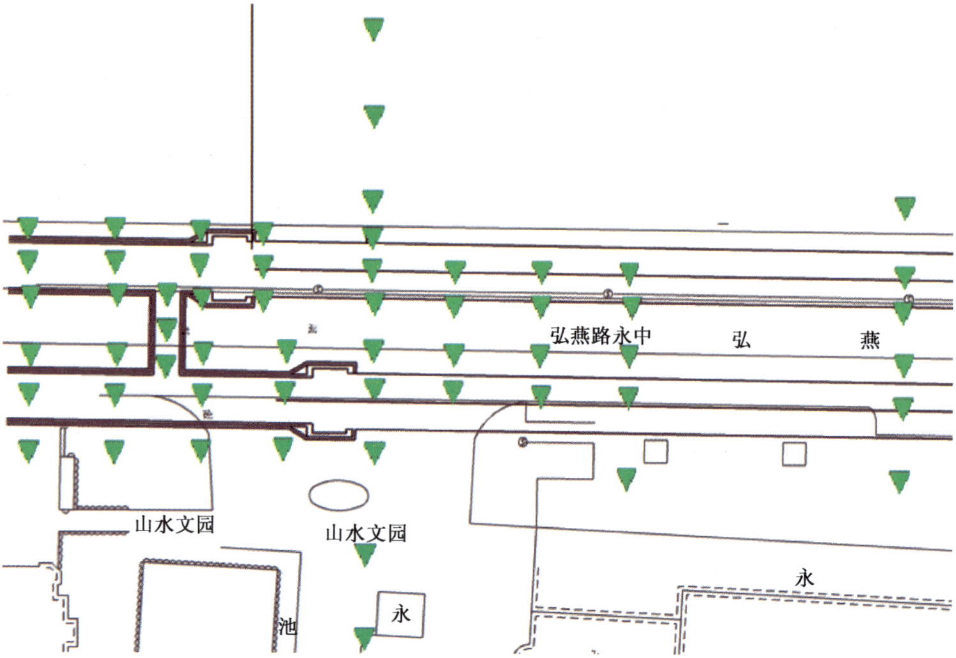

图 6.3-65 地表沉降点布置

7. 风险事件详情

2014 年 10 月 22 日晚右线引水孔水流有增大趋势并有泥沙冒出,距离掌子面 5 m 处上台阶初衬有压力水呲出,现场采用工字钢支顶上台阶格栅并加固掌子面,10 月 23 日 4:30,掌子面开裂出现涌水涌泥沙,封闭的掌子面失稳垮塌,现场立即启动抢险封堵反压掌子面,至 13:50 掌子面塌方体封闭完成,处于稳定状态。经巡查隧道内初支结构稳定,未出现变形和裂纹,拱顶未出现沉降。预计塌方总量为 8 m^3,但涌水较多。此后对加固体加强巡视,未见异常。在地面勘察出空洞和回填过程中及时通知洞内人员全部疏散并守好竖井口,防止人员进入(图 6.3-66~图 6.3-69)。

8. 应急处置

(1)在掌子面出现垮塌涌水涌砂后,项目部对隧道上方道路 50 m 范围内进行了圈围,对上方地面用水钻和洛阳铲探查地层,发现在距右线掌子面右前方约 8 m

路面下方有不明空洞，立即封闭此段道路，用硬质围挡封闭危险区域，同时将 ϕ1600雨水管和 ϕ600 污水管进行导流，通知自来水单位立即关闭 ϕ400 上水和 ϕ200 中水两侧阀门。用汽车泵对地下空洞进行了砂浆和早强混凝土回填（30 m^3 左右），至 23:30 基本填充完毕。待混凝土初凝后拆除硬质围挡并满铺 3 cm 厚钢板，至 10 月 24 日早上 5:30 开放交通，保证公交车和社会车辆通行。南侧局部区域仍用警戒带封闭，用地质钻机探测下方密实程度。

（2）险情发生后对隧道上方弘燕路 50 m 范围内进行临时圈围，雷达探测空洞，用汽车泵对地下空洞进行砂浆和早强混凝土回填（30 m^3 左右），待混凝土初凝后拆除硬质围挡并满铺 3 cm 厚钢板并恢复交通（图 6.3-71～图 6.3-73）。

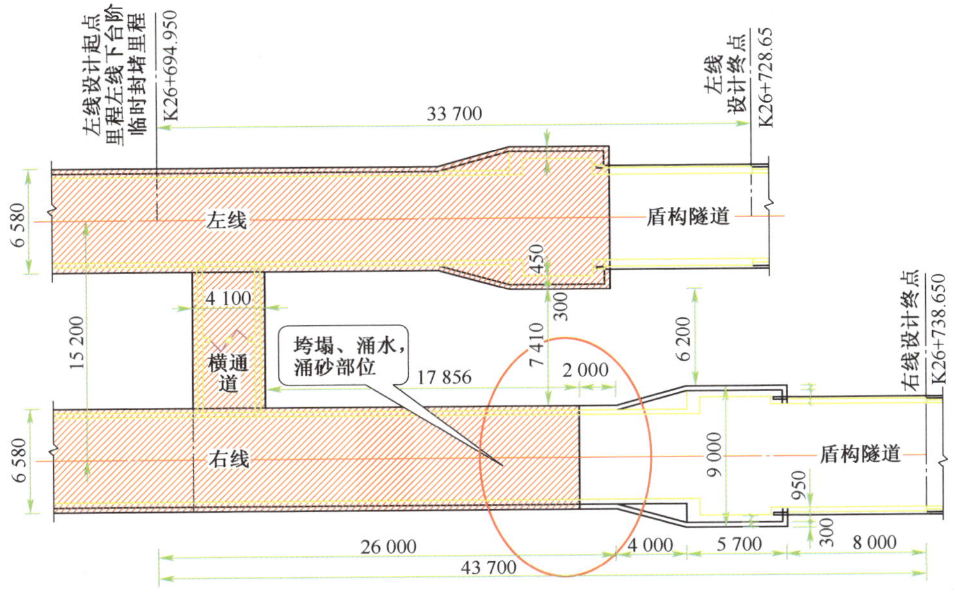

图 6.3-66　塌陷区域位置（单位：mm）

图 6.3-67　左线 CRD 段初支完成

图 6.3-68　洞内坍塌情况

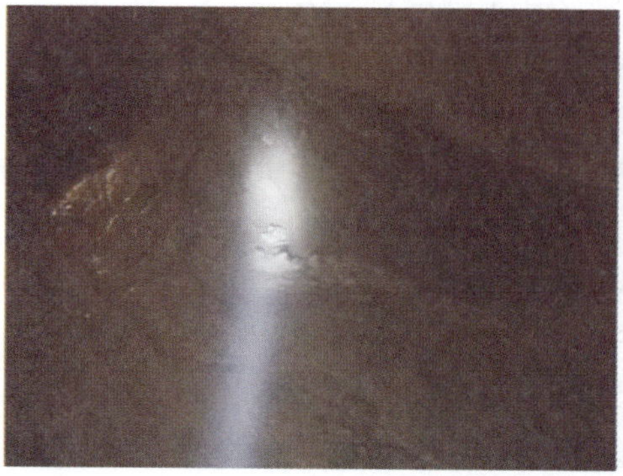
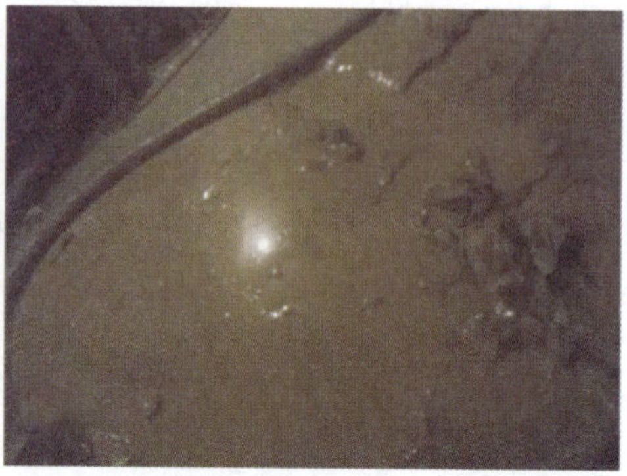

图 6. 3-69　洞内涌水涌泥沙情况

图 6. 3-70　雷达探测

图 6. 3-71　临圈围

图 6. 3-72　回填空洞

图 6. 3-73　满铺钢板并恢复交通

9. 后续处置

后续施工需采用地质雷达和地质钻机对此区域再进行一次空洞普查，查找有无空洞和水囊并消除隐患，同时加强左线成型初支和右线封压体、初支安全巡视，观察有无裂纹和沉降、收敛变形。对左右线隧道初衬断面进行雷达探测，确认是否密实,如有空洞及时注浆回填,并做好端头加固,采取洞内水平加固和地面旋喷加固,确保盾构接收、解体安全。

10. 原因分析

(1)区间暗挖隧道地质情况差,地层交互、拱部有约 3 m 厚饱和粉细砂,水系丰富并带有承压性。2011 年 11 月份紧邻原既有站南侧曾修建某建筑过道路电力井室,井室深约 5.5 m,开挖过程中地下水非常丰富,土体成淤泥状,施工时发生多次坍塌和回填处理。

(2)地面空洞区域位于文园北大门正前方,此区域杂填土较厚,地层疏松,存在多条出入山水文园支管,地下带水管线密集交叉、修建年代较久并存在长期较严重的渗漏现象。

(3)2012 年 9 月对本区间接收段附近进行过一次空洞雷达探测,发现距离接收端头向东 120 m 处和 195 m 有两处空洞并含水囊,于 2013 年 11 月对此两处空洞进行了灌浆处理。

(4)此处为立交桥匝道,因周边管线采用明挖法施工,其底部回填建筑垃圾较多,地层松散,且此处道路交通繁忙,大型车辆在此转弯进入主道,长期振动对下部地层土体稳定性产生较大破坏。

(5)坍塌部位因掌子面已提前封闭,涌水涌沙非开挖导致,初步判定此区域存在较大空洞和水囊,限于地质雷达局限性(有效深度 4~5 m),可能未探测到,加之此区域含有承压水,可能在水囊联合作用下使水压增大,封闭的掌子面受压越来越大,直至最终挤垮失稳坍塌,致水土流失涌入隧道。

11. 总结

(1)出现渗漏水,认真分析渗漏水原因,采用封堵相结合的措施。

(2)对坍塌部位进行回填注浆,对结构上方管线等建构筑物做好保护工作,及时回填路面,对周边环境加强监测及巡视。

(3)在地表回灌区域进行雷达探测,确定回灌是否密实。雷达探测同时继续进行路面监测,结合监测数据及雷达探测结果对路面面层与回填面层间空隙及周边疏松区域进行回填注浆。

(4)对洞内初支结构进行深孔注浆止水,背后渗漏水部位进行注浆止水工作。确保初支结构稳定。

6.4　施工措施不规范引发风险事件

在地铁工程施工过程中,作业人员素质普遍存在较大差异。当作业人员安全意识较为薄弱时,或者现场管理人员管理不当,现场施工易发生各种各样施工不规范的情况,如格栅架设不及时、初支喷混不及时、积水抽排不及时、施工步序错误、不遵循设计图施工等等情况。为了杜绝施工不规范现象，从管理人员到作业人员都要提高安全风险意识，做好安全技术交底工作，建立健全安全施工管理体系（图 6. 4-1）。

图 6. 4-1　初支格栅拆除进行反掏扩挖施作图掌子面未留设核心土

6. 4. 1　案例七

1. 工程概况

本工程区间最小平面曲线半径 $R=650$ m，区间最小线间距为 12 m。区间纵坡为单坡，最大坡度 24‰。结构顶埋深约 10～18 m。区间在中心里程 K4+240. 000 处设 2 号竖井兼联络通道，在中心里程 K3+691. 500 设 3 号竖井兼联络通道，采用暗挖法施工（图 6. 4-2）。

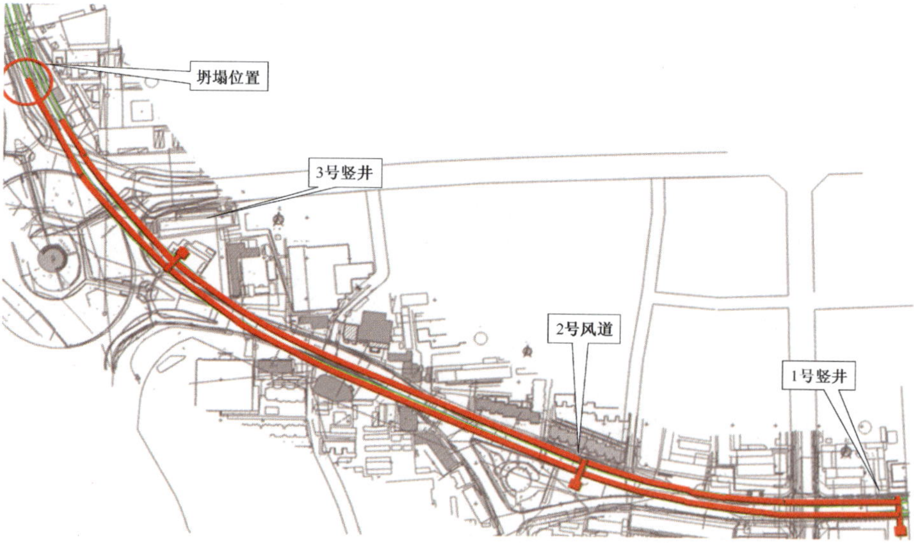

图 6. 4-2　本区间结构图

2 号风井及风道位于车站东北角，风道设置在车站主体与合生商业之间，风井设在合生地块内。2 号风道覆土深度 14.009~15.339 m，风道总长 65.65 m，风道为单层双联拱结构，采用中洞法施工，下穿 ϕ200 上水、ϕ500 中压燃气及道路天桥梯道桥桩。

区间暗挖段分布的土层自上而下依次为粉土填土、杂填土、卵石、粉质黏土、卵石、粉质黏土、卵石。

根据施工揭露的暗挖区间地质情况，与地质报告描述的地层基本相符，区间主要穿越卵石层，拱顶范围多数为中粗砂、粉质黏土及卵石地层。

2. 工程地质与水文地质

区间工程所在场区可分为水文地质单元Ⅰ和水文地质单元Ⅱ，其中暗挖区间位于水文地质单元Ⅱ内。该单元地层体现出黏性土与砂卵石互层的特点。黏性土隔水层逐渐变厚。在深度 45 m 范围内主要赋存三层地下水，地下水类型分别为：

潜水(二)：水位埋深 11.80~13.32 m，水位标高 52.86~55.51 m，观测时间为 2011 年 8~9 月，含水层主要为中粗砂$⑥_3$ 层，该层地下水分布较为连续，水位标高随含水层的起伏呈西高东低。主要接受侧向径流及越流补给，以侧向径流、向下越流补给的方式排泄。

层间水(三)：水位埋深 18.40~20.10 m，水位标高 47.21~48.10 m，观测时间为 2009 年 12 月、2011 年 8 月，含水层主要为粉土$⑧_2$ 层、中粗砂$⑧_3$ 层，主要接受侧向径流及越流补给，以侧向径流、向下越流补给的方式排泄。

承压水(四)：水头埋深 22.50 m，水头标高 44.81 m，观测时间为 2011 年 8 月，含水层主要为中粗砂$⑧_3$ 层、卵石⑨层，该层地下水水位标高随含水层的层位变化略有起伏，主要接受侧向径流及越流补给，以侧向径流、向下越流补给的方式排泄。

地下水腐蚀性评价：潜水(二)、层间水(三)对混凝土结构具有微腐蚀性，对钢筋混凝土结构中的钢筋在长期浸水的条件下具有微腐蚀性，在干湿交替条件下具有微腐蚀性。承压水(四)对混凝土结构具有弱腐蚀性，对钢筋混凝土结构中的钢筋在长期进水条件下具微腐蚀性，在干湿交替条件下具有微腐蚀性。

该段区间地下水位于隧道仰拱以下约 5 m，区间开挖过程中无地下水。

3. 主要风险工程

线路在道路下方穿越多处雨、污水市政管线，平行下穿 ϕ600 及 ϕ400 雨污水管(表 6.4-1)。

表 6.4-1 区间暗挖段风险源概述表

序号	风险工程名称	里程范围	风险基本状况描述	风险等级
1	自身风险工程			
2	暗挖区间(穿卵石层)	右 K2+580～右 K4+188	暗挖区间全长 1 384 m。穿越土层有⑦层圆砾层、⑤层卵石层、⑥层粉黏土层,隧道顶埋深约为 10～15 m。需严控注浆	三级
3	暗挖联络通道一、二	右 K3+100	联络通道用矿山法施工,长度 7 m,宽 3.6 m,高 3.9 m,加固范围:左右上下各 3 m	三级
4	暗挖区间垂直下穿 1 500 mm×1 700 mm 雨水方沟	右 K2+880	雨水方沟截面 1 500 mm×1 700 mm,砖砌,有流水,管底埋深约为 4.3 m。隧道垂直下穿雨水沟,隧道顶距管底竖向净距约 8.1 m	二级
5	暗挖区间侧穿变电站	右 K2+920	区间左线侧穿 1 层变电站,基础资料不详细,下穿段隧道最小埋深约为 11.9 m,隧道与建筑水平净距约 0.76 m	二级
6	暗挖区间侧穿地面 5 层建筑	右 K3+120～右 K3+150	区间隧道右线侧穿 5 层建筑,最小水平净距约为 5.0 m	三级
7	暗挖区间侧穿地面 6 层建筑	右 K3+200～右 K3+240	区间隧道右线侧穿 6 层建筑,最小水平净距约为 6.7 m	三级
8	暗挖区间侧穿地面 3 层建筑	右 K3+300～右 K3+320	区间隧道右线侧穿 3 层建筑,最小水平净距约为 5.1 m	三级
9	暗挖区间侧穿地面 6 层建筑	右 K3+480～右 K3+580	区间隧道右线侧穿 6 层建筑,最小水平净距约为 7.4 m	三级

4. 施工工法工艺

先沿隧道拱部打设小导管,并注浆加固地层,人工配风动机具开挖,先开挖上台阶,及时初喷,架设钢格栅,挂网喷混凝土;下台阶紧跟,上下台阶长度控制在 3～5 m,下台阶开挖及时初喷,随即架设格栅挂网喷锚,完成初期支护封闭,适用于本工程的台阶法施工如图 6.4-3 所示。

采取技术措施:

(1)开挖施工前先进行超前降水。

(2)开挖前采用小导管注浆超前支护措施。

(3)对于局部松软地段开挖时，采用C20喷射混凝土封闭掌子面，必要时采取临时仰拱支撑及掌子面注浆的措施，保持开挖面的稳定。

(4)在每榀格栅底部设置锁脚锚管，控制隧道拱顶下沉及收敛的措施。

5. 事故前工程状态

3号竖井右线向西，开挖面拱部以上位于砂卵石层，下台阶含黏土层，稳定性尚可，开挖期间开挖面拱顶、拱腰部位无渗漏水，掌子面减压槽预留过于偏小，施工基本规范(图6.4-5~图6.4-7)。

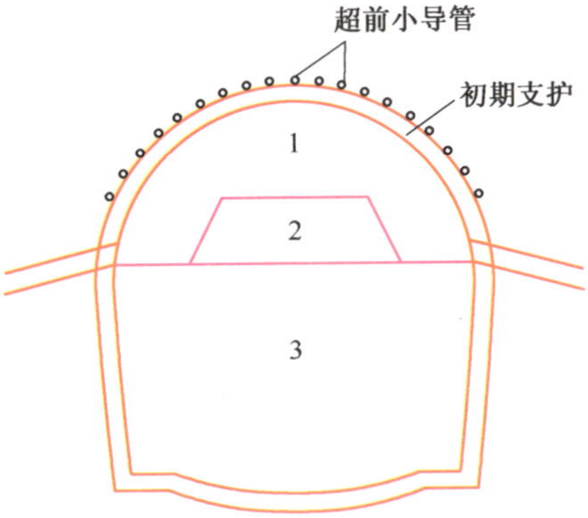

图6.4-3　一般台阶法施工示意图

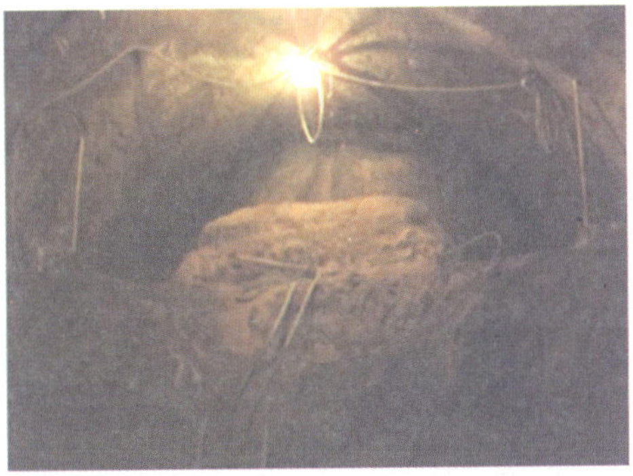

图6.4-4　右线向西位于砂卵石层

图6.4-5　右线向西掌子面黏土、砂卵石层

图6.4-6　右线向西开挖面未预留减压槽

图6.4-7　右线向西南减压槽预留过于偏小

6. 监测情况

坍塌位置附近地表沉降监测点在坍塌前变形基本平稳，坍塌后变形较明显，目前累积变形达到−7.10 mm，但整体变形处在安全可控状态(图6.4-8、图6.4-9)。

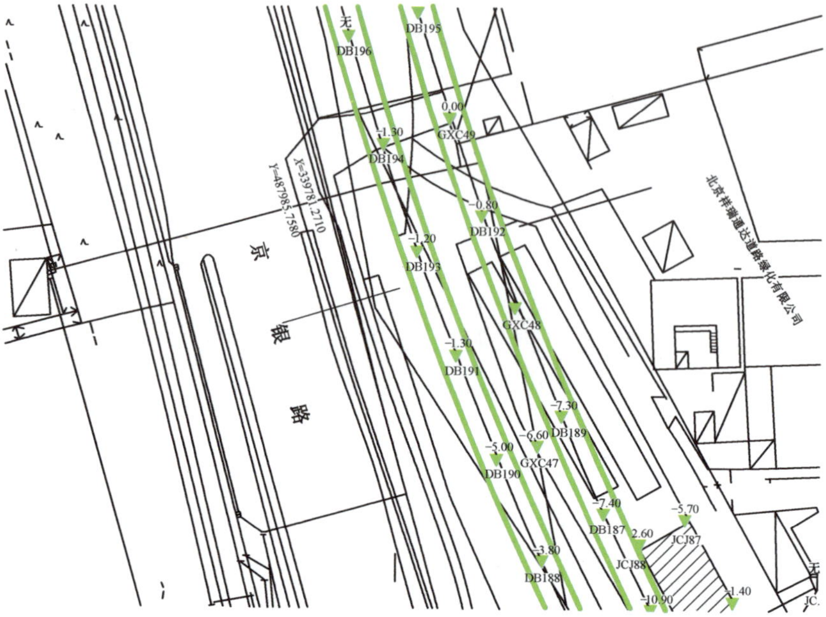

图 6.4-8　监测平面图

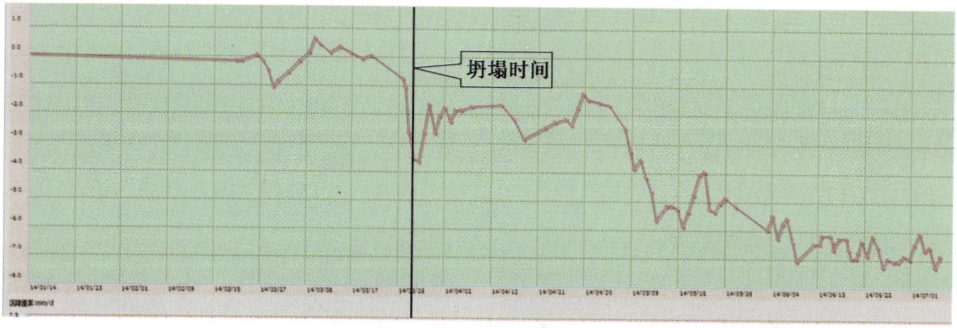

图 6.4-9　坍塌位置附近地面监测点近三个月内变形

7. 风险事件

3 月 23 日下午 1 点，3 号竖井右线向西开挖面突然坍塌，坍塌位置覆土埋深约 12 m，坍塌方量约 40 m^3，拱顶砂卵石层，坍塌位置位于道路北侧树林内。

8. 应急处置

2014 年 4 月 11 日召开《3 号井向西加固处理方案》会议，经过方案比选，确定将该区间右线 K3+385～ K3+365（20 m）作为试验段，进行地表注浆加固。

地层加固采用孔间距 1 000 mm 进行注浆加固。加固范围为隧道起拱线以上，加固厚度为开挖线外 2.5 m，线内 0.5 m，水泥水玻璃双液浆，注浆压力 0.3～0.5 MPa（图 6.4-10～图 6.4-19）。

图 6. 4-10　坍塌前开挖面地层情况

图 6. 4-11　坍塌后破开地面回填

图 6. 4-12　洞内加固

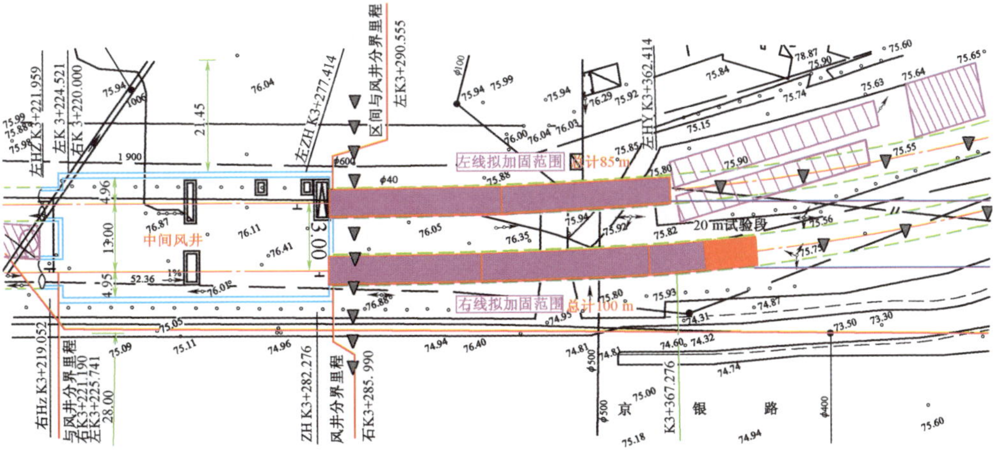

图 6. 4-13　注浆加固范围示意图

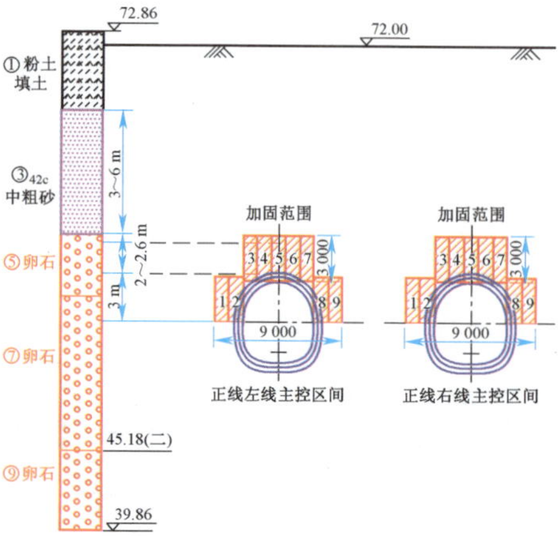

图 6.4-14　注浆加固剖面图

图 6.4-15　现场实际情况

图 6.4-16　地面探槽情况

图 6.4-17　开挖面封闭暂未开挖

图 6.4-18　地面深孔注浆施工

图 6.4-19　3 号井右线向西开挖面稳定

9. 后续处置

(1)地面加固范围及布孔(图 6.4-20~图 6.4-22)

此次地层加固采用孔间距 1 000 mm 进行注浆加固。加固范围为隧道起拱线以上,加固厚度为开挖线外 2.5 m,线内 0.5 m。

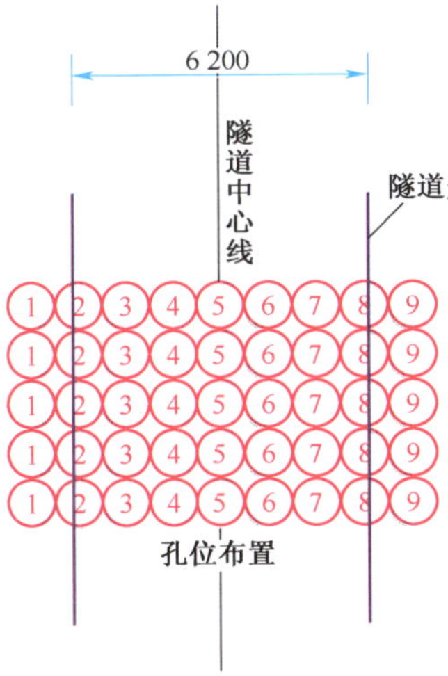

图 6.4-20　地面加固平面示意图

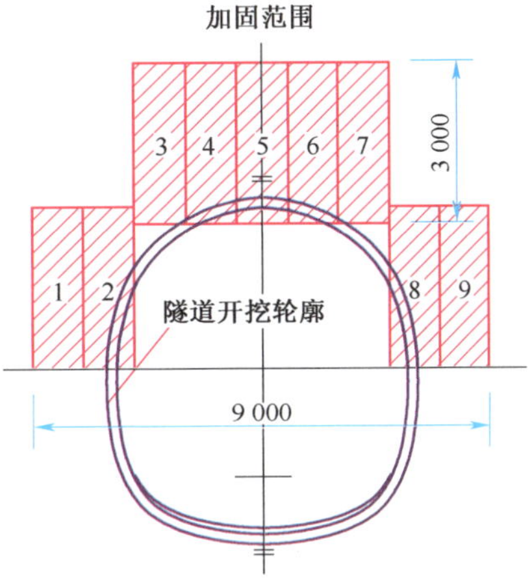

图 6.4-21　地面加固剖面示意图

(2)施工设计参数

1)浆液扩散半径 R=0.5 m。

2)注浆压力:0.3~0.5 MPa。

3)注浆速率:60~70 L/min。

4)注浆浆液浓度:水泥浆水灰比为 1:1,水波璃浓度为 20~25 波镁度水泥浆和水玻璃的体积比为 1:1。

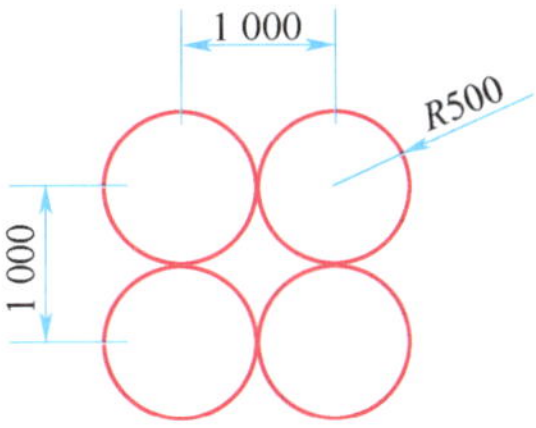

图 6.4-22　地面加固孔位大样图(单位:mm)

10. 原因分析

(1)砂卵石地层必须严格做好超前地质探查,隐藏的地层空洞及疏松区极易引发坍塌事故;砂卵石地层必须严格做好超前支护,超前小导管打设数量及浆液质量必须满足要求,保证地层加固效果。

(2)一旦发现地层稳定性较差区域建议进行深孔注浆处理;加强机械开挖施工管理,严格控制下台阶超挖,保证台阶长度,防止开挖面纵向坍塌。

(3)因 3 号竖井右线向西开挖时该部位地层比较稳定,未出现塌方等现象,现场盲目乐观,思想麻痹大意,对施工风险估计不足。

11. 总结

(1)砂卵石地层必须严格做好超前地质探查,隐藏的地层空洞及疏松区极易引发坍塌事故。

(2)砂卵石地层必须严格做好超前支护,超前小导管打设数量及浆液质量必须满足要求,保证地层加固效果。

(3)必须认真对待反复扰动地层的极度不稳定性,严格做好注浆加固措施。

(4)应加强地面洞内洞加强监测工作,结合雷达探测结果对路面面层与回填面层间空隙及周边疏松区域进行回填注浆。

(5)加强机械开挖施工管理,严格控制下台阶超挖,保证台阶长度,防止开挖面纵向坍塌。

6.4.2 案例八

1. 工程概况

某区间沿道路呈南北走向,道路红线宽 42.5 m,中部为 1.5 m 宽的机非隔离带。现状道路车辆较多,道路两侧地面建筑大部分已实现规划,建筑物距区间线路一般均大于 20 m,区间中部设置联络通道一座。

2. 工程地质与水文地质(图 6.4-23)

本次勘察揭露地层最大深度为 40 m,根据钻探资料及室内土工试验结果,按地层沉积年代、成因类型,将本工程场地勘探范围内的土层划分为人工堆积层(Q^{ml})、第四纪全新世冲洪积层(Q_4^{1al+pl})、第四纪晚更新世冲洪积层(Q_3^{al+pl})三大类,并按地层岩性及其物理力学性质进一步分为 7 个大层。

区间施工主要受 4 层地下水影响,分别为:

上层滞水(一):水位埋深 5.01~6.44 m,水位标高 30.99~30.11 m,观测时间主要为 2009 年 11 月,含水层岩性为粉土③层、粉细砂③$_3$ 层,主要补给来源为大气降水、管道渗漏、绿地灌溉等,在二道沟一带的上层滞水主要是受二道沟渗漏影响,以蒸发、向下越流补给的方式排泄。

潜水(二):水位埋深为 10.77~14.60 m,水位标高为 25.23~23.65 m,观测时间为:2009 年 4 月(初勘)、11 月,含水层为粉细砂④$_3$ 层、中粗砂④$_4$ 层及圆砾⑤层,该层地下水分布连续。该层水主要接受侧向径流及越流补给,以蒸发、侧向径流、向下越流补给的方式排泄。

层间水(三):含水层主要为粉土⑥$_2$ 层,该层土为饱和状态,水量较小,勘察时没有测到水位。

承压水(四):水头埋深 17.40~19.02 m,水头标高 18.73~17.85 m,观测时间为 2009 年 11 月,含水层主要为圆砾卵石⑦层、中粗砂⑦$_1$ 层、粉细砂⑦$_2$ 层,水头高普遍在 8 m 左右;初勘阶段(2009 年 4 月)处于枯水期,该层水承压性较弱,水头埋深 24.90 m,水头标高 12.15 m,观测时间为 2009 年 4 月。主要接受侧向径流及越流补给,以侧向径流、人工开方式排泄。

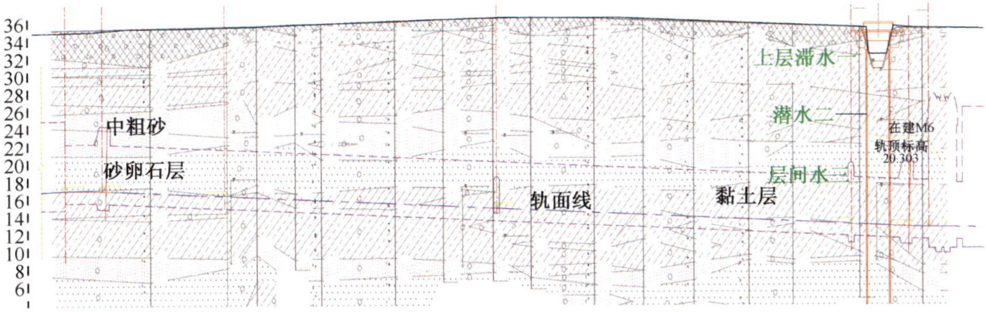

图 6.4-23　工程地质剖面图

3. 主要风险工程

正线隧道沿朝阳区金台路施工，下穿众多市政管线，对施工安全影响较大的管线有：

(1)ϕ2400 雨水，壁厚 200 mm 水泥管，南北向，南高北低，位于隧道左线上方，与隧道并行，排入二道沟河，埋深 4.5～4.8 m，距隧道顶 8～12 m。

(2)ϕ500～ϕ900 雨水，壁厚 80 mm 水泥管，南北向，南高北低，管径逐步加大，位于隧道左线上方，与隧道并行，排入二道沟河，埋深 1.5～3 m，距隧道顶 13～15 m。

(3)ϕ1100 污水，壁厚 100 mm 撞口水泥管，南北向，北高南低，位于隧道左线上方偏西侧，与隧道并行，距隧道中线 0.7～5.6 m，埋深 5.3～6 m，距隧道顶 8～12 m。

(4)ϕ500 污水，水泥管，东西向，里程 K32+956，横穿区间正线，埋深 5.4～5.6 m，距隧道顶 9 m。

(5)ϕ600 污水，水泥管，东西向，里程 K33+100，横穿区间正线，埋深 5.4～5.5 m，距离隧道顶 10 m。

(6)2 050 mm×1 200 mm，2 000 mm×1 400 mm，2 000 mm×1 200 mm 热力管沟，南北向，位于隧道右线偏东侧，4 与隧道并行，距隧道中线 3.4～8.7 m，埋深 2.7～9.3 m，距离隧道顶 5.7～14 m。

(7)2 000×1 850 热力管沟，东西向，里程 K32+800，横穿区间正线，埋深 4.3 m，距离隧道顶 10 m。

(8)2 050×1 420 热力管沟，东西向，里程 K33+129，横穿区间正线，埋深 1.4 m，距离隧道顶 15 m。

(9)ϕ400 燃气，东西向，里程 K33+332，横穿区间正线，埋深 2.7 m，距离隧道顶 15 m。

(10)ϕ600 自来水,南北向,壁厚 10 mm 铸铁管,撞口连接,埋深 2.5~3.5 m,距离隧道顶 14~15 m。

(11)ϕ400 中水,南北向,壁厚 8.1 mm,铸铁管,撞口连接,埋深 2.5 m,隧道左线上方,距离隧道顶 15 m。

(12)ϕ600 自来水,东西向,里程 K33+212 壁厚 10 mm 铸铁管,撞口连接,埋深 2.5 m,隧道上方,距离隧道顶 15 m。

(13)ϕ1000 自来水,东西向,里程 K33+242 壁厚 12 mm 铸铁管,撞口连接,埋深 2 m,距离隧道顶 14 m。

(14)其他雨水、污水、自来水支线,管径≤300 mm,埋深 1.0~2.0 m,距离隧道顶 14~15 m。

4. 施工工法工艺

人防段断面采用 CRD 法施工,开挖时将整个断面分成 4 个洞室开挖,每个洞室采用台阶法施工,整个断面初期支护成型后再施做二次衬砌(图 6.4-24)。

从标准断过渡到 CRD 施工段,要抬高、加宽,超前小导管施工角度要适当,注浆加固确保质量。加快支护封闭,减少土体变形沉降量。注意加强监测,发现异常及时处理。区间人防段采用 CRD 法施工,入口段通过过渡段逐步扩大至人防段断面,在过渡段就开始用 CRD 法施工。标准段向人防段转化时要通过过渡段来实现。人防段施工完毕后,在人防段最后一榀格栅下架立标准段格栅,按照堵头墙做法支护完后,转入标准段施工。

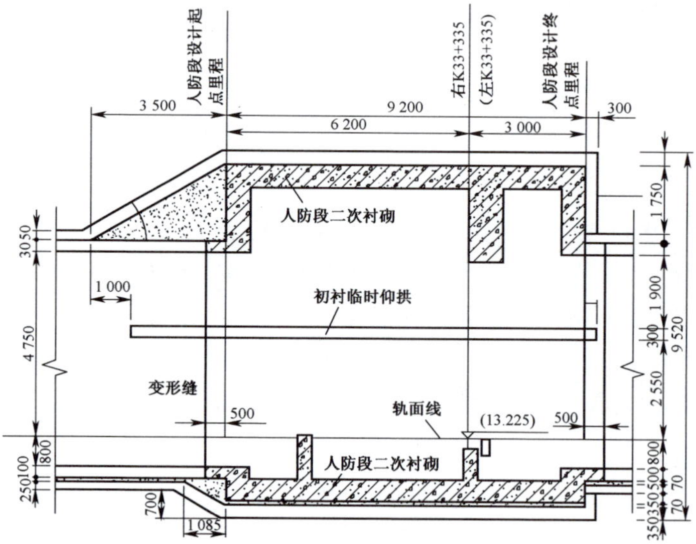

图 6.4-24 剖面图(单位:mm)

5. 事故前工程状态

红金区间整体初支施工阶段质量控制较差,多次发布巡视预警。处置施工过程中长期受渗漏水影响,掌子面下台阶出现滑塌情况,底板存在大量积淤。同时存在格栅连接质量较差以及两榀一支等不规范施工(图 6.4-25～图 6.4-29)。

图 6.4-25　格栅连接质量较差

图 6.4-26　两榀一支不规范施工

图 6.4-27　掌子面受渗漏水影响出现滑塌

图 6.4-28　通道内底板积淤严重

图 6.4-29　开挖掌子面长期受渗漏水影响

6. 监测情况

坍塌事件发生一周以前区间 ϕ900 雨水管线沉降基本平稳，坍塌前一周沉降速率达到 6.48 mm/d，沉降速率较大。坍塌位置 ϕ900 雨水管沉降监测点累计沉降较大，达到−60 mm，主要变形期发生在坍塌事件及之后的施工期间（图 6.4-30）。

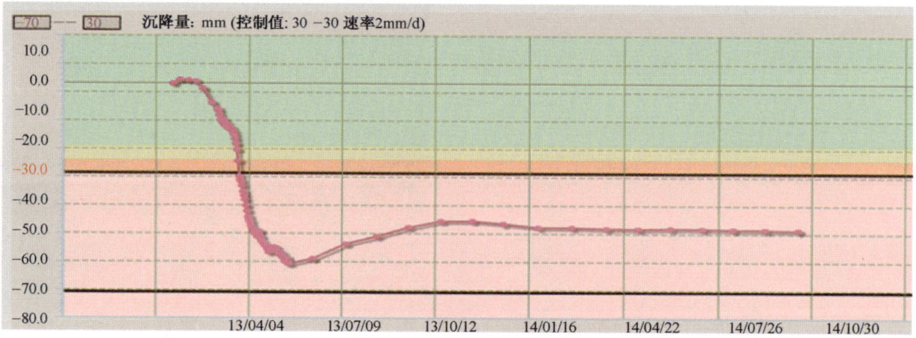

图 6.4-30　ϕ900 雨水管沉降示意图

7. 风险事件

2013 年 2 月 20 日上午 9 时 49 分左右，区间左线南上台阶（里程 K33+238.936 处）正在进行格栅焊接过程中，掌子面右上方突然出现局部砂土脱落现象，随后在上台阶（里程 K33+245.456 处）上台阶未成环部分突然沉降约 20 cm，从断裂部位出现大量泥沙涌出（图 6.4-31～图 6.4-34）。

经分析涌水为现上台阶拱部上方 ϕ900 雨水井漏水所致，立即关停区间所有降水井，封闭隧道上方金台路西半幅车道 60 m；同时对地面的监测点进行监测。检查 ϕ900 雨水、隧道左线西侧临近的 ϕ1100 污水、隧道左线东侧临近的 ϕ2400 雨水的水流量变化及大小。

图 6.4-31　上台阶未成环部分突然沉降

图 6.4-32　坍塌情况

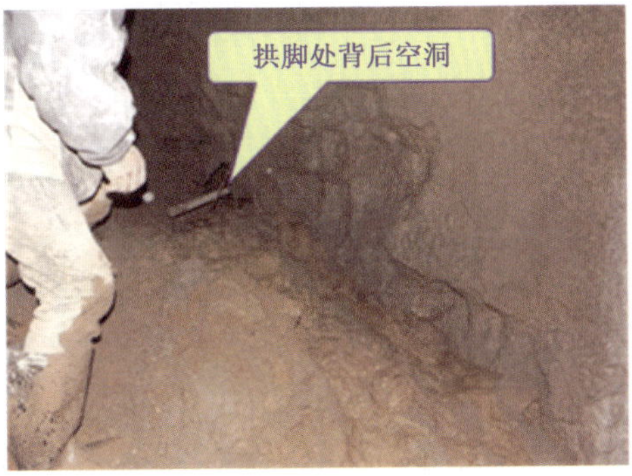

图 6.4-33　拱脚处背后出现空洞

图 6.4-34　洞内淤积严重

8. 应急处置

10 时 10 分，在隧道内抽排水及铺设抢险便道，向掌子面运送应急物资：砂袋、袋装水泥、网片、导管、工字钢等，然后封堵掌子面，埋设导管准备注浆（图 6.4-35～图 6.4-42）。

图 6.4-35　坍塌区域情况

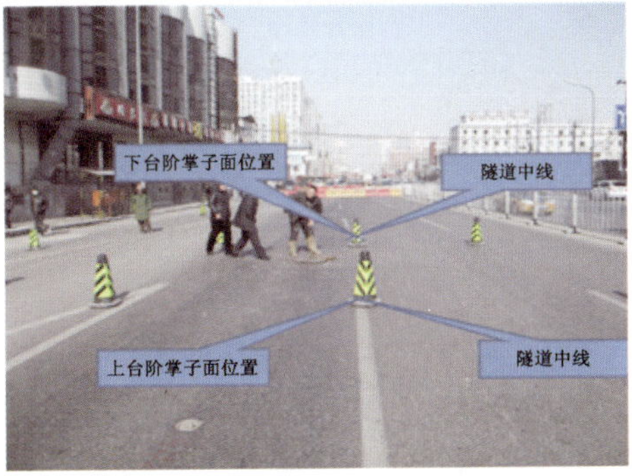

图 6.4-36　掌子面在路面的位置

图 6. 4-37　封闭道路

图 6. 4-38　检查雨水井

图 6. 4-39　重新喷锚

图 6. 4-40　堆填砂袋

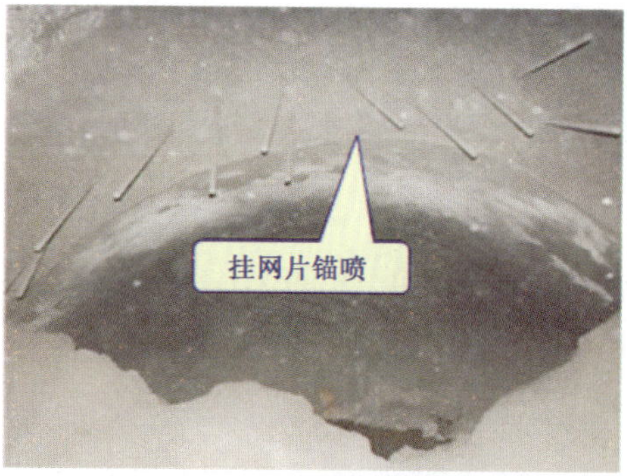

图 6. 4-41　挂网片锚喷

图 6. 4-42　增设三道支撑

11 时 50 分左右，塌方基本稳定，经查路面没有出现坍塌现象，隧道上方雨水井脱落。随后掌子面渗漏水及塌落泥沙逐步减小，12 时 20 分掉落泥沙及渗漏水停止。经现场勘查，掌子面基本稳定。14 时 30 分隧道内掌子面全部挂网喷混凝土封闭完成，并对上方雨水井进行混凝土灌注至雨水管底（图 6. 4-43～图 6. 4-46）。

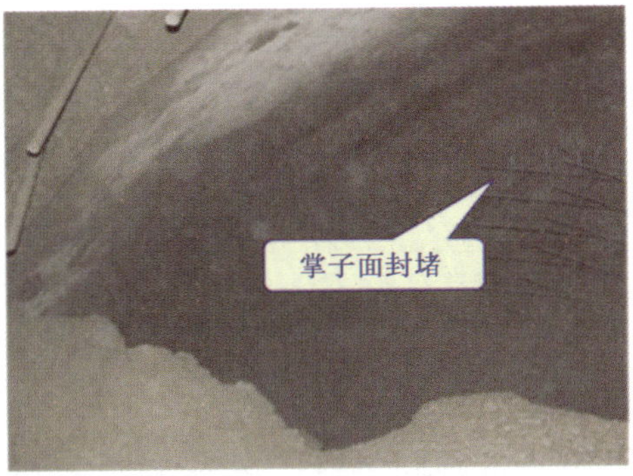

图6.4-43　掌子面封堵

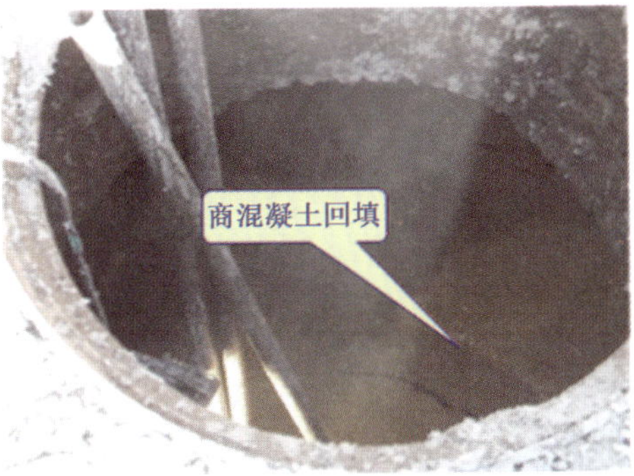

图6.4-44　混凝土灌注至雨水管底

图6.4-45　挂网喷混凝土封闭完成

图6.4-46　修复完成后铺设钢板

9. 后续处置

(1)ϕ900雨水管恢复:破除路面→进行坑底平整→采用素土夯实→测量标高并放坡→使用M10砂浆5 cm施工垫层→采用用25 t汽车吊进行水泥管吊装,安装胶封及装配→雨水井砌筑→采用级配砂石回填并注浆加固(图6.4-47、图6.4-48)。

图6.4-47　ϕ900雨水管

图6.4-48　换管处理

(2)从地面对塌方处进行回填,对疏松体进行深孔注浆(图 6.4-49、图 6.4-50)。

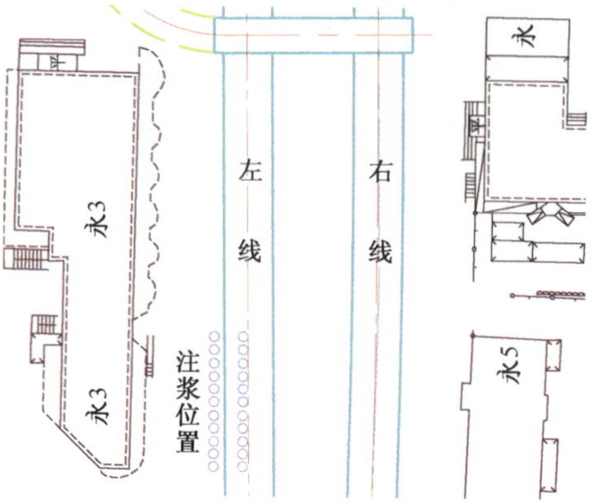

图 6.4-49　地面注浆加固布置图

图 6.4-50　地面向下加固地层注浆

(3)封闭洞内掌子面,在洞内塌方处进行全断面深孔注浆加固(图 6.4-51、图 6.4-52)。

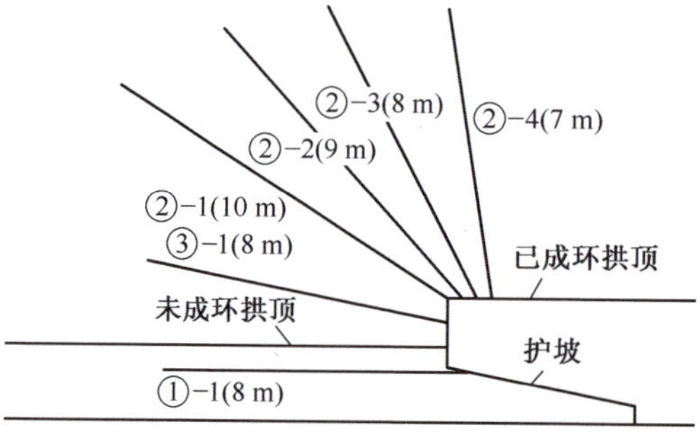

图 6.4-51　洞内加固注浆纵剖图

图 6.4-52　全断面深孔注浆

(4)对塌方部位进行格栅换拱:塌方段施工时先破除下沉段断面两侧拱腰部位混凝土面,按照原设计初支结构位置清除净空后,架立拱腰部位格栅钢架(下沉格栅需局部割除),通过激光指向仪调好净空尺寸,焊接连接筋,并挂网喷射混凝土,拱顶部位采用相同工序,完成下沉段第一榀格栅换拱。采用相同方法完成下沉段剩余格栅换拱(图 6.4-53、图 6.4-54)。

(5)架设临时仰拱:换拱拱架安装完成后在预留钢板位置焊接 I20a 临时工字钢仰拱,工字钢采用三段式焊接,连接处采用 10 mm 厚钢板螺栓连接。型钢上下表面设置单层钢筋网片 $\phi6.5@150\times150$,钢筋网搭接一个网孔;临时仰拱喷混凝土厚度 250 mm;临时仰拱之间设置纵向拉筋 $\phi22$,内外侧交错侧布置,环向间距 1 000 mm,拉筋接头采用单面搭接焊,搭接长度 10 d。施工完成后进行下一循环施工。

(图 6.4-55)

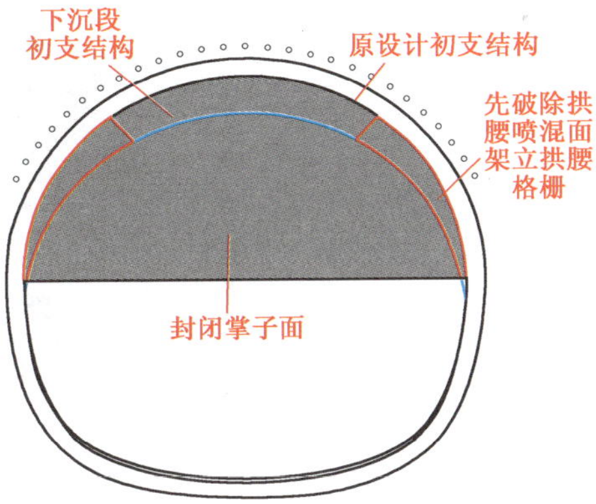

图 6.4-53　拱腰格栅施工图

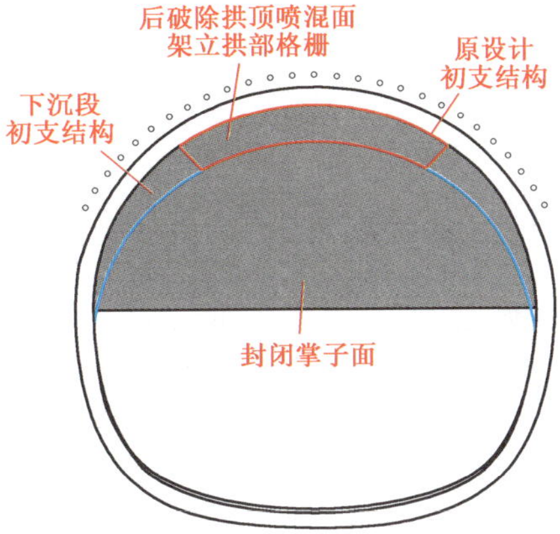

图 6.4-54　拱顶格栅施工

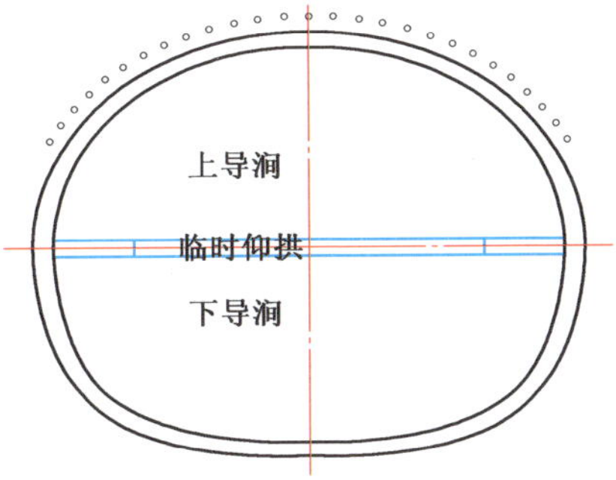

图 6.4-55　临时仰拱示意图

(6)封堵掌子面进行深孔注浆加固地层,区间降水暂停后初支渗水情况轻微加重,对掌子面加设工字钢封堵,加固效果良好,未引发次生灾害(图 6.4-56～图 6.4-59)。

图 6.4-56　进行深孔注浆

图 6.4-57　掌子面封堵状态

图 6.4-58　加设工钢支撑

图 6.4-59　加固效果良好

10. 原因分析

(1)掌子面地层主要为饱和粉质黏土,开挖后存在渗漏水情况,拱脚位置受地下水浸泡致失去承载力。

(2)ϕ900 雨水管作为降水导流管,塌方区上方为检查井位置,井口与管口处漏水,致地层中出现积水。

(3)锁脚锚管施工效果不佳,未能提供足够支撑力。

(4)纵向连接筋的连接强度不足以承受地层压力,致出现塌拱现象。

(5)施工过程中初支背后回填注浆未能有效止水。

11. 总结

(1)变断面结构受力复杂,应对结构跨度、支护措施、地层适用性、结构受力转换性质进行深入论证,杜绝安全隐患。

(2)必须认真对待反复扰动地层的极度不稳定性,严格做好注浆加固措施。

(3)应加强地面洞内洞加强监测工作,结合雷达探测结果对路面面层与回填面层间空隙及周边疏松区域进行回填注浆。

(4)后续施工中应加强附属结构施工管理,重视管线核查,对老化管线采取倒改或防渗措施。

(5)在具体渗漏水位置方面分析,拱部渗漏水危害最为严重,也最为直观,往往导致施工无法正常进行,促使施工单位为减小风险而采取注浆等措施;但针对拱腰及下台阶、仰拱等部位的渗漏水问题重视不足,认为只要拱部安全得到保证,初支结构安全就没有问题,而恰恰是这一点往往产生较大的安全风险,其一,拱腰部位的渗漏水,夹带泥沙,掏空地层,必然导致初支背后空洞,产生应力集中,加上平时上台阶拱脚处理不规范、回填注浆不充分,稍遇欠固结地层或地层空洞,发生风险的概率就急剧增大,其二,长时间渗漏水,必然带来大范围的地层固结沉降,管线破裂,建筑沉降破坏等问题,管线的安全状态应该认真评估。

6.4.3　案例九

1. 工程概况

某区间东西走向，在区间隧道右 K12+577.8 处设一防灾联络通道兼暗挖施工竖井；在靠近临站设置人防段，防护隔断门中心里程为 K12+938.070。

区间设计里程为：左 K12+015.200～左 K12+946.800（短链 0.173 m），右 K12+015.200～右 K12+946.800，左线长 931.427 m，右线长 931.600 m。

2. 工程地质与水文地质

本区间地势基本平坦，总体上西高东低，地貌上属于永定河冲积扇的轴部，为古金沟河故道以及河道两侧台地，自然地面标高在 37.18～38.85 m 之间。拟建场地主要包括以下土层：杂填土$①_1$ 层、粉土填土①层、粉土③层、粉质黏土$③_1$ 层、粉土③层、粉细砂$③_3$ 层、粉质黏土$③_1$ 层、粉细砂$④_3$ 层、中粗砂$④_4$ 层、圆砾⑤层、中粗砂$⑤_1$ 层、粉土$⑥_2$ 层、粉质黏土⑥层、粉质黏土$⑥_1$ 层、粉土$⑥_2$ 层、中粗砂$⑦_1$ 层，具体参数见表 6.4-2。

表 6.4-2　地层物理力学指标

地层编号	土名称	固结快剪		静三轴(固)		垂直基床系数 K_v(MPa/m)	水平基床系数 K_x(MPa/m)	静止侧压力系数 K_0
		黏聚力 c(kPa)	摩擦角 φ(°)	黏聚力 c(kPa)	摩擦角 φ(°)			
③	土	20	26	22	25	32	35	0.42
$③_1$	粉质	25	18	35	15	28	30	0.44
$③_3$	粉细	0	30			37	42	0.40
$④_3$	粉细	0	30			38	43	0.38
$④_4$	中粗	0	35			45	50	0.35
⑤	圆砾	0	40			80	85	0.30
$⑤_1$	中粗	0	35			45	50	0.35
⑥	粉质	30	20	39	15	35	38	0.42
$⑥_1$	黏土	35	20	36	18	33	36	0.43
$⑥_2$	粉土	20	27	25	26	40	45	0.40
$⑦_1$	中粗	0	40			50	60	0.33
$⑦_2$	粉细	0	32			48	55	0.34
$⑦_4$	粉质	31	20	40	15	45	50	0.41
⑧	粉质	30	22	39	18	50	55	0.40
$⑧_1$	黏土	35	20	40	15	40	42	0.42
$⑧_2$	粉土	25	28	27	28	50	55	0.38
$⑧_3$	细中	0	35			55	60	0.33

本段线赋存二层地下水，地下水类型分别为潜水（二）和承压水（三），但是由于大气降水、管道渗漏等原因，不排除局部存在上层滞水的可能性。

潜水（二）：水位标高为 25. 28 m，水位埋深为 12. 40 m，含水层为粉细砂层、中粗砂层、圆砾层。

承压水（三）：水位标高为 18. 68 m，水头埋深为 19. 00 m，含水层主要为圆砾层、中粗砂层、粉细砂层、细中砂层。

3. 主要风险工程

区间暗挖施工主要面临的风险为环境风险，而环境风险中主要为平行下穿各类市政重要管线（图 6. 4-60、表 6. 4-3）；另外区间两侧有若干居民楼、商业楼等建筑物，暗挖施工过程中对其也会造成一定的影响；同时所处地层地质条件较差，其暗挖施工自身也面临一定的风险。因此，根据广—双区间面临的环境风险和自身风险，分别制定了相应的技术保护措施。

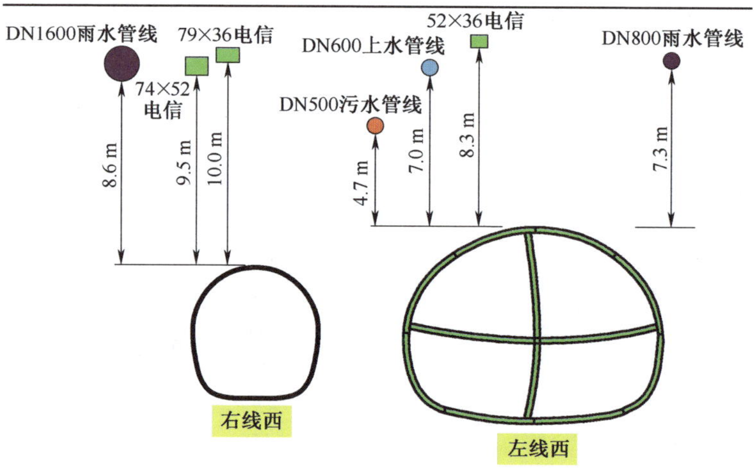

图 6. 4-60 管线位置图

表 6. 4-3 管线位置表

类别	风险工程名称	里程	风险工程基本状况	风险等级
自身风险	矿山法区间标准断面	右 12+015. 2~946. 8	区间全长 915. 3 m，隧道结构主要位于中粗砂、圆砾卵石、粉质黏土层，局部有粉细砂夹层，结构位于潜水水位以下。区间结构断面开挖高度 6. 5 m，开挖宽度 6. 2 m，覆土 12~23. 5 m，采用台阶法开挖	三级

续上表

类别	风险工程名称	里程	风险工程基本状况	风险等级
自身风险	矿山法区间停车线大跨断面	左 12+015.2～230	隧道结构主要位于中粗砂、圆砾卵石、粉质黏土层，拱顶为粉细砂层，结构位于潜水水位以下。区间结构断面开挖高 9.733 m，开挖宽度 12.35 m，覆土 9.7 m，采用 CRD 法开挖。4 洞(2 行 2 列)	二级
	暗挖区间竖井	右 12+581	阶法开挖	一级
	横通道兼联络通道施工	右 12+581	横通道断面开挖高度为 8.7 m，开挖宽度为 5.1 m。采用台阶法施工	三级
	区间下穿富力城人行天桥	右 12+664	天桥主桥跨径 12.75 m+19.5 m+17.5 m+12.75 m，为全焊等截面钢箱梁，宽度3.3 m，全长 65 m，桥下净空不小于 4.5 m。天桥两侧人行梯道(1 : 4)宽 4 m。天桥下部基础除梯脚处采用半埋式钢筋混凝土扩大基础外其余均采用钻孔灌注桩基础、墩柱、盖梁，主桥桩径 D=1.2 m，梯道桩径 D=1.0 m，墩柱及盖梁均为钢结构，墩底插入杯口承台基础。主梁及梯道下部各墩柱均垫有橡胶支座及滑动拉压支座。隧道与桥桩水平距离最近 1.692 m，垂直距离最近 2.156 m	二级
	区间垂直下穿两根2 000 mm×2 300 mm 电力沟	右 12+400	管沟结构厚度不详，沟内底高程约为 26.12 (推断里程)，净距离 1.356 m	二级
	区间垂直下穿两根 ϕ1020 热力管	右 12+385	管沟结构厚度、材质不详，管顶标高 31.63，净距离 5.534 m	二级
	区间垂直下穿 ϕ1800 热力管	右 12+580	管沟结构厚度不详，管顶标高 33..9，净距离 11.4 m	二级
	区间右线旁穿 5 600 mm×3 000 mm热力沟	右 12+015.2～700 右线斜上方	管沟结构厚度不详，沟内底标高 26.14，水平距离 9.50～1.55 m。垂直距离 3.91～7.44 m	二级

4. 施工工法工艺

双线隧道段 B、C、G 型断面施工方法采用 CRD 工法。

单线隧道段 A、D、E、F 型断面采用台阶法施工开挖(图 6.4-61)，先沿开挖轮廓线在拱部 150°范围内施打 DN25，t=3.25 mm 超前小导管注浆加固地层，导管长度为 2 m,纵向间距 0.5 m,环向间距 0.3 m,注入水泥-水玻璃双液浆,然后环型开挖上台阶土体。

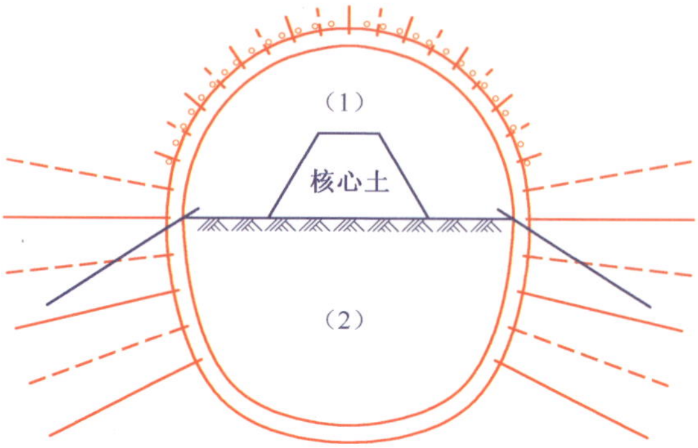

图 6.4-61　台阶法施工

5. 事故前工程状态

左线向西①号洞上台阶属砂层,且位于承压水层中,水量较大,开挖施工过程存在渗水情况,突然涌水造成局部空洞,上层土下沉,由于当时拱部正在开挖,格栅尚未封闭成环,局部土压力过大,造成塌拱。

由于地面场地限制,地面降水效果不够理想,及部分管线可能存在的渗漏水,隧道内拱腰位置及初支背后渗漏水情况较为突出,现场巡视多次发现拱部漏空现象(图 6.4-62~图 6.4-67)。

图 6.4-62　拱腰部位初支背后渗漏水

图 6.4-63　夹带泥沙

6. 监测情况

由于初支结构突然变形,造成地面局部塌陷,但因为隧道塌拱位置处于车站施工围挡之内,未造成恶劣社会影响。

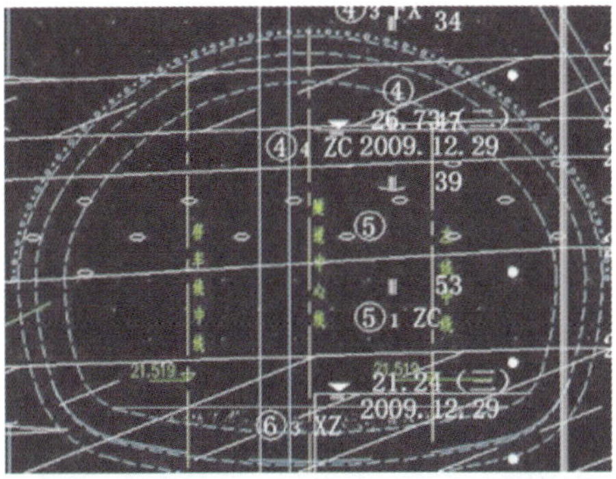

图 6.4-64　层间水位置图

图 6.4-65　现场位置加固

图 6.4-66　初支背后渗漏水

图 6.4-67　塌拱

从保存完好测点历时沉降曲线图 6.4-68 可以看出隧道施工对地层沉降影响较为明显。

坍塌位置南侧沉降监测点累计沉降较大，达到-150 mm，主要变形期发生在车站主体结构施工期间，北侧监测点为 2 号风道施工期间监测点。

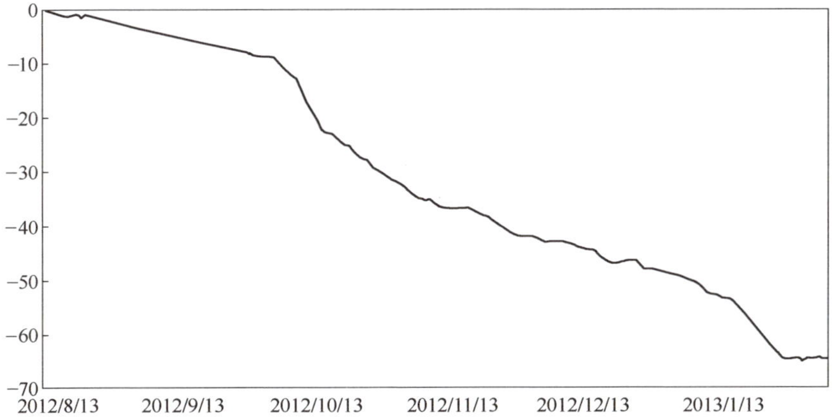

图 6.4-68　测点沉降历时曲线图

4月5日矿山咨询组对2号风道进行了认真检查，风道北跨向东端头无异常，南跨向东端头因坍塌无法通行。风道情况如图6.4-69~图6.4-72所示。

图6.4-69　2号风道北跨向东状态

图6.4-70　北跨向东端头无异常

图6.4-71　2号风道南跨向东状态

图6.4-72　南跨向东端头无法通行

7. 风险事件

2013年1月12日凌晨，区间2号竖井左线向西①号洞正在照常开挖，开挖过程中上台阶拱脚处渗水量突然增大，随之涌水涌砂，上台阶未封闭格栅出现塌拱（图6.4-73），部分泥沙涌入隧道内，现场施工工人采用草帘封堵，技术人员指挥工人在拱脚处铺设网片，准备喷射混凝土填充时，发现墙体出现裂缝，管理人员及时通知现场工人撤离掌子面。

8. 应急处置

（1）当裂缝出现时，现场负责人员立即组织工人对初支格栅进行工字钢支撑加固。停车线隧道拱部大部位于粉细砂层中，施工中对自稳能力较差区段的拱部进行了深孔注浆加固处理，基本保证了上部掌子面稳定。后续开挖过程中，深孔注浆加固效果较好，开挖面稳定，顺利封端（图6.4-74、图6.4-75）。

（2）对塌拱位置进行背后回填注浆，填补背后存在和潜在的空洞，加固初支背

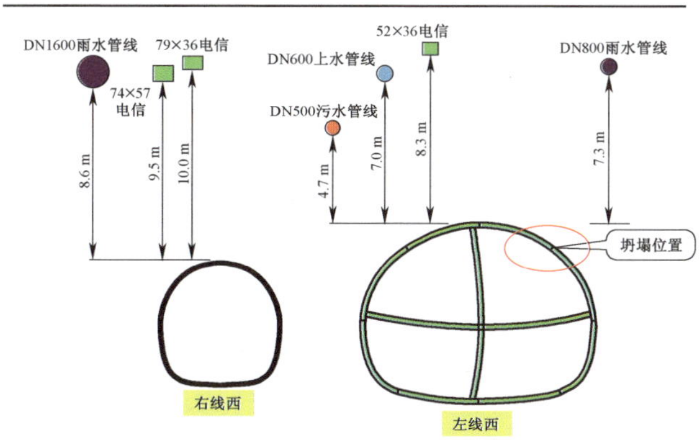

图 6.4-73　塌拱位置

后的土层，过程中注意控制注浆压力不宜过大，防注浆时再次将拱顶压垮。

图 6.4-74　回填注浆

图 6.4-75　临时封端后状态

9. 后续处置(图 6.4-76～图 6.4-81)

(1)为确保地面回填密实，防止沉降过大，对地表回灌区域进行雷达探测，根据雷达探测情况，如有空洞则采取地面回填注浆填充的方式进行加固。加强地面监测及巡视，发现沉降较大或塌陷情况及时进行处置。

(2)深孔注浆加固塌方影响范围。开挖断面范围内主要存在的土体为塌落下来的杂填土和回填的砂砾，内部孔隙率较大，极其松散，下一步开挖时存在一定的安全隐患，在恢复土方开挖前对塌方土体进行深孔注浆，注浆范围为开挖全断面、起拱线以上至混凝土回填区；浆液采用水泥-水玻璃双液浆。

10. 原因分析

(1)在具体渗漏水位置方面分析，拱部渗漏水危害最为严重，也最为直观，往往导致施工无法正常进行，促使施工单位为减小风险而采取注浆等措施；但针对拱腰及下台阶、仰拱等部位的渗漏水问题重视不足，认为只要拱部安全得到保证，初支结构安全就没有问题，而恰恰是这一点往往产生较大的安全风险。

图 6.4-76　工字钢临时支撑

图 6.4-77　加固格栅

图 6.4-78　开挖面稳定

图 6.4-79　初支完毕

图 6.4-80　深孔注浆加固施工

图 6.4-81　注浆效果基本理想

(2)拱腰部位的渗漏水，夹带泥沙，掏空地层，必然导致初支背后空洞，产生应力集中，加上平时上台阶拱脚处理不规范、回填注浆不充分，稍遇欠固结地层或地层空洞，发生风险的概率就急剧增大。

(3)长时间渗漏水,必然带来大范围的地层固结沉降,管线破裂,建筑沉降破坏等问题,纵观全网管线累计沉降值超过 150 mm 的案例屡见不鲜,这些管线的安全状态应该认真评估。

11. 总结

(1)针对本案,并梳理全网风险事故案例,可以明显看出掌子面渗漏水问题是风险隐患乃至发生事故的主要因素,应作为后期安全风险管控的重中之重。

(2)施工管理不到位,事发前,上方导洞刚刚结束掌子面前方深孔注浆,下层导洞未采取临时封闭掌子面措施,保证上下洞室足够合理间距,距离过近,遇初支背后松动地层,产生坍塌事故。

(3)风险隐患的评估机制与措施费的计量问题,应有专门部门对施工现场遇到的风险隐患及需要采取的措施进行评估,并对产生的费用合理计量。

6.5　施工设计不满足施工要求引发风险事件

6.5.1　案例十

1. 工程概况

某区间段(图 6.5-1)包括正线段和停车线段,全部采用矿山法施工。区间隧道断面型式包括标准减振段、人防段、射流风机段、停车线段、挑高段和渡线段等 13 种不同断面型式,全部采用暗挖法施工,区间全长 966.595 m(其中左线包含 16.025 m 断链)。

渡线段(图 6.5-2)共分 8 种断面形式施工;断面 1、2、4、5、6 采用双侧壁导坑法,断面 7、8 采用 CRD 法,断面 3 跨度最大,先施工两侧导洞,后通过横向设置通道施工中间结构。

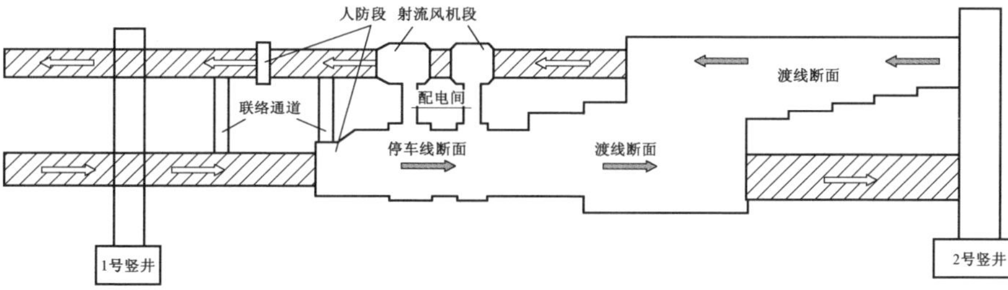

图 6.5-1　区间平面图

2. 工程地质与水文地质

渡线段拱部均为粉质黏土和粉土层,拱顶覆土厚度 13.3~14.4 m,其中挑高段拱部覆土厚度约 10.7 m。受影响地下水的类型主要为潜水,其含水层主要为卵石层及夹层,主要接受降水及侧向径流补给,以侧向径流和越流为主要排泄方式,区

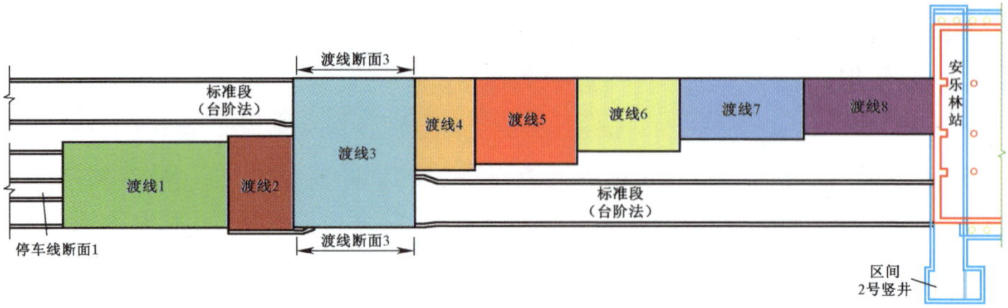

图 6.5-2　渡线段平面图

间地下水大部分位于隧道仰拱以下,部分位于仰拱以上(图 6.5-3)。

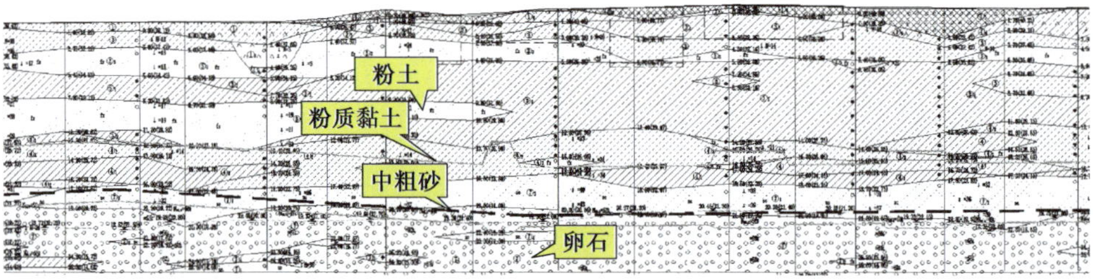

图 6.5-3　地质剖面示意图

3. 主要风险工程

渡线段范围内主要风险工程主要有 3 个:渡线段结构本身一级,渡线段下穿某路平房区一级(渡线段正交下穿平房区,结构顶至基底垂直距离约 15 m),渡线段下穿 ϕ500 和 ϕ600 污水管为二级(管底距隧道顶部 9～11 m)。施工中如何确保结构自身的稳定性及平房区、管线的使用安全是项目成败的关键。

4. 施工工法及工艺

(1)超前支护

在下穿平房区一级风险源及污水管线二级风险源段落,采取双排小导管每榀打设,长度 2 m,环向间距 300 mm,倾角 10°～20°,区间拱部 180°设置。

(2)设置锚索

在挑高段临时仰拱拆除施作渡线 3 断面二衬前需要在挑高段侧墙设置两道锚索,首道锚索长度 15 m,二道锚索长度 8 m。锚索布置位置如图 6.5-4 所示。锚索选用低松弛预应力钢绞线,每根锚索由 5 束 7ϕ5 钢绞线组成。

(3)深孔注浆加固

深孔注浆钻孔由右线挑高段向左线挑高段打入,注浆剖面图如图 6.5-5 所示。

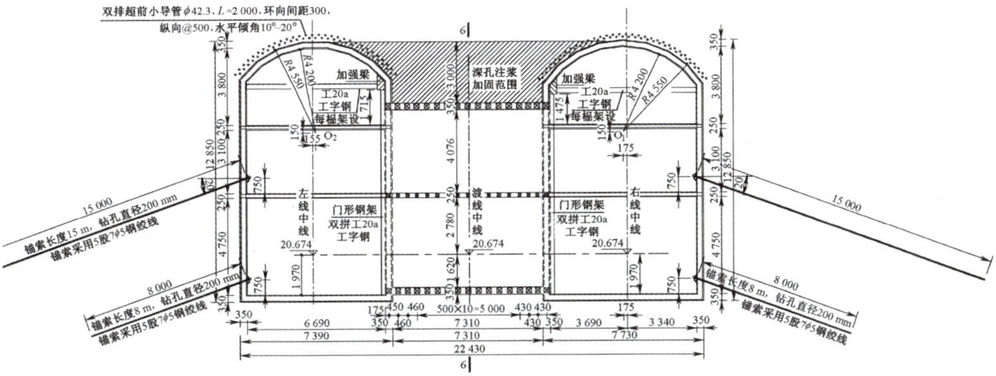

图6.5-4　渡线段断面3措施剖面图(单位:mm)

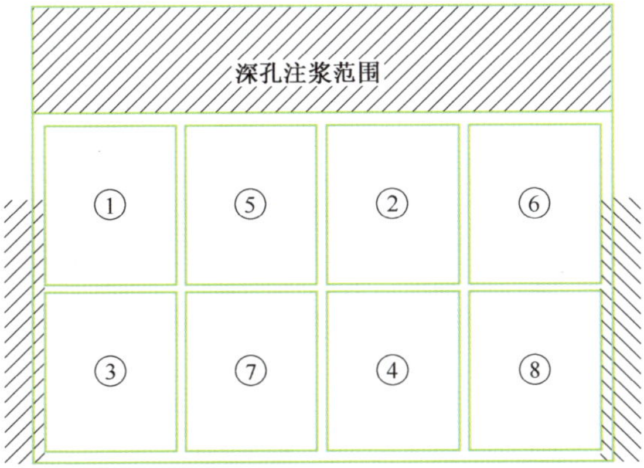

图6.5-5　断面3施工步序及深孔注浆剖面图

(4)规范开挖施工

严格按照"管超前、严注浆、短开挖、强支护、早封闭、勤量测"十八字方针的原则进行施工,做到随挖随支,及时成环,严把每道工序的施工质量,及时做好临时支撑,严格按设计进行施工,安排工序衔接与转换。

(5)风险工程监控

渡线段上方居民平房及商铺等进行建(构)筑物沉降监测,控制值为20 mm;对周边ϕ600污水管线进行沉降监测,监测控制值为20 mm。

5. 事故前工程状态

(1)2014年3月11日~2014年8月15日:除渡线段3部分初支未完成外,其余右线大断面、左线渡线段初支施工完成(图6.5-6~图6.5-15)。

右线大断面导洞地层以黏土为主,下层以中粗砂、砂卵石层为主,开挖过程中掌子面无渗水,稳定性良好,过程中局部存在格栅连接质量不佳情况;左线地层基本处于粉质黏土层，开挖过程中稳定性好，局部拱脚稳定性差，曾出现过地层滑塌、核心土留设偏小等情况，已及时进行处理，整体施工基本规范。

渡线 3 部分自右线挑高段向左线开挖横通道，上层架设工字钢门式框架，向北横通道开挖施工规范，掌子面稳定。

图 6.5-6　右线挑高段架设钢支撑

图 6.5-7　左线向北小导洞破马头门施工

图 6.5-8　渡线 3 向北横通道小导洞初支

图 6.5-9　横通道向北与左线贯通

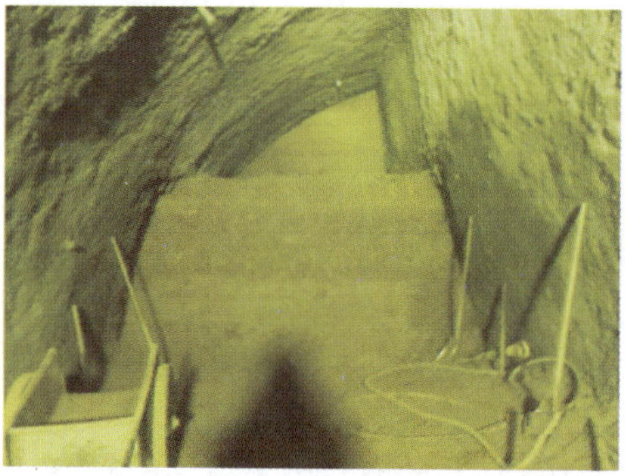

图 6.5-10　右线大断面上层导洞开挖

图 6.5-11　上层导洞贯通

图 6. 5-12　左线上导洞开挖

图 6. 5-13　左线边导洞贯通

图 6. 5-14　4 断面导洞初支完成

图 6. 5-15　8 断面导洞初支完成

(2)2014 年 8 月 16 日~2015 年 1 月 27 日:区间大断面二衬施工,断面 3 中间导洞初支(图 6. 5-16~图 6. 5-25)。

大断面二衬施工整体基本规范,临时支撑拆除长度基本可控,但仍存在底板钢筋绑扎阶段未倒撑、在未浇筑二衬结构前就已拆除相邻段部分竖撑等情况,已及时进行了整改,整体施工较为顺利。

图 6. 5-16　支撑拆除长度基本可控

图 6. 5-17　破除临时仰拱混凝土

图 6.5-18　底板基本完成

图 6.5-19　拱墙施工

图 6.5-20　渡线段二衬施工

图 6.5-21　断面 3 边导洞二衬完成

图 6.5-22　断面 3 中间导洞初支

图 6.5-23　断面 3 未见裂缝继续开裂

6. 监测情况

2014 年 10 月 21 日，断面 3 导洞⑤、⑥初支完成后在⑧导洞侧壁出现裂缝，拱顶沉降出现突变，采取回喷及增设型钢支撑后沉降趋于平缓，之后施工对地层及下穿管线影响较小；二衬施工过程中对周边环境影响较小。断面 3 拱顶沉降历时曲线如图 6.5-26 所示。

图 6.5-24　断面 3 初支完成

图 6.5-25　渡线段二衬

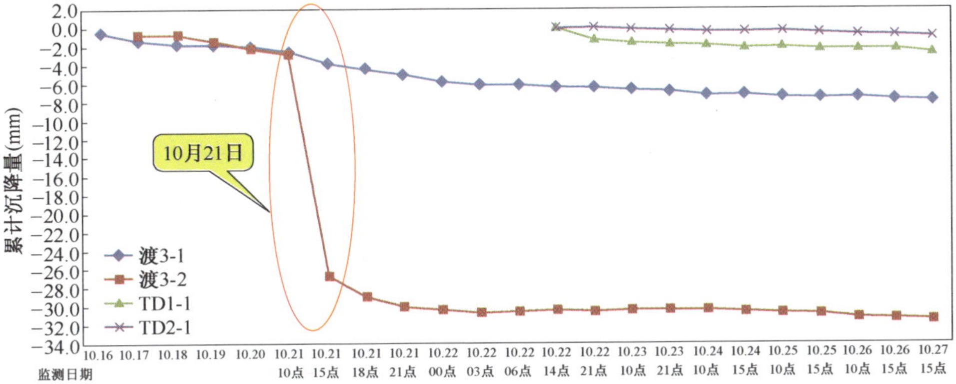

图 6.5-26　渡线 3 拱顶沉降时程曲线图

从渡线段上方 D600 污水管历时沉降曲线图可以看到，区间大断面施工对周边环境影响较小，整体变形平稳可控，沉降速率均<2.0 mm/d，整体施工较为安全顺利（图 6.5-27）。

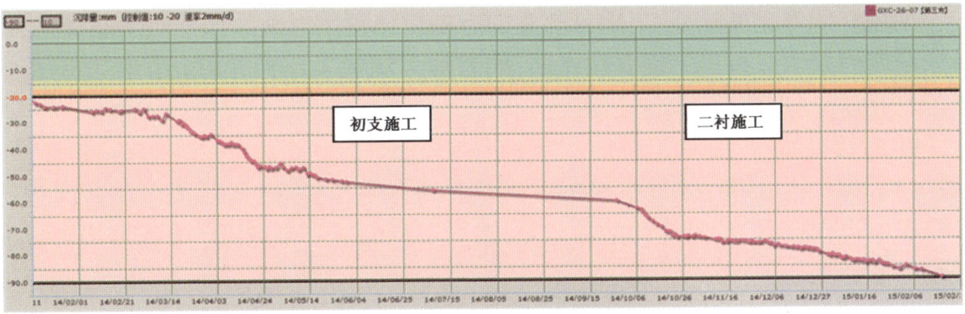

图 6.5-27　D600 污水管历时沉降曲线图

7. 风险事件

2014 年 10 月 20 日，⑤、⑥号导洞已开挖完成，洞内及地表沉降变形均在正常范围内，巡视无异常。21 日上午 10:00 在⑤号横导洞端墙中下部破除少量混凝土（作为施工人员出入及泵管布设）过程中，发现破除裸露出的格栅变形，剩余未开挖④号导洞侧壁现细微裂缝现象（图 6.5-28～图 6.5-30）。

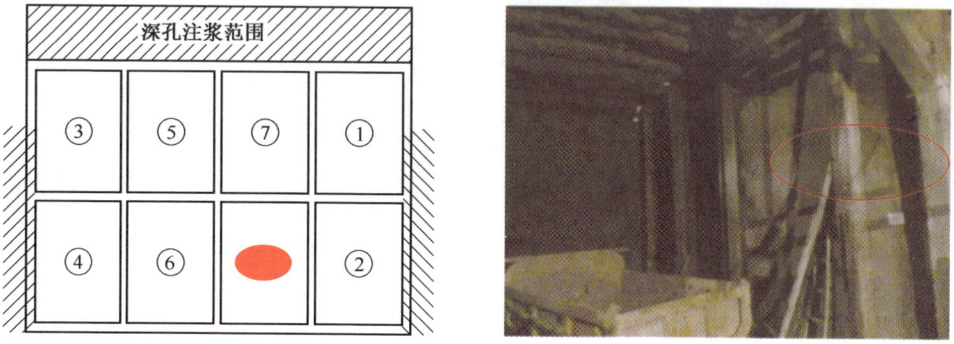

图 6.5-28　侧壁裂缝位置示意图

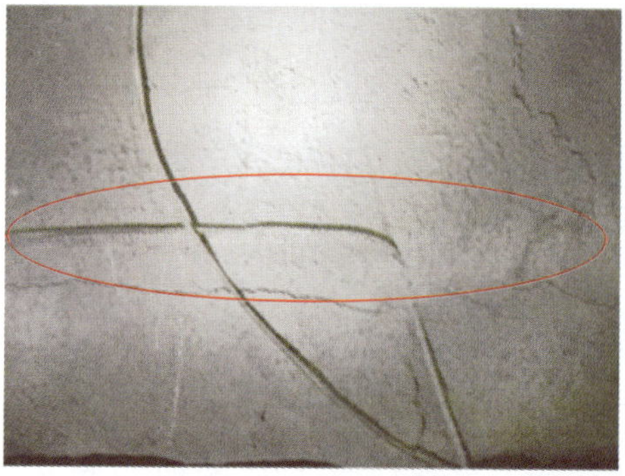

图 6.5-29　侧墙裂缝

图 6.5-30　钢支撑不拆除，未见裂缝开展

8. 应急处置

现场立即停止破除施工，项目部立即启动应急预案对破除部分回喷混凝土，并对导洞四周采取双拼工字钢立柱支顶，同时加大洞内及路面相应路段监测巡查频率，洞内沉降变形随后逐渐趋于稳定。

9. 后续处置

（1）2015 年 10 月 28 日组织矿山法专业的专家，对本区间渡线段 3 断面进行了专家巡视，给出了针对性的指导意见，指导工程的下一步进展。专家巡视形成的详细专家意见如下：

1）后续二衬施工阶段，断面 3 平顶直墙段中隔墙及钢支撑暂不拆除，该部位二衬采用后浇方式施工。

2)施工过程中,断面3二衬顶部应回填密实。

3)断面3与相邻渡线段接口部位二衬采用后浇施工。

4)根据专家意见,施工单位完善二衬施工方案,严格组织实施。

5)加强现场监测及巡视。

(2)2012年12月1日,对本区间施工竖井与横通道开挖及支护方案进行第一次专家论证,形成专家论证意见如下:

1)渡线3断面由挑高段施做五跨横通道工法较为复杂,二衬施工时工序转换难度大,很难控制地表沉降,施工风险大。

2)建议由右线挑高段施作横通道、由横通道进入两侧大断面施工。

(3)2013年9月27日,对本区间开挖与支护工程补充安全专项施工方案进行专家论证,形成专家论证意见如下:

1)优化横通道导洞施工步序,先开挖①、③、⑥、⑧导洞,并施作二衬后方可开挖中间部分导洞。

2)优化两侧隧道施工顺序和马头门部位的受力转换措施。

3)加强施工过程的监控量测和巡视。

(4)2014年7月5日,对本区间渡线段二次衬砌安全专项施工补充方案进行专家论证,形成专家论证意见如下:

1)完善支撑架剪刀撑(水平、竖向)布置详图;

2)两侧拱墙应对称加支撑在地面上的钢管斜撑。明确拱顶和拱墙的模板支撑拆除条件。

3)混凝土浇筑过程中,应确保两侧对称浇筑,并严格控制分层浇筑厚度。

4)加强二衬与初衬之间背后注浆措施,保证二衬与初衬间密实。

5)加强二衬施工过程对初支结构变形及周边环境变形的监测。

(5)2014年9月29日,对本区间渡线3段施工顺序调整召开四方会议,形成如下意见:

1)渡线3断面①、②号导洞可暂不施作二次衬砌,待③、④号导洞内渡线3断面二衬施工完成后进行⑤、⑥号导洞开挖施工,保留⑦、⑧号导洞暂不开挖。

2)待①、②导洞或⑤、⑥导洞内渡线3二衬施工完成后再进行⑦、⑧号导洞开挖施工。

3)依次分别进行剩余渡线3段落的二衬施工,直至全部完成。

4)做好信息化施工。渡线3中部剩余部分开挖及临时中隔墙拆除、二衬施作期间加强监控量测工作。

5)区间渡线段段采用钢拱架配钢模板进行施工。临时支撑拆除长度基本可控,整体施工较为规范,其中断面3平顶直墙段严格落实了专家意见,采取中隔墙及钢支撑暂不拆除，通过后浇方式施工，有效控制了施工风险。右线挑高段破除临时仰拱混凝土后格栅出现变形，及时采取增设型钢支撑等措施后消除了隐患。

风险事件发生后进行了方案调整：①、②导洞内二衬先不施做，③、④二衬完成后进行⑤、⑥导洞初支；待①、②或⑤、⑥二衬完毕后施工⑦、⑧初支。整个二衬施工过程保留中隔墙及钢支撑暂不拆除，该部位二衬采用后浇方式施工；方案调整后，施工中裂缝未见发展，顺利完成了结构施工（图 6. 5-31～图 6. 5-33）。

图 6. 5-31　渡线段二衬施工

图 6. 5-32　二衬施工

图 6. 5-33　渡线段断面 3 二衬施工

10. 原因分析

（1）区间渡线段跨度达 22 m，属于扁平结构，自身受力状态不佳，结构易出现开裂、失稳，周边环境变形不易控制。

（2）本项目采取的“自左右线调高后，垂直线路方向平顶直墙分导洞开挖，后续拆除支撑分段进行二衬”的做法导致该部位应力转换复杂，初支结构出现开裂，出现较大安全风险（图 6. 5-34、图 6. 5-35）。

（3）二衬施工阶段涉及大量的临时支撑拆除，受力转换复杂，该阶段易发生结构失稳。

(4) 渡线段下穿安乐林路平房区,结构顶至基底垂直距离约 15 m,属一级风险工程,大断面引起周边环境变形易引起房屋出现开裂、破坏。

图 6.5-34　挑高段总体情况

图 6.5-35　挑高段二衬

11. 总结

(1) 平顶直墙对于开挖、初期支护及二次衬砌转换结构受力均不利,对于暗挖结构,拱部应遵循"能拱则拱"的原则。

(2) 要注意大小断面的转换及施工顺序,一般应由大断面向小断面过渡,如实现困难则需加强小断面隧道注浆施工。

(3) 双侧壁导坑法等大断面多导洞施工工法存在多次扰动问题,需加强施工规范性控制,尤其是严格控制各洞室开挖面纵向距离,减小群洞效应,同时初支背后注浆工作应及时持续跟进,及时填充施工引起的地层空隙。

(4) 对于渡线段断面 3 这样结构复杂的断面,施工中存在多次应力转换,当施工中出现不利于结构稳定的情况时,要采取相应措施对结构进行加强,必要时可通过论证进行方案调整,将施工隐患降至最低。

(5) 对于较大跨度平顶直墙断面,二衬施工中建议保留工字钢和临时横撑的,有利于控制周边环境变形。为保证二次衬砌拆撑安全,中隔壁钢架宜采用型钢。

6.6　本章小节

根据以上案例总结分析,矿山法施工过程当中发生的风险事件分为上述四个因素:平顶直墙结构复杂引起施工风险、渗漏水导致的施工风险、施工时措施不规范导致的风险、设计不满足施工要求四项。

对于上述四项因素,总结出下列几项矿山法施工建议:

①平顶直墙对于开挖、初期支护及二次衬砌转换结构受力均不利,对于暗挖结构,拱部应遵循"能拱则拱"的原则。

②施工中应加强附属结构施工管理,重视管线核查,对老化管线提前采取导改或防渗措施;出现渗漏水,认真分析渗漏水原因,采用封堵相结合的措施。

③变断面结构受力复杂,应对结构跨度、支护措施、地层适用性、结构受力转换性质进行深入论证,杜绝安全隐患。

④必须认真对待反复扰动地层的极度不稳定性,严格做好注浆加固措施。

⑤当施工中出现不利于结构稳定的情况时,要采取相应措施对结构进行加强,必要时可通过论证进行方案调整,将施工隐患降至最低。

第7章　北京地铁矿山法施工专项技术总结

7.1　卵石地层暗挖施工技术研究

7.1.1　引言

1. 卵石地层特点

某线路全线所处地层基本为砂卵石层、卵石地层，由于卵石层属于机械松散地层，具有孔隙大、透水性强、压缩性低、抗剪强度大等特点，其颗粒结构松散、粒径大小不均、无胶结、稳定性差，容易造成坍塌（图7.1-1），因此隧道开挖轮廓控制成为卵石地层的一大难点，做好暗挖法超前支护，是控制施工风险的重要环节。

图7.1-1　施工过程中拱部坍塌

当施工地质条件为卵石层时，施工过程中不可避免的会引起地表沉降和对建（构）筑物周围土体的二次扰动，这必将导致建（构）筑物基础不均匀沉降，在施工过程中，如何采取措施减小沉降，确保建（构）筑物安全将是卵石层施工的重点。因此，要做好过程控制，严格执行“管超前、严注浆、短开挖、强支护、早封闭、勤量测”这一方针，切实保证施工安全和结构安全（图7.1-2）。

2. 卵石地层施工要点

（1）卵石地层开挖时应遵循“管细短、快封闭、少扰动、中拉槽、固拱脚”的施工原则。

（2）严格控制小导管加固注浆，使开挖轮廓外土体注浆饱满密实，稳定，同时发挥小导管的棚户作用，在以不扰动地层，且地层有较好的自稳性的前提下，采取

图 7.1-2　某站开挖面大量建筑垃圾

合理的注浆方式保证超前预注浆效果，必要时可以根据现场情况改变注浆方式，保证注浆加固效果。

(3)遇到较差不良地层，采取喷射混凝土封闭掌子面，然后对拱部进行深孔注浆或预埋长导管的方式，加固土体，保证作业面及上方道路及管线的安全。

(4)对地质异常区采取地面深孔注浆的措施，填充局部脱空和松散地质，提高地质的承载力，避免在洞内开挖和地面道路运输的双重影响下，对道路的正常通行及地下管线的安全使用造成影响。

(5)卵石地层开挖时，上台阶长度要保持不小于 3～5 m，核心土长度不小于 2 m，且上台阶核心土外中部放坡拉槽。

(6)下台阶开挖时要放坡开挖，整个下台阶开挖时先挖中间，后挖拱脚下方，靠近拱脚部位采用人工开挖，减少下台阶开挖时对上台阶的扰动，保证结构施工安全。

7.1.2　超前支护措施

为了保证掌子面在开挖过程中土体不会塌方或产生流沙，开挖前需对前方土体采取超前支护、注浆加固等辅助措施。在卵石漂石地层中，大粒径卵石会给超前支护带来较大困难，影响超前支护效果，施工过程中，必须加强超前探查，明确地层情况，确定卵石地层处理措施，保证超前支护效果。

超前支护作为浅埋暗挖法地层加固的措施，在北京地铁工程建设中已得到广泛应用，并取得了较好的效果。本线路卵石地层，目前所采取的超前支护措施主要分为超前小导管支护和深孔注浆。

1. 超前支护原则

在地铁隧道超前支护施工中需遵循以下原则：

(1)超前支护的长度、数量、角度及纵向搭接长度等应满足设计要求。

(2)超前小导管安装时，应从格栅拱架腹部穿过，并与拱架焊接。

(3)大管棚安装时应采取调整管节长度的方法使相邻管棚的连接部位相互错开,保证同一断面接头不超过 50%。

(4)按设计要求进行注浆施工,注浆结束后,应对注浆效果进行检查。

2. 超前小导管支护

超前小导管注浆加固地层,是通过沿隧道开挖轮廓线外纵向向前倾斜打设注浆管,并注入浆液,达到超前加固围岩和止水的目的,同时小导管还可起到超前管棚预支护作用。其注浆施工工艺简单,易于操作,施工安全,土层加固见效快,浆液损失少,成本低,是隧道施工中最常用的加固土层的方法之一。

适用范围:超前小导管支护适用于处于无黏结、自稳能力差的砂层及砂砾(卵)石层,因此本线路卵石层施工中采用了超前小导管支护,主要用于结构断面较大时,进洞破马头门前采取的超前支护措施。

小导管所采用的钢管应直顺,注浆管管头一端做成 100 mm 圆锥形,在距另一端 100 mm 处焊接 $\phi6$ 钢筋箍。距钢筋箍一端 1 000 mm 内不开孔,剩余部分每隔 150~200 mm 梅花型布设 $\phi6$~$\phi8$ 的溢浆孔,孔位互成 90°。

从现场统计情况来看,超前支护小导管均采用钢焊管,小导管内径均为 25 mm,壁厚 3.25 mm,导管长度为 1.8~2.0 m,其中长度为 2.0 m 的小导管应用范围最广,约占使用量的 60%。

针对地层的特点,对于卵石层地质较差时及时安装拱架并预埋套管待喷混凝土完成之后打设小导管。小导管打设时,按规范要求严格控制外插角、孔距及孔深的偏差,要求外插角偏差范围为 1°,孔距为±15 mm,孔深 0~25 mm。

小导管注浆浆液以普通水泥单液浆和普通水泥-水玻璃双液浆为主,局部遇砂层、中粗砂层或填土层则根据实际情况采用改性水玻璃或水泥-水玻璃双液浆。

3. 深孔注浆

隧道开挖过程中会下穿市政管线、建(构)筑物、桥梁、铁路、过街天桥等施工,由于卵石层开挖土体自稳能力较差,为保证施工过程中掌子面及拱顶土体稳定,确保管线及建(构)筑物施工安全,采用深孔注浆加固隧道拱部土体,为开挖施工创造良好的条件(表 7.1-1)。

表 7.1-1　深孔注浆技术参数表

内容	标准	内容	标准
孔位偏差	±20 mm	注浆压力	±5%
孔距偏差	±100 mm	注浆量	10%
钻杆方向偏差	<1%	拔管幅度	±5 mm

本线路卵石层各工点现场超前深孔预注浆有两种方式,除了其中一站采用单管后退式注浆外,其余各工点均采用二重管后退式注浆。

不同的注浆方式，其优缺点及适用范围各不相同。其中：

(1) WSS 后退式分段注浆实现了钻注一体化，施工时采用钻机一次性钻到设计深度，利用中空的钻杆将浆液输送到钻头出口，通过一定压力将浆液注入地层，当注浆压力或注浆量达到设计要求后，后退钻杆进行下段注浆，分段长度一般为 1.5~2.0 m（钻杆长度）。

优点：较袖阀管后退式注浆工艺得到简化，不需要成孔下入管材，工期缩短，适用范围得到扩大。

缺点：止浆困难，在注单液浆时，容易造成浆液回流，浪费材料并影响注浆效果，注双液浆时，容易造成钻杆抱箍现象。

(2) 单管后退式注浆即直接利用钻机的钻杆作为注浆管从钻杆前端注浆的方法，钻孔达到设计孔深后，边注浆边后退钻杆，直至该段注浆结束。

优点：钻孔一次成孔，成孔后不退钻杆即可注浆；浆液可进入孔底，保证了孔底的注浆效果；采用分段后退式注浆，节省了钻孔数量和时间。

从现场统计情况来看，超前深孔预注浆所采用的注浆材料有普通水泥-水玻璃双液浆和普通水泥单液浆 2 种。其中超前深孔预注浆止水地段涉及采用普通水泥-水玻璃双液浆的地段有 6 处；涉及采用超细水泥-水玻璃双液浆地段 2 处。

7.1.3 开挖支护方案实施情况

本线路卵石层开挖过程中，超前小导管支护及深孔注浆措施得到了较好的实施，各工点按照方案要求进行超前地层加固，确保了施工的安全顺利进行。

1. 超前小导管支护

超前小导管支护主要用于进洞破马头门前以及导洞开挖过程中所采取的超前支护措施（图 7.1-3~图 7.1-12）。

图 7.1-3　区间轨排井基坑北侧墙壁按梅花型打设小导管、钻孔注浆

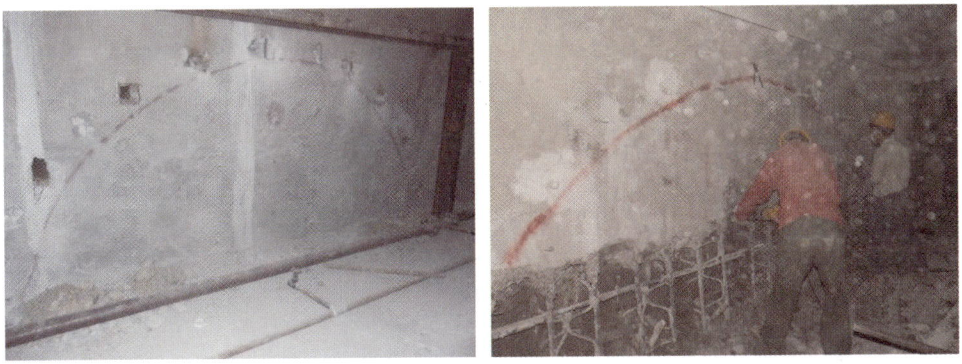

图 7.1-4　某站 3 号井上层导洞马头门打孔、注浆完成，马头门破除

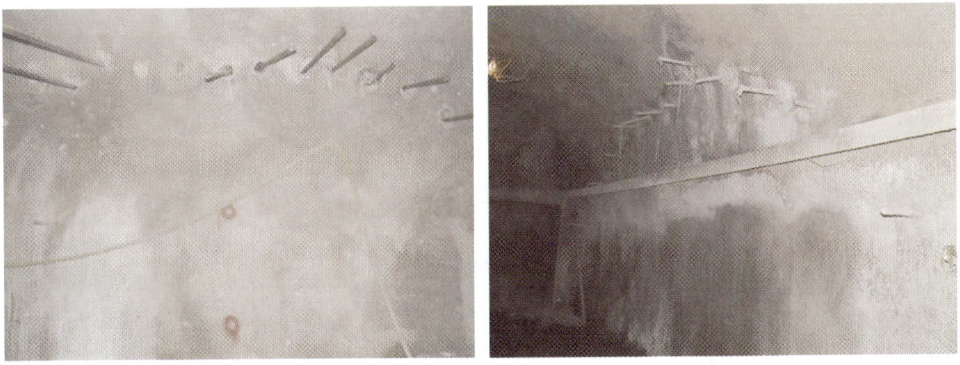

图 7.1-5　某区间 5 号横通道正线洞门超前小导管打设、注浆加固完成

图 7.1-6　某区间 5 号横通道上、下台阶破马头门施工

图 7.1-7　某站 1 号横通道导洞马头门注浆加固、注浆完成,马头门破除

图 7.1-8　某区间 1 号横通道正线马头门超前小导管加固、注浆完成,马头门破除

图 7.1-9　某区间 4 号井拱顶超前小导管

图 7.1-10　某区间风井纵梁横通道超前小导管

图7.1-11　某区间3号井拱顶超前小导管

图7.1-12　某站2号井拱顶超前小导管

2. 深孔注浆

深孔注浆主要用于导洞进导后的土体加固，在导洞下穿市政管线、居民区、桥梁等建(构)筑物施工时，均采取超前深孔预注浆加固隧道拱部土体，确保管线及建(构)筑物安全(图7.1-13～图7.1-18)。

图7.1-13　某站2号横通道临近居民区、导洞进洞深孔注浆

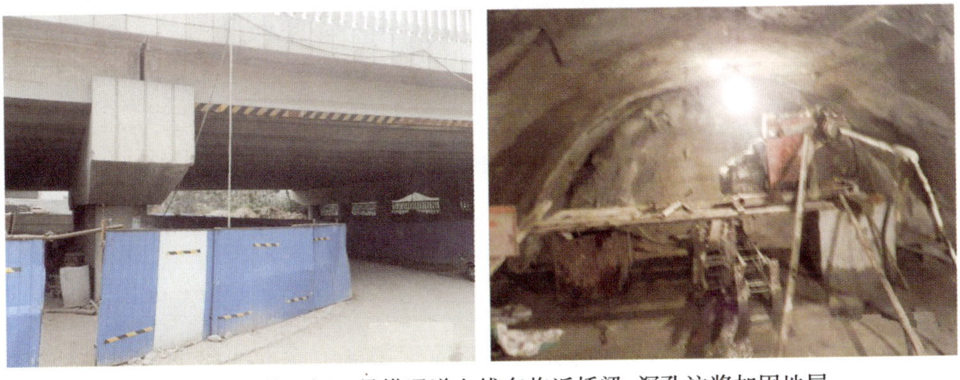

图7.1-14　某区间1号横通道左线东临近桥梁、深孔注浆加固地层

图 7. 1-15　某区间 1 号竖井左线下穿五环主路、深孔注浆加固地层

图 7. 1-16　某区间 1 号井卵石粒径较大、封闭掌子面深孔注浆

图 7. 1-17　某站 3 号横通道深孔注浆

图 7. 1-18　某站 4 号横通道深孔注浆

7. 1. 4　施工效果分析

从对现场巡视及资料统计情况来看，超前支护措施在本线路施工中起到了较好的作用，超前小导管加固洞门效果良好，洞门处地层稳定；深孔注浆浆脉扩散效

果尚可，开挖可见浆脉，地层稳定，施工较为顺利，无重大安全事故发生（图 7. 1-19～图 7. 1-24）。

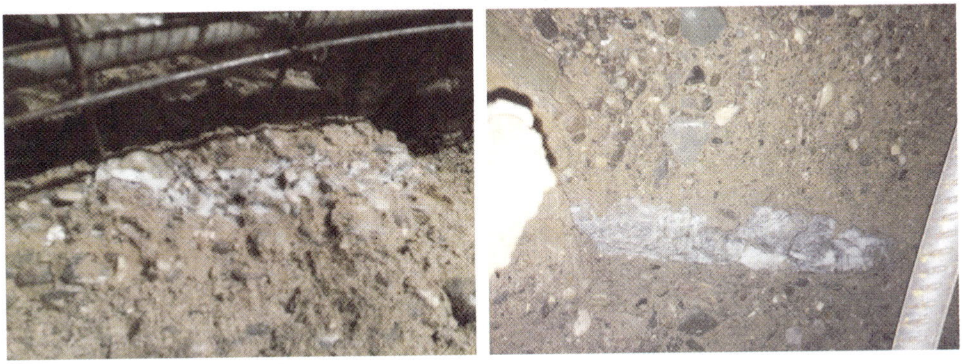

图 7. 1-19　某站 2 号横通道上层导洞拱顶及掌子面注浆效果

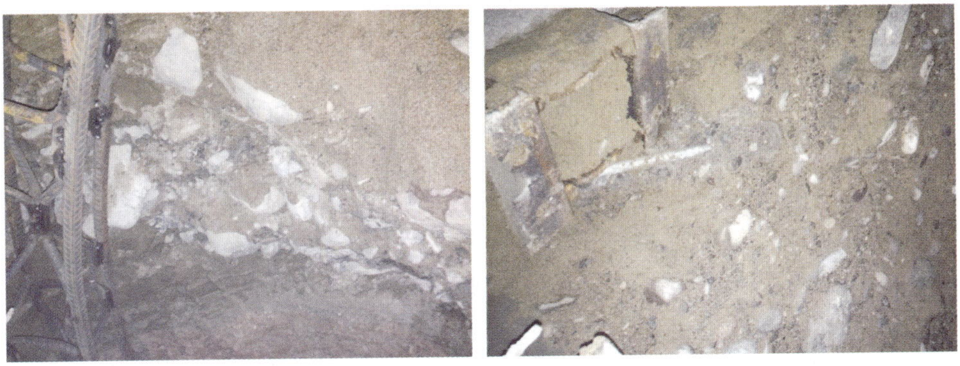

图 7. 1-20　某站 3 号通道上层导洞掌子面及边墙注浆效果

图 7. 1-21　某站 1 号横通道深孔注浆、拱部可见注浆浆脉

图 7. 1-22　某区间 1 号井、2 号井深孔注浆效果良好

图 7. 1-23　某站 2 号井横通道 1 层掌子面注浆效果明显

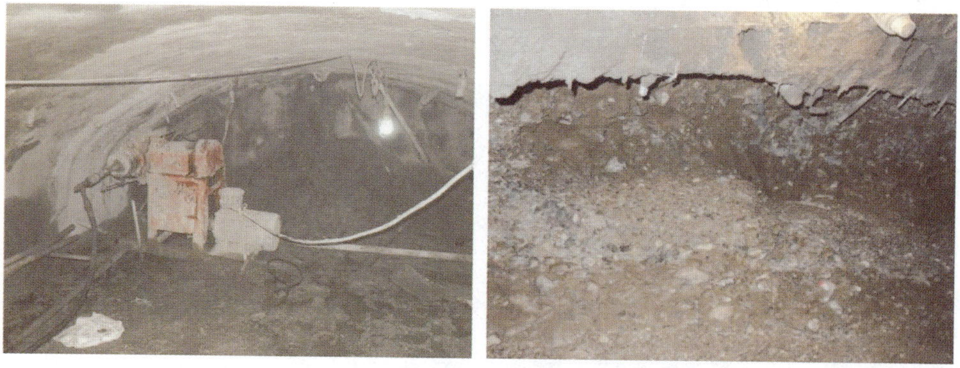

图 7. 1-24　某站 2 号横通道一层深孔注浆效果明显

但施工过程中仍存在以下几方面问题(图 7. 1-25、图 7. 1-26)：

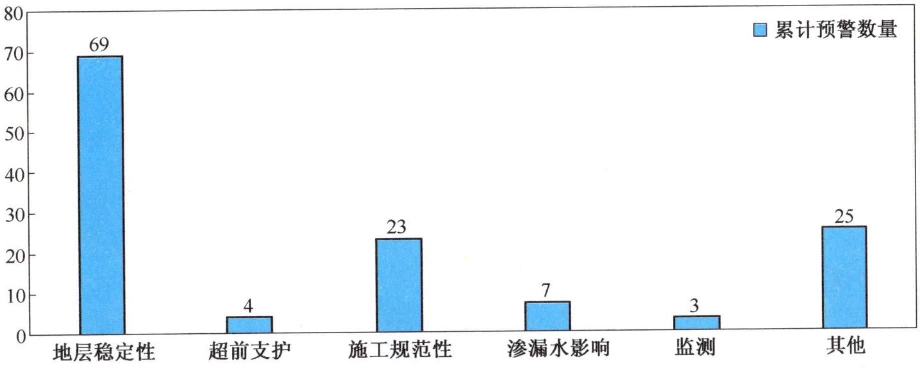

图7.1-25　本线路卵石层施工问题数量统计

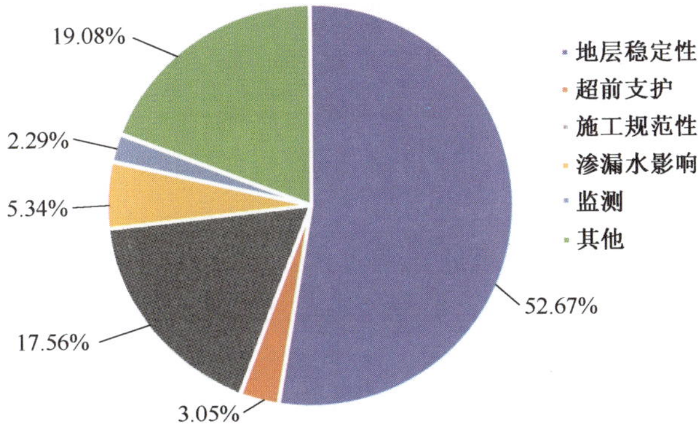

图7.1-26　本线路卵石层施工问题占比

(1)地层稳定性：卵石层开挖过程中，由于卵石稳定性差，因此拱部坍塌问题较多，占总预警数50%以上，采取回填注浆方式进行加固地层，严格控制开挖进尺，加强超前地质探查，区别地层情况，采取支护措施，在超前小导管打设工艺方面进行改进，保证超前支护效果。

(2)超前支护、注浆：卵石地层超前小导管打设角度、间距、数量等不符合要求、注浆效果不佳等情况，此类问题出现较少，仅在个别工点存在，按照要求打设超前小导管，严格注浆工艺，保证超前支护效果。

(3)施工规范性：卵石层开挖过程中存在核心土留设不规范、上下台阶间距过小、停工掌子面未封闭、未设置减压槽等施工不规范情况，此类问题出现也较多，占到预警数的18%，不按要求施工容易给施工带来一定风险，因此，严格施工质量控制，落实“快封闭”原则，按要求留设核心土，严格施工工艺管控。

(4)渗漏水影响：本线路卵石地层局部开挖受渗水影响，多为管线渗漏情况，渗水问题预警情况较少，对施工并未造成较大影响，对渗水部位及时进行回填注浆，必要时进行多次补充注浆，及时止水。

(5)监测情况:本线路卵石层施工监测中,存在因注浆压力控制不当,造成的管线及地表隆起变形超限、监测频率与设计或规范不符合等监测问题,严格控制注浆压力及注浆施工工艺,并加强监测与巡视,对监测数据加强分析,确保起到监测施工的目的。

1. 超挖情况分析

当施工地质条件为卵石层时,施工过程不可避免的会引起地层的扰动,从而导致坍塌情况发生,因此本线路卵石层各工点开挖过程中均存在不同程度拱部坍塌情况,坍塌问题较为普遍,占总巡视预警总数一半以上,拱部出现坍塌情况后,一般采取回填注浆方式进行二次加固,加强现场施工管理,精细化施工,加强超前加固措施,加强初支背后回填注浆。

2. 变形分析

本线路卵石层施工过程中共发生 28 项红色监测预警,预警为地表及管线隆起变形过大,分析原因所有预警均为开挖地层卵石层,地层松散,深孔注浆加固引起管线及地表隆起变形,严格控制注浆压力及注浆施工工艺,并加强监测与巡视,注浆完成后,测点变形恢复正常。其他测点变形基本平稳,无异常情况。

3. 风险分析

本线路工点所涉及特一级重要风险工程主要包括穿越重要建(构)筑物、穿越重要市政管线、邻近或穿越既有轨道线、铁路、暗挖法施工大断面等复杂工法结构风险。

隧道穿越重要(构)筑物时,对隧道上断面进行深孔注浆加固地层,确保了开挖过程中地层稳定,施工期间强调快封闭的施工原则,严格开挖次序,确保相邻导洞错开足够纵距,防止群洞效应。穿越过程中,建(构)筑物整体沉降较小,处于安全可控范围,整体施工较为顺利(图 7.1-27、图 7.1-28)。

图 7.1-27　某站 2 号横通道深孔注浆效果

矿山法施工工点普遍存在需要穿越市政管线的风险,本线路卵石地层施工过

图7.1-28　某区间1号井左线下穿5环主路深注浆效果

程中穿越市政管线情况较多，开挖过程中严格控制深孔注浆压力，加强注浆加固效果检查，开挖施工前进行超前地质探查，避免由于存在注浆盲区或水囊发生涌水、坍塌等事故，确保管线安全，对初支背后渗水部位及时进行初支背后回填注浆等施工工艺降低施工对管线的影响。

7.1.5　总结与建议

在对卵石地层暗挖施工超前支护方案选择中，应根据地层具体条件及自身或环境风险情况来确定超前支护措施。从目前施工实例看，超前小导管支护及超前深孔预注浆加固在卵石地层中是适用的，并且取得较好的效果，但仍有一些问题需要注意：

1. 钻孔、成孔难：由于施工地层以卵石层为主，在施工过程中钻孔缓慢，钻头及钻杆磨损严重，易发生卡管、别管及断管现象，延长了施工工期，因此卵石地层中施工钻孔需综合考虑施工现场实际情况及钻孔机械的规格尺寸，合理布置孔位，可选用强度更高的钻头和钻杆，提高钻孔成功率，保证注浆效果。

2. 注浆难：6号线西延卵石层中深孔注浆均采用后退式注浆方式，由于地质原因，在注浆过程中易发生抱管现象，造成注浆量较少且浆液分布不均匀，当后退式注浆无法继续进行时，加入4分管进行补充注浆，可加强注浆加固效果。

3. 卵石地层注浆施工过程中，需根据注浆工艺工法的不同及风险源类型严格控制好注浆压力及注浆量，注浆终压必须达到设计要求，并稳压，保证浆液的渗透范围，防止因注浆压力控制不当而导致周围结构变形过大，危及地下构筑物及地表建筑物的安全。

4. 要注重注浆效果检查，注浆结束前，必须对注浆效果进行检查，确认已达到注浆结束标准，方可结束注浆，否则必须进行补孔注浆。

7.2 北京地铁暗挖隧道超前深孔预注浆技术研究

7.2.1 引言

超前深孔预注浆作为浅埋暗挖法的一种辅助措施，目前在北京地铁工程建设中已得到广泛应用，并取得了较好的效果，但也存在着很大的不足，部分超前深孔预注浆地段在注浆完成后的开挖过程中仍出现涌水、涌砂及垮塌现象（图 7.2-1～图 7.2-4）。

图 7.2-1　某站注浆后开挖出现涌砂

图 7.2-2　某区间注浆后开挖，拱部坍塌

图 7.2-3　某区间注浆后开挖出现坍塌

图 7.2-4　某区间注浆后开挖出现大面积渗漏水

7.2.2 超前深孔预注浆分析

对已建的 6 号线一期、8 号线二期、10 号线二期及在建的 7 号线、14 号线工程施工过程中采取超前深孔预注浆措施的 32 个暗挖工点，37 个地段的注浆目的、注浆方式、注浆材料、注浆参数、注浆地层条件等条件进行统计。

1. 注浆目的

超前深孔预注浆的两大主要功能分别为止水和地层加固。从现场统计情况来看,以止水为目的的超前深孔预注浆地段有 21 处,占比 52.5%;以地层加固为目的的超前深孔预注浆地段有 19 处,占比 47.5%。

其中注浆止水的地段主要有:①无降水或降水未封闭,开挖受承压水影响地段 8 处;②无降水或降水未封闭,开挖受潜水影响的下穿或旁穿河、湖或重要建(构)筑物地段 6 处;③降水效果差,开挖受层间滞水影响的大断面及 PBA 小导洞施工地段 7 处。注浆止水各原因所占比例如图 7.2-5 所示。

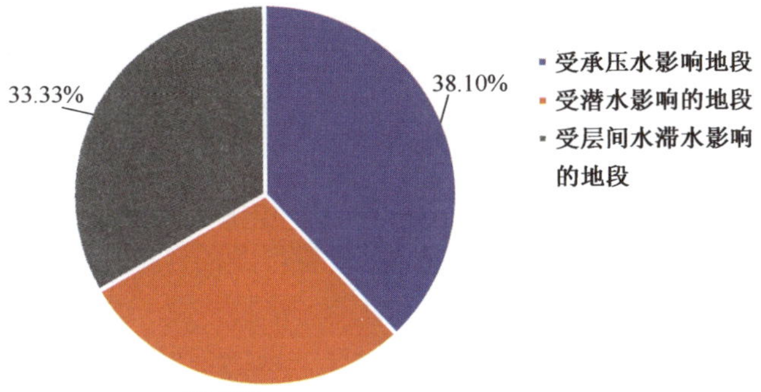

图 7.2-5　注浆止水各原因所占比例图

地层加固的地段主要有:①下穿既有线 4 处;②下穿或旁穿重要建(构)筑物(包括房屋、桥、电务段,门楼)7 处;③特殊地段(仰挖地段)5 处;④下穿河、湖等水体地段 3 处。地层加固各原因所占比例如图 7.2-6 所示。

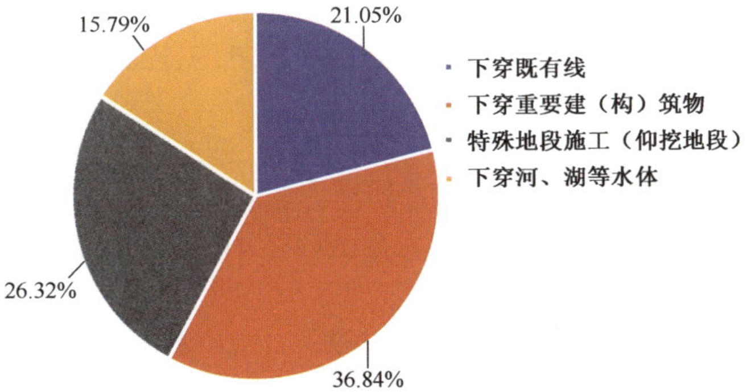

图 7.2-6　地层加固各原因所占比例

2. 注浆方式

现场超前深孔预注浆主要有前进式分段注浆,袖阀管后退式分段注浆及 WSS 后退式分段注浆三种形式。其中前进式分段注浆所涉及的注浆地段有 2 处,袖阀管后退式分段注浆所涉及的地段有 10 处，WSS 后退式分段注浆所涉及的地段有 25 处。现场三种注浆方式各自所占的比例如图 7. 2-7 所示。

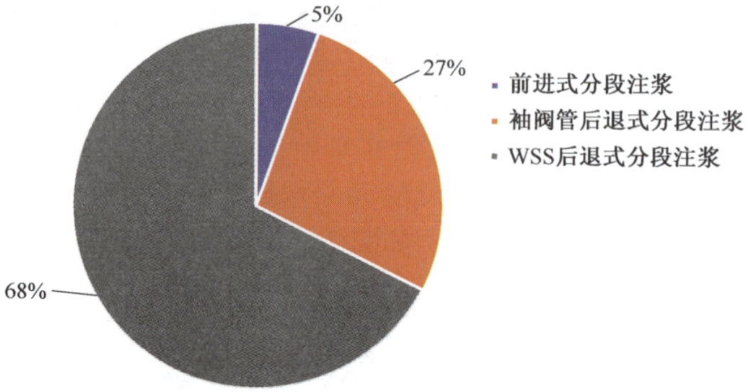

图 7. 2-7　各注浆方式所占比例图

不同的注浆方式，其优缺点及适用范围各不相同。其中：

(1)前进式分段注浆是一种采取钻、注交替作业的注浆方式。在施工过程中，需根据地层状况，将钻孔注浆长度分为若干段，分段长度一般控制在 1. 0~2. 0 m，采用地质钻机从孔口管内进行钻孔，钻一段注一段，直到设计长度。

该种注浆方式的优点：适用范围广，可以适用于任何地层，并且可以利用孔口管防止出现大量流砂涌泥现象。其缺点为：工序转换比较多，需重复扫孔，工作量大，施工效率比较低，成本较高。

(2)袖阀管后退式分段注浆是利用钻机一次性钻到设计深度，退出钻杆，在孔内下入 PVC 袖阀管，然后进行封孔，在袖阀管内下入带止浆系统的 $\phi22$ 镀锌管，从孔底向外分段进行注浆，一般分段长度为 0. 5~1. 0 m。

该种注浆方式的优点：能很好地保证注浆效果。其缺点为：需要成孔并下入袖阀管，为确保下管顺利，一般都需要带套管进行施工，工艺复杂，工期长，适用范围比较窄。

(3)WSS 后退式分段注浆实现了钻注一体化。施工时利用采钻机一次性钻到设计深度，利用中空的钻杆将浆液输送到钻头出口，通过一定压力将浆液注入地层。当注浆压力或注浆量达到设计要求后，后退钻杆进行下一段注浆，分段长度一般为 1. 5~2. 0 m(钻杆长度)。

该种注浆方式优点：与袖阀管后退式注浆相比，工艺得到简化，不需要成孔下入管材，缩短了工期，适用范围得到扩大。其缺点为：止浆困难(图 7. 2-8)。在注单液浆时，容易造成浆液回流，不但造成材料浪费，而且影响注浆效果；注双液浆时，容易造成钻杆抱箍现象。

3. 注浆材料

从现场统计情况来看，超前深孔预注浆所采用的注浆材料共有普通水泥-水玻

图 7.2-8　WSS 后退式分段注浆孔口漏浆

璃双液浆、超细水泥-水玻璃双液浆、普通水泥单液浆、超细水泥单液浆、AB/AC 双液浆、改性水玻璃 6 种。

在所有采用超前深孔预注浆措施进行止水的地段中，涉及采用普通水泥-水玻璃双液浆的地段有 13 处，所注地层为粉细砂层、圆砾卵石层、中粗砂层、粉土层及粉质黏土层；涉及采用超细水泥-水玻璃双液浆的地段有 2 处，所注地层为粉细砂层、黏性土、粉土层；涉及采用普通水泥单液浆的地段有 3 处，所注地层为粉细砂层、圆砾卵石层及粉质黏土层；涉及采用超细水泥单液浆的地段有 1 处，所注地层为粉质黏土层及砂层；涉及采用 AB/AC 双液浆的地段有 3 处，所注地层为粉质黏土层、粉细砂层、中砂~细砂层及卵石层；涉及采用改性水玻璃的地段有 2 处，所注地层为粉质黏土层及粉细砂层。现场各种注浆材料所占比例如图 7.2-9 所示。

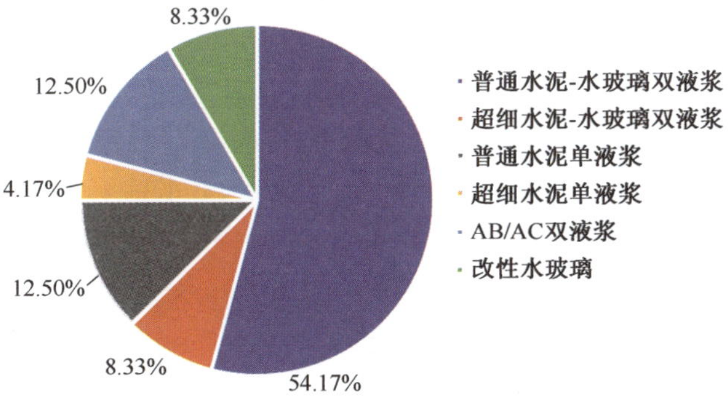

图 7.2-9　注浆止水所采用各种材料占比图

在所有采用超前深孔预注浆措施进行地层加固的地段中，涉及采用普通水泥-水玻璃双液浆的地段有 10 处，所注地层为圆砾卵石层、粉细砂层、中粗砂层、粉质黏土层及黏土层；涉及采用超细水泥-水玻璃双液浆的地段有 1 处，所注地层为粉土及粉细砂层；涉及采用普通水泥单液浆的地段有 9 处，所注地层为粉质黏土层、圆砾卵石层及黏土层；涉及采用超细水泥单液浆的地段有 3 处，所注地层为粉细砂层；涉及采用 AB/AC 双液浆的地段有 1 处，所注地层为粉质黏土层；涉及采用改性水玻璃的地段有 2 处，所注地层为粉质黏土层及黏土层。现场各种注浆材料所占比例如图 7.2-10 所示。

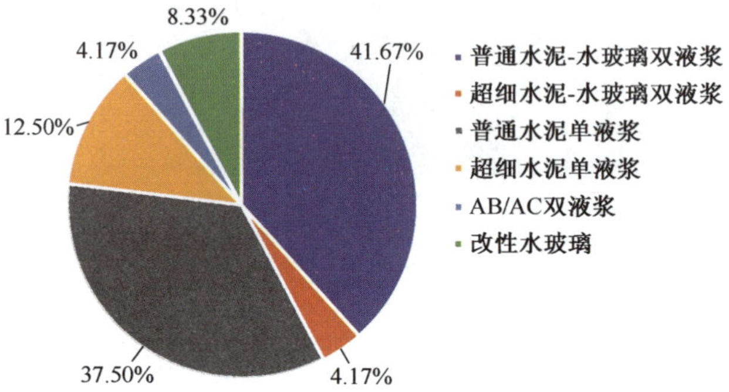

图 7.2-10　地层加固所采用各种材料占比图

不同的注浆材料，其性能及适用范围各不相同，其中：

(1)普通水泥单液浆

浆液优点：①凝胶时间长，具有较长的可注期；②结石体强度较高；③价格低廉。

浆液缺点：①初凝时间长，易被地下水稀释；②终凝时间长，强度上升缓慢，不利于注浆完成后立即开挖作业；③可注性差；④凝固后，有一定的收缩性等。

适用范围：①适宜于宽度大于 0.2 mm 的裂隙水注浆；②渗透系数大于 10^{-2} cm/s且地下水流速不大于 80~100 m/d 的中粗砂、砂卵石等地层。

(2)超细水泥单液浆

浆液优点：①凝胶时间长，具有较长的可注期；②结石体强度高；③可注性好。

浆液缺点：①价格昂贵；②初凝时间长，易被地下水稀释；③终凝时间长，强度上升缓慢，不利于注浆完成后立即开挖作业；④凝固后，有一定的收缩性等。

适用范围：适用于渗透系数大于 10^{-4} ~ 10^{-2} cm/s 且地下水流速不大于 80~100 m/d 的中细砂层中，有较好的渗透能力。

(3)普通水泥-水玻璃双液浆

浆液优点：①凝胶时间可控，几秒至几十分钟均可调控；②早期强度高，利于注浆后立即进行开挖作业；③注浆体结石率高，可达 95% 以上。

浆液缺点：①抗压、抗剪强度较低，易被高压水击穿；②可注性差；③耐久性较差。

适用范围：适用于渗透系数大于 10^{-2} cm/s 的中粗砂、粗砂、砂卵石以及断层破碎带注浆堵水工程中。

(4)超细水泥-水玻璃双液浆

该种浆液在配制工艺方面与普通水泥-水玻璃双液浆没有多大差别。由于超细水泥粒径小,与水玻璃的反应更充分,因而在相同配比下结石体的强度会更高,凝胶时间也有变化。

(5)改性水玻璃浆液

浆液优点:①材料来源广,成本较低;②凝胶时间具有一定的可控性。空气中:30~240 min;细砂中:5~30 min;③可注性好。

浆液缺点:①固砂体抗压强度低;②浆液性能受地下水影响非常大。

适用范围:一般只用于无水或潮湿的粉细砂层。

4. 注浆范围

(1)纵向加固范围(每循环长度)

纵向每循环长度按四个标准进行统计,即 10 m 以下(含 10 m)、10~12 m(含 12 m)、12~15 m(含 15 m)及 15 m,统计结果如图 7.2-11 所示。

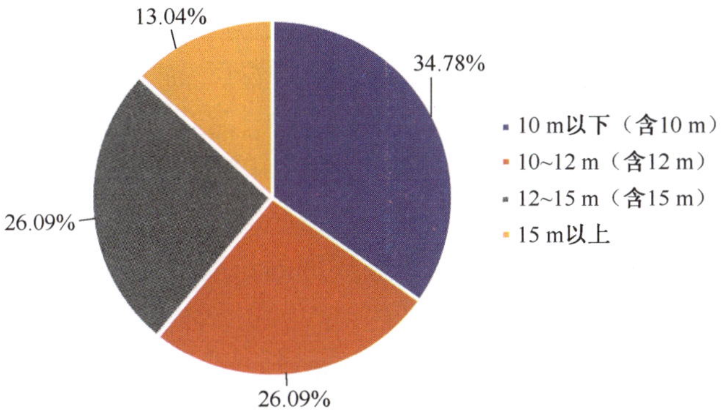

图 7.2-11 纵向每循环长度所占比例图

从现场注浆效果来看,一般 7~8 m 以后的注浆效果明显比之前的效果差(图 7.2-12、图 7.2-13)。

(2)横向加固范围

从现场注浆设计参数来看,注浆止水帷幕设计厚度在 1.5~3.5 m 之间不等,地层加固厚度为轮廓线外 1.5~4.5 m 之间不等。

7.2.3 现阶段存在的问题

从对现场巡视及资料统计情况来看,目前超前深孔预注浆主要存在以下几方面问题:

1. 超前深孔预注浆在设计上缺少一个统一的标准，主要体现在：

(1)应用范围不明确：在何种情况下采用超前深孔预注浆没有一个准确的界定。

(2)在地层相同的条件下，不同设计单位、不同设计人员对于注浆范围的设计值各不相同。

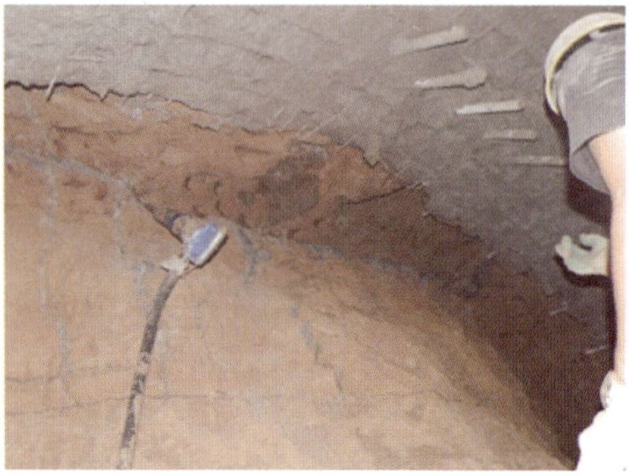

图 7.2-12　注浆前段浆脉清晰

图 7.2-13　10 m 以后基本看不到浆脉

下穿建筑物时：樊家村站～丰台站区间(下穿桥梁厂宿舍楼)在进行超前深孔预注浆地层加固设计时，其纵向每循环加固长度为 8～10 m，横向加固范围为开挖轮廓线外 3 m，轮廓线内 1.5 m，地层为圆砾卵石层；而对于地质条件相同的丰台站—前泥洼站区间(下穿大从大厦)，在进行超前深孔预注浆地层加固设计时，其纵向每循环加固长度则为 12 m，横向加固范围为开挖轮廓线外 2 m，轮廓线内 1.5 m。

下穿既有线时：崇～磁区间纵向每循环加固长度设计值为 10 m，横向加固范围为开挖轮廓线外 3 m，只注上半断面，其地层为粉质黏土层，拱部以上含砂层；朝～东区间纵向每循环加固长度设计值为 18 m，横向加固范围为开挖轮廓线外 3～4.5 m，底板以下 2 m，全断面注浆，其地层为粉质黏土层。

(3)注浆方式的选取没有很好的结合工程地质及水文地质条件、注浆方式的缺点、工期等方面进行综合比选。

例如：同样的为圆砾卵石层进行注浆加固，樊家村站～丰台站区间、丰台站～前泥洼站区间采用的是前进式注浆，而郭～大区间却采用的是袖阀管后退式注浆，丽～菜区间则采用的是 WSS 后退式注浆。

(4)注浆材料比较多，在设计中没有很好地结合注浆目的、注浆材料的性能及适用范围、工程地质及水文地质条件、经济性等方面对注浆材料进行综合比选。

2. 现场注浆施工管理不到位：

(1)止浆墙的施作不规范，在注浆过程中存在被压坏现象，影响注浆质量(图 7.2-14)。

图7.2-14　止浆墙施作不规范，掌子面出现外鼓、开裂及坍塌

(2)孔位定位及角度控制随意性很大，和设计孔位不相符，大多数工点都是凭感觉和经验进行施工，容易形成注浆盲区(图7.2-15)。

图7.2-15　孔位及角度控制随意性大(红圈位置为注浆孔位置)

(3)注浆压力控制不严，容易对周边环境和支护结构造成破坏。现场注浆压力控制不严主要体现在：

1)注浆压力过大引起路面开裂(图7.2-16)。

图7.2-16　注浆压力过大引起路面开裂

2)注浆过程中,压力表损坏而没有及时进行更换。

3)压力表量程不匹配。如图 7. 2-17 所示,现场使用的压力表最小刻度为 2. 5 MPa,而设计压力一般都不超过 2 MPa,压力表量程远远大于设计压力。

图 7. 2-17　压力表量程不匹配

4)注浆速度过快或管路堵塞,引起注浆压力增大(图 7. 2-18)。

图 7. 2-18　注浆速度过大或管路堵塞引起压力增大

5)压力表表面模糊不清,无法看清压力表数值(图 7. 2-19)。

(4)浆液配比控制不严。从现场巡视情况看,对水玻璃浓度的测定全凭感觉来判断。

(5)没有严格按照注浆结束标准进行控制。注浆结束标准一般都采用以注浆量为主,注浆压力为辅的双控指标进行控制。但在实际操作过程中,往往存在着个别孔严重超注的现象,造成浆液填充不均匀,如图 7. 2-20 所示,容易影响注浆整体效果。

(6)注浆完成后,没有严格按照设计要求进行注浆效果检查。注浆完成后,一

图 7.2-19　压力表表面模糊不清

图 7.2-20　浆液填充不均匀,浆液填充均匀

般设计要求通过无侧限抗压强度或渗透系数的测定对注浆效果进行检查,但现场施工单位大多利用洛阳铲在拱部和拱腰部位进行掏眼对前方地层注浆效果进行主观判断,个别单位甚至根本不探,直接进行开挖,挖开后发现注浆效果不好,封闭后再注,既耽误了时间,也造成了经济损失。

(7)目前深孔注浆基本都是外包,很多都是小包工队形式,不管是在人员配置方面,还是现场管理方面都有很大的欠缺,队伍不专业化。另外现在很多施工单位为防止外包队伍在注浆过程中偷工减料,根据注浆量对其进行结算,往往造成个别孔严重超注的现象,造成浆液填充不均匀,使得注浆缺乏系统性,影响整体注浆效果。

7.2.4　建议

1. 建立统一设计标准,使超前深孔预注浆设计标准化、规范化。具体建议如下:

(1)应用范围

注浆成本投入一般都比较大,因此在制定方案时,应充分考虑工程安全、造价和工期等方面的要求，本着“保证安全、经济合理、技术可行、工期兼顾”的原则进行。因此建议对以下地段，宜采用超前深孔预注浆：

1）隧道周边环境对变形控制要求（如特级风险工程及重要一级风险工程）较高，施工过程中可能出现突泥、涌水或坍塌风险的地段。若开挖面无水时，建议只对拱部进行注浆加固。

2）邻近或穿越河、湖等水体的隧道，在施工过程中可能出现突泥、涌水或坍塌风险的地段。

3）根据地层条件，如仰挖、平顶直墙及联络通道等施工风险比较大的地段。

4）受承压水影响且无降水的地段。

5）对于下半断面地层为粉细砂层的地段，当施工过程中受地下水影响较大时，在上半断面通过的情况下，建议采用洞内轻型井点降水，不建议采用超前深孔预注浆措施。

6）开挖面拱部及上半断面地层以中、粗砂层和砂卵石层为主，开挖面出现渗漏水且可能存在突泥、涌水或坍塌风险的地段。

7）下半断面或仰拱部位地层以中、粗砂层和砂卵石层为主，且采用洞内引排措施不能保证开挖面稳定的地段。

8）开挖面地层以黏土层为主，当采用洞内引排措施不能保证开挖面稳定时，应采用深孔注浆措施。

（2）注浆方式的选取

根据工程地质及水文地质条件，结合不同注浆方式各自优缺点及工期要求，对于能成孔并下管的粉质黏土、粉细砂等软弱地层，建议在有条件的情况下，尽量采用袖阀管后退式注浆；对于钻孔过程中，出现涌砂的地段（图 7.2-21），为防止水土大量流失，建议采用前进式分段注浆；对于其他成孔困难地段，建议采用 WSS 后退式分段注浆，但现场孔口止浆仍需改进。

图 7.2-21　某站钻孔出现涌砂

(3)注浆材料的选择

根据工程地质及水文地质条件,结合注浆目的、注浆材料性能及适用范围,并充分考虑经济性,提出建议如下:

1)注浆止水

地下水流速不大于 80~100 m/d 时,建议采用普通水泥-水玻璃双液浆或普通水泥单液浆;地下水流速大于 80~100 m/d 时,建议采用普通水泥-水玻璃双液浆。

2)地层加固

对于粉质黏土层及粉细砂层地层,建议采用改性水玻璃,其余地层建议采用普通水泥单液浆。

(4)注浆范围设计

结合北京地区前期超前深孔预注浆现场实施效果,在充分考虑工程造价及工期等因素的基础上,建议如下:

1)注浆段长度(每循环长度)

用于注浆止水的地段,建议每循环注浆长度设计值为 8~10 m,开挖 6~8 m,承压水地段取小值;以地层加固为目的的地段,建议每循环注浆长度为 10~12 m,开挖 8~10 m。

2)横向加固范围

注浆止水地段:对于无降水条件的承压水地段,建议进行全断面注浆,止水帷幕厚度为开挖轮廓线外 3 m;其他需进行超前深孔预注浆的地段,采取半断面配合洞内降水或引排措施,止水帷幕厚度为开挖轮廓线外 2 m。

地层加固地段:对于一般地段来说,建议只进行拱部注浆进行加固,加固范围为开挖轮廓线以外 1.5~2 m,开挖轮廓线以内 1 m;下穿特级风险源(如既有线)时,建议采取上断面注浆,加固范围为开挖轮廓线以外 2 m 及上半断面掌子面。

2. 现场注浆施工管理

(1)注浆前应采用 C20 喷射混凝土在开挖面进行挂网施工,施作止浆墙,以防止注浆过程中出现漏浆或开挖面垮塌现象。止浆墙厚度一般为 50 cm,如有必要,在喷射混凝土时,增加横向工字钢,以增强止浆墙的强度。

(2)钻孔前,应严格按照设计位置进行注浆孔定位,并用罗盘进行角度定位。在钻孔过程中,还应定时进行角度校正。若现场钻孔孔位因为客观条件限制不能满足设计要求,应进行移位并重新确定角度,必要时应进行补孔。

(3)严格按设计要求进行注浆压力控制。

1)注浆过程中,应及时更换损坏的压力表。

2)现场选用的压力表量程不宜超过设计压力的 3 倍。

3)应控制注浆速度,防止因注浆速度过快,引起注浆压力虚高。

4)注浆过程中,还应加强对周边建(构)筑物和开挖面附近初支结构的监测和巡视，防止注浆压力过大造成周边建(构)筑物破坏和初支结构失稳。

5)注浆过程中，若发现注浆压力上升过快或突然上升，应检查管路是否堵塞，若堵塞应立即进行疏通。

(4)注浆结束标准应严格按照定量—定压相结合原则进行，即前序孔达到设计单孔单段注浆量1.2~1.5倍，后序孔应达到设计终压，注浆速度小于10 L/min。若注浆过程中，地层吸浆量很大，注浆压力长时间不上升，可通过调换浆液、调整浆液配比，缩短浆液凝胶时间的方式，进行大泵量、低压力注浆，使浆液在地层裂隙中有相对停留的时间，以便凝胶，达到控域注浆目的。

(5)注浆时，现场必须要有专业技术人员进行跟班指导，对注浆过程中的异常现象应及时进行处理，并对注浆过程进行详细记录。

(6)注浆完成后，必须进行注浆效果检查，现场监理工程师应旁站。根据现有注浆效果检查手段，建议在开挖前首先采用 P-Q-t 曲线法，通过对注浆施工中所记录的注浆压力 P、注浆量 Q 及注浆时间 t 进行分析，找出注浆施工的薄弱区域，并通过钻孔取芯法对注浆薄弱区域和拱部、拱腰的位置进行效果检查，只有达到要求后，才能进行开挖。对于检查不合格区域应进行补注浆，直到达到要求为止。

在隧道开挖过程中，监理单位应每隔2 m组织第三方监测、设计、施工单位对开挖面注浆效果进行一次评价。在各方对注浆效果都认可的情况下，才能继续向前开挖。否则应立即封闭开挖面，进行下一循环注浆。

(7)注浆队伍的管理。

1)注浆队伍的选择应注重前期业绩，选择专业化程度高的注浆队伍；

2)注浆队伍组建时，必须要配齐相关专业技术干部与骨干人员。要求注浆队伍要有技术干部现场值班，并根据现场情况及时进行注浆参数调整，对注浆施工每孔注浆参数进行统计。

7.3　北京地铁盾构区间废水泵房技术研究

7.3.1　引言

盾构区间废水泵房是地铁排水系统的一部分。根据排水类型，泵房可分为雨水泵房、污水泵房和废水泵房，广泛设置于车站、区间、隧道洞口及其他有排水需求的部位。由于区间废水泵房尤其是盾构区间废水泵房多位于线路最低点，进入承压水层，周边又无地面降水配合作业，地下水处理难度很大，涌水涌砂风险很高，6号线某区间曾经发生过涌水涌砂事故，7号线某区间泵房反复注浆，多次调整设计尺寸，严重干扰了工期。为此本文梳理了北京东部地区6号线一期、6号线二期、7号线13个废水泵房，简要总结设计施工中遇到的问题，希望能够在后续泵房施工中有所启发。

7.3.2　数据统计与分析

1. 泵房结构设计(表 7.3-1)

表 7.3-1　各工点泵房尺寸表

线路	工点	泵房开挖尺寸(长×宽×深)	泵房结构尺寸(长×宽×深)	有效容积/m^3
6 号线一期	甜~十区间	4.3×3.5×4.12	3.2×2.4×3.5	26.88
	十~青区间	4.3×3.5×4.12	3.2×2.4×3.5	26.88
	青~褡区间	4.3×3.5×4.12	3.2×2.4×3.5	26.88
	黄~常区间	4.3×3.26×4.11	3.2×2.1×3.5	23.52
	南~东区间(外挂)	—	—	—
	南~东区间(3 号)	3.5×3.3×5.5	2.4×2.2×4.5	23.76
6 号线二期	起物区间(外挂)	—	—	—
	物~北区间	5.1×4.0×4.12	3.5×2.4×3.5	29.4
	东~东区间	4.8×3.5×4.45	4.0×2.1×3.75	
	玉~郝区间	6.8×3.5×3.67	5.5×2.2×2.9	35.09
7 号线	广~广区间	4.3×3.6×4.57	3.2×2.2×3.8	26.75
	化~南区间	5.3×3.4×4.45	4.0×2.1×3.75	31.5
	南~欢区间	4.3×3.9×4.45	3.0×2.6×3.75	29.25

其中初支结构厚度基本为 250 mm,二衬厚度大部分 400 mm,个别为 300 mm。

从表 7.3-1 中可以看出,各区间联络通道兼泵房结构中,泵房宽度与联络通道宽度相近,一般控制在 2.0~2.5 m,深度一般控制在 3.5~4.0 m 之间,泵房有效容积在 20~25 m^3 范围内的工点占 20%,有效容积在 26~30 m^3 范围内的工点占 60%;有效容积在 31~35 m^3 范围的工点占 10%,有效容积大于 35 m^3 的工点占 10%,泵房有效容积集中在 26~30 m^3 范围内(图 7.3-1)。

2. 泵房止水加固方案

(1)地面降水

主要是以常用的地面管井降水为主,洞内深孔注浆加固为辅的加固方案。降水井应沿暗挖联络通道周边封闭式布置,疏干暗挖联络通道及泵房施工范围内潜水含水层,降低承压水层水位。

降水施工应提前筹划,预留足够降水周期,保证降水效果。具体实施过程中,降水井中心距隧道结构外皮一般按≥2.80 m 控制,相邻降水井间距离≤6.0 m;成井方法可采用反循环钻机成孔,人工开挖探孔,当确认地下无各种管线后方可施工。降水井内充填滤料按 2 种粒料,外层滤料为引渗砂井核心粒料,应具有一定的

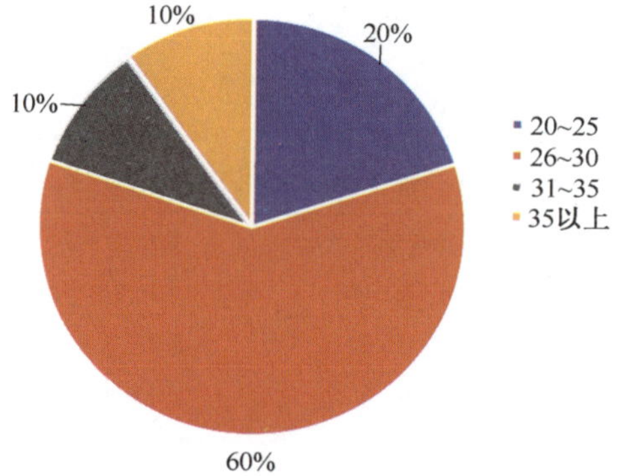

图 7.3-1 泵房有效容积范围所占比例

磨圆度，滤料含泥量（包括含石粉）≤3%，砾料砾径 2~4 mm，中心部位填充天然级配砾石，砾径≤100 mm，含泥量≤5%。要求实际填料量不小于 95% 理论计算量。

地面降水井处理地下水稳定可靠，效果直观，对地质情况一般，地下水补给不是特别丰富地区，配合联络通道进洞阶段深孔注浆措施，基本能够保证施工安全，但降水井施工要求地面占地，对复杂地面交通环境，必须实施交通倒改，外部协调难度较大，周期长。

（2）洞内深孔注浆

当地面不具备设置降水井条件或仅能布置少数几个降水井时，可采用以洞内深孔注浆为主的止水方案。

深孔注浆应分为两个阶段，第一阶段主要是联络通道及泵房施工前对结构初支和隧道周围 3.5 m 或 3 m 范围内的地层进行加固（图 7.3-2）。

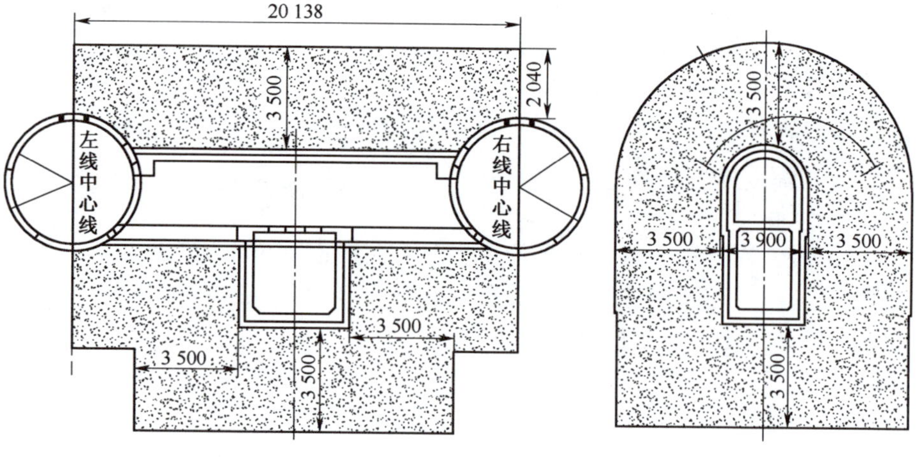

图 7.3-2 某区间泵房设计加固范围（单位：mm）

注浆施工(图 7. 3-3)从左右隧道内对称进行,左右隧道分别进行钻孔,钻孔孔径一般为 80 mm。在螺栓口、注浆口及管片相交处可适当调整钻孔位置。钻孔位置错开进行,钻孔深度应要满足加固范围要求。

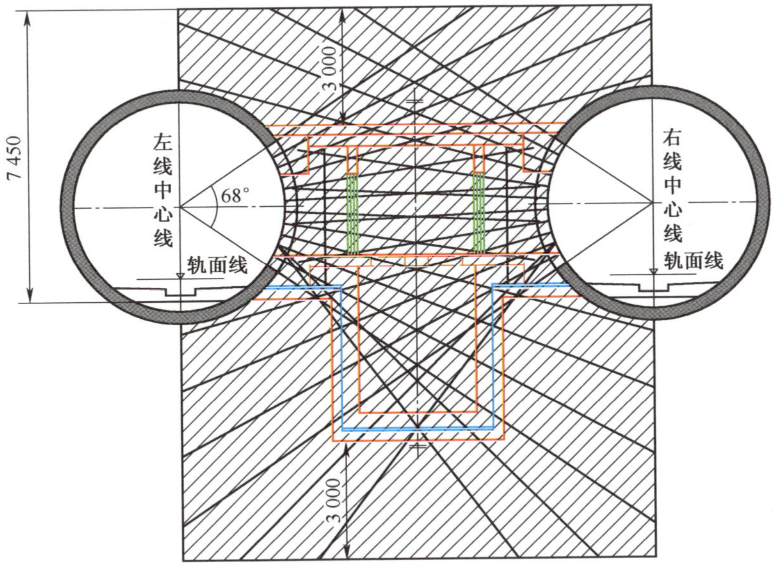

图 7. 3-3　某区间泵房注浆示意图(单位:mm)

第二阶段为竖向二次补充注浆,以防止注浆盲区等地下水头对泵房的施工产生不利影响,注浆时采用前进式注浆;防止地下水压过大通过注浆孔产生涌水,注浆施工的同时可以探明地下水压的大小。

注浆工艺方面,基本以二重管钻机后退式注浆为主,个别工点采用了前进式,黄常区间采用了旋喷桩加固的方式(表 7. 3-2、图 7. 3-4)。

表 7. 3-2　各工点注浆工艺、注浆浆液表

线路	工点	注浆工艺	注浆浆液
6 号线一期	甜～十区间	二重管钻机注浆	水泥-水玻璃双液浆
	十～青区间	二重管钻机注浆	水泥-水玻璃双液浆
	青～褡区间	二重管钻机注浆	水泥-水玻璃双液浆
	黄～常区间	高压旋喷	纯水泥浆液
	南～东区间(外挂)	前进式注浆	水泥-水玻璃双液浆
	南～东区间(3 号)	前进式注浆	水泥-水玻璃双液浆
7 号线	广～广区间	二重管钻机注浆	改型水玻璃
	化～南区间	二重管钻机注浆	改型水玻璃
	南～欢区间	二重管钻机注浆	水泥-水玻璃双液浆

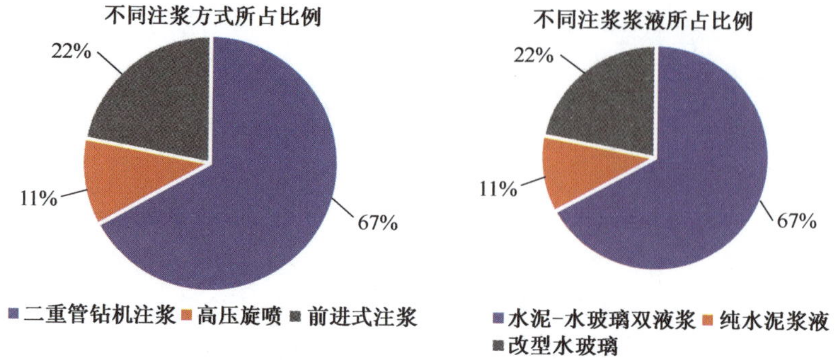

图 7.3-4　不同注浆方式及浆液所占百分比

(3)冻结法

即在隧道内采用冻结法加固地层,使连接联络通道外围土体冻结,形成强度高,封闭性好的冻结壁,然后在冻结壁中采用矿山法进行通道及集水井的开挖构筑施工。用冻结法加固地层的突出优点是:冻结壁均匀性好且与隧道管片结合严密,加固与封水效果良好,施工安全可靠。为了控制土层冻融引起的地层变形,需要在冻结加固区融冻过程中进行跟踪注浆。

冻结法施工可分为冻结孔施工、冻结施工和开挖构筑施工三个主要部分,主体结构完成后,还要及时地进行壁后充填和融沉控制的注浆工作。施工流程为:冻结施工准备—冻结孔施工—冻结制冷系统安装—积极冻结和维护冻结。

某区间冻结法设计有效冻结帷幕厚度 2.0 m,冻结帷幕平均温度≤-10 ℃;取冻土单轴抗压强度为 3.6 MPa,弯拉强度为 1.8 MPa,抗剪强度为 1.5 MPa(-10 ℃)。主要冻结施工参数见表 7.3-3:

表 7.3-3　冻结法施工参数表

序号	参数名称	单位	数量	备　　注
1	冻土墙设计厚度	m	2	
2	冻土墙平均温度	℃	-10	冻结壁与管片交界面≤-5 ℃
3	积极冻结时间	天	45~50	
4	冻结孔个数	个	72	
5	冻结孔允许偏斜	mm	150	
6	冻结孔开孔误差	mm	≤100	
7	最低盐水温度	℃	-30~-28	冻结 7 天盐水温度达-18℃以下
8	单孔盐水流量	m^3/h	5~7	
9	冻结管规格	mm	ϕ89×8 ϕ108×8	低碳钢无缝钢管

续上表

序号	参数名称	单位	数量	备　注
10	测温孔	个	8	ϕ32×3 钢管
11	卸压孔个数	个	4	
12	冻结管总长度	m	669.8	

(4)不同加固方案所占比重

不同止水加固方法所占百分比如图7.3-5所示：

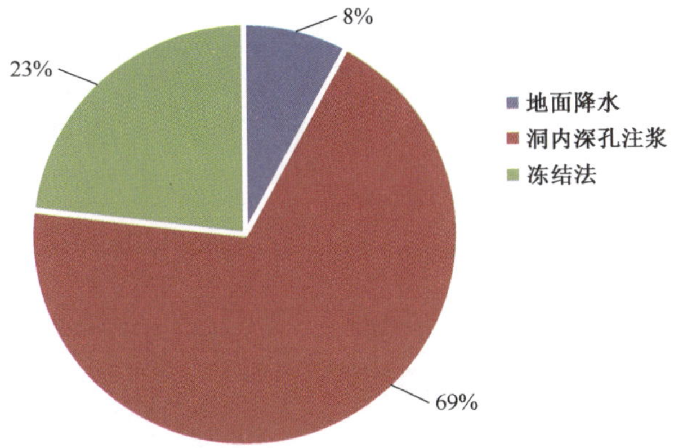

图7.3-5　加固方法所占百分比重

7.3.3　施工中存在的问题及风险处理

1. 单纯依靠洞内深孔注浆，止水效果差(图7.3-6)。

图7.3-6　某区间泵房竖向注浆隆起

2. 渗漏水及注浆加固效果不佳，造成涌水涌砂事故：

12个联络通道兼泵房施工过程，总体较为顺利，其中6号线一期A区间出现涌水涌砂事故，7号线B区间出现泵房涌水事故。

A 区间:由于区间泵房位于承压水(三)中,承压水头较高,地层交错变化复杂,施工前采取 4 口降水井降水,未能有效降低承压水位,施工开挖地层仍为存在富水地层。地层加固主要是联络通道道内的水平高压旋喷注浆,由于地层中存在粉细砂层,造成地层固结强度有限,且存在加固盲区,因此开挖过程中遇到薄弱点即出现了情况严重的涌泥(涌砂)现象,大量泥沙灌入成型隧道内(图 7. 3-7~图 7. 3-10)。

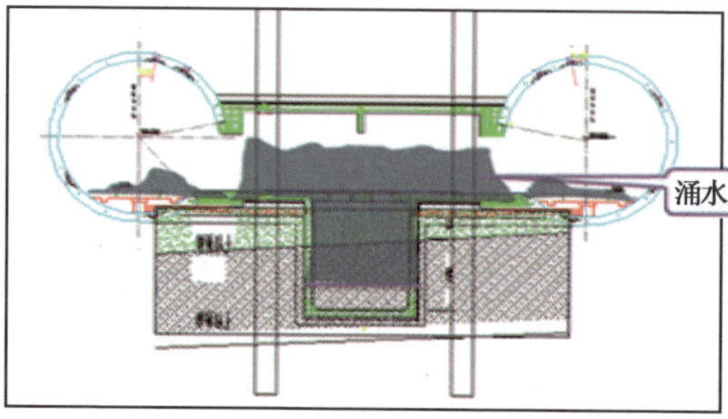

图 7. 3-7　涌水涌砂示意图

图 7. 3-8　涌水涌砂后区间正线

图 7. 3-9　联络通道涌砂情况

图 7. 3-10　涌水涌砂进入联络通道情况

7.4　北京地铁洞桩法施工关键技术研究

7. 4. 1　引言

洞桩法技术首次在北京地铁复八线暗挖地铁车站工程中得到成功应用。由于洞桩法施工方式灵活,基本不受结构层数、跨数的影响,且对周边环境具有良好的适应能力,特别适合于复杂环境下暗挖地铁车站的施工,因而在后续的北京地铁 4、10 号线施工中得到大量推广,在现阶段的北京地铁 6、7 号线暗挖地铁车站施工过程中,洞桩法技术得到普遍应用,在 6、7 号线所有的暗挖车站中均涉及洞桩法,目前已成为北京地区暗挖车站的一种主流工法。

由于洞桩法的设计及施工方面的系统研究仍然滞后，缺少统一标准；且洞桩法施工技术难度大，在施工中结构受力不明确，受力转换复杂，而结构设计多采用工程类比法，小导洞、初期支护以及边桩、钢管柱等结构参数设计一般根据以往经验进行选取，导致不同洞桩法车站修建过程中参数存在差异明显的情况；为此本文梳理了 6 号线一期及 7 号线洞桩法施工工点信息，简要总结洞桩法施工中的关键技术控制要点，希望能够对后续洞桩法车站施工中有所启发。

7.4.2　工法概述

国内地铁车站暗挖的历史较短，但由于暗挖法施工具有占地小、拆迁量小、不影响城市交通、不扰民、不污染城市环境，且对地层有较强适应性和高度灵活性，能够适合于各种尺寸与断面形式等优点，现已广泛应用于城市地铁车站施工。近期修建的北京地铁 6 号线一期及 7 号线采用暗挖法修建的地铁车站占比将近达到一半。随着社会的进步、人们环保意识的增强以及暗挖技术的进一步提高，采用暗挖法修建城市地铁车站必将越来越广泛。

1. 暗挖法车站特点及难点

(1) 暗挖法修建地铁车站的特点

1) 工程施工环境复杂

暗挖地铁车站一般都设置在城市中心城区交的叉路口，车流量大，交通繁忙，地下管线纵横交错且周边高楼林立，环境非常复杂。

2) 地铁车站通常跨度大、埋深浅

在软弱地层条件下修建浅埋、大跨、动载暗挖大型地下工程，施工条件困难，施工难度大。

3) 施工场地狭窄，场地布置困难

城市中心区地铁施工，在减少对路面交通等周边环境影响的前提下，施工场地布置存在很大的局限性，如何在有限的施工场地内满足现场施工要求，是需要研究解决的一个难题。

4) 车站高度通常较大，边墙所受侧压力大。

5) 地质条件多变，地层不均匀、不连续，多有地下水发育。

(2) 暗挖法修建地铁车站的难点

1) 很多城市地处河流冲击形成的平原上，地质软弱富水。浅埋大跨隧道要穿越淤泥层和含水砂层，必须采用人工降水措施，以创造无水作业条件，还要解决好人工降水以后车站的所存残留水，处理好地下水既是工程施工的重点，也是工程施工的一大难点。

2) 大部分在城市干道下或建筑物下修建，且穿越河流、铁路及各种地下管线等，因而确保地面不发生沉降和坍塌，确保建筑物、道路、铁路、河流及地下管线等的安全是工程施工的一大难点。

3)车站规模大,多为双层,每座车站建筑面积达 10 000 m^2 左右,且暗挖车站附属工程量大,风道长,断面大,确保结构自身施工安全是一大难点。

4)确保地铁车站结构防水质量,符合规范要求,做到不渗漏,既是工程质量重点,也是施工难点。

5)施工场地狭窄,场地布置困难。且施工工序多,工作面多,相互干扰大,施工组织困难。

2. 暗挖法车站施工对比

目前国内暗挖地铁车站主要施工方法有洞桩法、中洞法、侧洞法、柱洞法及双侧壁导坑法等(表 7. 4-1、表 7. 4-2)。

表 7. 4-1　暗挖地铁车站主要施工方法特点分析

工法	主要特点
洞桩法	①利用小导洞施作桩梁形成主要受力结构,在暗挖顶拱保护下进行内部开挖; ②可同步进行导坑施工; ③断面利用率高,临时支撑少,废弃工程量小,造价相对较低,工期较短,施工速度较快,较为安全; ④后期土方开挖空间大,可采用机械进行开挖; ⑤不受结构跨度和层数限制
中洞法	①中洞先施工,建立起梁、柱支撑体系,然后施作侧洞; ②分块多,工序多,对地层扰动较大; ③废弃工程量大,造价较高,施工场地小,多次转换,工期较长
侧洞法	①先进行侧洞施工,然后施作中洞; ②分块多,工序多,对地层扰动较大; ③废弃工程量大,造价较高,施工场地小,多次转换,工期较长
柱洞法	①先开挖四个导洞,建立起中洞的梁、柱支撑体系,然后施作侧洞; ②工序多、工艺复杂、资金投入多、工期长; ③柱子施工存在复杂的平衡和力转换问题; ④柱洞施工跨度小,沉降量小
双侧壁导坑法	①通过架设临时钢支撑将隧道大断面分割成若干封闭小断面进行施工; ②各分块开挖后各自闭合,结构简单,对地层扰动小,控制偏压变形能力强; ③导坑施工空间相对狭小,不利于机械快速作业,临时支护拆除量大,施工速度慢,成本高

表 7. 4-2　施工技术对比表

施工技术	双侧壁导坑法	侧洞法	中洞法	洞桩法	柱洞法
作业环境	较差	差	差	导洞内环境差	差

续上表

施工技术	双侧壁导坑法	侧洞法	中洞法	洞桩法	柱洞法
工程进度	较慢	较慢	工序转换次数多,进度慢	较快	介于中洞法与侧洞法间
防水效果	较差	较差	顶部较好,底板、侧墙差	较好	差
造价	较低	高	较高	较低	较低
地面沉降	较大	较大	较小	较小	较小
优点	导洞断面可以不规则	施工安全度较高	无须体系转换,较安全可靠,地面沉降可控	施工安全,沉降控制好,后续土方开挖空间大,利于机械化施工	施工安全度较高,废弃工程量少
缺点	对初支及时封闭、质量要求高,支护拆除困难	中洞上方土体多次受扰动,钢格栅连接难度大	工序繁多,临时支撑拆除量大	导洞空间小,扣拱施工难度大,会发生群洞效应,施工缝多	开挖工序多,受力次数转换多,废气量略大

洞桩法相比于浅埋暗挖法的其他工法比如中洞法、侧洞法、柱洞法等,主要的优势是地表沉降控制效果比较显著,其次断面利用率高、临时支撑少、施工作业面大、后期土方利于机械化开挖,施工速度快,尤其适合浅埋、软弱地层的暗挖地铁车站施工,随着城市地铁的日益兴起相信工法将有越来越广阔的应用前景。

7.4.3　洞桩法施工优缺点

洞桩法(PBA 法)是在浅埋暗挖法的基础上,结合了盖挖法的理念发展起来的,其物理意义是:P—桩(pile)、B—梁(beam)、A—拱(arc),即由边桩、中桩(柱)、顶底梁、顶拱共同构成初期受力体系,承受施工过程的荷载。其核心思想在于“化大为小,独立成洞;先分散,后整体;暗做围护结构,明做整体结构”。该工法灵活多变,适应性较强。首先设法形成由侧壁支撑结构和拱部初期支护组成的整体支护体系,代替传统的预支护和初期支护结构,以保证在进行洞室主体部分开挖时具有足够的安全度,并有效地控制地层沉降。其利用预先开挖的两侧小导洞空间,施作侧壁支撑结构(钻孔灌注桩或人工挖孔灌注桩加桩顶冠梁)和主洞的拱脚,再进行主洞的扣拱施工,最后在侧壁支撑结构和主洞拱顶初期支护构成的整体支护体系形成后,采用大型机械进行全断面开挖洞室的主体部分。小导洞施工有利于洞室的自稳,对地层的扰动小,引起的地表沉降较小;侧壁支撑结构强度高、稳定性好,可以作为施工止水帷幕,最终作为永久结构的一部分。

1. 洞桩法的优点

(1)桩、梁、拱、柱先期形成,首先形成了主受力的空间框架体系,后面的开挖都是在顶盖的保护下进行,施工安全且后期土方开挖施工空间开阔,可采用机械开挖,作业效率高,整体施工速度快,精度高,施工中也便于地下水的处理。

(2)施工化大为小,独立成洞,支撑体系成型后进行后期土方施工,有利于变形控制,对周边环境影响小,适用于复杂条件下大跨暗挖车站施工。

(3)洞桩法施工灵活,施工基本不受层数、跨数的影响,底部承载结构可根据地层条件做成底纵梁(条基)或桩基。

(4)小导洞施工技术成熟、安全可靠,由于各导洞间具有一定距离,故可同步进行导洞施工,施工干扰小,各导洞内的柱、纵梁也可同时作业。

(5)直墙式结构内有效净空大,节省了曲墙及仰拱结构工程投入。

(6)结构二次衬砌分段浇筑,工序简单,作业面宽敞,能较好地保证防水层及二次衬砌混凝土的浇筑质量。

2. 洞桩法的缺点

(1) 施工工艺复杂,施工难度大(特别是洞内进行钻孔灌注桩施工难度较大,泥浆排泄比较难),结构力系转换频繁,给设计和施工都增加了不小的难度。

(2)洞桩法因需在两侧施作灌注桩而提高了造价,且在一个十分狭窄的小导洞内完成一系列的钢筋、立模、浇筑、吊装等操作,作业环境较差。

(3)扣拱施工作业困难,拱架节点不易连接,受力较差。

(4)拆除的临时结构体量大。

(5)结构施工缝较多,防水及施工缝处理要求高,处理不当易形成渗漏。

(6)施工工序多,工作面多,相互干扰大,施工组织困难。

7.4.4 洞桩法施工关键技术

1. 施工竖井及横通道施工

(1)施工竖井及横通道设置形式

洞桩法暗挖车站竖井及横通道的作用主要是为后续导洞开挖、主体土方开挖及结构施工提供出土、进料的作业面和运输通道。目前洞桩法暗挖地铁车站施工竖井的设置主要有两种形式:1)施工竖井设置在车站一侧,目前采用最为普遍的一种形式;2)施工竖井设置在车站导洞正上方,此种情况,在施工过程中因涉及到在井壁四周均需开设马头门,结构受力转换非常复杂,施工竖井井壁稳定性面临较大风险,一般仅在场地条件受限的条件下使用。

(2)竖井施工

1)施工流程

施工竖井一般都采用倒挂井壁法进行施工,其流程如图 7.4-1 所示:

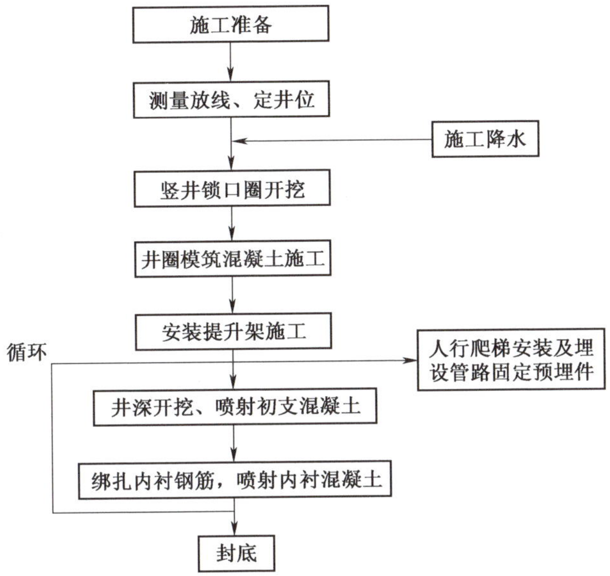

图 7.4-1　竖井施工工艺流程

2)锁口圈施工

根据设计位置进行测量放线,定出锁口圈的各个角点及开挖轮廓线。采用人工"十"字探槽法开挖管线探沟,探沟必须开挖至原状土或者该场区周边已知埋深最深管线的管底标高,只有确认竖井范围内没有其他管线时才可以人工配合挖掘机械进行开挖,同时人工对井壁进行修整,以保证竖井断面尺寸符合设计要求,土方开挖完成后进行钢筋绑扎、预埋件埋设、支模及混凝土浇筑,防护栏安装。

3)竖井井身开挖及支护

在提升架安设完成及降水满足开挖要求后,进行竖井井身开挖及支护。竖井采用人工开挖,抓斗提升出渣;开挖进尺同钢格栅间距。竖井开挖支护遵循"垂直分层、环向分部开挖,随开挖随支护,及时封闭成环"原则。待每环封闭成环且喷射混凝土后,再进行下一循环开挖。

竖井初期支护结构体系由钢格栅+连接钢筋+双层钢筋网+喷射混凝土+型钢支撑。竖井开挖过程中如遇砂层无法满足结构安全时打设超前小导管,并进行注浆加固。

为了保证后续横通道马头门施工安全,对于竖井井壁一面开设马头门的情况下,应在竖井开挖至横通道上方拱顶位置上方时,对竖井格栅进行加强,一般为三榀格栅密排,如图 7.4-2 所示,并加密马头门两侧的竖向连接筋或在竖井格栅钢架之间设置竖向暗梁,增强洞门上方的水平及两侧竖向约束力。

对于施工竖井设置于车站小导洞上方时,因存在着竖井井壁四面开洞的问题,受力转换复杂，施工风险非常大。在竖井开挖至横通道拱顶位置上方时，应架设环形门框梁，门框梁采用I22a双拼工字钢进行整体加固，并加密马头门两侧的竖向连接筋或在竖井格栅钢架之间设置竖向暗梁，增强洞门上方的水平及两侧竖向约束力。

在地层比较差的地段，根据需要可考虑在竖井内施作内衬，内衬可采用钢筋喷射混凝土结构，网喷C20混凝土厚度为300 mm，保护层厚度外侧30 mm，内侧20 mm；内衬结构在小导洞及横通道部位进行洞口预留，预留处设置加强圈梁，并使其与竖井内衬形成整体。在进行横通道马头门施工时，原竖井格栅钢架支护体系破坏，马头门处受力将发生变化，而新增加的加强环梁会抵抗其新的应力，能够规避施工竖井开设马头门施工过程中产生的安全隐患。

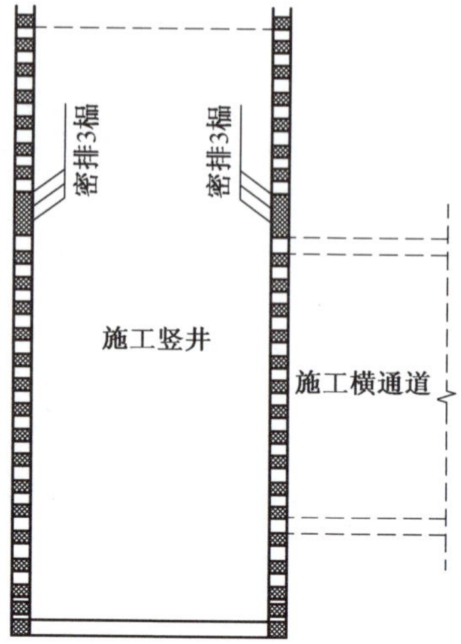

图7.4-2　竖井井壁加强技术措施（一侧开洞）

4）竖井封底

封底采用钢格栅+连接筋+钢筋网+喷混凝土，厚度一般至少为30 cm。竖井开挖至设计标高后，先喷一层混凝土垫层，再架设钢格栅，钢筋网片仅迎土面设置，然后喷射混凝土。如果有渗漏水时可根据现场实际情况分块、分侧施工（图7.4-3）。

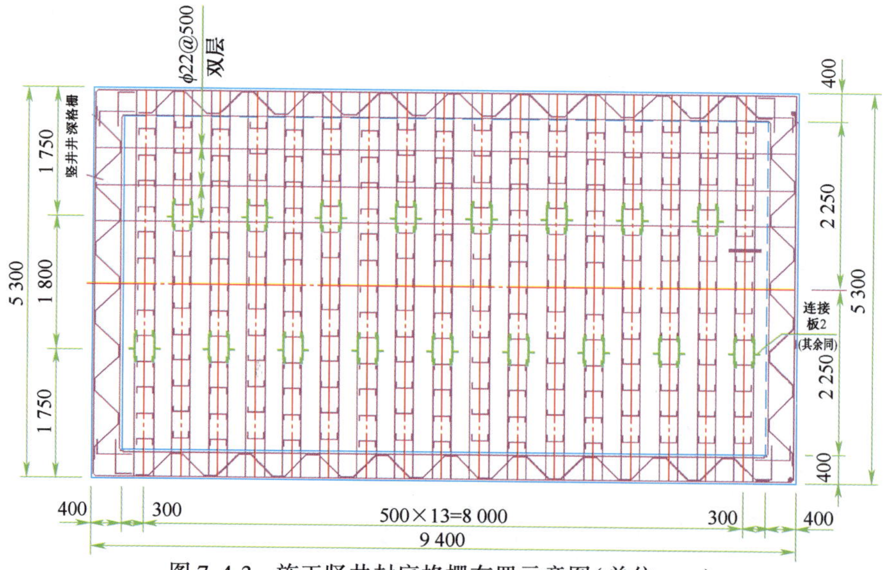

图7.4-3　施工竖井封底格栅布置示意图（单位：mm）

(3)施工横通道施工

1)施工横通道马头门施工

马头门处竖井井壁破除必须根据横通道开挖分部,分部破除和挂设洞门,严禁大面积破除。

①打设超前管棚及超前小导管并注浆加固拱部土体,当地层较差时,可采用超前管棚配合超前小导管进行超前支护。

②按照横通道拱部初期支护内外轮廓线,破除井壁喷射混凝土,破除范围以具备架设横通道格栅钢架所需操作空间即可。混凝土破除时,迎土面应留设一层混凝土(3~5 cm),保护掌子面土体不发生坍塌。中部留一定范围的混凝土不破除,以保证开挖时掌子面的稳定。架拱范围内的混凝土破除完毕后再割除原有格栅钢架。架立横通道首榀格栅钢架,通过L型钢筋将竖井井壁初支钢筋与横通道格栅钢筋焊接牢固以后挂钢筋网喷射混凝土封闭。

③破除第一层竖井井壁喷射混凝土,进行上半断面隧道施工,靠近井壁需连立3榀横通道格栅钢架,如横通道断面高度较大,在第一层隧道进尺3~5 m后加设临时仰拱或临时横撑。

④在上半断面隧道进尺5 m后,临时封闭掌子面,开始破除第二层洞门并施作第二层隧道,后续施工同上。

2)横通道施工

横通道各层导洞采用上下台阶法进行开挖,第一层导洞预留核心土。施工中必须严格遵循"管超前,严注浆,短开挖,强支护,早封闭,勤量测"的原则。其施工流程:超前支护—土方开挖—拱架架设—打设锁脚锚杆—喷射混凝土封闭成环—回填注浆。

(4)导洞施工技术

国内外工程实践表明,对未衬砌隧道,当两隧道的中心线距为$5D$(D为隧道宽度)时,可不考虑相互作用;但中心线距$\leqslant 3D$时,则必须考虑其相互作用。显然,若两平行隧道间距小,则两隧道同时开挖对地层的扰动要大于单一隧道的开挖,其结果会造成地层的突然松弛,出现大的和持续不断的变形。对地表沉降而言,两隧道的相互作用会使地表沉降有叠加作用。

洞桩法施工,需从临时横通道进入车站主体后进行小导洞(群洞)开挖,小导洞大多分两层且上下对应,导洞水平间距一般为3.35~4.05 m,垂直高差7.3~8.46 m。小导洞数量多、距离近,相互之间影响明显,开挖过程中相互影响较大,施工处理不当会造成地表沉降过大,严重影响周边环境。因此在施工过程中,应减小导洞开挖过程中的相互影响,合理确定导洞开挖方法及开挖顺序、开挖间距,控制群洞效应所引起的地面沉降,确保地下管线和周边环境安全稳定,是洞桩法施工中的重点。

1）马头门施工

小导洞马头门施工必须按导洞施工顺序及工序分次、分步、分段进行。

①施工顺序：小导洞马头门施工顺序同小导洞施工顺序，为了减小群洞效应，一般都采取先边后中，错洞开挖，横通道一侧导洞开挖长度不小于 15 m 后，方可进行对侧导洞施工。小导洞开挖顺序如图 7.4-4 所示。

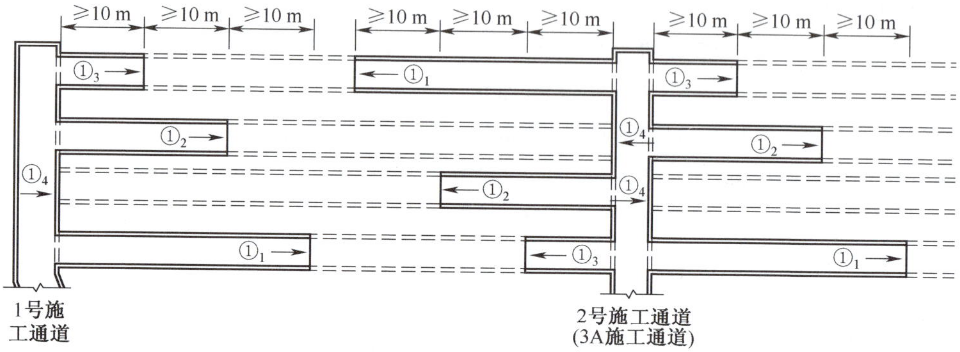

图 7.4-4　导洞开挖顺序示意图（8 导洞）

②在马头门施工前应施作加强梁，以便完成马头门破除时接口部位的受力转换，现阶段加强梁常见的有两种形式，一种是贴口梁，一种是门形框架，从受力转换来看，贴口梁更加稳妥，从现场施工来看，采用门形框架的比较多，施做起来比较简便（图 7.4-5）。

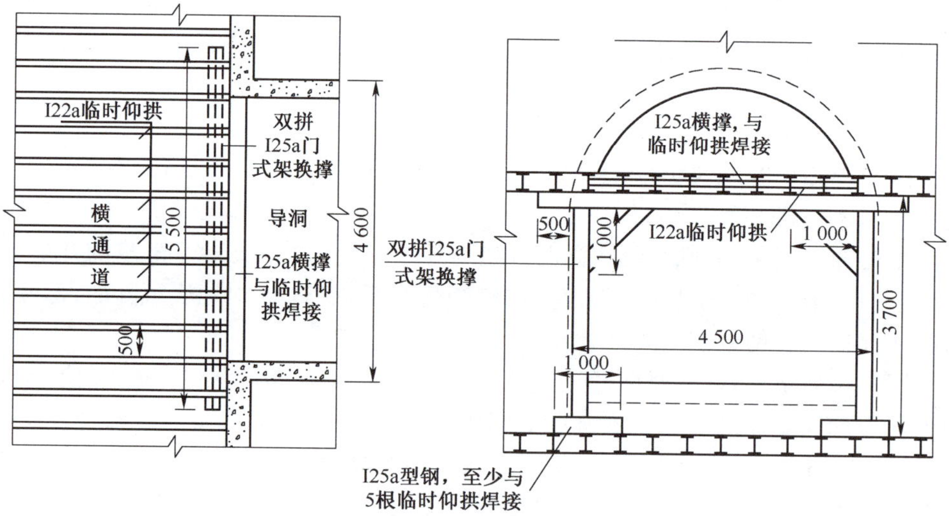

图 7.4-5　横通道内门型框架示意图（单位：mm）

③沿开挖轮廓线拱部打设超前小导管并注浆加固拱部土体，当地层较差时，可采用超前管棚配合超前小导管进行超前支护。

④按照横通道拱部初期支护内外轮廓线，破除井壁喷射混凝土，破除范围以具备架设横通道格栅钢架所需操作空间即可。混凝土破除时，迎土面应留设一层混凝土（3~5 cm），保护掌子面土体不发生坍塌。中部留一定范围的混凝土不破除，以保证开挖时掌子面的稳定。架拱范围内的混凝土破除完毕后再割除原有格栅钢架。架立横通道首榀格栅钢架，通过 L 型钢筋将竖井井壁初支钢筋与横通道格栅钢筋焊接牢固以后挂钢筋网喷射混凝土封闭。

⑤破除第一层竖井井壁喷射混凝土，进行上半断面隧道施工，靠近井壁需连立 3 榀横通道格栅钢架，如横通道断面高度较大，在第一层隧道进尺 3~5 m 后加设临时仰拱或临时横撑。

⑥在上半断面隧道进尺 5 m 后，临时封闭掌子面，开始破除第二层洞门并施作第二层隧道，后续施工同上。

2. 导洞施工

导洞一般采用台阶法、预留核心土施工，上下台阶每次开挖进尺控制在一榀格栅宽度，台阶长度一般为 1~1.5 *d*，以 3~5 m 为宜，施工中根据监测量测数据情况，适当调整施工步距，当隧道围岩自稳能力较差时，应尽可能缩短开挖台阶长度，尽快使初期支护闭合。每次开挖及时安设格栅、挂网、锁脚锚杆、喷射混凝土支护。初期支护采用挂网喷射混凝土+钢拱架+纵向边接筋联合支护。施工时应严格遵循“管超前、严注浆、短开挖、强支护、快封闭，勤量测”十八字方针（图 7.4-6）。

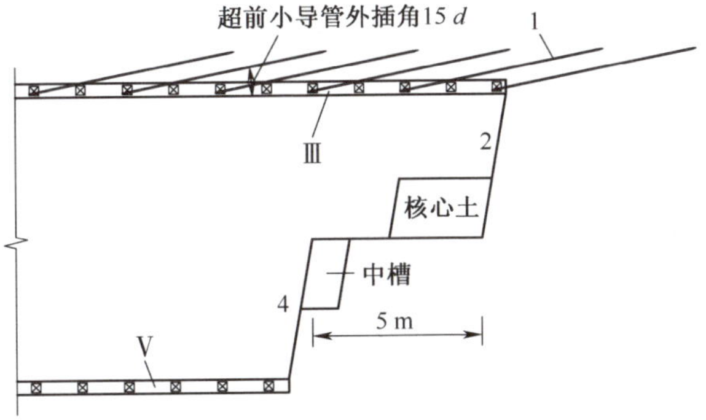

图 7.4-6　导洞开挖工序示意图

导洞开挖采取“先上后下、先边后中、错洞开挖”的原则进行，能有效减小塑性区的范围，减小地表沉降、拱顶下沉、水平收敛等地层和支护结构变形，对降低群洞施工影响效应是有利的。

在导洞支护完成后，应及时进行回填注浆，以减小地层损失引起的地表沉降。在拱顶垂直于拱部切线方向预埋 ϕ32 mm×3.25 mm 回填注浆管，L=0.5 m，每 3 m 布设一组，每组两根，封闭成环 3~5 m 回填注浆一次（注纯水泥浆）。对发生坍塌的地方，由前往后（即管头指向里程小的方向）埋设 2~3 根

$\phi 50$ 回填注浆管,注水泥砂浆回填密实,同时预埋 $\phi 32$ 排气管一根(注意:排气管管头应高于回填注浆管管头,且距离坍塌拱顶土体距离不大于 0.5 m),长度根据现场实际情况确定。

3. 洞内围护桩施工

洞桩法围护桩成孔方式主要有人工挖孔和机械成孔两种方式,在早期复八线的东单站和王府井站中都采用了钻孔灌注桩,在天安门西站中则采用了人工挖孔灌注桩,而在后续的10号线中又大多采用了钻孔灌注桩,但因在圆砾卵石层中施作钻孔灌注桩比较困难且导洞内泥浆排出困难,而在近期修建的6、7号线又全部改用了钻孔灌注桩。

围护桩施工一般都采取分批跳孔施作,施工净距不得小于5.0 m,其挖孔的顺序一般为隔二挖一,如图7.4-7所示。

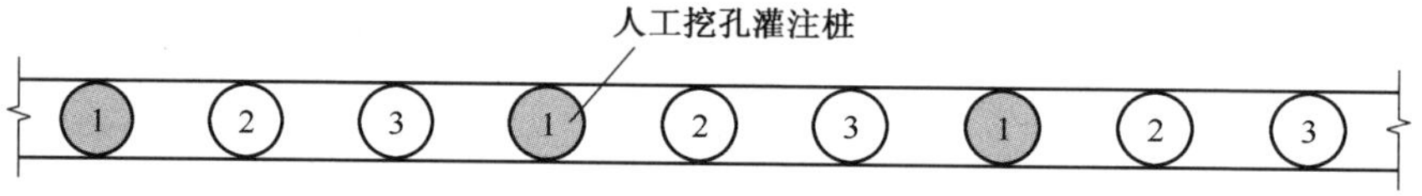

图7.4-7　人工挖孔桩施工顺序示意图

(1)人工挖孔灌注桩施工

1)施工工艺流程

人工挖孔桩施工工艺流程如图7.4-8所示。

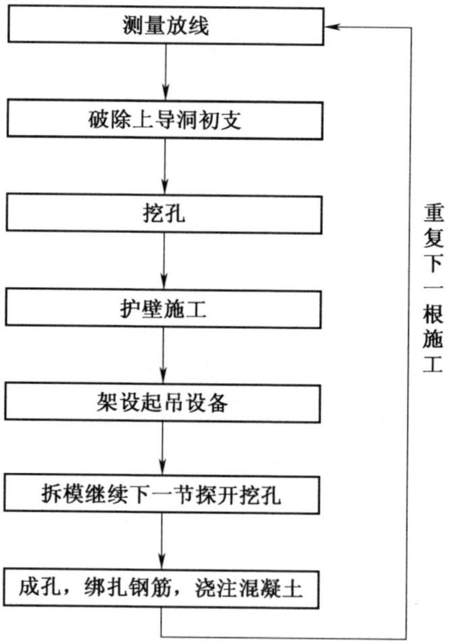

图7.4-8　人工挖孔桩施工工艺流程图

2) 人工挖孔桩施工技术要点

①测量放线及上导洞初支破除

根据轴线及桩位，在桩中心点打水泥钉，并从桩中心位置引出四个桩心控制桩(控制桩采用水泥钉，依据现场条件，钉在小导洞边墙及内侧仰拱)。测量结果经自检、复检后，报请监理复核，复核无误并签字认可后，确认桩位的轴线正确无误后进行小导洞仰拱破除(图 7.4-9)。

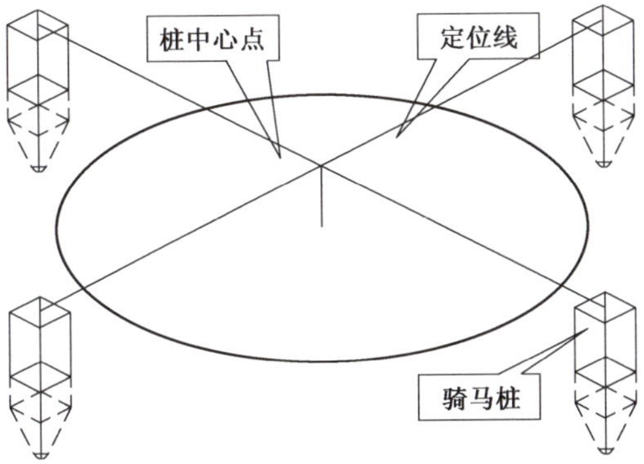

图 7.4-9　人工挖孔桩测量定位示意

②人工挖孔

人工挖孔前，先在现场地面上修筑护肩，护肩的中心点应和孔位中心重合，偏差不大于 10 mm，其厚度应比下面的护壁厚 100 mm，高出地面 200 mm；护肩形成后，应将孔中轴线控制点引至护肩，并经进一步复核无误后，作为地下各节护壁中心的测量基准点，以便随时检查挖孔垂直度；同时将高程引至护肩上，作为确定孔深度的依据。护肩施做完毕后，施做高 200 mm 的锁口圈梁，圈梁下施做 1.0 m 高的模注混凝土，如图 7.4-10 所示。

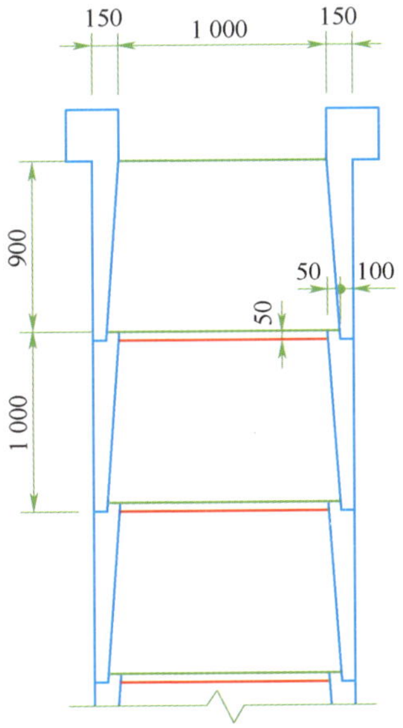

图 7.4-10　人工挖孔剖面图

人工挖孔时应严格遵循挖孔作业规程，杜绝超挖、欠挖、随意开挖现象。同时根据地层严格控制每循环作业长度。

人工挖孔桩采用分节挖土，分节支护。使用短把的镐、锹等简易工具进行人工开挖，弃土装入吊桶，用提升架提升至地面，提升架架设时，应确保井腿安设牢固，防止吊装过程中移动。根据地质状况，挖孔桩护壁每节进尺 0.5~1.0 m，当遇到流砂时，护壁进尺可适量缩短；对易塌方段即挖即护壁，随着挖孔加深，需安装通风、照明、通信等设备，一旦遇到有水情况，设置潜水泵排水，排水量适当控制以防止塌孔，挖孔开挖施工图如图 7.4-11 所示。

③安装护壁钢筋和护壁模板

人工挖孔采用钢筋混凝土护壁，环向钢筋一般采用 $\phi10@200$，竖向钢筋一般采用 $\phi8@200$，竖向钢筋端部弯成弯钩并打入土面以下 250~300 mm，桩护壁上段钢筋全部伸入下段护壁内。

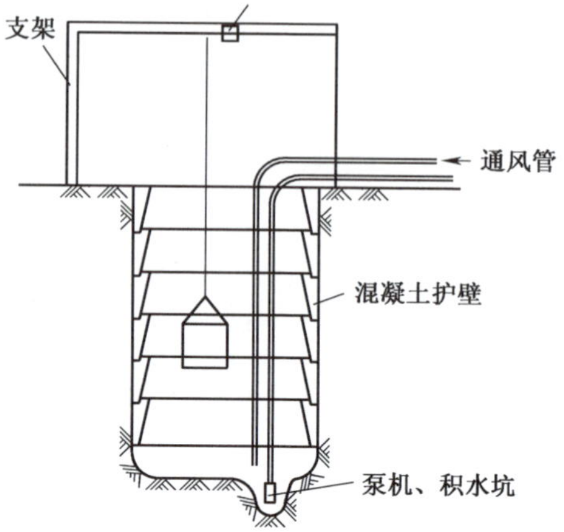

图 7.4-11　人工挖孔施工示意图

模板安装后，吊线锤校定，检查其直径是否符合设计要求，两正交直径的误差不大于 50 mm，其中心位置通过孔口设置的十字架吊垂球的办法确定，孔的垂直度偏差不大于孔长的 0.5%；符合要求后，采用钢筋打土体中稳定模板，防止浇筑振捣混凝土时，发生移动。

④灌注护壁混凝土

灌注护壁混凝土一般采用自拌 C20 早强混凝土。混凝土采用 P. O 42.5 普通硅酸盐水泥、中砂、碎石、速凝剂，现场人工拌和。随土方开挖，及时施工混凝土护壁；开挖循环进尺一般为 1.0 m，若地层较差或塌孔严重时，应缩小循环进尺保证施工安全。采用钢模沿井壁一周立模，留出护壁混凝土厚度，并以钢管顶撑。每一节桩孔挖好安装护壁模板时，使用桩心点来校正模板位置，并设专人严格校核中心位置及护壁厚度。

井壁厚 100 mm，上节护壁的下部应嵌在下一节护壁的上部混凝土中，上下搭接宜为 50 mm，孔开挖后应尽快灌注护壁混凝土，当天挖孔并及时浇注完护壁混凝土。

⑤破底

当挖孔至下层小导洞顶时，及时浇筑末段护壁。待护壁混凝土强度达设计值后，由小导洞破除洞顶混凝土，破除时暂不割除小导洞拱部格栅，待安装钢筋笼时破除。

3）钢筋笼制作及吊装

钢筋笼采用简易提升架进行吊装。钢筋笼的分节长度主要受上层导洞尺寸控制，一般每段长度在 2.5~3 m，分段后的主筋搭接采用接驳器连接。在需要吊装的孔位处设吊装支架，用来吊桩钢筋笼。

钢筋笼吊运时采取适当措施防止扭转、弯曲。避免安装钢筋笼时接驳器不易对准孔位。吊直扶稳，缓慢下放，避免碰撞孔壁，等钢筋笼每节调整就位后立连接即固定。

4)混凝土灌注

桩身混凝土原材料按照相关设计及相关规范的规定执行,一般采用商品C30混凝土。

混凝土下料采用串筒,或用混凝土溜管,不得在孔口抛铲或倒车卸入;混凝土浇筑应连续分层浇筑,每层厚度不得超过1.5 m,宜用插入式振动器和人工插实相结合的振捣方法,以保证混凝土的密实度。当机械或人工振捣困难时,可利用大坍落度的混凝土下沉力使之密实,但桩上部钢筋部位仍应用振捣器振捣密实(图7.4-12)。

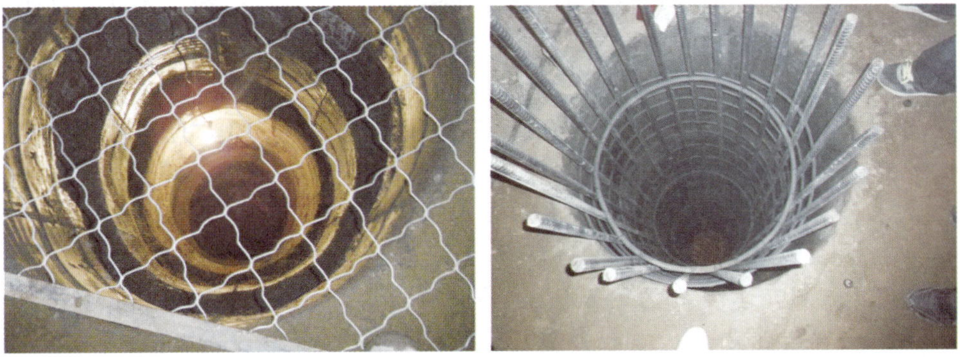

图7.4-12 人工挖孔桩施工效果图

(2)钻孔灌注桩施工技术

1)钻机选型

与地面作业不同,洞内钻孔桩施工因受导洞空间的限制,钻机选型应充分考虑钻机性能及其空间适应性、灵活性、环保性等方面的问题,应根据不同的地质条件,着重考虑轻型、钻杆高度小的反循环钻孔机械,当穿砾石地层时,钻机应带有冲击性能,具体为:满足导洞空间尺寸要求;钻机性能应与地质条件相匹配;钻机钻进效率高,重量轻且移动方便;利于文明施工。

在北京地铁10号线洞桩法暗挖车站修建过程中,洞内围护桩施工曾大量采用了钻机成孔方式,本文结合某站的工程地质条件对钻机选型进行阐述。

①工程概况

某为全埋性地下车站。由于受三环路立交桥的限制,车站采用分离岛式暗挖结构,洞桩法施工。左右线分别位于桥梁两侧辅路下,线间距45.5 m,左右线两结构之间设联络通道、迂回风道各两条。车站结构断面为单拱单跨,净空10 m,结构埋深5~10 m,车站全长187.034 m。

车站钻孔桩设计桩径ϕ800、桩间距1.0 mm、桩长16 m,桩端持力层为卵石层。钻孔桩穿越的地层依次为:圆砾层0.6 m、粉质黏土层(重粉质黏土层)4.95 m、细砂层 1.6 m、卵石层 0.9 m、圆砾层 1.2 m、卵石层 7.1 m、粉质黏土层(重粉质黏土层)4.15 m、细砂层 1.2 m、卵石层 5.9 m。

②洞内钻孔实验

为获得本地质条件下洞内钻孔的相关施工技术参数,优化设备选型,调整、改进钻孔工艺,进行了钻孔试验。洞内钻桩试验选在车站主体导洞贯通后,试钻地段设在左线左导洞与南端风道导洞内。试验钻机的选择原则为:满足导洞空间尺寸要求:导洞宽度均为 4 m,标准断面高度为 4.5 m;结合本站地质条件,具备穿越卵石层的能力;钻机成孔效率高,工期要求 5 个月内完成 762 根桩;重量较轻,主要受竖井提升能力限制,其次因洞内空间狭小移动困难。

根据以上原则选定了以下几种钻机进行试钻,试验过程中针对各型钻机性能及钻进效果进行了认真分析比较。

A. XY-2 异型钻机

XY-2 异型钻机曾用于城铁 13 号线区间过高层房屋隔离桩施工,施工桩径 ϕ600,桩长为 14 m。该钻机为地质钻机,外形尺寸 2 150 mm×900 mm×1 690 mm,重量仅950 kg,电机功率 22 kW,立轴最大扭矩 2 760 N · m,正循环方式排渣。钻机试钻位置距竖井较近,施工时以竖井作为泥浆池。钻机在黏土层、粉土层、砂层中钻进正常,钻进速度约为 3 m/h,但进入砾石层后钻进速度明显减慢,钻至 10.5 m后进入卵石层,在卵石层中 2 h 进尺 0.1 m,根本无法钻进。

原因分析:

a. XY-2 异型钻机及配套泥浆泵功率太小,表现为钻杆扭矩不够、泥浆流速太慢、悬浮排渣能力差。

b. 正循环携渣能力低,砾石与卵石不易排出;该钻机只适于地层颗粒较细、桩径较小的情况下施工。

B. GSD-Ⅱ型正反循环钻机

该钻机主要用于钻凿农业灌溉用水井钻孔,为机械动力头式,附以液压起落钻塔、液压加压装置,钻机机型较小,重量轻,钻塔高度缩短至 4 m 后可满足导洞内钻孔要求。

该钻机试钻位置在标准断面导洞内,试钻 A 型桩(桩径 ϕ800,桩长 22.53 m)。钻机外形尺寸 4 950 mm×1 780 mm×3 800 mm,重量 5 000 kg,主电机功率 22 kW,设有正反循环多挡位,在黏土层、砂层、砂砾层中钻进稳定,钻进速度为 4.5~5.5 m/h,约 2 h 后钻进至卵石层,速度减慢,进入卵石层 2 m 后发生钻杆堵塞,采用 ϕ40 钢棒通入继续钻进,进入卵石层 3~5 m 时出渣量很少,钻杆堵塞现象频繁。该钻机穿过7.1 m 卵石层用时 30 h,最终成孔时间为 50 h。

原因分析:

卵石粒径普遍为 40~100 mm,部分卵石粒径达 150~200 mm,而该钻机钻杆内径为 89 mm,钻杆堵塞不可避免;针对卵石粒径大、钻杆内径偏小问题,配制了牙轮钻头将卵石挤碎,基本解决了钻杆堵塞问题,但是成孔时间仍然较长,因为钻机功率偏小,在卵石层中钻进速度较慢,平均成孔时间约为 35~48 h。

C. XQZ-100 型循环钻机

XQZ-100 型循环钻机是黑龙江五常水利机械有限公司生产的工程钻机,适用于室内外工农业桥梁等钻孔桩的施工。该钻机为拖车式机械动力头钻机,泵吸反循环排渣,钻机外型尺寸 5 150×2 100×2 850,钻机功率 30 kW,砂石泵功率为 25 kW,重量 5 000 kg,钻杆内径为 120 mm。

该钻机试钻位置在标准断面导洞内,同样试钻 A 型桩。钻进过程中存在问题有:

a. 转速挡位偏少,最大扭矩偏小。该钻机最大扭矩为 13.2 kN · m,在卵石层中钻进速度慢,传动轴多次断裂,造成钻孔中断。

b. 遇大粒径卵石处理较费时。钻杆堵塞时用 ϕ40 钢棒通入继续钻进,当粒径大于 100 mm 的卵石大量沉淀在孔底无法钻进时需拔起钻头,改用须状抽渣筒处理,处理一次用时 1.5 h。

c. 钻机机型较大,无自行装置,移机与就位时间较长。该钻机成孔时间约为 26~34 h。

D. GSD-50 型泵吸循环钻机

GSD-50 型大口径工程钻机为北京探矿机械厂生产,是一种全液压动力头钻机,适用于桥梁、路基、坝基及各种工业民用建筑工程的灌浆孔和其他工程孔。该钻机为门形钻塔,塔机一体,设双缸链条倍增机构,钻机工作时外形尺寸 5 300×2 070×4 700,重量 8 000 kg,主机功率为 55 kW,最大扭矩为 16 kN · m。钻机试钻位置在换乘加高断面导洞内,试钻 B 型桩(桩径 ϕ1000,桩长 22.53 m)。

该钻机作为全液压动力头钻机与普通机械钻机相比,具有以下特点:

a. 采用泵吸反循环钻进,全液压动力头多档转速,并采用双缸链条倍增机构加压,钻机运行平稳,钻进效率高,细粒地层中钻进速度约为 5~7 m/h,卵石层中钻进速度约为 0.8~1.5 m/h,钻机成孔时间为 14~17 h。

b. 能顺利穿越卵石层,一方面钻杆内径为 148 mm,另一方面钻机功率大,其主机功率为 55 kW,配套砂石泵、真空泵功率为 25 kW,总功率达 80 kW,对于超粒径卵石可强制挤入孔壁内。钻进过程中偶尔发生钻杆堵塞现象,发现后及时用 ϕ40 钢棒通入即可继续钻进。

c. 钻机配有液压步履移机装置,纵横向移动灵活,成孔后拆除钻杆至移机时间约为 25 min,有利于减小孔底沉渣厚度。

d. 该钻机机械化程度高,减轻了作业人员劳动强度。

e. 缺点为钻机尺寸较大,只能用于加高断面导洞内施工。

③洞内钻桩工艺选型

洞内钻孔桩作业环境特殊，除对钻机高度有严格限制外，其施工工艺也有别于地面钻孔桩。

A. 钻进方式要求

钻孔桩穿越的地层为第四纪地层，可采用多种钻进方式成孔，其中，穿越卵石层钻孔难度较大。由于钻孔作业紧邻桥梁桩基，为减小对桥梁桩基地层的扰动，不宜采用冲击与振动成孔方式，应采用回转式钻机钻孔。回转立轴式钻机机型较小，主要用于岩心钻取，钻进功率达不到 ϕ800 桩径、20 m 桩长的要求；转盘式与移动回转器式钻机能达到本工程钻孔要求，但钻机高度超过导洞尺寸。

B. 钻进排渣方式要求

洞内钻孔作业排渣应选用反循环排渣方式。

a. 越深厚卵石层不宜采用正循环排渣。采用正循环方式排渣时，其排渣能力主要取决于泥浆泵的流量、孔径和泥浆的性能，泥浆的流速、密度、黏度越大，能够携带的钻渣粒径也越大，当孔径远大于钻杆内径时，泥浆由孔内返回的流速较小，一般只有 0.05~0.02 m/s；所以，正循环泥浆的携渣能力低，砾石与卵石不易排出，卵砾石堆集在孔底。采用正循环回转式钻进时砾卵石无法进一步破碎，造成钻进困难，甚至无法钻进。

反循环钻进时钻杆（排渣管）内泥浆压力小于钻杆外泥浆压力，在内外压力差作用下，孔内泥浆沿钻具和孔壁间环状空间流向孔底，与岩屑一起进入钻头吸渣口，通过钻杆内腔返回地面，经沉淀或机械净化后再流入孔内，形成循环。反循环排渣能力取决于排渣管内外压力差、排渣流量及排渣系统的通径。一般中小型泵吸多循环回转钻机钻杆内径为 100~150 mm，能够顺利进行成孔作业。

b. 导洞内作业场地不利于正循环泥浆循环系统设置。正循环排渣时泥浆由孔内流入地面泥浆池，泥浆池底面必须低于导洞底板面。洞内设置泥浆池有两种方法，一是泥浆池集中设置在竖井内，采用泥浆泵接力的方法；二是每台钻机作业段破除导洞支护结构，开挖泥浆池。该两种方法均不可取。车站内导洞纵横交错多达 10 条，至竖井口最远距离 120 m，同时钻孔作业多达 8 台，如将竖井设为集中泥浆池，则泥浆管路密布，洞内泥浆四溢，施工环境进一步恶化，对本已非常狭窄洞内场地是不利的。如在各钻机作业段分别设置泥浆池，将破坏导洞支护结构，引起沉降急剧增加，泥浆池加固处理与后续的钻孔作业难度也很大。反循环排渣时泥浆由地面移动泥浆钢箱或泥浆槽流入孔内避免了地面下泥浆池的不利条件。

c. 反循环排渣有利于缩短清孔时间，提高桩承载力。反循环排渣除砂层和卵石层外，一般可用清水直接造孔，利用钻头旋转在孔内自行造浆，泥浆比重较小，一方面减少了泥浆处理量，同时成孔后桩底淤积厚度不超过 10 cm，缩短了清孔时间，清孔效果较正循环好，另外反循环桩孔壁泥皮薄，有利于提高桩承载力。

通过洞内试钻结果可看出，各类钻机在黏土层、砂层等细粒土地层中钻进速度差别不大，而卵石层中钻进时间与钻机就位移机时间相差很大。卵石层中钻进速度主要决定于钻机主机功率、转速、最大扭矩、钻杆直径及配套的砂石泵功率。钻机主机功率不宜小于 30 kW，应选用多档位转速钻机，最大扭矩不小于 16 kN·m；钻杆应配制内径较大的钻杆，当钻杆内径为 120 mm，应选用 6BS 型砂石泵组，功率为 22~28 kW。全液压动力头钻机在钻进中自动调整转速，钻机运行平稳，并采用双缸链条倍增机构加压后，钻进效率提高较多。另外，全液压钻机自动化程度较高，其辅助工序时间大大缩短，故成孔时间较其他钻机短。

c. 钻机移位配制要求

受洞内狭窄的作业场区限制，无法布置其他动力机械帮助钻孔移位。因此，钻机选择时宜选取小巧轻便移动灵活的机械，对于重量较大的钻机必须配有液压步履装置，缩短钻机移位、就位时间，防止钻进成孔后间隙时间过长而坍孔。

④钻机选择原则

洞内钻孔桩钻机选择应遵循以下几个原则：

A. 满足导洞空间尺寸要求：导洞宽度均为 4 m，标准断面高度为 4.5 m。

B. 钻机选择要结合工体北路站的地质条件，具备穿越卵石层的能力。

C. 钻机效率高：车站共有 762 根钻孔桩，且工期较紧，应有较高的成孔效率。

D. 重量较轻：一方面受竖井提升能力限制，另一方面洞内空间狭小，无其他动力设备辅助移机。

⑤钻机的选定与改进

通过洞内钻桩试验与工艺分析：XY-2 异型钻机不适于本工程施工；GSD-II 型正反循环钻机由于机型尺寸小，主要用于导洞端头场地狭窄区域；XQZ-100 型水井钻机钻进速度较慢，主要用于车站卵石层厚度较薄的南端导洞；GSD-50 型液压钻机钻塔高于导洞尺寸，但钻进效率高、成桩质量好，故对钻塔与升降系统油路进行了改造。

车站洞内钻孔桩施工共改制了 4 台 GSD-50 型液压钻机，作为洞内钻孔桩施工的主力钻机，共钻孔 469 根，占总量的 62%。

工体北路站是整体采用洞桩法施工的车站，洞内钻孔桩数量大，在洞内钻孔桩设计中为有效保护桥桩采用了深桩隔离。通过洞内钻孔试验与分析选定、改制，成功解决了洞内钻孔桩穿越深厚卵石层钻机选型的工作，为洞内钻孔桩技术的实施奠定了基础。在钻孔选型研究中有以下几点结论：

A. 洞内钻孔桩施工前应做好地质勘测，掌握详细准确的地质资料。

B. 洞内钻孔作业环境特殊，钻机选择既要满足外形尺寸要求，顺利钻进快速成孔目标，还要求钻机灵活轻便，减小劳动强度，改善作业环境达到方明施工，而能达到上述目标的钻机现在还没有，必须进行改型。

C. 每种钻机都有不同针对性与特点，因此钻机选择时要结合工程特点以及工期、方明施工、经济等因素综合考虑，对于本工程，GSD-50 改型大口径液压钻机能达到快速钻进与成孔质量好的目标。

2）钻孔桩施工工艺

洞桩施工工艺流程为：施工准备→测量放线→护筒埋设→泥浆钢箱拼装或泥浆槽砌筑→钻机就位→钻进成孔→清孔→（钻机移位、钢筋笼吊装支架就位）→钢筋笼安装与连接→二次清孔→浇注水下混凝土→钢筋笼吊装支架移位。

①测量放线

洞桩施工桩位考虑测量误差 2 cm、钻孔施工误差 2 cm、垂直度偏差 0.5%，从设计桩位外放 8 cm。桩位测设放样并经复核确认无误后，在两侧导洞壁放护筒，破除小导洞仰拱格栅混凝土并埋设护筒。

②护筒设置

护筒采用 150 mm 厚的钢筋混凝土护筒，深度 1.5~2 m，钢筋混凝土护筒采用现浇方式，埋设好后盖钢板遮蔽。为防止成孔后地面淤积泥浆返回孔内，同时方便钻机移动，护筒顶面高出导洞底 0.05~0.1 m。

③泥浆制拌

本站内地下水丰富，水位在导洞底板下 1.0 m，桩孔穿越地层主要为砂、卵砾石层，在导洞底板下 1.8 m 范围及潜水与承压水间夹有 2.5 m 黏土层。当采用反循环钻进时，泥浆主要为护壁作用，泥浆比重控制在 1.05 左右。为保证低比重泥浆护壁作用，泥浆采用优质膨润土制作，掺量为 8~12%，并掺入少量钠羧甲基纤维素（CMC）溶液与碳酸钠，提高护壁质量。

④钻进成孔

钻机就位后，放入钻头，钻头距孔底约 20 cm，以防止堵塞钻头的吸渣口。将真空泵加足清水，关紧出水控制阀和沉淀室放水阀，使管路封闭，打开真空管路阀门使气、水畅通，然后启动真空泵，抽出管路内的气体，产生负压，把水引到泥石泵，通过沉淀室的观察窗看到泥石泵充满水时，关闭真空泵，立即启动泥石泵，当泥石泵出口真空压力达到 0.2 MPa 以上时打开出水控制阀，把管路中的泥水混合物排到沉淀池，形成反循环后，启动钻机，慢速开始钻进。

泵吸反循环操作要点：

A. 控制钻速，用 1~2 档转速进尺，以免陷没钻头或抽吸钻渣的速度跟不上。

B. 泵吸式反循环钻进用的泥浆相对密度不应过大，注入泥浆比重控制在 1.05~1.06 左右。

C. 为防止因抽吸钻渣太多，以至填充在管路内，使泥水混合物相对密度过大，采用钻停结合进行的办法。

D. 在钻进过程中，要作好泥浆的维护管理，每半小时测一次泥浆的黏度和相对密度，根据泥浆成分的变化分析孔内、护筒脚等情况的变化而作出相应的处理措施。

⑤排浆、渣系统

工程排浆及排渣量较大，同时受工作面的限制，应做好泥浆排放及合理的循环利用，做到文明施工。

在地面砖砌泥浆池，泥浆池宽1.0 m、高0.25 m，分段长度15 m，在地面泥浆池上放置泥浆箱及沉淀箱（竖井口部泥浆箱及沉淀箱伸入竖井内），泥浆箱及沉淀箱采用钢板焊制，其容量应满足单桩沉渣体积要求，尺寸为宽2.2 m、高1.2 m，泥浆箱长度4 m，沉淀箱长度3 m。泥浆箱与沉淀箱间用螺栓连接，并在两钢箱间上部留0.4 m高的溢浆口，在泥浆箱下部设有两个ϕ200孔，设阀门用软管连接至孔口，钢箱移动采用滚轴人工移动。泵吸反循环钻进时，泥浆抽入沉淀箱内，渣土经沉淀后泥浆回流入泥浆箱内，再通过软管流入孔内；钻机施工时在沉淀箱内随时清理渣土并吊运出至地面，检查泥浆箱内泥浆质量并进行调整。桩体混凝土灌注时溢出的泥浆用泥浆泵从泥浆槽抽入沉淀箱内，经沉淀后的泥浆可循环利用流入泥浆箱，同时在泥浆池内设置大排量排污泵，通过排污泵向上排出废浆，经净化处理后进入城市排污系统。在成孔施工及灌注时经常检查或加高堆砌泥浆槽，以避免泥浆四溢，做到文明施工。

⑥灌注工序系统

灌注混凝土采用水下灌注工艺，由于灌注工序在地下导洞内进行，因此采用在地面布置混凝土60型地泵（60 m^3/h）。另外在导洞内布置具有漏斗与导管的灌注滑架，通过卷扬机在滑架上提升导管。

A. 地泵导管布置：在导洞内壁表面高于钻机底盘高度以上（距地面约1 m）的部位预期先设置地泵导管托钩（间距2 m，托钩宽30 cm），将地泵导管固定于托钩上，便于拆卸清洗地泵导管施工；施工时根据桩孔位置拆卸导管长度以满足施工需要。

B. 灌注支架跟随钻机进出，其宽度为2 m，高3.5 m，长2.5 m，自带卷扬机。导管选用长1.5 m，直径250 mm无缝钢导管，漏斗的容积应满足桩的初次灌放量的要求（根据桩径大小制作）；同时设置灌注导管钢托架，托架采用50 mm钢管焊接制作，高度1 m，以便于灌注导管放置及清洗。

⑦清孔

洞桩孔底标高控制为设计标高加深30 cm，成孔达到标高后，将钻头留在原处继续旋转数圈，避免孔底缩孔。清除孔口泥浆，避免返流入孔内。第一次清孔采用泵吸反循环换浆的方法清孔，清孔时合理控制泥浆的黏度与含砂率，用砂石泵排出孔底悬浮钻渣的泥浆，经净化处理后，再经回流泵排入孔内。反循环钻进时采用的泥浆比重较低，通常清孔后泥浆比重控制在1.03。检查合格后钻机移位、钢筋笼安装支架就位,分节安装钢筋笼,安装就位后安设导管。

由于受高度限制,钻杆拆除、钢筋笼吊装连接及导管下放时间非常长,必须进行二次清孔。以导管作为排渣管与泥浆泵相连接,导管底离孔内沉渣面约 20 cm,启动泥浆泵进行反循环排渣,并将导管慢慢放至孔底抽吸约 5 min 即可。清孔完后,将特制弯管拆除连接料斗即可开始灌注水下混凝土。如二次清孔后由于客观原因距灌注水下混凝土间隙较长,可辅以高压空气翻渣法再次清孔,即水下混凝土灌注前用 040 软管插入孔底,翻起沉渣,迅速封底。

⑧钢筋笼施工

钢筋笼接长采用Ⅰ级直螺纹连接,一方面接头位置可设在同一断面上,减少钢筋笼分节数,直螺纹焊接速度较快,另一方面减少了焊接时产生的大量有害气体,改善了作业环境。采用直螺纹连接时钢筋笼加工重点是保证钢筋环向与纵向相对位置准确,施工过程中采用了三种方法:第一种方法是设钢筋笼台座,在台座一端设限位板,主筋穿入后焊接加劲箍,一端固定,一端可移动,重点控制限位板与加劲箍垂直度,此方法效率较快,但台座变形后误差大,现场连接困难;第二种方法是用工字钢焊成框架形水平台座,按钢筋笼环向间距在台座上用钢筋设卡子,一端端头设挡板,此方法简单效率较高,台座上钢筋卡子易变形,需经常校正,但钢筋间距较密时误差大,现场连接困难;第三种方法是在地面上将每根钢筋接长后按设计要求通长整体加工成钢筋笼,再拆成钢筋笼节,钢筋笼节进行编号,钢筋笼间主筋做对接标志,这样钢筋环、纵向相对位置无偏差,此方法效率低,人员多,需场地大,主要用于 C 型加强桩。

导洞内采用简易支架配手动葫芦吊装钢筋笼,钢筋笼单节高度不超过 3.0 m。钢筋笼吊装过程中易变形,设计每节钢筋笼加劲箍为两道 $\phi16$ 筋,实际施工时改为三道 $\phi22$ 筋,加劲箍必须焊牢。钢筋笼骨架进入孔口后,将其扶正徐徐下放,严禁钢筋笼摆动碰撞孔壁,第一节钢骨架下放到最后一节加劲筋位置时,穿进工字钢,将钢筋支撑在孔口工字钢上,再起吊第二节骨架。钢筋笼基本就位后,由三人呈 600 角站在钢筋笼四周,慢慢下放,上下两节钢筋笼轴线一致后轻微转动,使上下节主筋轴线一致,同时进行连接。钢筋笼接长采用的是锁母型套筒,连接时分次逐根拧紧套筒,连接完成后检查钢筋笼垂直度,并用检验扳手检查连接扭矩与丝头外露长度,检查合格后下放钢筋笼,继续吊装,如此循环,使骨架下放至设计标高。吊装过程中要经常检查垂直度,避免因蛇曲造成后续钢筋笼无法安装或水下混凝土灌注时导管触动钢筋笼造成拔管困难。

混凝土灌注:洞桩施工水下混凝土灌注施工控制重点为导管配节与密闭检查、水下混凝土封底、灌注过程中孔深测量。洞桩混凝土灌注采用 250 mm 无缝钢导管施工,导管配节为标准长度 2.0 m,另配置 0.5 m 长一节、1.0 m 长两节。导管节间采用快速接头,导管使用前和使用一定时间后要进行水密性和承压试验,并检查防水胶垫是否完好。

水下混凝土封底采用拨球法，首先在导管内放入充气胶球，直径较导管小3~4 cm，再安装漏斗。漏斗底放入球阀，直径较孔大10 cm左右。准备就绪后开始泵送混凝土入漏斗，漏斗内存满混凝土后拨起球阀，同时泵送混凝土不停输入桩孔内，直至首车混凝土灌注完成。是否封底成功可从充气胶球返回情况与混凝土入孔声音判断。

水下混凝土灌注过程中要作好水下混凝土顶面高度的测量与计算记录工作，导管埋入混凝土深度控制在2~ 6 m，并经常检查导管内是否有水等异常情况。

由于洞内作业条件限制，桩顶部分混凝土质量采用强制翻浆法，直至露出新鲜混凝土，灌注顶面控制导洞底板面上10 cm，施工纵梁时将超灌部分混凝土凿除。在混凝土灌注过程中，需安排5~6人及时清理泥浆沉渣与多余混凝土，防止泥浆四处流溢。

(3)围护桩施工方法比选

人工挖孔桩与钻孔灌注桩经济技术比选，见表7.4-3。

表7.4-3　围护桩施工方法经济技术对比说明表

对比项目	人工挖孔桩	钻孔灌注桩
施工难度	人工挖孔桩施工工艺简单，施工主要靠人工完成，只需电焊机、手拉葫芦等机具，导洞可满足施工场地要求，在机具和施工场地方面具备多根围护桩平行作业的条件。如不考虑土方及材料运输问题，车站主体同护桩施工用2~3个循环即可完成	洞内钻机成孔的工序较多，钻机、电焊机、手拉葫芦、泥浆泵、卷扬机等一些必备的设备机具物资非常多，占用场地大且作业环境差，使得同护桩的施工不能平行展开
地层适应性	人工挖孔桩对地层的适应性较强，在软、硬地层中均可以施工，但必须在无水环境下才能保证挖孔安全	洞桩法的导洞空间有限，只能选用细钻杆、小功率钻机，当场地地层大粒径卵石较多，特别是存在粒径大于120 mm的卵石时，无论是用反循环还是正循环钻机，成孔都非常困难。地层中遇到较密实砂层(如铁板砂等)时，成孔速度较慢，施工困难
施工安全性	人工挖孔桩采用短进尺、快封闭的原则，可根据地层情况调整开挖进尺，只要做好护壁就不会出现塌孔，且施工沉降较小。但在砂层施工时易出现涌砂、流砂，严重时将威胁导洞的安全，因此必须做好降水，保证人工挖孔在无水的条件下作业。由于人工挖孔桩采用人工作业，一旦塌孔将威胁人身安全，且桩越长风险越人，因此人工挖孔桩不利于劳动保护	钻孔桩采用机械成孔，施工安全性较高。在砂层内施工时，由于施工前已经降水，护壁泥浆损失较快，要保证泥浆液面高度，达到护壁平衡的效果有一定难度，必须要调整好浆液比例，如产生塌孔会造成小导洞整体下沉

续上表

对比项目	人工挖孔桩	钻孔灌注桩
成孔及混凝土灌注质量	人工挖孔桩采用混凝土护壁,不会出现鼓桩问题,且桩位准确	钻孔桩为水下灌注混凝土,桩身质量不易控制
工期对比	人工挖孔桩工期分析:上边导洞施工完成→底导洞施工 45 d→人工挖孔桩 90 d→平行施工中柱体系→初支扣拱,采用洞内钻机成孔从上导洞施工完成到初支扣拱需 135 d	洞内钻机成孔工期分析:上边导洞施工完成→钻机成孔 150 d→横通道施工 30 d→底中导洞施工 45 d→底梁施工 30 d→钢管柱施工 15 d→天梁施工 45 d→初支扣拱,采用洞内钻机成孔从上导洞施工完成到初支扣拱需 315 d
经济对比	人工挖孔桩由于增加了底导洞、横导洞和条基,费用上有所增加	钻孔桩的桩长可以减少 10 m 左右

人工挖孔桩与钻孔灌注桩比选结果:

1)人工挖孔桩施工难度小,需要设备少,占用场地小,比机械钻孔桩更适合一般场地下的 PBA 法小导洞施工。

2)在 PBA 法小导洞施工空间较小的情况下,机械钻孔桩不能选用大型设备,造成在大粒径卵石层、铁板砂层等特定地层中的施工难度较大,而人工挖孔桩对各地层适应性较广,无水作业要求与地下大型工程施工要求一致。

3)洞内机械成孔在施工安全方面优于人工挖孔桩。但在 PBA 工法应用中,上、下层边导洞之间距离一般为 6~8 m,与钢管柱的挖孔长度接近,这一深度的人工挖孔施工,只要认真做好护壁及降水,是可以保证施工安全的。

4)洞内钻机成孔虽然采用机械化作业,单孔的成孔工效较高,但由于导洞内净空狭小且钻机数量有限,所以综合工效低于人工挖孔。且采用人工挖孔施工,底中导洞的开挖及中柱梁体系等施工均可与边桩的施工平行作业。洞内钻机成孔从上导洞施工完成到初支扣拱条件需要的工期比人工挖孔桩多了将近 6 个月。人工挖孔桩在工期方面有比较明显的优势。

5)人工挖孔桩费用较高,相对于钻孔桩,综合对比工程费用一座车站需增加约 400 万元。

综合以上比较分析,在洞桩法的同护桩选型中,人工挖孔桩施工工艺简单对地层的适应性较强,桩身质量可靠且工期短,但需要增加底导洞、横导洞和条基,综合造价相对较高,且对挖孔作业人员存在一定风险。钻孔灌注桩采用机械成孔,施工安全性较高且综合造价低,但存在施工工艺复杂、作业环境差、工期长、桩身质量不易控制等问题,且对地层的适应性较差。两种工法各有长短,在实际工程应用中,应根据场地地层条件、工期、造价等情况进行综合比较后确定。

4. 洞内钢管柱施工

钢管柱作为中柱，是洞桩法修建的地铁车站的一个主要承重结构，施工精度要求非常高，其施工质量的好坏，将直接影响到车站施工安全及主体结构的稳定。但因钢管柱施工是在小导洞内完成的，洞内作业空间狭小，不易吊装及精度控制，施工难道比较大。

(1)钢管柱施工工艺流程

钢管柱施工工艺流程如图 7.4-13 所示。

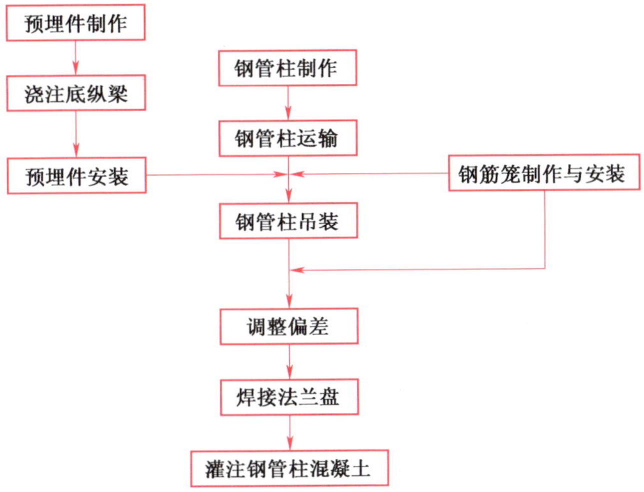

图 7.4-13　钢管柱施工工艺流程

(2)钢管柱的制作及运输

1)钢管柱采用钢板卷制焊接而成。为了保证钢管柱制作的精度和质量，制作全部在工厂进行。钢管柱所有焊接要全部经过超声波检查及 X 射线探伤，必须满足焊缝质量要求。

2)钢管柱制作完成后，要逐一进行验收。钢管柱长度误差控制在±3 mm 以内，纵向挠度小于 5 mm，椭圆度小于 3 mm。

3)钢管柱在地面及地下运输过程中，需轻吊轻放，并在运输中固定牢固，严防摩擦及碰撞，保证钢管柱不产生变形。

(3)钢管柱的基板定位及安装

1)定位

从地面将高程引入导洞内，然后将钢管柱中心纵、横轴准确确定在底纵梁的顶面位置上，绑扎底纵梁钢筋。

2)安装

当底纵梁钢筋绑扎完成后，用全站仪定出基板中心，将基板放下就位，粗略调平后，将基板的定位杆固定在钢筋骨架上，浇注底纵梁的下半部分。待混凝土达到一定强度后，利用定位杆进一步将基板调至设计标高，并严格检查基板的平整度。调平后再浇注底纵梁混凝土的上半部分（图 7.4-14）。

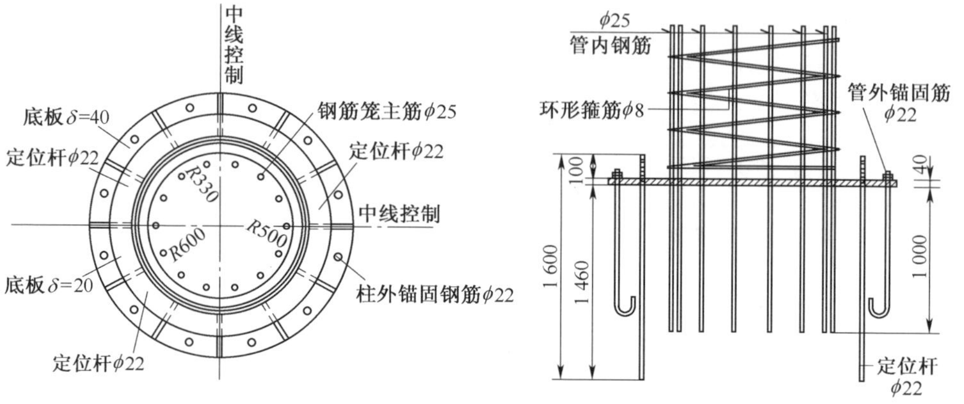

图 7.4-14　钢管柱基板定位及安装示意图（单位：mm）

（4）钢管柱吊装与加固

1）钢管柱定位测量

为了保证钢管柱的垂直度，钢管柱的基板中心与柱顶的中心定位统一采用上层导洞的测量导线网，以消除上下导洞的导线网闭合差。其过程为：①利用上导洞的导线网定位出钢管柱的中心点，然后在挖孔桩锁口圈梁上定出“十”字线；②利用“十”字线从孔口用垂球将钢管柱中心定位在底纵梁预埋的柱脚基板上；③利用柱脚基板上的中心点，画出钢管柱的外轮廓线；④紧靠钢管柱外轮廓线，靠圆弧焊接 4 块钢管柱定位挡板。

2）吊装、固定

用上导洞初支拱顶预埋的吊钩挂倒链将钢管吊起放下，在孔桩的孔中用“井”字架固定，再起吊另一管节，相邻节用法兰盘连接。待钢管柱整体连接完成后将钢管吊起放下，紧靠已焊好的定位筋板，检查钢管柱中心是否与基板中心重合，钢管上端用精密靠尺检查垂直度，确认钢管柱精度符合设计及规范要求后，焊接筋板把钢管柱下端固定。上端在钢管柱外侧与上导洞侧墙初支之间设临时“井”字架支撑加固，以稳定钢管柱使之在浇筑混凝土时不至产生位移和挠曲。钢管柱就位允许偏差见表 7.4-5。

3）底部焊接

焊接时，每一根钢管柱由两个焊工同时作业，沿圆周同向旋转对称施焊。首先进行底焊，再进行补强焊，直至达到设计要求。注意施焊应间歇进行，以免局部过热影响下面底纵梁砼的质量。所有焊接缝均进行 100% 超声波无损检查,达到二级焊缝质量要求。

表 7.4-5　钢管柱就位允许偏差

序号	检查项目	允许偏差
1	立柱中心线和基础中心线	±5 mm
2	立柱顶面标高和设计标高	+0 mm,−20 mm
3	立柱顶面不平整度	±5 mm
4	立柱垂直偏差	长度的 1/1 000,最大不大于 15 mm
5	各柱之间距离	间距的 1/1 000
6	立柱上下两平面对角线差	长度的 1/1 000,但不大于 20 mm

(5)混凝土浇筑

1)为保证混凝土浇筑过程中钢管柱的稳定及在主体土层下挖破除护壁混凝土时将钢管砸坏,钢管柱施工完毕后,在人工挖孔上、下部 50 cm 范围内挖孔护壁与钢管柱空隙灌注混凝土,中间部分填充中细砂。在钢管柱吊装前应清洗钢管内壁,吊装时钢管上口包封,以免落入杂物。

2)为防止管内混凝土收缩,管内灌入高强微膨胀混凝土,其掺入量由设计确定,并由试验室确定最佳的配比,原则是使混凝土的收缩量与膨胀量大体相抵消。如果膨胀剂掺量过大,将会使管壁过早环向受力,影响钢管混凝土柱的承载膨胀力。严格控制水泥用量和各种外加剂的用量,搅拌时间要比普通混凝土延长30 s 以上,现场严禁任意加水。

3)钢管柱内浇筑混凝土为 C50 高强微膨胀混凝土,为泵送商品混凝土。浇筑前先灌注一层厚度为 3~5 cm 的与混凝土等级相同的水泥砂浆,以免自由下落的混凝土粗骨料产生弹跳现象。浇筑采用泵送手工浇捣法浇筑,用串筒进行钢管内混凝土浇筑,串筒用 ϕ150 钢管。由于钢管顶部作业空间限制,串筒分节长度 1~1.5 m,随着钢管内混凝土的上升逐节上拔并拆除钢管,钢管埋在混凝土内的深度不少于一节,自由倾落高度不得超过 2 m。

4)采用接长插入式振动器分层振捣,每隔 0.5 m 振捣一次,作业时使震动棒自然沉入混凝土,并插入到下层混凝土 0.2 m,保证上下层之间的结合,震动过程中插点均匀,快插慢拔,一次振捣时间 30 秒左右,充分振实混凝土。

5)钢管柱的混凝土浇筑应连续进行;必须间歇时,间歇时间不应超过混凝土的终凝时间。浇筑混凝土之前应先灌注一层厚度为 10~20 cm 的等强度水泥砂浆。

6)浇筑过程需排气通畅,加强振捣,保证混凝土的密实度。钢管柱中间及柱顶锚固钢筋采用在钢管柱外绑扎,待混凝土浇筑接近对应位置时再安装。并用 ϕ25 钢筋将其固定后再继续浇筑。钢管柱内混凝土浇筑到钢管顶部(稍低于管内)，等混凝土强度达到设计强度的 50% 后，再用等强度水泥砂浆填满。

7)管内混凝土的浇注质量，可采用敲击钢管的方法进行初步检查，如有异常，则应用超声波检测，对于不密实的部位，采用钻孔压浆的方法进行补强，然后将钻孔补焊封固(图 7.4-15)。

图 7.4-15　钢管柱现场施工照片

(6)保证钢管柱垂直度及稳定性措施

1)钢管柱在加工及运输过程中应严防摩擦及碰撞，保证钢管柱不产生变形。

2)在进行钢管柱基板埋设时，需进行精准定位，并要对底纵梁顶面、基板顶面进行量测，及时调整基板高差，确保预埋件顶面水平。

3)钢管柱吊装、固定时，需检查钢管柱中心是否与基板中心重合，钢管上端用精密靠尺检查垂直度，确认钢管柱精度符合设计及规范要求后，焊接筋板把钢管柱下端固定。

4)在钢管柱上端外侧与上导洞侧墙初支之间设临时“井”字架支撑加固，稳定钢管柱使之在浇筑混凝土时不至产生位移和挠曲。

5)在钢管柱施工完毕后，在下导洞挂网喷射混凝土将拱部孔口封住，然后将孔内回填河砂，以避免土层扰动造成钢管柱位移及主体土方开挖破除护壁混凝土时将造成钢管柱损伤。

5. 顶纵梁施工

顶纵梁作为主体钢管柱顶的联系梁是洞桩法车站的主要承重和受力结构。顶纵梁断面呈倒葫芦形，两侧通过预留筋与车站拱部二衬相接梁下通过锚人筋与钢管柱连接。其剖面示意图如图 7.4-16 所示。

顶纵梁在该段钢管柱混凝土达到设计强度后进行，采取纵向分段施工。顶纵梁施工的技术难点主要体现在：①导洞内作业空间狭小，且需预留拱部钢筋，钢筋绑扎及封模难道比较大；②顶纵梁断面复杂且钢筋密度非常大，混凝土捣固难度大保证顶纵梁顶部混凝土灌注的饱满度是顶纵梁施工的控制难点；③顶纵梁防水板的铺设和保护是施工的难点部位。

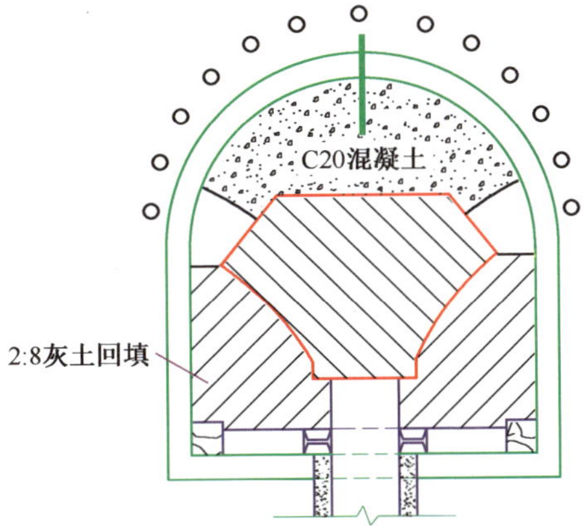

图 7.4-16　顶纵梁剖面示意图

(1)施工步序

加固钢管柱→分层回填 2∶8 灰土土模→底面及侧面砂浆抹面→施作导洞顶部防水→绑扎钢筋→顶纵梁混凝土浇筑→混凝土养护→安装纵梁两侧甩筋位置模板→回填中导洞 C20 混凝土。

(2)土模施工

土模采用 2∶8 灰土,采用分层回填,每层厚度不大于 30 cm,测量人员根据设计数据放样出土模形状,人工削回填灰土加工成型,2 cm 厚 1∶3 水泥砂浆抹面,养护砂浆面层,清除砂浆面层杂物,砂浆面层涂刷脱模剂,土模加工成型。

(3)防水施工

采用 2.0 mm 厚 ECB 防水板+无纺布(400 g/m^2)全包防水。施工缝安设注浆导管及遇水膨胀止水条。为防止破除中导洞边墙时破坏防水层,防水层施作之前,在防水层与初支之间安设 0.8 mm 厚钢板保护层;为防止割除中导洞初支拱架时烧穿防水板,在防水层与钢板之间设置石棉板。

顶纵梁防水层施工步序如图 7.4-17 所示。

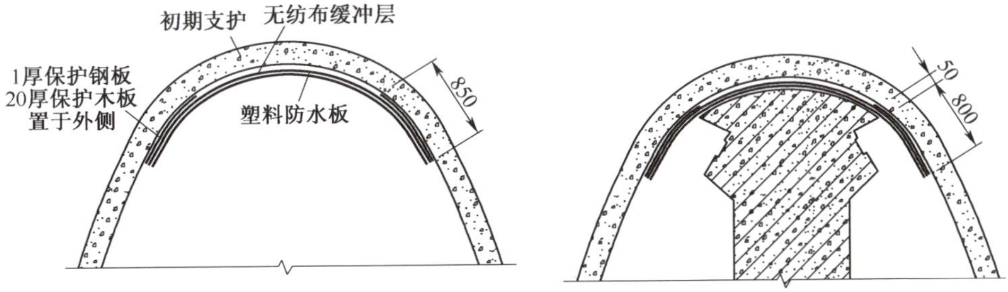

第一步，中洞拱部内侧表面固定保护钢板、无纺布缓冲层以及塑料防水板

第二步，浇筑结构防水混凝土

图　7.4-17

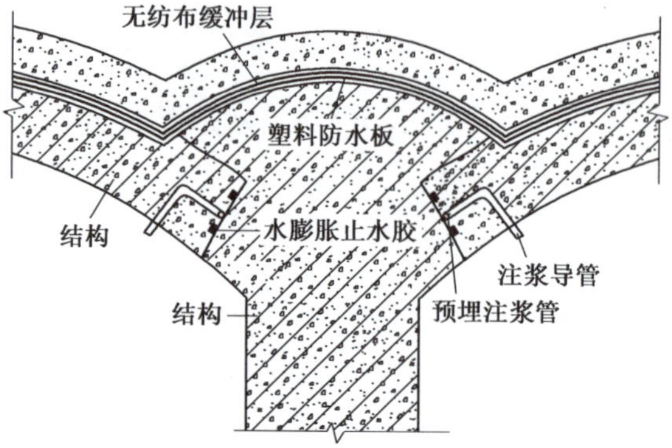

图 7.4-17　顶纵梁防水层施工步序

(4)钢筋绑扎

在水泥砂浆底模，根据钢筋位置上弹线，放置与结构强度相同的垫块，先放箍筋及拱部预留钢筋，从箍筋中穿纵梁主筋(图 7.4-18)。每 3 m 设置马蹬筋，主筋采用直螺纹钢筋接驳器连接，一连接区段的受力钢筋接头面积百分率不大于 50%。

图 7.4-18　顶纵梁钢筋施工

(5)模板施工

洞桩法顶纵梁为异形结构，采用“碗扣式或满堂红脚手架+方木支撑+组合钢模板+顶托支撑”体系比较实用。方木采用 120 mm×120 mm，组合钢模板为 1 200 mm×600 mm×55 mm、1 200 mm×300 mm×55 mm、定制弧形可调钢模板等型号，特殊部位及堵头模采用 50 mm 厚木板代替钢模板。顶纵梁立模示意图如图 7.4-19、图 7.4-20 所示。

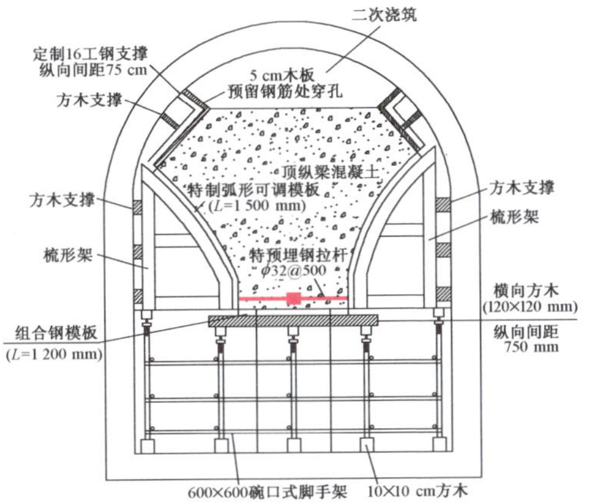

图 7.4-19　顶纵梁模板体系图

图 7.4-20　顶纵梁模板施工

(6)顶纵梁混凝土浇筑

顶纵梁混凝土施工分两次浇筑,第一次采用高性能免振自密实混凝土进行浇筑,浇筑前在端头板上部安装混凝土灌注管,和输送管连接后利用输送泵浇筑至梁顶回填区标高,在纵梁侧面上方间隔埋设排气管,以保证混凝土灌注密实;第二次为回填浇筑,回填混凝土时,在端头板上口预留 $\phi42$ 注浆管及 $\phi100$ 观察孔,混凝土回填浇筑后,采用水泥砂浆填充未填满空洞。

6. 扣拱施工

(1)初支扣拱施工

初支扣拱施工关键控制点在于格栅拱架与导洞的连接及扣拱与导洞之间拱顶形成三角区域的沉降控制。

为了保证扣拱与导洞能够顺利连接,在导洞开挖过程中应严格控制每榀格栅的里程,后行导洞格栅必须与先行导洞格栅同步,同时认真做好预留接头格栅的保护工作。

初支扣拱分边导洞内扣拱和导洞间扣拱。边导洞内扣拱在车站主体边桩顶冠梁施工时进行;导洞间拱顶随车站大断面土方开挖进行,每 0.5 m 为一个循环,一般采用台阶法开挖保留核心土,当跨度较大时,为了施工安全,可以采用 CD 法进行施工。施工时,应严格按照“管超前,严注浆;短进尺,强支护;早封闭,勤量测”的施工原则,做好超前支护与初期支护工作。拱顶扣拱断面如图 7.4-21 所示。

1)边导洞内扣拱

①扣拱端头预埋

上层边导洞格栅中预埋格栅主筋,与车站大拱格栅主筋搭接焊,焊接长度

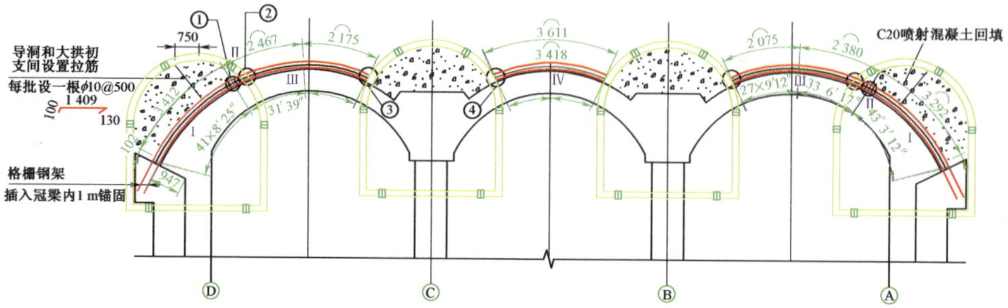

图 7.4-21　拱顶扣拱顶面示意图

10 d。格栅端头预埋如图 7.4-22 所示。

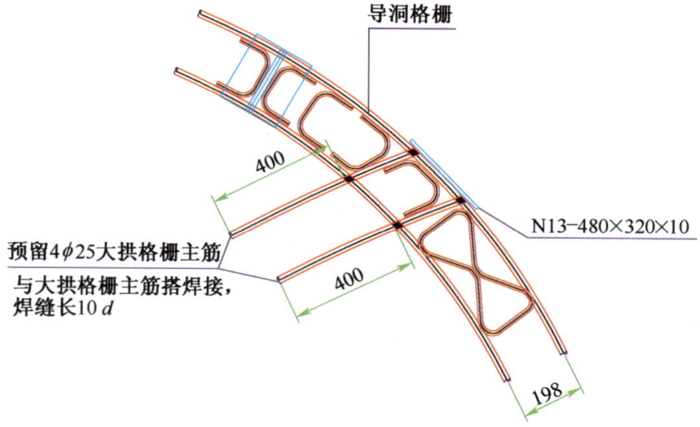

图 7.4-22　导洞内扣拱①节点预埋端头示意图

②扣拱

洞内扣拱在边导洞开挖、初支完成后，随边桩顶冠梁施工进度进行。扣拱时，将扣拱格栅一端埋入桩顶冠梁内 1 m，格栅端头四面需加焊 U 形筋收口，如图 7.4-23所示：

2）导洞间扣拱

①超前支护

导洞间扣拱随车站拱顶土方开挖及时跟进。为防止扣拱时出现坍塌，在扣拱之前应对前方扣部地层进行超前加固，对于拱部地层为圆砾-卵石层地段，采用超前小导管进行超前支护及加固；对于拱部地层为粉细砂、中粗砂或粉质黏土层地段，采用超前大管棚+超前小导管进行超前支护及加固。

②扣拱顺序

合理的开挖和支护顺序是扣拱施工的关键问题，边跨与中跨土体的开挖顺序不同，导致扣拱的顺序不同。对于三跨的结构形式，由于中导洞拱部初支为非约束

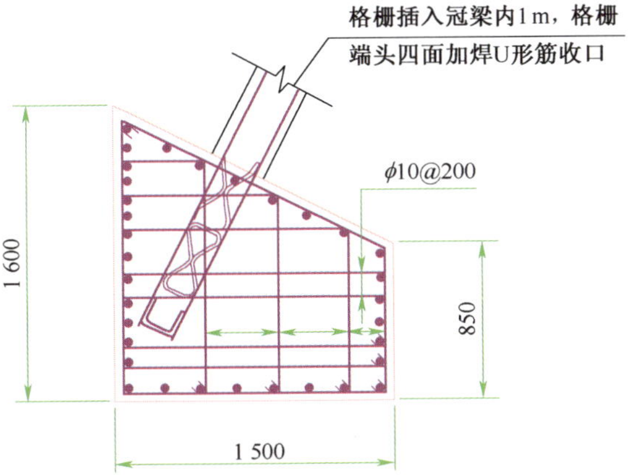

图 7.4-23　边桩顶冠梁内预埋格栅示意图(单位:mm)

结构,为消除中、边跨拱脚推力差对中柱产生的不利影响,一般情况下拱部开挖顺序都是中跨先行,边跨落后距离不小于 20 m,在进行两侧边跨扣拱作业时还应注意同步性,两边跨开挖面间距应小于 5 m,以防止出现偏压现象。

③格栅连接

理论上初支扣拱格栅两端连接方式均应采用钢板螺栓连接,但由于施工误差,基本上很难完成,针对该种情况,目前现场主要有两种解决方式:

在保证一端节点板螺接到位的情况下,另一端导洞预留螺栓孔位和扣拱脚板螺栓孔位存在施工偏差的部分,可采用“L”钢筋与脚板帮焊连接,做到格栅可调,保证在因施工误差导致导洞格栅出现错位的情况下扣拱成功,同时将扣拱脚板与导洞预留钢板三面满焊,如图 7.4-24 所示。

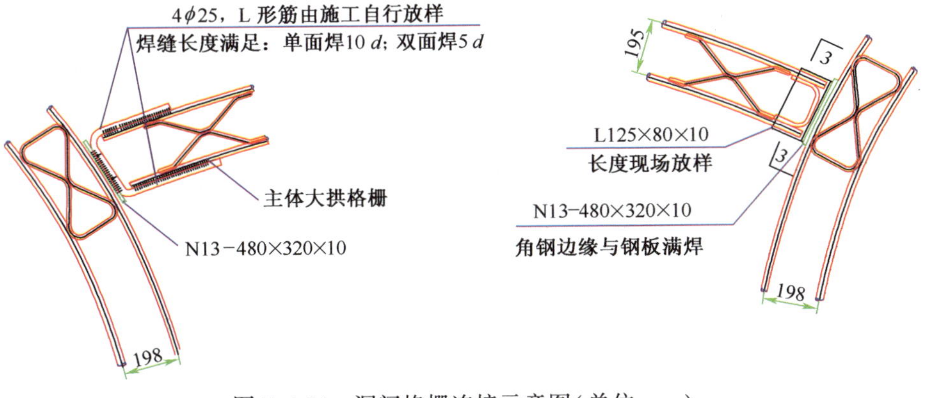

图 7.4-24　洞间格栅连接示意图(单位:mm)

扣拱格栅与原导洞格栅连接端头采用连接钢板与预留钢板对接,若出现螺栓孔眼错位，则将角钢四周与预埋钢板满焊，如图 7. 4-25 所示。

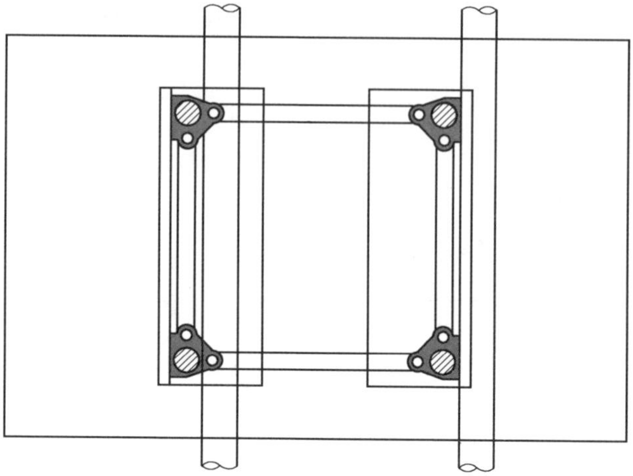

图 7. 4-25　节点板焊接示意图

④回填注浆

扣拱与导洞之间拱顶形成三角区域是重点关注区域，初支施工完成后，应加强该三角区域回填注浆加固，注浆压力控制在 0. 3～0. 5 MPa，如图 7. 4-26 所示。

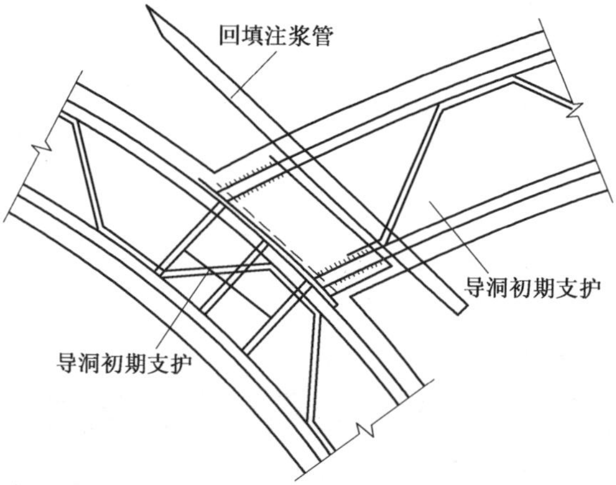

图 7. 4-26　导洞与扣拱连接处回填注浆管埋设示意图

（2）二衬扣拱施工

二衬扣拱关键控制点在于扣拱的顺序、小导洞初支拆除方式及拆除长度。

对于三跨结构，二衬扣拱的顺序一般采用先中后边，能有效消除中、边跨拱脚推力差对中柱产生的不利影响。二衬施工时，先施作中跨顶拱二衬，中拱二衬施工完成后，在顶纵梁之间设置临时钢管拉杆，再对称施作边跨顶拱二衬。顶拱二次衬砌的钢筋一侧与柱顶天梁预留筋焊接,另一侧边墙内预留接头筋,以利于下步连接。模板采用 1 200 mm×300 mm×55 mm 钢模,异型处或小弧部位采用异型钢模板,用自制钢拱架作为钢模的支撑骨架(图 7.4-27、图 7.4-28)。

二衬施工一般采用跳槽逐段拆除小导洞边墙,铺设防水层,立模浇筑拱部二衬结构,破除小导洞时将有受力转换,拆除长度一般为 9~12 m,具体长度应根据施工中的量测结果确定。

混凝土灌注口设在拱部,端头堵头板埋设回填注浆管兼作排气管,混凝土采用高性能免振商品混凝土,对称浇筑以免偏压。

拱部二衬封闭后,通过预埋的注浆管压注高强无收缩水泥浆液,注浆孔布置在拱顶,注浆压力为 0.1~0.3 MPa。

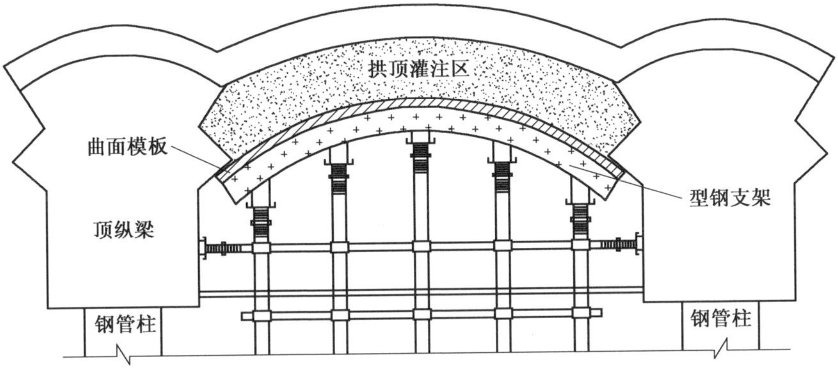

图 7.4-27　中跨拱部模板支撑体系图

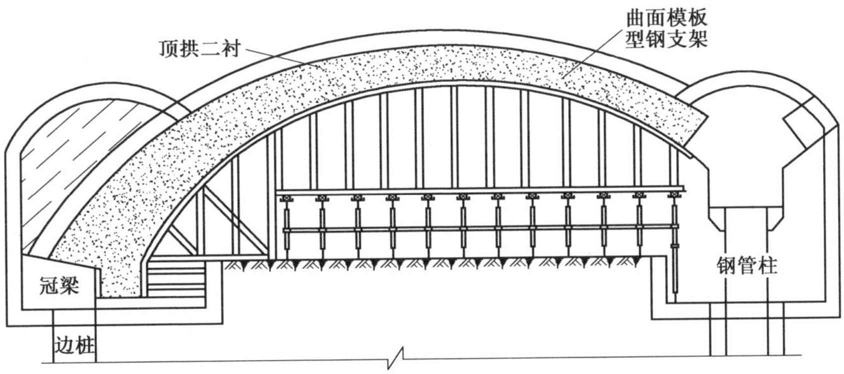

图 7.4-28　边跨拱部模板支撑体系图

7. 主要辅助施工措施

(1)超前小导管支护

超前小导管主要用于洞桩法车站导洞及扣拱施工时,对其拱部土体进行超前支护及注浆加固。

1)超前小导管施工工艺流程

超前小导管注浆工艺流程如图 7.4-29 所示。

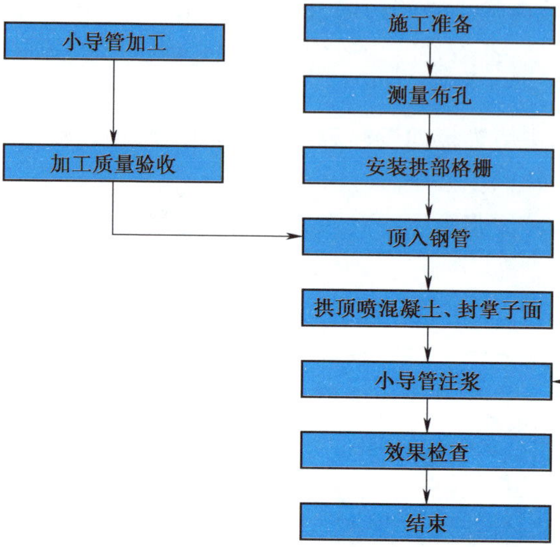

图 7.4-29　超前小导管注浆工艺流程

2)超前小导管加工制作

小导管根据地层可以选用 ϕ42、ϕ22 或 ϕ25 热轧钢管加工而成,小导管前端加工成锥形,以便插打,并防止浆液前冲。小导管中间部位钻 ϕ8 mm 溢浆孔,呈梅花形布置(防止注浆出现死角),间距 100~150 mm,尾部 1.0 m 范围内不钻孔防止漏浆,末端焊 ϕ6 环形箍筋,以防打设小导管时端部开裂,影响注浆管连接。

小导管加工成型如图 7.4-30 所示。

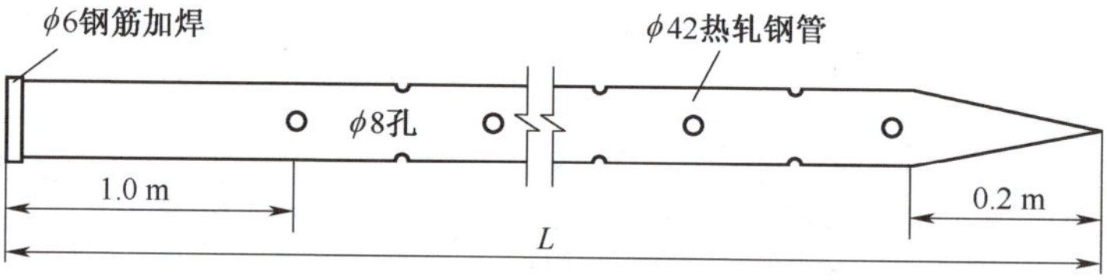

图 7.4-30　注浆小导管加工示意图

3)超前小导管安设

超前小导管在前一循环拱顶格栅拱架安装完毕之后施作。施工时小导管根据地层情况采取一榀或两榀一打设,小导管长度一般为 1.8~2.5 m,环向间距 300 mm,外插角 10°~15°。小导管从拱顶钢格栅中间穿过,尾部与钢格栅焊接以增加稳定性。小导管安设方式为:先按照测量给定的位置插入钢管,然后用风镐顶入土中,顶入长度不小于钢管长度的 90%,小导管安设完成后先封端止浆再进行注浆。小导管长度、打入角度以及规格、环向间距、相邻两循环纵向间距按设计要求进行，小导管纵向搭接长度不小于设计要求，超前小导管注浆加固如图7.4-31。局部大断面地段或过一些重要建(构)筑物地段还采用了双排小导管对拱部土体进行了超前加固。

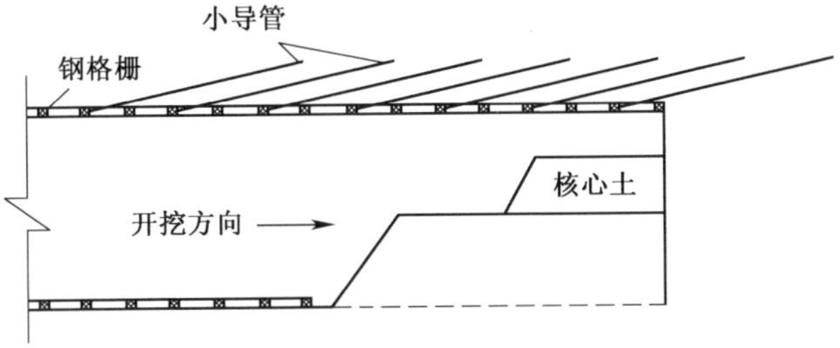

图7.4-31 超前小导管注浆加固示意图

4)超前小导管注浆浆液选择及施工

超前小导管注浆浆液应根据不同地层选用不同的浆液，具体情况见表7.4-6。

表7.4-6 超前小导管注浆浆液选择

围岩状况	适用浆液
无水粗砂及砂砾(卵)石地层	单液水泥浆
无水的中砂及粉细砂地层	改性水玻璃
有水的粗砂及砾石地层	水泥-水玻璃双液浆
粉土层	单液水泥浆或水泥-水玻璃双液浆

超前小导管注浆采用注浆泵进行施工，注浆压力一般控制在0.5~0.8 MPa，加固体半径不小于0.25 m，打设范围为起拱线以上或拱顶大于120°范围。

注浆管联接好后，注浆前先压水试验管路是否畅通，然后开动注浆泵，通过小导管压入地层。

5)施工技术控制要点

①钻孔时要控制好外插角、钻孔深度及小导管顶入长度，且小导管的纵向搭接长度不小于设计要求(图7.4-32)。

②钢管安装完毕后，用塑料布将导管孔口封堵，然后喷射拱顶混凝土，必须保证孔口部位的混凝土喷射密实，以防浆液从工作面外冒。

③注浆过程中随时观察注浆压力及排浆量情况的变化，分析注浆情况。注浆中途停止超过30 min应清洗注浆管路，防止堵管；发生串孔跑浆时应先将跑浆孔堵塞，等轮到该孔注浆时拔出堵塞物，将孔内清洗干净后再重新注浆，发生漏浆时应将漏浆部位的裂缝封堵，再喷射混凝土封堵牢固后再继续注浆。

④严格控制配合比与凝胶时间，初选配合比后，用凝胶时间控制调节配合比，

并测定注浆固结体的强度，选定最佳配合比。

⑤注浆过程中，严格控制注浆压力，注浆终压必须达到设计要求，并稳压，保证浆液的渗透范围，且在注浆过程中，应加强对初支结构及周边环境进行监测和防止注浆压力过大，造成初支结构、管线或周边建(构)筑物变形过大而被破坏。

⑥注浆的次序由两侧对称向中间进行，自下而上跳孔注浆。

⑦当注浆量和注浆压力达到设计要求时结束注浆。

⑧注浆过程派专人记录，开挖时要检验注浆效果。

图 7.4-32　现场小导管施工照片

(2)超前深孔预注浆

超前深孔预注浆主要用于对开挖面前方地层进行止水及加固。在洞桩法车站施工中，主要用于小导洞开挖止水及地层加固，如北京地铁 6 号线一期的东四站、北海北站、东大桥站及 7 号线的九龙山站等小导洞施工。

1)注浆方式

超前深孔预注浆注浆方式主要有前进式分段注浆、后退式分段注浆和全孔一次性注浆三种形式。不同的注浆方式，其优缺点及适用范围各不相同。

①前进式分段注浆

前进式分段注浆是一种采取钻、注交替作业的注浆方式。在施工过程中，需根据地层状况，将钻孔注浆长度分为若干段，段长一般控制在 1.0~2.0 m，采用地质钻机从孔口管内进行钻孔，钻一段注一段，直到设计长度。该种注浆方式优点为：适用范围广，可以适用于任何地层，并且可以利用孔口管防止出现大量流砂涌泥现象；其缺点为：工序转换比较多，需重复扫孔，工作量大，施工效率比较低，成本较高。

②后退式分段注浆

后退式分段注浆主要有袖阀管后退式分段注浆和 WSS 后退式分段注浆两种。

袖阀管后退式分段注浆是利用钻机一次性钻到设计深度，退出钻杆，在孔内下入 PVC 袖阀管，然后进行封孔，在袖阀管内下入带止浆系统的 $\phi22$ 镀锌管，从孔底向外分段进行注浆，一般分段长度为 0.5~1.0 m。该种注浆方式优点为：能很好地保证注浆效果;其缺点为:需要成孔并下入袖阀管,为确保下管顺利,一般都需要带套管进行施工,工艺复杂,工期长,适用范围比较窄。

WSS后退式分段注浆实现了钻注一体化,施工时利采钻机一次性钻到设计深度,利用中空的钻杆将浆液输送到钻头出口,通过一定压力将浆液注入地层,当注浆压力或注浆量达到设计要求后,后退钻杆进行下段注浆,分段长度一般为1.5~2.0 m(钻杆长度)。该种注浆方式优点为:与袖阀管后退式注浆相比,工艺得到简化,不需要成孔下入管材,工期缩短,适用范围得到扩大;其缺点为:止浆困难,在注单液浆时,容易造成浆液回流,浪费材料并影响注浆效果,注双液浆时,容易造成钻杆抱箍现象。

③全孔一次性注浆

全孔一次性注浆利用钻机一次性钻到设计深度,退出钻杆,从孔口一次性进行注浆。其优点是工艺简单,缺点是注浆效果较差,如在开挖面利用小导管进行一次性注浆,还存在后期开挖,反复割除小导管,增加了开挖难度。

从目前洞桩法暗挖地铁车站施工情况来看,采用WSS后退式分段注浆工艺的相对较多。

2)注浆加固范围

①纵向加固段长度

注浆长度应综合从钻机及注浆设备性能、注浆效果、注浆工期等多方面考虑。注浆长度越长,对钻机及注浆设备性能要求也就越高,注浆效果也会越差;注浆长度过短,又会造成注浆与开挖工序间转换频繁,对工期影响较大。

根据北京地区现场注浆工程经验来看,一般7~8 m以后的注浆效果明显比之前的效果差,建议纵向加固段长度不要超过10 m。

3)加固圈范围

注浆的目的就是通过注浆在隧道开挖轮廓线外形成一定厚度的加固圈,起到防水和提高地层稳定性作用。注浆加固圈范围应根据工程地质及水文地质条件来选取,一般为开挖轮廓线外1.5~3.5 m范围。

4)注浆材料

现场采用最多的注浆材料是普通水泥单液浆和普通水泥-水玻璃双液浆。不同的注浆材料,其性能及适用范围各不相同,其中:

普通单液水泥浆优点:①凝胶时间长,具有较长的可注期;②结实体强度较高;③价格低。

浆液缺点:①初凝时间长,易被地下水稀释;②终凝时间长,强度上升缓慢,不利于注浆完成后立即开挖作业;③可注浆差;④凝固后,有一定的收缩性等。

适用范围:①适宜于宽度大于0.2 mm的裂隙水注浆;②渗透系数大于10^{-2} cm/s且地下水流速不大于80~100 m/d的中粗砂、砂卵石等地层。

水泥—水玻璃双液浆浆液优点:①凝胶时间可控,凝胶时间从几秒至几十分钟可调;②早期强度高,利于注浆后立即进行开挖作业;③注浆体结石率高,达 95% 以上;浆液缺点:①抗压、抗剪强度较低,易被高压水击穿;②可注性差;③耐久性较差。

适用范围:适用于渗透系数大于 10^{-2} cm/s 的中粗砂、粗砂、砂卵石以及断层破碎带注浆堵水工程中。

(3) 超前大管棚施工

超前大管棚主要用于暗挖车站导洞施工或竖井进横通道施工。

1)施工工艺流程

超前大管棚施工工艺流程如图 7.4-33 所示。

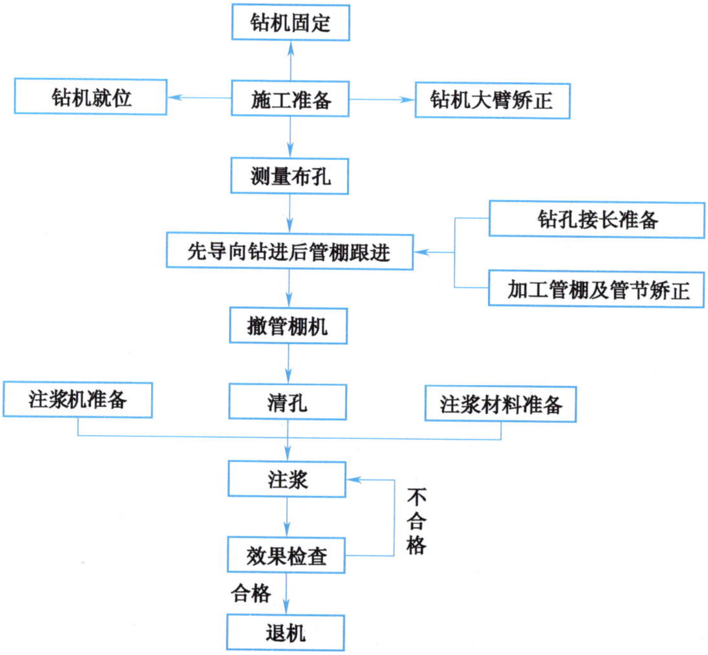

图 7.4-33　超前大管棚施工工艺流程

2)超前大管棚钻进施工

在暗挖车站施工时,超前大管棚一般自横通道向两侧或单侧通长进行打设,如采用两侧对打,大管棚的搭接长度一般为 2 m。大管棚一般选用 ϕ108×5 mm 热轧钢管,管节长度 1.5~2.5 m,每节之间采用套管丝扣连接。

管棚施工一般从拱脚向拱部隔孔进行施工。钻孔采用水平定向钻机钻进,钻孔前应进行精准定位,钻进过程中,应严格控制钻孔角度及孔深。

3)超前大管棚注浆施工

超前大管棚注浆材料一般采用 W∶C=1∶1 水泥浆,水泥采用 42.5 级普通硅酸盐水泥。注浆压力一般为 1.0~1.5 MPa，注浆时一般采取低压力中流量注入，注浆过程中压力逐步上升，流量逐渐减少，当压力升至注浆终压时，继续压注 10 min才结束注浆(图 7.4-34)。

图 7.4-34　主体中拱超前大管棚施工效果图

8. 周边环境沉降规律及控制要点

通过对北京地铁 6 号线一期及 7 号线洞桩法暗挖地铁施工所取得的资料进行梳理，对洞桩法施工引起的地表沉降规律进行总结，得出以下结论：

(1)不同的地层采用洞桩法施工所引起的地表沉降相差较大，根据所引起地表沉降由大到小依次为粉细砂及中粗砂层，粉土、粉质黏土层，圆砾~卵石层。

(2)在导洞施工过程中，地下水的影响对地表沉降影响非常大，特别是在粉细砂及中粗砂层中，地下水更容易造成砂的细小颗粒大量流失。因此施工过程中，应加强对地下水的控制，尽量做到无水施工。

(3)洞桩法车站施工引起的地表沉降主要发生在导洞施工及扣拱施工阶段，所发生的沉降约占总沉降量的 90% 左右，因此应合理安排导洞及扣拱开挖顺序，减小群洞施工效应。

(4)不同的地层在各个施工阶段所引起的地表沉降占累计沉降值的比例各不相同，其中粉土、粉质黏土层在导洞施工过程中所引起的地表沉降所占比例最大，圆砾~卵石层最小。

(5)地表沉降与施工工期关系密切，开挖支护施工工期越长，地层应力释放越充分，变形越大，变形的时空效应越明显。因此，必须严格浅埋暗挖法“管超前、严注浆、短进尺、强支护、早封闭、勤量测”18 字方针，突出时空效应对防塌的重要作用，加强在软弱地层的快速施工。

(6)不同地层的沉降槽宽度系数 i 与隧道轴线埋深 h 之间的关系参数 K 的取值各不相同，其中圆砾~卵石层：$K=0.61\sim0.68$，地层损失率 $V1$ 平均值为 1.35%；粉细砂及中粗砂层：$K=0.56\sim0.60$，地层损失率 $V1$ 平均值为 1.49%；粉土、粉质黏土层：$K=0.65\sim0.70$，地层损失率 $V1$ 平均值为 1.29%。

第 8 章　矿山法修建地铁工程的展望

8.1　矿山法施工在北京地区发展前景

随着城市建设及地铁线网建设加密，各城市新线地铁的埋深呈现逐步加大趋势，一方面由于城市发展导致的各种基础设计建设，占据了浅层大量的地下空间；另一方面由于地铁线网的相互交织嵌套，线路相互下穿导致的线网局部埋深加大。

针对北京地区的工程地质条件，矿山法施工地铁车站在北京地区发挥的优势越来越大。矿山法基本不考虑利用围岩的自承能力，采用复合衬砌，初期支护承受全部基本荷载，二衬作为安全储备，共同承担特殊荷载。在城市地区，受到多重因素的制约，施工场地受到极大的压缩，而矿山法可以很好地绕开场地因素的制约，对周围环境的影响降低到最小程度，同时也有效地减小由于低层损失而引起的地表移动变形等环境问题。

8.2　矿山法与盾构法综合修建地铁工程

矿山与盾构法相结合可一次采用盾构法将区间隧道和过站隧道贯通，再在盾构隧道的基础上扩挖而形成地铁车站。配合盾构法修建地铁车站可充分有效的利用盾构设备，达到进一步提高地铁工程的建设质量、缩短建设周期。

盾构扩挖修建车站是一项综合性新技术，可以解决城市密集建筑群地区渣土运输与施工工期、城市环境和地面交通的矛盾，具有工艺环保、减少对地面交通的影响、缩短工程量等优点。

8.3　采用洞桩法实现深层富水暗挖建造地铁车站的广阔前景

目前作为北京地区暗挖车站最常用的工法，结合近年来相当多的工程实例作为基础，洞桩法在北京地区拥有非常广阔的发展与应用前景。洞桩法与相应辅助止水措施相结合，可以有效解决暗挖车站地下水的问题，同时可以实现深层富水暗挖修建地铁车站。

深层富水条件下的暗挖车站设计理念,应当与现在的地铁设计理念有所不同。目前的地铁标准站设计,是以建筑功能为导向,在满足功能的基础上,还要体现一定舒适性、空间效果甚至人文关怀效果等综合因素确定,其前提基础为土建建造在事实上没有大的困难。而对于深层富水条件下暗挖站设计,其建造难度是其能否实现的关键,相比之下其他的因素均可退而求次。因为一般认为深层富水暗挖站的设计思想,应当是异于平常标准双层站的一种新型地铁站型,其在布局时应尽量减少深埋空间的体量,将车站设备用房、附属用房、公共区等非轨行区段,尽量布置在浅层或其他条件较好的区域。这样的设计思想,充分考虑了建设的可实施性和工程代价问题,是尊重技术、敬畏科学的体现,是实事求是的工作态度。

另外对于另一部分的深层富水车站,还可充分利用洞桩法的自身工艺特性,结合其他工程措施,人为创造无水施工条件,来满足地下结构施工要求。主要有以下几种思路:

(1)利用上部导洞创造洞内降水井条件,实现洞内抽降地下水,可创造无水施工条件。

(2)利用洞桩法工艺中边桩先期形成的特点,将边桩改为咬合桩形式、连续墙形式或桩加止水帷幕形式来隔绝地下水的形式,可有效解决土体开挖时两侧地下水的影响。

(3)利用洞桩法边桩及横通道,与注浆加固堵水、冷冻法阻水、新意法阻水等方式,可满足隔阻地下水的条件,实现无水作业条件。

8.3.1　洞桩法与导洞内降水措施结合

洞桩法在实施时需首先完成车站纵向小导洞,这样就给地下降水带来了基本条件,充分利用上部导洞,可创造导洞内降水井条件,实现洞内抽降地下水。该方法也是解决洞桩法在深层暗挖站地下水处理中的独特优势。

在建的北京地铁8号线三期王府井站、王府井北站便充分利用这样的条件,采用了导洞内降水的方式处理地下水问题。

8.3.2　洞桩法与全断面注浆堵水措施结合

全断面注浆的堵水措施在目前的地铁建设中并不鲜见,一般用在区间或车站下穿既有线、下穿既有河湖、下穿既有房屋等高风险单位工程,如北京地铁4号线宣武门站下穿既有2号线站、10号线二期角门西站下穿既有4号线站、9号线军博换乘通道下穿既有站等。个别也有因降水条件限制等原因用于长段区间断面的施工,如10号线二期起点—潘家园站区间因穿越软黏粉砂互层,降水效果无法满足施工条件,采用了全断面注浆的堵水措施。但对于整个车站的全断面注浆尚未见报道。

深层富水暗挖站施工时，若确实没有降水条件时，可利用洞桩法的特点，采用如下设计方法和工程措施，满足施工条件要求：

(1)若洞桩法上导洞位于地下水位以下，可从施工横通道对上导洞做全断面注浆加固堵水，保证其导洞施工。

(2)若上导洞位于地下水位以上，则可直接进行上导洞施工。

(3)该方案中边桩一般应采用长桩方案，若有其他因素必须设置下导洞时，可从施工横通道对下导洞做全断面注浆加固堵水，保证其施工。

(4)从上导洞施做具有阻水效果的边桩，如咬合桩、灌注桩加旋喷桩止水帷幕、灌注桩加深孔注浆、地下连续墙等，防止开挖土体侧壁的地下水侵入。

(5)对于车站基底一定范围内具有隔水土层的情况，可将上述阻水边桩加深插入隔水层，洞内残存水抽排，即可封闭底板下的地下水涌入。

(6)对于车站基底下隔水土层较深的情况，可在主体扣拱完成向下开挖土体时，从水位线以上对基底进行注浆封底，经精确计算注浆厚度及现场高质量施工，可防止地下水突涌。

该方案目前在国内外尚未有工程实例，施工前需进行详细细化研究及试验工程验证，方可进行实施。该方案工程造价较高。

8.3.3 洞桩法与新意法堵水措施结合

新意法是指 20 世纪 70 年代意大利首次使用的“岩土控制变形分析法”(ADECO-RS 法)，新意法基本原则为：

(1)不使用隧道局掘进机(TBM)，但推荐其他洞内机械化作业。

(2)尽量采用全断面开发。

(3)隧道开挖后，根据不同级别的围岩特性采取必要的预加固、预支护及初期支护措施以减小变形、防止塌方。

施做混凝土二次衬砌，必要时用钢筋混凝土二次衬砌，尽快浇筑仰拱以阻止开挖产生的土体变形。

该工法的优势为机械化程度高，缺点为工程造价较高。目前在我国部分山岭隧道的极软弱地层中曾有尝试。

洞桩法与新意法结合的车站，可采用如下形式：

(1)从横通道对上导洞周边土体进行帷幕注浆，可采用水平旋喷加固、袖阀管深孔注浆、管幕锁扣咬合等多种方式；同时对上导洞掌子面进行注浆加固后开挖。

(2)从上导洞向下施工导洞边桩，可采用具有阻水效果的边桩，如咬合桩、灌注桩加旋喷桩止水帷幕、灌注桩加深孔注浆、地下连续墙等，防止开挖土体侧壁的地下水侵入；也可不采用阻水边桩，而采用从横通道对桩外侧土体进行帷幕式加固阻水。

(3)从横通道对下导洞周边土体进行帷幕注浆,方式同上导洞;同时对下导洞掌子面进行注浆加固后开挖。

(4)对主体扣拱初衬外皮土体进行帷幕注浆,方式同上下导洞;同时对扣拱内掌子面进行注浆加固后开挖。

(5)在扣拱二衬保护下进行车站主体的机械化开挖等作业。

8.3.4　洞桩法与冷冻法堵水措施结合解决

19 世纪 60 年代,冻结法首先用于英国南威尔士的建筑基础工程,1883 年德国工程师在煤矿施工中采用冻结法形成 103 m 深井筒,并获得技术专利,引起世界关注。我国自 1955 年开滦矿区首次应用以来,目前冻结法已经成为隧道通过不稳定含水地层重要工法。

冻结法的矿山法隧道开挖构筑基本原理是在隧道周围布置水平冻结孔,并在冻结孔中循环低温盐水,使冻结孔附近的含水地层结冰,形成强度高、封闭性好的冻结壁(冷冻帷幕),然后在冻结壁的保护下运用矿山法进行隧道开挖与构筑施工。

水平地层冻结的加固和开挖构筑的顺序为:

施工准备→冻结孔施工,同时安装冻结制冷系统→安装冻结盐水系统和监测系统→开启冻结系统→试挖→隧道掘进与临时支护,维护冻结→永久支护→停止冻结。其关键工序是冻结孔施工和冻结过程的监测与控制。

冻结法施工有如下优点:

(1)可有效隔绝地下水,其抗渗透性能其他方法无法比拟。对于含水量大于 10% 的不稳定地层均可采用冻结法施工。

(2)冻土帷幕的形状和强度可施工现场条件、地质条件灵活布置和调整,冻土强度可达 5~10 MPa,能有效提高功效。

(3)冻结法是环保工法,对周围环境无污染,无异物进入土壤,施工噪声小。

冻结法施工的最大缺点即工程造价昂贵,需谨慎使用。

洞桩法与冻结法结合,是解决北京地区砂卵砾石富水地层暗挖施工的重要手段,其对含水地层加固的可靠性超过其他工法。但因其造价昂贵,在使用时应巧妙利用洞桩法的各个构件衬砌,灵活转换各工序与地下水的隔绝措施,尽量减少冻结法的使用范围。

洞桩法与冻结法结合解决深层富水地层暗挖施工主要步序如下:

(1)在竖井开挖、横通道开挖、小导洞开挖、洞内桩施工等各个施工步序中,若存在地下水干扰,则采用提前施做冻结管,创造冷冻壁进行棚护,保证施工安全。

(2)在初支扣拱及主体开挖各阶段,充分利用冻结壁与结构衬砌的封闭嵌套,创造地下水隔绝环境,在满足施工条件的基础上,尽量减小冻结法范围。

(3)冻结过程控制注意掌握冻结体渗透指标、强度指标的合理性,防止过度冻结造成的冻胀及融沉。

(4)冷冻法的具体冷冻方式也可参考洞桩法与注浆法结合、洞桩法与新意法结合的步序实施。

综上所述,结合国外大城市深层地铁建设的理念及成果,在北京率先进行城市深层地铁的试验和应用研究已势在必行,采用成熟的洞桩法结合注浆加固、冷冻堵水、管幕隔水、洞内抽降等措施,显然是解决深层富水暗挖施工的最具有可实施性的方案。展望不远将来,我们相信该技术的研发成功,将带来巨大的经济社会效益,引领地铁行业未来技术的发展,为北京乃至全国深层地铁建设提供技术储备,同时为城市深层地下空间开发领域及整个社会的可持续发展起到非常重要的作用。

参考文献

[1] 乐贵平，任雪峰,等. 城市轨道交通工程施工安全风险技术控制要点[M]. 北京：中国铁道出版社有限公司,2019.

[2] 王奎华. 岩土工程勘察[M]. 北京：中国建筑工业出版社，2006.

[3] 罗富荣，汪玉华，郝志宏. 地铁车站洞桩法设计与施工关键技术[M]. 北京：中国铁道出版社，2015.

[4] 罗富荣，曹伍富. 北京轨道交通工程安全风险管理体系[M]. 北京：中国铁道出版社，2013.

[5] 王梦恕. 地下工程浅埋暗挖技术通论[M]. 合肥：安徽教育出版社 ,2004.

[6] 王梦恕,等.中国隧道及地下工程修建技术[M]. 北京：人民交通出版社，2010.

[7] 罗富荣，汪玉华，刘天正.等. 北京地铁6号线一期工程修建技术[M]. 北京：中国铁道出版社，2015.

[8] 崔玖江. 隧道与地下工程修建技术[M]. 北京：科学出版社，2005.

[9] 高大钊，袁聚云. 土质学与土力学[M]. 3版.北京：人民交通出版社，2001.

[10] 赵成刚，白冰. 土力学原理[M]. 北京：机械工业出版社，2010.

[11] 战启芳，杨石柱. 地铁车站施工[M]. 北京：人民交通出版社，2011.

[12] 国斌. 北京地铁区间隧道马头门工程综合施工技术[J]. 隧道建设，2012，32(2)：201-204.

[13] 李力. 粉细砂地层注浆管棚作用机理在暗挖隧道施工中的应用[D].北京:北京交通大学，2007.

[14] 张新亮. 大断面隧道CD法施工围岩应力行为研究[D].成都:西南交通大学，2008.

[15] 张晓丽. 浅埋暗挖法下穿既有地铁构筑物关键技术研究与实践[D].北京:北京交通大学，2007.

[16] 黄瑞金. 地铁浅埋暗挖洞桩法车站扣拱施工技术[J]. 地下空间与工程学报，2007，3(2)：268-271.

[17] 欧阳艳，丁广炜. 管棚在PBA工法扣拱施工中的应用[J]. 漯河职业技术学院学报，2011，10(5)：56-57.

[18] 代永双.区间隧道停车线渡线段施工技术[J]. 山西建筑，2011，37(17)：98-100.

[19] 杨武子. 北京地铁四号线白学区间双渡线段施工关键技术研究[D].北京:北京交通大学，2007.

[20] 程青云. 砂性粉土地层内地铁区间隧道施工过程地层变形规律与稳定性研究[D].杭州：浙江工业大学，2012.

[21] 吴立. 新建地铁车站近距离下穿既有地铁车站影响研究[D].北京:北京交通大学，2008.

[22] 王霆，刘维宁，罗富荣,等. 地铁区间浅埋暗挖施工的地表沉降特征[J]. 都市快轨交通，2009(6):81-85.

[23] 王余良，许景昭. 地铁车站PBA工法施工技术及沉降分析[J]. 施工技术，2009(S1):57-60.